Immanuel Kant
Von Gott, Freiheit und Unsterblichkeit

Willi Maslankowski

Immanuel Kant

Von Gott, Freiheit und Unsterblichkeit

Eine Auswahl aus seinen Werken

Bibliografische Information der Deutschen Bibliothek:
Die Deutsche Bibliothek verzeichnet diese Publikation in der Deutschen Nationalbibliografie;
detaillierte Daten sind im Internet über
<http://dnb.ddb.de> abrufbar.

© 2006 Rheinlandia Verlag, Siegburg

Alle Rechte beim Autor

Titelbild: Immanuel Kant. Zeichnung von Horst Janssen, 1983. (Aus Kant-Ikonographie, Nr. 47.)
Das Original schenkte der Künstler dem Bundeskanzler a.D. Helmut Schmidt mit dem Spruch
„Nihil est sine ratione cur potius sit, quam non sit." („Nichts ist ohne Grund, weshalb es eher
ist, als dass es nicht ist") und der Widmung „Lieber Helmut Schmidt. Dies zum 23.12.83
und zur gefälligen Verfügung für Kurzzuschriften an Freunde. Ihr H. Janssen". © VG Bild-
Kunst, Bonn 2005. Bemühungen um weitere Bildrechte blieben erfolglos; eventuelle spätere
Forderungen werden nach positiver Prüfung beglichen.

www.rheinlandia.de
e-mail: k.walterscheid@rheinlandia.de
Herstellung: Books on Demand GmbH, Norderstedt
ISBN 3-935005-75-X

„Wenn ich meinem Leser keine neue Einsicht bot, so vertilgte ich doch den Wahn und das eitle Wissen, das den Verstand aufbläht und in seinem engen Raum den Platz ausfüllt, den die Lehren der Weisheit und der nützlichen Unterweisung einnehmen könnten"

Immanuel Kant.

Inhalt

Einleitung 11
Gedanken von der wahren Schätzung der lebendigen Kräfte 35
Die Frage, ob die Erde in ihrer Umdrehung einige
Veränderung erlitten habe 45
Die Frage, ob die Erde veralte, physikalisch erwogen 48
Allgemeine Naturgeschichte und Theorie des Himmels 52
Geschichte und Naturbeschreibung des Erdbebens
am Ende des Jahres 1755 78
Neuer Lehrbegriff der Bewegung und Ruhe 81
Versuch einiger Betrachtungen über den Optimismus 83
Gedanken bei dem frühzeitigen Ableben
des Herrn Johann Friedrich von Funk 85
Die falsche Spitzfindigkeit der vier syllogistischen Figuren 88
Beweisgrund zu einer Demonstration des Daseins Gottes 90
Versuch, den Begriff der negativen Größen in die
Weltweisheit einzuführen 100
Beobachtungen über das Gefühl des Schönen und Erhabenen 102
Versuch über die Krankheiten des Kopfes 112
Untersuchung über die Grundsätze der natürlichen Theologie
und der Moral 114
Nachricht von der Einrichtung seiner Vorlesungen
im Winterhalbjahr 1765-1766 119
Träume eines Geistersehers, erläutert durch Träume der Metaphysik 122
Von den verschiedenen Rassen der Menschen 131

Aufsätze, das Philanthropin betreffend 133
Kritik der reinen Vernunft (2. Auflage) 135
Prolegomena 167
Grundlegung zur Metaphysik der Sitten 181
Metaphysische Anfangsgründe der Naturwissenschaft 190
Kritik der praktischen Vernunft 195
Kritik der Urteilskraft 205
Religion innerhalb der Grenzen der bloßen Vernunft 219
Metaphysik der Sitten 239
Streit der Fakultäten 254
Anthropologie in pragmatischer Hinsicht 271
Idee zu einer allgemeinen Geschichte in weltbürgerlicher Absicht 286
Was ist Aufklärung? 289
Mutmaßlicher Anfang der Menschengeschichte 292
Das Ende aller Dinge 294
Zum ewigen Frieden 299
Von einem neuerdings erhobenen vornehmen Ton
in der Philosophie 306
Verkündung des nahen Abschlusses eines ewigen Friedens
in der Philosophie 310
Logik 313
Physische Geographie 319
Pädagogik 325
Namen- und Sachverzeichnis 339

Abb. 1: Die vier Weltweisen.
Gemälde von Gaho Hashimoto, zwischen 1885 und 1902. (Aus Katalog, Seite 235.)
Dieses Bild, das der japanische Philosoph Tetsujiro Inoue malen ließ, trägt den Titel „Shi Sei", „Die vier Heiligen" bzw. „Die vier Lehrmeister". Unter dem Titel „Die vier Weltweisen" ist es überall bekannt geworden. Nach Meinung von Inoue, der selbst ein Vertreter des Konfuzianismus war, sind die auf dem Bild dargestellten die bedeutendsten Philosophen der Menschheitsgeschichte: Buddha (oben), Konfuzius (links darunter), Sokrates (rechts) und Kant (vorne links).

Abb. 2: Tabula Philosophica (Seiten 360/361).
Graphik von Heinrich C. Glücklich (nach Eberhard G. Schulz),
2004. (Aus Katalog, Seiten 152-153.)
Sie enthält die Porträts mit Lebensdaten und Hauptwirkungsstätten derjenigen
Philosophen (von Sokrates bis Garve), mit deren Werken sich Kant in seinem eigenen
Werk auseinander gesetzt hat.

Einleitung

Die nachfolgenden einleitenden Ausführungen sind für Leser und Leserinnen bestimmt, die sich mit der Philosophie Immanuel Kants noch nicht näher befasst haben, diese aber kennen lernen möchten. Das ist das Kernanliegen dieses Buches. Die Einleitung ist gegliedert in die Erläuterungen zum Thema, zum Ziel sowie zum Aufbau und Inhalt des Buches.

Zusammengefasst gilt das Thema des Buches der Philosophie Kants, wie sie in den wichtigsten Schriften seiner Werke enthalten ist. Unberücksichtigt blieben sein Briefwechsel, sein handschriftlicher Nachlass und seine schriftlichen Vorlesungen. Ziel des Buches ist die Heranführung eines breiteren Leserkreises an die Philosophie Kants, ohne dass die Werke alle gründlich gelesen werden müssten; wobei auf eine aus heutiger Sicht verständlichere deutsche Sprache geachtet wurde. Aufbau und Inhalt des Buches folgen der zeitlichen Reihenfolge der einzelnen Schriften in den Werken. Die zahlreichen Abbildungen wurden so weit wie möglich passend zu den in das Buch aufgenommenen Schriften Kants ausgewählt.

1. *Das Thema des Buches* gilt im Grunde der gesamten Philosophie Kants. „Man beurteilt allgemein den Verfasser nach dem Stempel, den er auf seine Ware drückt" (I 235)[1] heißt es bei Kant (1724 – 1804). Dieser Stempel ist der Titel des vorliegenden Buches. Gott, Freiheit und Unsterblichkeit sind bei Kant die „übersinnlichen Gegenstände unserer Erkenntnis" (VIII 418), also nicht a posteriori mit den Sinnen, sondern nur denkend, also a priori, erfahrbar. „Gott als das allverpflichtende Wesen; Freiheit als Vermögen des Menschen, die Befolgung seiner Pflichten (wie göttliche Gebote) gegen alle Macht der Natur zu behaupten; Unsterblichkeit als ein Zustand, in dem dem Menschen sein Wohl oder Weh im Verhältnis auf seinen moralischen Wert zuteil werden soll" (VIII 418). Womit natürlich nicht die Unsterblichkeit des Körpers, sondern die der Seele gemeint ist. „Gott, Freiheit und

---

1 Alle Kant-Zitate entstammen der Akademie Textausgabe von Kants Werken, Bände I-IX, Berlin 1968 (hier also Band I, Seite 235), sonst gilt DIN 1505, Teil 2, Januar 1984.

Seelenunsterblichkeit sind die Aufgaben, auf deren Lösung alle Metaphysik als ihren letzten und alleinigen Zweck abzielt" (V 473). Letztlich sind damit Ziel und Inhalt seiner ganzen Philosophie angedeutet, „die Endabsicht, worauf die Spekulation der Vernunft ... zuletzt hinausläuft, betrifft drei Gegenstände: die Freiheit des Willens, die Unsterblichkeit der Seele und das Dasein Gottes" (III 518). Womit die drei Begriffe des Buchtitels – in allerdings anderer Reihenfolge – wiederholt werden.

Der Titel des Buches bedeutet nicht, dass es sich bei Kant überwiegend um einen Religionsphilosophen handelt. Jedoch „die Übereinstimmung, die ich zwischen meinem System und der Religion antreffe, erhebt meine Zuversicht in Ansehung aller Schwierigkeiten zu einer unerschrockenen Gelassenheit" (I 222). Zum philosophischen System Kants zählen vielmehr alle drei genannten Begriffe, denen er nachforsche, „so dass der zweite Begriff, mit dem ersten verbunden, auf den dritten als einen notwendigen Schlusssatz führen soll" (III 260).

Die religiöse Komponente ist bei Kant so stark, dass „die wichtigste aller unserer Erkenntnisse" lautet: „Es ist ein Gott" (II 65), was niemand „werde widerlegen können; denn wo will er diese Einsicht hernehmen?" (VIII 142). Kant war „ganz wie ein Kepler oder Newton tief religiös. Nirgends hat seine Beredsamkeit einen höheren Schwung, eine größere Kraft der Überzeugung als in jenen berühmten Stellen der ‚Naturgeschichte und Theorie des Himmels', wo er den unermesslichen Weltenbau als ein Zeugnis der göttlichen Macht, Weisheit und Güte preist".[2]

Die tiefe Religiosität Kants wird auch deutlich an den vielen von ihm wiedergegebenen Stellen aus der Bibel, die in diesem Buch in der Fassung enthalten sind, wie sie Kant vorgelegen haben. Allerdings wurde wegen leichterer Nachprüfbarkeit die von Kant verwendete durch die heute übliche nach dem Anhang der Einheitsübersetzung abgekürzte Schreibweise der Quellenangabe ersetzt (z.B. Joh 3, 5 anstatt wie bei Kant Ev. Joh. III, 5). Kant hat vermutlich die dritte Auflage der Bibelübersetzung von Luther aus dem Jahre 1734 benutzt. Diese Auflage dürfte im Religionsunterricht des „Collegium Fridericianum", das vom damaligen Pietismus bestimmt

---

[2] Felix Groß: Kant. Laienbrevier, Berlin 1909, Seite 211.

war und das Kant als Schüler besucht hat, verwendet worden sein. „Das Alte und das Neue Testament standen beim Lehrstoff im Vordergrund, und der Wahlspruch dieser Schule war ‚Die Ehrfurcht vor Gott ist das Fundament aller Tugenden'".³ Jede Religionsstunde begann mit einem Gebet. Später gehörte zu Kants Aufnahme als Student in die Universität auch eine Prüfung, in der „die ersten dreißig Kapitel des 1. Buches Mose im Hebräischen beherrscht und zwei Evangelien in der griechischen Sprache gut gekannt werden mussten"⁴. Das waren gute Voraussetzungen, die Kants uneingeschränkte Anerkennung der Bibel für alle Zukunft prägten: „Ich habe meine große Hochachtung für die biblische Glaubenslehre im Christentum unter anderem auch durch die Erklärung ... bewiesen, dass die Bibel von mir darin als das beste vorhandene zur Gründung und Erhaltung einer wahrhaft seelenbessernden Landesreligion auf unabsehbare Zeiten taugliche Leitmittel der öffentlichen Religionsunterweisung angepriesen wird" (VII 9).

Für viele Leser gilt die Philosophie Kants dennoch eher als Freiheitslehre, denn als solche „haben die Zeitgenossen sie begrüßt und hat sich ihr Wirken immer bewährt".⁵ Es gehört für Kant zur Freiheit des Menschen, „seine Gedanken, seine Zweifel, die man sich nicht selbst ausräumen kann, öffentlich zur Beurteilung zu stellen, ohne deswegen als ein unruhiger und gefährlicher Bürger verschrieen zu werden. Dies liegt schon im ursprünglichen Recht der menschlichen Vernunft, ... worin ein jeder seine Stimme hat; und da von dieser alle Besserung, deren unser Zustand fähig ist, herkommen muss, so ist ein solches Recht heilig und darf nicht geschmälert werden" (III 492). Welcher Begriff auch den Ausschlag geben mag, die Philosophie Kants enthält sehr wohl auch Aussagen über solche Dinge, die ausschließlich mit den Sinnen, also a posteriori, erkannt werden können, wenn auch nicht in der Hauptsache. Ein Blick in das Inhaltsverzeichnis des vorliegenden Buches zeigt im übrigen die große Spannweite und Vielfalt

---

3   Museum der Stadt Königsberg (Hrsg.): Immanuel Kant. Katalog zur Ausstellung anlässlich des 200. Todestages, Duisburg 2004, Seite 101.
4   Museum der Stadt Königsberg, a.a.O., Seite 108.
5   Julius Walter: Zum Gedächtnis Kants, in: Universität Königsberg (Hrsg.): Zur Erinnerung an Immanuel Kant, Halle/Saale 1904, Seite 5.

der Philosophie Immanuel Kants, die sich auch auf andere als religiöse oder Fragen der Freiheit erstreckt. „Was kann ich wissen? Was soll ich tun? Was darf ich hoffen?" (III 522), das sind die Fragen, die im Hintergrund stehen, die später noch um eine vierte Frage ergänzt wurden: „Was ist der Mensch?", um „das Feld der Philosophie in weltbürgerlicher Bedeutung" (IX 25) zu vervollständigen.

„Jeder philosophische Denker baut sozusagen auf den Trümmern eines anderen sein eigenes Werk, nie aber ist eines zustande gekommen, das in allen seinen Teilen beständig gewesen wäre" (IX 25). „Wahre Philosophie ist es, die Verschiedenheit und Mannigfaltigkeit einer Sache durch alle Zeiten zu verfolgen" (IX 162). Vielleicht nicht durch alle Zeiten, aber beginnend mit Sokrates hat Kant die Philosophie verfolgt. Das zeigt die „Tabula philosophica", die im Katalog zur Ausstellung anlässlich des 200. Todesjahres von Immanuel Kant enthalten ist (Seiten 152-153). Die „Tabula" ist im vorliegenden Buch als Abb. 2 am Schluss beigefügt und zeigt diejenigen Philosophen (von Sokrates bis Garve) und deren Hauptwirkungsstätten, mit deren Werken sich Kant in seinem eigenen Werk auseinander gesetzt hat. „Zu Kants Text gehört dessen historischer und geographischer Kontext."[6]

Eine weitere sehr große Schriftmenge, die Kant zu lesen hatte, waren die zahlreichen Reisebeschreibungen, die ihm die Kenntnisse der Welt brachten und die zu seiner über die Grenzen der Fakultät hinaus beliebtesten Vorlesung über die „Physische Geographie" führten. „Immer wieder hat man sich darüber lustig gemacht, dass Kant Ostpreußen nie verlassen, nicht wie andere bedeutende Persönlichkeiten große Reisen gemacht hat. Zum einen war Kant in seiner Jugend nicht vermögend genug, größere Reisen zu unternehmen, zum anderen nahm er stets Rücksicht auf seine Gesundheit, die nicht die beste war. Vor allem aber sah er seine Vaterstadt als hinreichend an, Welt- und Menschenkenntnis zu erwerben"[7], was Kant auch selber in einer Anmerkung zu seiner „Anthropologie in pragmatischer Hinsicht" bestätigt (vgl. VII 120-121). Seine eigene Aussage „ohne Kennt-

---

[6] Frankfurter Allgemeine Zeitung, 26.07.2004, Seite 33.
[7] Museum der Stadt Königsberg, a.a.O., Seite 132.

nisse wird man nie ein Philosoph" (IX 25) hat Kant sehr ernst genommen, und man fragt sich, wann er – abgesehen von der Arbeit an seiner eigenen Philosophie – auch noch die sehr vielen fremden Schriften gelesen hat. Eine Voraussetzung dafür war sicher sein auf das strengste geregelter Tagesablauf von „fünf Minuten vor fünf morgens" bis „pünktlich um zehn Uhr abends".[8] Kant hat nicht nur viel geschrieben, er war auch ein sehr eifriger Leser. Dass er nur über eine „relativ kleine Bibliothek"[9] verfügt haben soll, ist schwer einzusehen.

Die Erkenntnisse und Ratschläge Kants, wie überhaupt der großen Philosophen, können bleibende Lebensorientierung geben, die weit über den Tagesbedarf hinaus gehen. „Die freie Unterwerfung unter das Sittengesetz ist die Pflicht, und ihr gilt der philosophische Hymnus, den Kant von der Höhe seines Denkens aus an die Menschen gerichtet hat."[10] Bei Kant ist der Zuspruch zu seiner Philosophie so groß wie sonst bei kaum einem anderen Philosophen. Nach einer schriftlichen Befragung aus den Jahren 1994/95 nannte ihn die Mehrheit der befragten deutschen Hochschullehrer und Hochschullehrerinnen für Philosophie denjenigen Philosophen, an dessen Richtung sie sich orientieren[11]. Das war natürlich nur eine Momentaufnahme. Zu anderen Zeiten und in anderen Ländern dürften sich vermutlich andere Ergebnisse zeigen, denn „es gibt keinen klassischen Autor der Philosophie" (VIII 219). „Wir können der wegweisenden Kraft schlechthin nicht entbehren, mit der in gleichem Maße die schlichte und doch so tiefe Lebensweisheit Kants wie die unnachlässige Strenge und Wahrhaftigkeit seines Denkens das Fortschreiten der Menschheit zu fördern vermag. Nicht im entferntesten sind wir zu der Hoffnung berechtigt, dass in absehbarer Zeit ein anderer Gedankenbau in einigender, die Menschheit innerlich verbindender Kraft die grundlegenden Lehren der Philosophie Kants abzulösen bestimmt sein könnte."[12] Und „die Kant-Gesellschaft ... geht zugleich

---

8   Museum der Stadt Königsberg, a.a.O., Seite 182.
9   Museum der Stadt Königsberg, a.a.O., Seite 73.
10 Walter, a.a.O., Seite 12.
11 Momme von Sydow et al. (Hrsg.): Studienführer Philosophie, Sankt Augustin 1996.
12 Walter, a.a.O., Seite 4.

davon aus, dass ein Staat und eine Gesellschaft sich selbst ehren, wenn sie den Großen der eigenen Geschichte ihren Respekt erweisen."[13]

Dennoch kam und kommt es zu Kants Philosophie zu Missdeutungen, wie beispielsweise zum kategorischen Imperativ, so dass seine Philosophie auch Gegner hat, zumindest zu Teilen davon. Uneingeschränkte Zustimmung hat keine Philosophie erlangt. Auch Platon, Aristoteles und die anderen großen Philosophen mussten sich von je her Kritik gefallen lassen. Welcher großen Weltreligion ist es je anders ergangen? Immer, wenn es für Menschen zu glauben gilt, und das ist auch in der Philosophie der Fall, dann gehen die Meinungen auseinander. Ob es jemals wenigstens zwei Menschen gibt, die in allen ihnen sich stellenden Fragen, deren Antwort nur im Glauben besteht, stets das gleiche glauben? „Es bleibt immer ein Skandal der Philosophie und allgemeinen Menschenvernunft, das Dasein der Dinge außer uns (von denen wir doch den ganzen Stoff zu Erkenntnissen selbst für unseren inneren Sinn her haben) nur auf Grund von Glauben annehmen zu müssen" (III 23). Und damit hängt die Frage eben untrennbar zusammen „ob nun Weisheit von oben herab dem Menschen (durch Inspiration) eingegossen, oder von unten hinauf durch innere Kraft seiner praktischen Vernunft erklimmt werde" (VIII 441). Es ist jedoch keine Frage, dass Kant dem unteren Weg, der der schwerere, aber nachprüfbare ist, den Vorzug gab. Wer von den vielen Autoren der Sekundärliteratur als erster Kant das Attribut der „kopernikanischen Wende" gab, ist nicht bekannt. Er selbst gab dazu allerdings den Anlass mit seiner Fußnote im Vorwort der zweiten Auflage der „Kritik der reinen Vernunft", die hier aufgenommen ist (vgl. III 14-15).

„Es ist gut" waren die letzten Worte von Immanuel Kant, bevor er starb. Irgendwie erinnern sie an die letzten Worte von Sokrates, der darum bat, Äskulap, dem griechischen Gott der Heilkunst, einen Hahn zu opfern als Dank für das nun von ihm beendete nicht leichte Leben.

2. *Ziel des Buches* ist es, die Philosophie Immanuel Kants einem breiteren Leserkreis zugänglich zu machen, ohne dass alle seine Schriften vollständig

---

[13] Gerhard Funke: Vorwort im Katalog der Ausstellung „Immanuel Kant" im Gutenberg-Museum, Mainz, 12.03. bis 10.04.1974.

gelesen werden müssten. „Dieses Buch hat keine andere Hoffnung, gelesen zu werden, als diejenige, die es auf seine Kürze baut; es wird also dem Leser leicht sein, sich seinen Inbegriff selber bekannt zu machen" (I 15) schreibt Kant in der Vorrede seiner „Gedanken von der wahren Schätzung der lebendigen Kräfte". Im übertragenen Sinne kann das auch für das vorliegende Buch gelten, zu dem eine vergleichbare Veröffentlichung nicht ausfindig gemacht werden konnte. Allerdings sind mehr oder weniger ähnliche Schriften in der Vergangenheit bereits veröffentlicht worden.[14] Diesen gemeinsam ist – anders als in vorliegendem Falle – eine Zuordnung der ausgewählten Kant-Stellen zu bestimmten Themen. Dadurch konnten solche Zitate, die sich den Themen nicht zuordnen ließen, auch nicht in diese Schriften aufgenommen werden. Deshalb mussten viele wichtige Stellen – die im vorliegenden Text enthalten sind – in den früheren Veröffentlichungen unberücksichtigt bleiben. Dennoch sind die in der Vergangenheit bereits veröffentlichten ähnlichen Schriften sehr zur Lektüre zu empfehlen, zumal sie dasselbe Ziel verfolgen, die Philosophie Immanuel Kants einem breiteren Leserkreis zugänglich zu machen. Mehr als nur ein Ersatz für die hier fehlende thematische Zuordnung der ausgewählten Zitate ist das Namen- und Sachverzeichnis am Schluss des Buches.

Ernst Cassirer berichtet, Goethe habe gesagt, „dass es ihm, wenn er eine Seite im Kant lese, immer zumute sei, als ob er in ein helles Zimmer eintrete".[15] Goethe selber machte deutlich, worin für ihn die Bedeutung Kants lag: „Ich danke der kritischen und idealistischen Philosophie, dass sie mich auf mich selbst aufmerksam gemacht hat; das ist ein ungeheurer Gewinn. ... Kant ist der vorzüglichste, ohne allen Zweifel. Er ist auch derjenige, dessen Lehre sich fortwirkend erwiesen hat und die in unsere deutsche Kultur am tiefsten eingedrungen ist."[16] Möge das vorliegende Buch möglichst viele

---

[14] - J. G. Rätze: Kantische Blumenlese, 2 Bände, Zittau und Leipzig 1799 bzw. 1801.
- Julius Frauenstädt: Immanuel Kant. Lichtstrahlen aus seinen Werken, Leipzig 1872.
- Raoul Richter: Kant-Aussprüche, Leipzig 1901.
- Felix Groß: Kant: Laienbrevier, Berlin 1909.
- Johannes Pfeiffer (Hrsg.): Kant-Brevier, Hamburg 1947.
[15] Ernst Cassirer: Kants Leben und Lehre, Darmstadt 1994, Seite 149.
[16] Museum der Stadt Königsberg, a.a.O., Seite 169.

dazu anregen, sich mit dieser Philosophie mehr vertraut zu machen, und wenn es auch nur darum ginge, was das Motto verspricht (vgl. II 368), oder auch als „Ausdruck der Verehrung, die unser Volk seinem größten Denker schuldet und die die gegenwärtige Generation auf die nachfolgende zu übertragen wünscht".[17] Die dafür aufzuwendende Zeit ist nie verloren. „Die wissenswürdigen Dinge häufen sich zu unseren Zeiten. Bald wird unsere Fähigkeit zu schwach und unsere Lebenszeit zu kurz sein, nur den nützlichsten Teil daraus zu fassen. Es bieten sich Reichtümer im Überfluss dar, die einzunehmen wir manchen unnützen Plunder wieder wegwerfen müssen" (II 57). Was schon für die Zeit Kants galt, wieviel mehr gilt das für uns Heutige! Zum „unnützen Plunder", den es wegzuwerfen gilt, zählen für Kant auch solche Texte (Fernsehen und Internet gab es ja noch nicht!), die schon einen Tag nach ihrer Lektüre wieder vergessen werden, weil sie völlig unwichtig sind. „Unsere Lesewelt von verfeinertem Geschmack wird durch vergängliche Schriften immer im Appetit, selbst im Heißhunger zur Leserei (eine Art von Nichtstun) erhalten, nicht um sich zu kultivieren, sondern um zu genießen. Dabei bleiben die Köpfe immer leer, und keine Übersättigung ist zu befürchten. Die Leser geben ihrem geschäftigen Müßiggang den Anstrich einer Arbeit und spiegeln sich in demselben einen würdigen Zeitaufwand vor, der doch um nichts besser ist als jener, den das Journal des Luxus und der Moden dem Publikum anbietet" (VII 233).

Wer die Philosophie Kants einem breiteren Leserkreis zugänglich machen möchte, was das erklärte Ziel des vorliegenden Buches ist, der sollte sich auch darum bemühen, die Kant schon sprichwörtlich nachgesagten textlichen Lesehürden zu verringern. Kant vollständig zu lesen, erfordert viel Zeit, wenn man dessen Gedanken ganz kennen lernen will. Ob man sie auch im letzten versteht, ist eine andere Sache. Je langsamer man sie liest, um so schneller wird man sie verstehen; je schwerer man sie nimmt, um so leichter werden sie erscheinen. Kant langsamer zu lesen als Texte normalerweise gelesen werden, erfordert manchmal Geduld. Methoden des schnellen Lesens sind bei ihm fehl am Platz. Ein Buch ist schließlich nicht so dick wie die Zahl seiner Seiten. Vielmehr muss man es nach

---

[17] Walter, a.a.O., Seite 5.

der Zeit messen, die man benötigt, um es zu verstehen, wie es bei Kant in seinem Vorwort zur ersten Auflage der „Kritik der reinen Vernunft" sinngemäß so treffend gesagt ist. Aber selbst das, was von seinem Denken leicht verstanden wird, ist noch sehr viel. Einen Königsweg zu diesem Denken gibt es nicht. Im Gegenteil, seine Erschließung ist Kärrnerarbeit. Am besten liest man seinen Originaltext, der aber für manchen Leser wegen des alten, heute nicht mehr gebräuchlichen Deutsch befremdlich ist. Für das vorliegende Buch wurde deshalb weitestgehend die aktuelle deutsche Rechtschreibung nach dem Duden (22. Auflage, Mannheim 2000) angewendet. Der Text entspricht also dieser Rechtschreibung. An vielen Stellen, um einige Beispiele der sprachlichen Änderungen zu nennen, wurde aus dem bei Kant benutzten Nominativ dessen heute benutzte Form verwendet (z. B. I 28: die geschossenen anstatt die geschossene Kugeln), die Dativ-e häufig gestrichen (z. B. I 7: dem Urteil anstatt dem Urteile) und die vollen statt der gekürzten Endungen geschrieben (z. B. glücklicheren anstatt glücklichern). Auch mussten aus heutiger Sicht an manchen Stellen ein Komma hinzugefügt und die bei Kant üblichen Abkürzungen der neuen Schreibweise angepasst werden (z. B. usw. anstatt u.s.w.).

In den Schriften von Kant gebrauchte Wörter, die dem moderneren Sprachgebrauch nicht mehr entsprechen, wurden hier mit Hilfe des „Deutschen Wörterbuches" von Jacob und Wilhelm Grimm (10. Auflage 1999) und dem Handbuch „Sag es treffender" von A.M.Textor (Reinbek bei Hamburg 1972) unter Beibehaltung gewisser Eigenheiten Kants dem moderneren Sprachgebrauch näher gebracht, auch dann, wenn es gemäß Duden nicht erforderlich gewesen wäre (z.B. anstatt z.E. oder d.h. anstatt d.i.). Manchmal war auch ein vergleichender Blick in die von Wilhelm Weichedel herausgegebene Werkausgabe zu Kant (Frankfurt/Main 1996) als Entscheidungshilfe geeignet. Trotz aller hier vorgenommenen sprachlichen Veränderungen zur Erleichterung des Verständnisses der Sprache Kants dürfte es dennoch erforderlich bleiben, dass manche seiner Zitate mehr als einmal gelesen werden müssen. „In der Philosophie ... haben die Worte ihre Bedeutung durch den Redegebrauch. ... Weil aber bei sehr ähnlichen Begriffen, die dennoch recht Unterschiedliches aussagen, oft dieselben Worte gebraucht werden, muss man hier bei jedesmaliger

Anwendung dieses Begriffs, wenngleich die Benennung desselben nach dem Redegebrauch übereinstimmend scheint, mit großer Behutsamkeit klären, ob wirklich einerlei Begriff hier mit demselben Zeichen verbunden wurde" (II 284 – 285). Diese Mahnung Kants wurde bei keiner Begriffsaktualisierung vergessen. Besonders störend ist das von Kant sehr häufig benutzte Wort „gemein" (z. B. V 293 der gemeine Menschenverstand), was in heutigem Sinne „allgemein" o. ä. bedeutet. Anstatt von der Philosophie spricht Kant auch häufig von der „Weltweisheit" oder anstatt vom Gegenstand von der „Materie" z.B. einer Untersuchung. Derselbe Begriff oder dasselbe Wort wurde nicht immer durch dasselbe im heutigen Sprachgebrauch übliche Wort ersetzt. Je nach dem Sinn der Aussage wurde z.B. für „allhier" sowohl „dazu", „daher" oder „hier" geschrieben.

Von Kant verwendete Begriffe, die nicht jedem Leser unbedingt bekannt sein müssen, aber auch in heutiger Zeit unverändert gültig sind, wurden durch Fußnoten auf der selben Seite in diesem Buch kurz erläutert, obwohl „Erläuterungen das Bitterste, Zeitraubendste, am meisten vom Glück Abhängende sind, was es in einer Edition gibt"[18]. Genutzt wurden dafür das „Kant-Lexikon" von Rudolf Eisler[19] und das „Wörterbuch zum leichteren Gebrauch der kantischen Schriften" von Carl Christian Erhard Schmid[20]. Die Nutzung der Anmerkungen zu den Bänden I – IX der Akademie Textausgabe hätte zwar näher gelegen, diese Anmerkungen gelten jedoch ganz überwiegend solchen Stellen der Schriften Kants, die in das vorliegende Buch wegen ihrer besonderen Verständnis-Schwierigkeiten in der Regel nicht aufgenommen wurden. Wer allerdings die Schriften Kants im Original lesen möchte, ist gut beraten, auch die Anmerkungen zu den Bänden I – IX der Akademie Textausgabe zum besseren Verständnis möglichst vollständig heranzuziehen (also jeweils: Einleitung, Sachliche Erläuterungen, Lesarten sowie Orthographie, Interpunktion und Sprache).

---

[18] Gerhard Lehmann: Vorbemerkungen zum Anmerkungsteil der Akademie Textausgabe, Berlin 1977, Seite XVII.
[19] Rudolf Eisler: Kant-Lexikon, 4., unveränderter Nachdruck der Ausgabe Berlin 1930, Hildesheim 1994.
[20] Carl Christian Erhard Schmid: Wörterbuch zum leichteren Gebrauch der Kantischen Schriften, 3. Auflage, Darmstadt 1996.

Wenn ein ausgewählter Gedanke hier nicht in seiner Originalform aus dem Text von Kant übernommen wurde, weil z. B. der Satz dort länger oder die Wortstellung eine andere ist, dann wurde so geändert, dass die Aussage hier so weit wie möglich zu einem eigenständigen Satz wurde, „ohne ein vorne und hinten und ohne ein zuerst und dann", wie es in der ursprünglichen Verlagsankündigung zum vorliegenden Buch schon gesagt ist. Um dieses Ziel zu erreichen, mussten gelegentlich ganze Satzteile aus dem Text bei Kant ausgelassen werden, was durch Setzung von ... gekennzeichnet wurde. Eine Sinnveränderung bedeutet das in keinem Falle. Es verbessert aber die Lesbarkeit und erleichtert das Verständnis. In Klammern stehende deutsche Wörter bei Kant stehen auch hier in Klammern. Da zu jedem ausgewählten Gedanken zum Schluss, in eine Klammer gesetzt, die Band- und Seitenzahl der Akademie Textausgabe angegeben ist, kann dort stets der gesamte Originalwortlaut eingesehen werden.

„Die zahlreichen, immer steigenden Versuche, Kant in alle Weltsprachen zu übersetzen oder seine Schriften durch Satz- und Wortänderungen ‚lesbarer' zu machen, hätten ein philologisches Kantstudium zur Voraussetzung. Sonst sollte man derartiges nicht versuchen. Aber man versucht es."[21] Dazu kann man nur sagen, ein Glück, dass es immer wieder versucht wird! Wenn es nicht gelingt, eines Tages das gesamte Werk Kants in eine modernere deutsche Sprachfassung zu übertragen, dann könnte es am Ende so kommen, dass man den bedeutendsten deutschen Philosophen in eine andere Sprache, z. B. ins Englische, übersetzt besser lesen kann. Vor welchem wissenschaftlichen Problem hierbei die Fachwelt steht, insbesondere die Philologie, das wird jedem klar, der sich vorhandene Versuche von Übertragungen der Werke Kants in modernes Deutsch ansieht, auch dann, wenn diese anfänglich noch tastend sind (z. B. Wilhelm Stapel: Kants Kritik der reinen Vernunft – ins Gemeindeutsche übersetzt, Hamburg 1919). Anders als ein Versuch in dieser Hinsicht soll auch vorliegendes Buch nicht verstanden werden. Dass Kant selber solchen Versuchen widersprochen hätte, ist kaum anzunehmen. Denn „verdienten Männern, die mit der Gründlichkeit der Einsicht noch das Talent einer lichtvollen Darstellung (dessen ich mir

---

[21] Lehmann, a.a.O., Seite XIX.

eben nicht bewusst bin) so glücklich verbinden, überlasse ich, meine in Ansehung der letzteren hin und wider etwa noch mangelhafte Bearbeitung zu vollenden; denn widerlegt zu werden, ist in diesem Fall keine Gefahr, wohl aber, nicht verstanden zu werden" (III 25). Und „es ist zwar nicht jedermann gegeben, so subtil und doch zugleich so anlockend zu schreiben wie *David Hume* oder so gründlich und dabei so elegant wie *Moses Mendelssohn*; allein Popularität hätte ich meinem Vortrag (wie ich mir schmeichele) wohl geben können, wenn es mir nur darum zu tun gewesen wäre ... und mir nicht das Wohl der Wissenschaft, die mich so lange beschäftigt hielt, am Herzen gelegen hätte" (IV 262). Das klingt so, als ob er seine Philosophie zwar allgemeinverständlicher hätte mitteilen können, aber dafür auf „das Wohl der Wissenschaft" verzichtet hätte. Denn er hielt es nicht für notwendig, dass „jeder Metaphysik studieren muss und, dass es manches Talent gibt, „das in gründlichen und selbst tiefen Wissenschaften, die sich mehr der Anschauung nähern, gut zurechtkommt" (IV 263).

Die „Gefahr ... nicht verstanden zu werden" hat Kant also selber gesehen und dies auch an anderen Stellen seiner Werke mehr oder weniger deutlich zum Ausdruck gebracht. Er hat es ausdrücklich der Nachwelt überlassen, seiner „hin und wider noch mangelhaften Bearbeitung" eine „lichtvolle Darstellung" zu geben.

Die fehlende „lichtvolle Darstellung" ist nicht Kant alleine anzulasten. Manches hat sich auch in den letzten 200 Jahren an der deutschen Sprache geändert. Noch vor ca. 100 Jahren galt das kantische Sprachproblem nicht als so gravierend, wie es heute ist. Denn Kant „selber befleißigt sich eines korrekten, durchsichtigen Stiles, dessen Charakter von Schopenhauer als eine ‚glänzende Trockenheit' bezeichnet und mit dem Stile des Aristoteles verglichen worden ist. ... Gerade diese Korrektheit seines Stiles erhebt unseren Philosophen hoch über sein Jahrhundert"[22].

Die Wandlungen des Sprachgebrauchs bei Kant und die Veränderungen seines Wortschatzes waren und sind immer wieder Gegenstand von Untersuchungen. „Die einen klagen ärgerlich, dass man genötigt sei, Kants

---

[22] Wilhelm Uhl: Wortschatz und Sprachgebrauch bei Kant, in: Universität Königsberg (Hrsg.): Zur Erinnerung an Immanuel Kant, Halle/Saale 1904, Seite 175.

lange Sätze wieder und wieder zu lesen, um sie überblicken und verstehen zu können. ... Anderseits gilt es als Ehrensache, unseren Philosophen von der Anschuldigung, rhetorische Gruppierung oder doch wenigstens ‚dialektische Begriffskünste' zur Beweisführung verwendet zu haben, freizusprechen. Man rühmt die Strenge, die körnige Art seines Denkens, die hohe Idealität seines sittlichen Pathos ... Jacob Grimm lässt also die Ansicht durchblicken, und wir müssen ihr unbedingt beipflichten – dass eigentlich zu jedem philosophischen Autor ein Spezialwörterbuch anzufertigen sei. Selbstverständlich müssten alle Stellen, und zwar die ganzen Stellen, an denen der fragliche Ausdruck vorkommt, chronologisch geordnet, unter den betreffenden Stichwörtern gesammelt auftreten. Damit ist es aber ausgesprochen, ein wie geringer Wert nur, relativ wenigstens, auch den besten unter den allgemeinen philosophischen Lexika beizumessen sei. ... Für Kant ist diese Arbeit noch nicht geleistet".[23]

Elfi Meier hat im Zusammenhang mit dem gesamten Lektorat des Buches maßgeblich auch das manchmal schwierige Deutsch Kants dem heutigen Sprachgebrauch näher gebracht, ohne dass dadurch der Sinn verändert wurde. Sie folgte damit dem Ziel des Aristoteles, „Klarheit und leichte Fasslichkeit" (Nikomachische Ethik 1108a) zu erreichen. Hierin steckt eine Arbeit, die nur derjenige ermessen kann, der sich darin einmal versucht hat, wie folgendes Beispiel aus der „Kritik der reinen Vernunft" (III 132) zeigen könnte:

Ein Arzt daher, ein Richter oder ein Staatskundiger kann viel schöne pathologische, juristische oder politische Regeln im Kopfe haben in dem Grade, daß er selbst darin ein gründlicher Lehrer werden kann, und wird dennoch in der Anwendung derselben leicht verstoßen, entweder, weil es ihm an natürlicher Urtheilskraft (obgleich nicht am Verstande) mangelt, und er zwar das Allgemeine in abstracto einsehen, aber ob ein Fall in concreto darunter gehöre, nicht unterscheiden kann, oder auch darum, weil er nicht genug durch Beispiele und wirkliche Geschäfte zu diesem Urtheile abgerichtet worden. Dieses ist auch der einige und große Nutzen der Beispiele: daß sie die Urtheilskraft schärfen

---

[23] Uhl a.a.O., Seiten 167–169.

Daraus wurde für das vorliegende Buch:

Ein Arzt, ein Richter oder ein Staatskundiger kann so viele schöne pathologische, juristische oder politische Regeln im Kopf haben, dass er darin ein gründlicher Lehrer werden kann, und dennoch wird er in der Anwendung dieser Regeln leicht Fehler machen, weil es ihm entweder an natürlicher Urteilskraft (obgleich nicht an Verstand) mangelt und er zwar das Allgemeine in abstracto einsehen, aber nicht unterscheiden kann, ob ein Fall in concreto darunter gehört, oder weil er nicht genug durch Beispiele und wirklichen Einsatz zu diesem Urteil unterrichtet wurde. Hier zeigt sich der einhellige und große Nutzen der Beispiele: dass sie die Urteilskraft schärfen.

Aus „wirkliche Geschäfte" wurde, dem heutigen Sprachgebrauch näher gelegen, „wirklichen Einsatz". Solche sprachlichen Änderungen, die oft noch sehr viel weiter gehen, ohne dass sie den Sinn verändern, die allerdings bei manchen, besonders kürzeren, Zitaten auch gar nicht notwendig waren, erfordern manchmal längeres Nachdenken. „Bei dem großen Reichtum unserer Sprachen ist doch oft der denkende Kopf um den Ausdruck verlegen, der seinem Begriff genau angepasst ist und in dessen Ermangelung er sich weder anderen noch sogar sich selbst recht verständlich machen kann" (III 245). Außer der Annäherung des Kant-Textes an den heutigen Sprachgebrauch hat die Umformulierung im vorliegenden Buch ferner den Vorteil der modernen Schriftart.

So dürften auch die Kant-Gesellschaft und jeder, der die Philosophie Kants verbreiten möchte, ein großes Interesse daran haben, dass Kants Werke auch für Leser, die nicht Kant-Forscher sind, und für ein breiteres, den Umkreis der Universitäten überschreitendes Publikum zugänglich werden. Zum Trost für alle, die die sprichwörtliche Lesehürde bei Kant doch einmal überwinden, sei gesagt, dass bei längerem Beschäftigen mit den Schriften die Sprache zuletzt kaum noch stört, sondern es nur noch um die Inhalte geht.

Mit dem vorliegenden Buch wird also versucht, eine Reihe von Hindernissen bei der Lektüre der Philosophie Kants aus dem Wege zu räumen, auch wenn es nur kurze Auszüge sind, die nicht frei von subjektivem

Empfinden ausgewählt wurden. „Der Ausgang von Versuchen entspricht nicht immer den Vermutungen. Wenn aber die Versuche nicht lediglich eine Sache des Ungefährs sein sollen, so müssen sie durch Vermutung veranlasst werden" (II 187) und „eine jede Verminderung der Hindernisse einer Tätigkeit ist Beförderung dieser Tätigkeit selbst" (V 79). Die „Tätigkeit", um die es hier geht, ist eine geistige, nämlich Kant leichter zu verstehen; woran ihm wohl selbst viel gelegen haben dürfte. Denn er schloss sich der Forderung an, „eine jede philosophische Lehre müsse ... zur Popularität (einer zur allgemeinen Mitteilung hinreichenden Versinnlichung) gebracht werden können". Das räumte er sogar gern ein, allerdings „mit Ausnahme des Systems einer Kritik des Vernunftvermögens selbst. ... Dieses kann nie populär werden" (VI 206). Diese, von Kant selbst genannte Einschränkung für seine drei Kritiken muss aus noch anderen Gründen auch generell erweitert werden. Es könnte nämlich Leser und Leserinnen geben, die nicht alle Voraussetzungen mitbringen, Kant auf sämtlichen von ihm bearbeiteten Gebieten, insbesondere den „übersinnlichen Gegenständen unserer Erkenntnis" (also den Erkenntnissen a priori), folgen zu können.

3. *Aufbau und Inhalt des Buches* orientieren sich an der Reihenfolge der Schriften in Kants Werken. Man kann das Buch als eine Art allgemein verständliche Auswahl, gewissermaßen als Kurzfassung der Philosophie Kants ansehen, auch wenn nicht alles seiner schriftlichen Hinterlassenschaft einbezogen wurde, was eigentlich der Fall hätte müssen, denn: „Man kann vor allem Irrtum gesichert bleiben, wenn man sich da nicht unterfängt zu urteilen, wo man nicht so viel weiß, wie zu einem bestimmenden Urteil erforderlich ist. Also ist Unwissenheit an sich die Ursache zwar der Schranken, aber nicht der Irrtümer in unserer Erkenntnis" (VIII 136). Vielleicht wird diese Arbeit später einmal nachgeholt. In der hier getroffenen Beschränkung auf die wichtigsten Schriften Kants liegt jedoch kein ergebnisloses Unterfangen. Die hier ausgewählten Sätze stehen nicht in einem durchgehenden, aber im geordneten Zusammenhang der reproduzierenden Darstellung und bringen Höhepunkte des Inhalts zum Ausdruck. Jedes einzelne Zitat ist selbstständig und nicht wertlos, weil der durchgehende Zusammenhang fehlt. Es regt zum selbstständigen

Weiterdenken an. Es kann Lesende bestätigen oder auch betroffen machen. Nicht zuletzt kann es auch Diskussionen und den Dialog auslösen und damit das Philosophieren fördern.

Das Buch soll einen Inbegriff der Philosophie Kants vermitteln, wenn die Zeit fehlt, seine Werke alle zu lesen. Da aber Kürze eines Textes nicht unbedingt auch leichte Verständlichkeit bedeutet, sind hier solche Gedanken aus den wichtigsten Schriften Kants ausgewählt worden, die von philosophischem Interesse sind, aber keine besonderen Voraussetzungen für das Verständnis erforderlich machen. Das sind in vorliegender Schrift etwa 5 % des Gesamttextes der Werke. Damit ist jedoch der Nachteil verbunden, dass man weniger vom methodischen Vorgehen Kants bei seiner Philosophie erfährt. „Wir werden zum Behuf der Übung im Selbstdenken oder Philosophieren mehr auf die Methode unseres Vernunftgebrauchs zu sehen haben als auf die Sätze selbst, zu denen wir durch diese Methode gekommen sind" (IX 26). Das zu erfahren, ist nur durch eigene Lektüre der Schriften Kants möglich, wozu allerdings nicht nur Zeit erforderlich ist.

Völlig verzichtet wurde auf die „Methode unseres Vernunftgebrauches" im vorliegenden Buch jedoch nicht, wie es beispielsweise der Satz der Identität und der Satz des Widerspruchs zeigen (vgl. II 294). Beide Sätze „zusammen machen die obersten und allgemeinen Grundsätze im formalen Sinn der ganzen menschlichen Vernunft aus" (II 294), und „alle analytischen Urteile beruhen gänzlich auf dem Satz des Widerspruchs und sind ihrer Natur nach Erkenntnisse a priori" (IV 267).

Genutzt wurden hier die 1968 als Nachdruck erschienenen Bände I-IX der Akademie Textausgabe von 1902/10 mit allen darin in deutscher Sprache enthaltenen besonders wichtigen Schriften Kants, die seit 1747 entstanden sind. Die von Kant in lateinischer Sprache verfassten Texte wurden hier nicht berücksichtigt. Reihenfolge und Titel der Schriften entsprechen hier der Akademie Textausgabe. Auf kurze Einleitungen in die Schriften wurde verzichtet. Das haben die Bearbeiter der Schriften Kants mit großem Sachverstand und nicht nur in Kürze schon vorweggenommen, die in den beiden Anmerkungsbänden der Akademie Textausgabe auch veröffentlicht sind. Die einbezogenen Schriften tragen im Inhaltsverzeichnis des vorliegenden Buches die Originaltitel, wie sie auch in der Akademie Textausgabe wiedergegeben sind; allerdings nicht die Langform zu Beginn jeder Schrift, sondern die jeweilige Kurzform in der Kopfleiste der Buchseiten. In einigen wenigen Fällen sind auch diese – allerdings sehr geringfügig – hier noch weiter verkürzt worden. Die Titel der Schriften Kants und deren zeitliche Reihenfolge – nach denen hier anstatt nach Themen gegliedert ist – sind sehr genau auf den Inhalt jeder einzelnen Schrift abgestellt und geben ein zutreffendes Bild vom jeweiligen Inhalt.

In krassem Gegensatz zu den extrem kurzen Titeln der platonischen Dialoge, die so gut wie nichts über den Inhalt eines Dialogs aussagen, sind die vollständigen Titel der kantischen Schriften manchmal sehr lang und lassen deutlich die Thematik der jeweiligen Schrift erkennen. Es handelt sich bei den hier genutzten Quellen nur um Kants wichtigste Schriften aus seinen Werken, also um seine wissenschaftlichen Arbeiten, die von ihm selbst oder in seinem ausdrücklichen Auftrag veröffentlicht worden sind. Kant hat allerdings weder eine maßgebende Ausgabe „letzter Hand" von seinen Werken geliefert, noch selbst den Druck der einzelnen Werke überwacht. Unberücksichtigt blieben neben seinen darin in lateinischer Sprache veröffentlichten Schriften auch sein Briefwechsel, der handschriftliche Nachlass und die noch zu seinen Lebzeiten erschienenen Vorlesungen. Insgesamt umfassen alle vier Abteilungen 23 Bände. Die inzwischen erschienenen Nachfolge-Bände (Bände 24 ff) der Akademie Textausgabe sind Vorlesungsniederschriften seiner Schüler.

Die ausgewählten Gedanken, die unmittelbar einsichtig sind, stellen Schlüsselaussagen zu dem jeweiligen Thema der Schrift dar. Sie werden, wenn sie gelesen werden, verstanden und zugleich in ihrem Wahrheitsgehalt eingesehen. Im näheren Umfeld eines Zitates sind in aller Regel weitere Aussagen zum Sachverhalt der ausgewählten Stelle zu finden. Dass dennoch eine Verkürzung nur den Reichtum und die Vielseitigkeit, nicht aber die eigentlichen Tiefen des kantischen Gedankenbaus erschließen kann, versteht sich von selbst.

Wenn ein Gedankengang Kants im Sinne der vorstehenden Darlegungen in das Buch hätte aufgenommen werden können, aber zu lang war, dann musste er leider ausscheiden, um den Umfang des Buches nicht zu sprengen. Die Begrenzung einer Stelle auf maximal etwa 15 Zeilen der

Akademie Textausgabe erleichtert vor allem das Verständnis der Stelle, allerdings auch die Erstellung eines zutreffenden Sachregisters. Einzelne besonders kurze Schriften Kants, die nur wenige oder keine markanten philosophischen Aussagen für das vorliegende Buch enthalten, wurden hier im Inhaltsverzeichnis nicht aufgeführt; aus ihnen ist, bis auf einige besonders wichtige Ausnahmen, nur innerhalb der Einleitung zitiert. Im Inhaltsverzeichnis steht dadurch nicht der Gesamtumfang der Werke Kants vor Augen. Der ergibt sich nur aus den Werken selber. Die hier nicht weiter berücksichtigten Schriften sind für das Gesamtsystem der Philosophie Kants keineswegs überflüssig, wie beispielsweise die erste Auflage der „Kritik der reinen Vernunft", die in Band IV der Werke in ihren Abweichungen gegenüber der zweiten Auflage teilweise enthalten ist. Mit ihrer hier aufgenommenen zweiten Auflage ist ein Inbegriff dieses Themas angemessen dargestellt. Kant selber hat im übrigen den Unterschied beider Auflagen kurz kommentiert, was in der vorliegenden Schrift wiedergegeben ist (vgl. III 22-23).

Häufig waren in vorliegendem Buch große Sprünge zwischen den ausgewählten Gedanken unvermeidbar. Einerseits wurden von einer Buchseite der Akademie Textausgabe mehrere Zitate ausgewählt und hier in das Buch übernommen, anderseits liegen zwischen zwei Zitaten in diesem Buch viele Buchseiten der Akademie Textausgabe. Das ist extrem im ersten Teil der „Metaphysik der Sitten" (metaphysische Anfangsgründe der Rechtslehre) und in der „Physischen Geographie" der Fall. Gründe dafür sind – wie schon gesagt – weniger hohe philosophische Bedeutung, aber auch die subjektive Neigung des Auswählenden. Entscheidend sind eben auch dessen „Neigungen, die doch immer das erste Wort haben" (V 146), leider aber auch wechseln „und immer eine noch größere Leere übrig lassen, als man sie auszufüllen gedacht hat" (V 118).

Dass aus den einzelnen Schriften mehr oder weniger Gedanken ausgewählt wurden, liegt vor allem auch am sehr unterschiedlichen Umfang der einbezogenen Schriften. So sind die „Aufsätze, das Philanthropin betreffend" mit fünf Seiten der kürzeste und die zweite Auflage der „Kritik der reinen Vernunft", Kants wichtigste Schrift, mit 551 (sehr schwierigen) Seiten der umfangreichste Text. Dessen Umfang (und Schwierigkeit) sollte nicht überraschen. „Man kann die Kritik der reinen Vernunft als den wahren Gerichtshof für alle Streitigkeiten derselben ansehen" (III 491) und damit, nach den beiden anderen Erkenntnisvermögen, Verstand und Urteilskraft, dem „Mittelglied zwischen dem Verstand und der Vernunft" (V 177), als „Gerichtshof" der höchsten philosophischen Instanz.

Kant hat in einigen Fällen ein bestimmtes Thema nicht nur in einer einzigen Schrift behandelt (z. B. die „Antinomie der reinen Vernunft" sowohl in der „Kritik der reinen Vernunft" als auch in den „Prolegomena"), obwohl für ihn „abgeurteilte Sachen nur angeführt und nicht wieder erörtert werden müssen" (V 7). Wenn sich dadurch, nach der Einleitung, Wiederholungen in vorliegendem Buch ergeben, dann sind diese hier nur dann aufgenommen worden, wenn dadurch größere Klarheit erreichbar erschien, was z. B. beim kategorischen Imperativ der Fall ist. Diesem hat Kant mehrere Fassungen gegeben, jedoch ohne die Grundaussagen selbst zu verändern. Von den vielfältigen Missdeutungen des kategorischen Imperativs ist vielleicht die größte „die beliebte Gleichstellung mit der sogenannten Goldenen Regel (Was du nicht willst, das man dir tu, das füg auch keinem anderen zu; oder positiv gewendet: Was ihr wollt, das die Leute euch tun sollen, das tut ihnen auch). Denn diese Regel ist schon deshalb als Sittengesetz untauglich, weil der Maßstab sittlichen Handelns hier in den subjektiven Willen des einzelnen Menschen gelegt wird, für den ja gerade ein allgemeingültiges Prinzip zu suchen ist. Kant warnt selbst in einer Anmerkung zum 2. Abschnitt der Grundlegung ausdrücklich vor diesem Missverständnis"[24] (vgl. IV 430).

An allen Stellen wurden die von Kant in Klammern gesetzten lateinischen Wörter hier weggelassen, ohne dafür im Text stets, wie üblich, eine mit ... gekennzeichnete Aussparungsstelle zu kennzeichnen. Hervorhebungen in der Akademie Textausgabe, z. B. durch gesperrt oder kursiv gedruckten Text, sind hier in Normalschrift gedruckt.

Es ist schließlich „gar keine Kunst, allgemeinverständlich zu sein, wenn man dabei auf alle gründliche Einsicht verzichtet" (IV 409). Denn „Erkenntnisse und Urteile müssen sich samt der Überzeugung, die sie

---

[24] Museum der Stadt Königsberg, a.a.O., Seite 139.

begleitet, allgemein mitteilen lassen" (V 238). Begriffliche Bestimmungen und logische Begründungen sind – um es zu wiederholen – erschöpfend nur in den Schriften selbst zu lesen. Durch die Beschränkung auf kurze Auszüge entgeht zwar ein wesentlicher und typischer Grundzug der Philosophie Kants, aber man darf dennoch sicher sein, einen tieferen Blick in die Inhalte dieser Philosophie zu tun, die nach Friedrich Schillers Worten inhaltlich zusammengefasst werden könnte: „Bestimme dich aus dir selbst"[25], was sehr ähnlich Kant auch selber so gesagt hat (vgl. IX 446). Der Blick gewährt mehr als „die Stoppeln, die man ohne Mühe obenfließend findet"; eher sind „Perlen ausgewählt worden, die normalerweise erst gefunden werden, wenn man in die Tiefe hinabsteigt", wie eine bekannte Redewendung es ausdrückt, die auch Kant genutzt hat, um zu unterstreichen, „dass nicht die Leichtigkeit, sondern die Nützlichkeit den Wert einer Sache bestimmen müsse" (I 503).

Für die Auswahl der Gedanken hätten auch die Kriterien für die Auswahl von bedeutenden Texten in Werken großer Philosophen herangezogen werden können, wie sie von Paul Weingartner veröffentlicht worden sind, und die „den immer schon verwendeten entsprechen"[26]. So sinnvoll diese Kriterien auch sind, wenn sie alle auf alle Stellen in diesem Buch angewendet worden wären, dann wäre die aufgewendete Arbeit uferlos geworden. Das zeigen jedenfalls die von Weingartner angeführten Beispiele, darunter auch aus dem Werk Kants. Ein Anspruch auf letzte wissenschaftliche Gewähr für höchste philosophische Bedeutung der ausgewählten Textstellen kann deshalb nach diesen Kriterien nicht übernommen werden (sofern eine solche überhaupt übernommen werden kann). Das Urteil der Leser und Leserinnen dürfte im übrigen auch eine Rolle spielen. Was dem einen bedeutsam erscheint, das ist dem anderen unwichtig. Kant selbst hat, von wenigen Ausnahmen abgesehen, nicht gesagt, welche seiner Sätze ihm in seinen Werken die wichtigsten sind. Die bereits wiedergegebene „wichtigste aller unserer Erkenntnisse" („Es ist ein Gott") zählt ebenso

---

[25] Museum der Stadt Königsberg, a.a.O., Seite 168.
[26] Paul Weingartner: Logisch-philosophische Untersuchungen zu philosophie-historischen Themen, Frankfurt/Main 1996, Seite 9.

zu diesen Ausnahmen wie der andere Kardinalsatz: „Es ist ein künftiges Leben" (III 486) und „es ist aber von der größten Wichtigkeit, mit der Vorsehung zufrieden zu sein (obgleich sie uns auf unserer Erdenwelt eine so mühsame Bahn vorgezeichnet hat)" (VIII 120-121). Weshalb es Kant übrigens auch merkwürdig war, „dass unter allen Schwierigkeiten, den Lauf der Weltbegebenheiten mit der Göttlichkeit ihres Urhebers zu vereinigen, keine sich dem Gemüt so heftig aufdrängt wie die von dem Anschein einer darin mangelnden Gerechtigkeit" (VIII 260).

So könnte letzten Endes die von Paul Weingartner gegebene 8. Definition vielleicht doch eine allgemein anwendbare sein: „Je mehr Personen" einen bestimmten Satz „anerkennen, desto bedeutsamer ist der Satz".[27] Dafür zitiert er David Hume: „Sicherlich wird die leichte und einleuchtende Philosophie stets bei der Mehrzahl aller Menschen den Vorzug vor der genauen und unzugänglichen behaupten, und viele werden sie nicht nur als angenehmer, sondern auch als nützlicher der anderen gegenüber empfehlen".[28]

Auf die Zitatauswahl dürfte hier auch Einfluss gehabt haben, dass vor Erstellung des vorliegenden Buches die Dialoge Platons viele Jahre intensiv bearbeitet wurden und zu einer ähnlichen Veröffentlichung des Autors (bzw. Herausgebers) führten (Platon: Vom Gerechten, Guten und Schönen, 2. Auflage, Sankt Augustin 2004). Platonische und kantische Gedanken miteinander in Zusammenhang zu bringen, ist stets von besonderem Reiz. Dazu bieten sich Gelegenheiten genug. „Der Grundzug und das Hauptverdienst der kantischen kritischen Philosophie ist die Unterscheidung der Erscheinung vom Ding an sich oder die Lehre von der Diversität des Idealen und Realen. Die deutliche Erkenntnis und richtige, besonnene Darstellung dieser übrigens schon vor Kant in Platos Lehre ... enthaltenen Wahrheit ist die Basis der ganzen kritischen Philosophie und ihre eigentliche Seele".[29]

---

[27] Weingartner a.a.O., Seite 20.
[28] Weingartner a.a.O., Seite 21.
[29] Frauenstädt a.a.O., Seite 15.

Kants Gedanken liegen längst nicht immer so nahe bei den Gedanken Platons. Wenn es sogar zu sehr unterschiedlichen Auffassungen in derselben Frage kommt, „wenn Männer von gutem Verstand ... ganz gegenteilige Meinungen behaupten, so ist es der Logik der Wahrscheinlichkeiten gemäß, seine Aufmerksamkeit am meisten auf einen gewissen Mittelsatz zu richten, der beiden Parteien in gewissem Maße Recht lässt" (I 32). Dieser Ausweg setzt natürlich voraus, dass es in der Sache eine Mitte geben kann, was nicht immer der Fall ist (vgl. VI 404, 433).

Zum Aufbau und Inhalt des Buches zählt auch die Wiedergabe von Abbildungen, die überwiegend aus dem Katalog zur Ausstellung anlässlich des 200. Todestages von Immanuel Kant stammen, der vom Museum der Stadt Königsberg im Kultur- und Stadthistorischen Museum Duisburg 2004 herausgegeben worden ist, ferner aus der Kant-Ikonographie der Kant-Forschungsstelle an der Universität Mainz, die im Internet zu finden ist. Die Abbildungen wurden, so weit wie möglich, passend zu den im Buch enthaltenen Schriften Kants ausgewählt. Wenn keine inhaltlich zu der jeweiligen Schrift passende Abbildung zu finden war, dann wurde überwiegend ein Kant-Porträt ausgewählt, das möglichst im selben Jahr entstanden ist wie die entsprechende Schrift (gemäß den Angaben in der Akademie Textausgabe der Werke Kants). Die biographischen Angaben zu den Abbildungen entsprechen denjenigen in den Quellen. In drei Fällen wurden zugunsten von Originalzitaten Kants und aus der Bibel Abbildungen von Texten anstatt von Bildern verwendet.

Die Porträts zeigen Kant auf vielfältige Weise und zu unterschiedlichen Zeiten. Für manche Lesenden können sie sogar dafür eine Entscheidungshilfe sein, ob sie seiner Philosophie nähertreten oder eben nicht. Denn „dass wir dem, dem wir uns anvertrauen sollen, mag er uns auch noch so gut empfohlen sein, vorher ins Gesicht und vornehmlich in die Augen sehen, um uns einen Eindruck von ihm zu verschaffen, ist ein Naturantrieb, und das Abstoßende oder Anziehende in seinen Gebärden entscheidet über unsere Wahl oder macht uns auch bedenklich, noch ehe wir seine Sitten erkundet haben, und so ist unstreitig, dass es eine physiognomische Charakteristik gibt" (VII 296). „Die Erfahrung zeigt, dass ganz regelmäßige Gesichter gewöhnlich auch nur einen im Inneren mittelmäßigen Menschen verraten, vermutlich (wenn angenommen werden darf, dass die Natur im Äußeren die Proportionen des Inneren ausdrückt) deswegen, weil, wenn keine von den Gemütsanlagen über die nur einen fehlerfreien Menschen ausmachende Proportion hervorstechend ist, nichts von dem erwartet werden darf, was man Genie nennt" (V 235). Auch Aristoteles hat die Physiognomik als möglich angesehen, um Natur und Charakter eines Menschen zu erkennen (vgl. Erste Analytik, 70b). Auf jeden Fall geben die Abbildungen auch Auskunft über Kants Aussehen und damit über seine Person. Kenntnisse darüber sind nicht unwichtig für das Verständnis seiner Philosophie. Allein schon die Stellen in seinen Schriften[30] geben darüber authentische Auskunft; von vielen einschlägigen Werken der Sekundärliteratur ganz zu schweigen. „Der Mensch ist gerade beim Philosophen von seinem Werk nicht zu trennen; wer sich mit dem Menschen Kant vertraut macht, darf also auch hoffen, in die Anschauungen des Denkers einen Blick zu tun."[31]

Die Abbildungen zu Kant haben auch eine generelle Bedeutung, die im Grunde für jedes Buch gilt; es ist die Symbiose von Bild und Text, die oft tiefe und dauerhafte Eindrücke vermittelt. „Das Bild im Buch ist Begegnung mit Kunst im Zusammenhang mit Literaturrezeption. Bild und Wort bieten sich zum vergleichen... . Buchillustrationen haben vieles von unserem und von fremdem Kulturerbe bewahrt, was zuweilen als Original verlorengegangen ist. Die allerwichtigste Rolle der Buchillustration sehe ich darin: Bilder in Büchern haben den Makrokosmos wie den Mikrokosmos des Menschenlebens vergangener Zeiten bewahrt und legen als unsere gegenwärtige Bilderwelt Zeugnis ab für künftige Generationen"[32]. Von Goethe stammt der Satz: „Worte und Bilder sind Korrelate, die sich immerfort suchen."[33] Regeln darüber, welche Bilder und wie diese in ein Buch aufzunehmen sind, gibt es freilich nicht. „Es gibt nur das Ermessen der Büchermacher, der Verleger."[34] Aber „der Autor trägt für die Bebilderung seines Werkes die letzte Verantwortung. Je früher der für die Visualisierung

---

[30] Vgl. Namen- und Sachverzeichnis „Kant über Kant".
[31] Richter a.a.O., Seite VI.
[32] Horst Kunze: Vom Bild im Buch, Leipzig 1988, Seiten 16-18.
[33] Zitiert nach Kunze, Seite 23.
[34] Kunze, a.a.O., Seite 26.

Verantwortliche in den Manuskriptherstellungsprozess einbezogen wird, desto besser wird das Ergebnis des Ganzen sein."[35]

Die Bedeutung von Bildern in Büchern, also der Verbindung von Wort und Bild oder von Gedanken und Bildern kam beim 19. Deutschen Kongress für Philosophie in Bonn vom 23. bis 27.09.2002 in vier Vorträgen deutlich zum Ausdruck. Dass Kant alle Philosophie lieber prosaisch sehen wollte, schloss Jürgen Mittelstraß aus Kants Schrift „Von einem neuerdings erhobenen vornehmen Ton in der Philosophie". Im „Politikos" heißt es bei Platon: „Hat man es aber mit fähigen Köpfen zu tun, so sind Sprache und Wort zur klaren Darstellung ... stets ein tauglicheres Mittel als Malerei" (277c). Das ist ein klares Wort. Wer aber will sich in Platons Sinne zu den „fähigen Köpfen" rechnen? Das Thema könnte vertieft werden, auch bei Platon (z. B. im 7. Brief 342e-343a und im Kratylos 438d-e). Schließlich handelt es sich um „eine der wichtigsten Fragen für die Philosophie als Wissenschaft überhaupt"[36].

Zum Schluss sollte nicht unerwähnt bleiben, dass mit dem Manuskript dieses Buches 1998 begonnen wurde, nachdem das bereits vorstehend erwähnte ähnliche Buch des Verfassers zur Philosophie Platons erschienen war (Platon: Vom Gerechten, Guten und Schönen). Die Erfahrungen mit dem Platon-Buch haben nicht ausgereicht, das Buch zur Philosophie Kants ohne Hilfe zu vollenden. Allen dabei Beteiligten danke ich an dieser Stelle herzlich. Das gilt ganz besonders Frau Elfi Meier. Sie hat nicht nur mit großer Sorgfalt das Lektorat übernommen, sondern auch die sprachlichen Vereinfachungen des Kant-Textes, das Namen- und Sachverzeichnis sowie die Bildauswahl maßgeblich gestaltet.

---

[35] Kunze, a.a.O., Seite 49.
[36] Otto Apelt: Platons Dialog „Kratylos", Leipzig 1922, Seite 23.

Gedanken von der wahren Schätzung der lebendigen Kräfte

Abb. 3: Immanuel Kant. Bleistiftzeichnung von Marek Basiul (Torún) nach einem graphischen Motiv von Bärbel Emde, 1920. (Aus Katalog, Seite 233.)
Das Billardspiel, das Kant bestens beherrschte, ist ein Beispiel für die „Schätzung lebendiger Kräfte", also die Berechnung der Kräfte desjenigen Körpers, der, „wenn kein Hindernis sich ihm entgegensetzt, seine Bewegung frei, immerwährend und unvermindert ins Unendliche in sich erhalten werde" (I 143-144).

Ich glaube, ich habe Ursache, von dem Urteil der Welt, dem ich diese Blätter überliefere, eine so gute Meinung zu fassen, dass die Freiheit, die ich mir herausnehme, großen Männern zu widersprechen, mir nicht als Verbrechen ausgelegt wird. Es war eine Zeit, da man bei einem solchen Unterfangen viel zu befürchten hatte, allein ich bilde mir ein, diese Zeit sei nun vorbei und der menschliche Verstand habe sich schon glücklich der Fesseln entledigt, die ihm Unwissenheit und Bewunderung angelegt hatten. Nunmehr kann man es kühn wagen, das Ansehen der *Newton*s und *Leibniz*e für nichts zu achten, wenn es sich der Entdeckung der Wahrheit entgegensetzen sollte, und keinen anderen Überredungen als dem Verstand zu gehorchen (I 7)

Das Vorurteil ist so recht für den Menschen gemacht, es leistet der Bequemlichkeit und der Eigenliebe Vorschub (I 8)

So lange die Eitelkeit der menschlichen Gemüter noch mächtig sein wird, so lange wird sich das Vorurteil auch erhalten, d. h. es wird niemals aufhören (I 9)

Ich werde … keine Bedenken tragen, den Satz eines noch so berühmten Mannes freimütig zu verwerfen, wenn er sich meinem Verstand als falsch darstellt (I 9)

Ein Gelehrter von Zwerggröße übertrifft oft an diesem oder jenem Teil der Erkenntnis einen anderen, der mit dem ganzen Umfang seiner Wissenschaft dennoch weit über ihn herausragt (I 9)

Es steckt viel Vermessenheit in diesen Worten: Die Wahrheit, um die sich die größten Meister der menschlichen Erkenntnis vergeblich bemüht haben, hat sich meinem Verstand zuerst dargestellt. Ich wage es nicht, diesen Gedanken zu rechtfertigen, allein ich wollte ihm auch nicht gerne absagen (I 10)

Ich bilde mir ein, es sei zuweilen nicht unnütz, ein gewisses edles Vertrauen in seine eigenen Kräfte zu setzen. Eine Zuversicht von der Art belebt alle unsere Bemühungen und erteilt ihnen einen gewissen Schwung, der der Untersuchung der Wahrheit sehr förderlich ist (I 10)

Nachdem man sich tausendmal bei einem Unterfangen geirrt hat, wird der Gewinn, der hierdurch der Erkenntnis der Wahrheiten zugewachsen ist, dennoch viel erheblicher sein, als wenn man nur immer die Heeresstraße gehalten hätte. Hierauf gründe ich mich. Ich habe mir die Bahn schon vorgezeichnet, die ich halten will. Ich werde meinen Lauf antreten, und nichts soll mich hindern, ihn fortzusetzen (I 10)

Man wird mich zuweilen in dem Ton eines Menschen hören, der von der Richtigkeit seiner Sätze sehr wohl überzeugt ist und der nicht befürchtet, dass ihm widersprochen wird oder dass ihn seine Schlüsse betrügen können. Ich bin so eitel nicht, mir dieses in der Tat einzubilden, ich habe auch keine Ursache, meinen Sätzen den Schein eines Irrtums so sorgfältig zu nehmen; denn nach so vielen Fehltritten, denen der menschliche Verstand zu allen Zeiten unterworfen war, ist es keine Schande mehr, geirrt zu haben (I 10-11)

Wenn ich meine Gedanken nur zweifelnd vortrüge, so würde die Welt, die ohnehin geneigt ist, sie für nichts Besseres anzusehen, sehr leicht über dieselben hinwegsehen; denn eine Meinung, die man einmal glaubt erwiesen zu haben, wird sich noch sehr lange im Beifall erhalten, auch wenn die Zweifel, durch die sie angefochten wird, noch so scheinbar sind und nicht leicht aufgeklärt werden können (I 11)

Ein Schriftsteller zieht im allgemeinen seinen Leser unbemerkt mit in diejenige Verfassung, in der er sich bei Verfertigung seiner Schrift selber befunden hatte (I 11)

Es wird vorausgesetzt, dass ... derjenige eher die Wahrheit entdecken wird, der dem anderen an Scharfsinnigkeit überlegen ist (I 13)

Das Urteil eines Menschen gilt nirgends weniger als in seiner eigenen Sache (I 16)

Man sagt, dass ein Körper, der in Bewegung ist, eine Kraft hat. Denn Hindernisse überwinden, Federn spannen, Massen verrücken: dieses nennt alle Welt wirken. Wenn man nicht weiter sieht, als etwa die Sinne lehren, so hält man diese Kraft für etwas, was dem Körper ganz und gar von draußen mitgeteilt wurde und wovon er nichts hat, wenn er in Ruhe ist. Der ganze Haufen der Weltweisen vor *Leibniz* war dieser Meinung, den einzigen *Aristoteles* ausgenommen. ... Die Schullehrer insgesamt, die alle dem *Aristoteles* folgten, haben dieses Rätsel[37] nicht begriffen, und vielleicht ist es auch nicht dazu gemacht gewesen, dass es jemand begreifen sollte. *Leibniz*, dem die menschliche Vernunft so viel zu verdanken hat, lehrte zuerst, dass dem Körper eine wesentliche Kraft beiwohnt, die ihm sogar noch vor der Ausdehnung zukommt (I 17)

Die Frage, ob die Seele Bewegungen verursachen kann, d.h. ob sie eine bewegende Kraft hat, kann man auf eine ganz entscheidende Art so beantworten, dass die Seele aus diesem Grunde nach außen wirken können muss, weil sie in einem Ort ist (I 20-21)

Der ganze innerliche Zustand der Seele ist nichts anderes als die Zusammenfassung aller ihrer Vorstellungen und Begriffe ..., daher ändert die Materie mittels ihrer Kraft, die sie in der Bewegung hat, den Zustand der Seele, wodurch sie sich die Welt vorstellt. Auf diese Weise begreift man, wie sie der Seele Vorstellungen eindrücken kann (I 21)

Weil nun ohne äußerliche Verknüpfung, Lagen und Relationen kein Ort da ist, ist es wohl möglich, dass ein Ding wirklich existiert, aber doch

---

[37] Massenanziehung oder Gravitation zwischen zwei Körpern ist proportional den Massen (m_1) und (m_2) dieser Körper und umgekehrt proportional dem Quadrat ihres Abstandes (r), vgl. IV 518.

nirgends in der ganzen Welt vorhanden ist. Dieser paradoxe Satz ist, obgleich er eine Folge und zwar eine sehr leichte Folge der bekanntesten Wahrheiten ist, so viel ich weiß, noch von niemandem gesagt worden. Allein es fließen noch andere Sätze aus derselben Quelle, die nicht minder wunderbar sind und den Verstand sozusagen wider seinen Willen einnehmen. ... Es ist daher nicht richtig geredet, wenn man in den Hörsälen der Philosophie immer lehrt, es könne im metaphysischen Sinn[38] nicht mehr als eine einzige Welt existieren. Es ist wirklich möglich, dass Gott viele Millionen Welten, auch in recht metaphysischer Bedeutung genommen, erschaffen hat; daher bleibt es unentschieden, ob sie auch wirklich existieren oder nicht (I 22)

Es ist leicht zu beweisen, dass kein Raum und keine Ausdehnung sein würden, wenn die Substanzen keine Kraft hätten, nach außen zu wirken. Denn ohne diese Kraft ist keine Verbindung, ohne diese keine Ordnung und ohne diese endlich kein Raum (I 23)

Die Unmöglichkeit, die wir bemerken, uns einen Raum von mehr als drei Abmessungen vorzustellen, scheint mir daher zu rühren, dass unsere Seele ebenfalls nach dem Gesetz des umgekehrten doppelten Verhältnisses der Weiten die Eindrücke von draußen empfängt und dass ihre Natur selber dazu gemacht ist, nicht allein so zu leiden, sondern auch auf diese Weise nach außen zu wirken (I 24-25)

Wenn es möglich ist, dass es Ausdehnungen von anderen Abmessungen gibt, dann ist es auch sehr wahrscheinlich, dass Gott sie wirklich irgendwo geschaffen hat. Denn seine Werke haben alle die Größe und Mannigfaltigkeit, die sie nur fassen können. Räume von dieser Art könnten nun unmöglich mit solchen in Verbindung stehen, die von ganz anderen Wesen sind; daher würden dergleichen Räume zu unserer Welt gar nicht gehören, sondern eigene Welten ausmachen müssen (I 25)

Ich habe gezeigt, dass mehr Welten, im metaphysischen Sinn genommen, zusammen existieren könnten; allein hier ist zugleich die Bedingung[39],

---

[38] In übersinnlicher Bedeutung.
[39] Die Möglichkeit, dass es Räume gibt mit mehr oder anderen als den üblichen drei Dimensionen (Länge, Breite, Höhe).

die, wie mir scheint, die einzige ist, weswegen es auch wahrscheinlich ist, dass viele Welten wirklich existieren (I 25)

Es ist nicht wahrscheinlich, dass viele Welten existieren (obgleich es an sich möglich ist), es sei denn, dass vielerlei Raumesarten ... möglich sind. Diese Gedanken können der Entwurf zu einer Betrachtung sein, die ich mir vorbehalte. Ich kann aber nicht leugnen, dass ich sie so mitteile, wie sie mir einfallen, ohne ihnen durch eine längere Untersuchung Gewissheit zu verschaffen. Ich bin daher bereit, sie wieder zu verwerfen, sobald ein reiferes Urteil mir ihre Schwäche aufdecken wird (I 25)

Ich teile alle Bewegungen in zwei Hauptarten ein. Die eine hat die Eigenschaft, dass sie sich in dem Körper, dem sie mitgeteilt wurden, selber erhalten und ins Unendliche fortdauern, wenn kein Hindernis sich ihnen entgegensetzt. Die andere ist eine immerwährende Wirkung einer stets antreibenden Kraft, bei der nicht einmal ein Widerstand nötig ist, sie zu vernichten, sondern die nur auf der äußerlichen Kraft beruht und verschwindet, wenn diese aufhört, sie zu erhalten. Ein Exempel von der ersten Art sind die geschossenen Kugeln und alle geworfenen Körper; von der zweiten Art ist die Bewegung einer Kugel, die von der Hand sachte fortgeschoben wird, oder sonst alle Körper, die getragen oder mit mäßiger Geschwindigkeit gezogen werden. Man begreift leicht, ohne sich in eine tiefe Betrachtung der Metaphysik einzulassen, dass die Kraft, die sich in der Bewegung von der ersten Art äußert, im Vergleich mit der Kraft von der zweiten Art etwas Unendliches hat. Denn diese vernichtet sich zum Teil selber und hört von selber plötzlich auf, sobald sich die antreibende Kraft entzieht (I 28)

Es ist einem Philosophen fast die einzige Belohnung für seine Bemühung, wenn er sich nach einer mühsamen Untersuchung endlich im Besitz einer recht gründlichen Wissenschaft beruhigen kann (I 31)

Wenn Männer von gutem Verstand ... ganz gegenteilige Meinungen behaupten, so ist es der Logik der Wahrscheinlichkeiten gemäß, seine Aufmerksamkeit am meisten auf einen gewissen Mittelsatz zu richten, der beiden Parteien in gewissem Maße Recht lässt (I 32)

Wenn ein Körper in wirklicher Bewegung begriffen ist, so ist seine Kraft wie das Quadrat seiner Geschwindigkeit (I 33)

Man nennt eine Bewegung dann wirklich, wenn sie sich nicht nur am Anfangspunkt befindet, sondern wenn sie eine Zeitlang währt. Diese verflossene Zeit, die zwischen dem Anfang der Bewegung und dem Augenblick der Wirkung ist, die macht es eigentlich, dass man die Bewegung wirklich nennen kann (I 35)

Was ich jetzt erwiesen habe, ist eine ganz genaue Folge aus dem Gesetz der Kontinuität[40], dessen weitläufigen Nutzen man vielleicht noch nicht genug kennen gelernt hat. Der Herr *von Leibniz*, der Erfinder desselben, machte ihn zum Probierstein, an dem die Gesetze *des Cartes* der Probe nicht standhielten. Ich halte es für den größten Beweis seiner Vortrefflichkeit, dass er fast allein ein Mittel darbietet, das berufenste Gesetz der ganzen Mechanik aufzudecken und in der wahren Gestalt zu zeigen (I 37)

Der Herr *von Leibniz* ist durch dasjenige, was man bei dem Fall der Körper durch ihre Schwere wahrnimmt, zuerst auf seine Meinung geleitet worden. Allein es war ein unrecht angewandter Grundsatz *des Cartes*, der ihn zu einem Irrtum führte, der mit der Zeit vielleicht der scheinbarste wurde, der sich jemals in die menschliche Vernunft eingeschlichen hat. Er setzte nämlich folgenden Satz fest: Es ist dieselbe Kraft nötig, einen vier Pfund schweren Körper einen Schuh hoch zu heben, wie einen einpfündigen vier Schuhe. ... Man wird leicht gewahr, dass diese Schlussfolgerung aus *des Cartes'* Grundregel nur dann gilt, wenn die Zeiten der Bewegung gleich sind (I 42-43)

Was in einem geometrischen Beweis als wahr befunden wird, das wird auch in Ewigkeit wahr bleiben (I 50)

Leibniz glaubte, es sei der Macht und Weisheit Gottes unangemessen, dass er genötigt sein sollte, die Bewegung, die er seinem Werk mitgeteilt hat, ohne Unterlass wieder zu erneuern, wie Herr *Newton* sich vorstellte, und dieses trieb ihn an, ein Gesetz zu suchen, wodurch er dieser Schwierigkeit abhelfen könnte (I 58-59)

Wenngleich es nach dem Gesetz der Bewegung, das wir behauptet haben, notwendig wäre, dass der Weltbau nach einer allmählichen

---

[40] Ein Körper teilt einem anderen Körper eine Kraft nicht auf einmal mit, sondern so, dass er durch alle unendlich kleinen Zwischengrade von der Ruhe an bis zu einer bestimmten Geschwindigkeit seine Kraft in ihn überträgt.

Erschöpfung seiner Kräfte endlich völlig in Unordnung geriete, so kann dieser Streich die Macht und Weisheit Gottes dennoch nicht treffen. Denn man kann es dieser nicht verdenken, dass sie ein Gesetz in die Welt gebracht hat, wovon wir wissen, dass es absolut unmöglich ist und daher auf keine Weise gelten kann (I 59)

Ist es nicht wunderbar, dass man sich einem unermesslichen Meer von Ausschweifungen und willkürlichen Erdichtungen der Einbildungskraft anvertraut, aber dagegen die Mittel nicht beachtet, die einfach und begreiflich, aber eben daher auch die natürlichen sind? Allein dieses ist schon die allgemeine Seuche des menschlichen Verstandes. Man wird noch sehr lange von diesem Strom hingerissen werden. Man wird sich an der Betrachtung belustigen, die verwickelt und künstlich ist und wobei der Verstand seine eigene Stärke wahrnimmt. Man wird eine Physik haben, die von vortrefflichen Proben der Scharfsinnigkeit und der Erfindungskraft voll ist, allein keinen Plan der Natur selbst und ihrer Wirkungen. Aber endlich wird doch diejenige Meinung die Oberhand behalten, die die Natur, wie sie ist, d.h. einfach und ohne unendliche Umwege, schildert. Der Weg der Natur ist nur ein einziger Weg. Man muss daher erst unzählig viele Abwege versucht haben, ehe man auf denjenigen gelangen kann, der der wahre ist (I 61)

Es kommt alles darauf an, dass ein Körper eine wirkliche Bewegung erhalten kann, auch durch die Wirkung einer Materie, die in Ruhe ist. Hierauf gründe ich mich. Die allerersten Bewegungen in diesem Weltgebäude sind nicht durch die Kraft einer bewegten Materie hervorgebracht worden; denn sonst würden sie nicht die ersten sein... . Ist nun die Bewegung durch die Kraft einer an sich toten und unbewegten Materie in die Welt zu allererst hineingebracht worden, so wird sie sich auch durch dieselbe erhalten und eingebüßte Kraft wiederherstellen können (I 62)

Wenn man auf dem Weg ist, alle Gründe herbeizuziehen, die der Verstand zur Bestätigung einer Meinung darbietet, so sollte man sich mit derselben Aufmerksamkeit und Anstrengung bemühen, das Gegenteil auf allerlei Arten von Beweisen zu gründen, die sich nur irgendwie hervortun, wie man dies für eine beliebte Meinung immer tun kann. Man sollte nichts missachten, was dem Gegenteil im geringsten vorteilhaft zu sein scheint, und es in der Verteidigung desselben aufs höchste treiben. In einem solchen

Gleichgewicht des Verstandes würde öfters eine Meinung verworfen werden, die sonst unfehlbar angenommen worden wäre, und die Wahrheit, wenn sie sich endlich hervortäte, würde sich in einem desto größeren Licht der Überzeugung darstellen (I 68)

Man versteht unter der Federkraft eines Körpers nichts anderes als diejenige Eigenschaft, durch die er einen anderen Körper, der an ihn anläuft, mit derselben Stärke an Kraft wieder zurückstößt, mit dem dieser an ihn angelaufen war. Daher ist ein unelastischer Körper ein solcher, der diese Eigenschaft nicht hat (I 70)

Ein Körper, der sich nur unendlich wenig eindrücken lässt, kann ohne einen Irrtum vollkommen hart genannt werden (I 71)

Eine schlimme Sache hat jederzeit das Merkmal an sich, dass sie sich gerne hinter dunklen und verwickelten Fällen versteckt (I 78)

Eine gute Sache hat allemal dieses Merkmal an sich, dass selbst die Waffen der Gegner zur Verteidigung derselben dienen müssen (I 82)

Man muss eine Methode haben, mit der man in jedem Fall durch eine allgemeine Erwägung der Grundsätze, worauf eine bestimmte Meinung erbaut wurde, auch durch den Vergleich derselben mit der aus diesen gezogenen Folgerung schließen kann, ob auch die Natur der Vordersätze alles in sich fasse, was in Ansehung der hieraus geschlossenen Lehren erfordert wird (I 93)

Wenn man sich jederzeit dieser Art zu denken beflissen hätte, so hätte man sich in der Philosophie viele Irrtümer ersparen können, zumindest wäre es ein Mittel gewesen, sich aus denselben viel früher heraus zu reißen. Ich wage gar zu sagen, dass die Tyrannei der Irrtümer über den menschlichen Verstand, die zuweilen ganze Jahrhunderte hindurch gewährt hat, vornehmlich von dem Mangel dieser oder anderer Methoden hergerührt hat, und dass man sich also dieser nunmehr vor anderen zu bedienen habe, um jenem Übel künftig vorzubeugen (I 95)

Ein so großer Mann wie Herr *von Leibniz* konnte nicht irren, ohne dass ihm sogar derjenige Gedanke rühmlich sein musste, der ihn zum Irrtum verleitete (I 102)

Wir müssen die metaphysischen Gesetze mit den Regeln der Mathematik verknüpfen, um das wahre Kräftemaß der Natur zu bestimmen;

dieses wird die Lücke ausfüllen und den Absichten der Weisheit Gottes besser Genüge leisten (I 107)

Wenn man einmal geirrt hat, so ist die Folge nichts anderes als eine Kette von Irrtümern (I 115)

Eine Meinung, die einmal im Besitz des Ansehens und sogar des Vorurteils ist, muss man ohne Ende verfolgen und aus allen Schlupfwinkeln heraus jagen. Eine solche ist wie das vielköpfige Ungeheuer, das nach jedem Streich neue Köpfe ausheckt (I 121)

Der Körper der Mathematik ist ein Ding, das von dem Körper der Natur ganz verschieden ist, und es kann daher etwas bei jenem wahr sein, was doch auf diesen nicht zutrifft (I 140)

Es hat derjenige Körper, der seine Bewegung in sich selber hinlänglich gründet, so dass aus seiner inneren Bestrebung verstanden werden kann, dass er seine Bewegung frei, immerwährend und unvermindert ins Unendliche selber in sich erhalten werde, eine Kraft, die das Quadrat seiner Geschwindigkeit zum Maß hat, oder, wie wir sie hierfür nennen wollen, eine lebendige Kraft. Im Gegenteil, wenn seine Kraft den Grund nicht in sich hat, sich selber zu erhalten, sondern nur auf der äußerlichen Ursache beruht, so ist sie wie die einfache Geschwindigkeit, d.h. eine tote Kraft (I 143-144)

Zwischen diesen beiden äußersten Grenzen, der gänzlich toten und gänzlich lebendigen Kraft, sind noch unendlich viele Zwischengrade, die von jener zu dieser überführen (I 145)

Dieses Gesetz ist der Hauptgrund der neuen Kräfteschätzung, von der ich sagen würde, dass ich sie an die Stelle der Schätzungen *des Cartes* und *Leibniz*ens setze und zum Fundament der wahren Dynamik mache, wenn die Geringschätzigkeit meiner Urteile im Vergleich mit so großen Männern, mit denen ich zu tun habe, mir erlaubte, mit solcher Autorität zu reden (I 148)

Ich habe selber gefunden, dass bei vollkommen gleicher Ladung einer Flinte und bei genauer Übereinstimmung der anderen Umstände ihre Kugel viel tiefer in ein Holz drang, wenn ich diese einige Schritte vom Ziel entfernt abbrannte, als wenn ich sie nur einige Zoll davon in ein Holz schoss (I 153)

Wenn es mir gelungen ist, in der Sache des Herrn *von Leibniz* einige Fehler wahrzunehmen, so bin ich dennoch auch hierin ein Schuldner dieses großen Mannes, denn ich würde nichts vermocht haben ohne den Leitfaden des vortrefflichen Gesetzes der Kontinuität, das wir diesem unsterblichen Erfinder zu verdanken haben (I 181)

Die Frage, ob die Erde in ihrer Umdrehung einige Veränderung erlitten habe

Abb. 4: Titelseite des „Atlas Geographicus" von 1759.
Diesen von Johann Baptist Homann ursprünglich geschaffenen Atlas besaß auch Kant. (Aus Universitäts- und Landesbibliothek, Münster.)

Ich beabsichtige darzutun, dass die äußere Ursache wirklich vorhanden ist, und zwar eine solche, die die Bewegung der Erde nach und nach verringert und ihren Umschwung in unermesslich langen Perioden gar zu vernichten trachtet. Diese Begebenheit, die sich dereinst zutragen wird, ist so wichtig und wundersam, dass, obgleich der fatale Zeitpunkt ihrer Vollendung so weit hinausgesetzt ist, dass selber die Fähigkeit der Erdkugel, bewohnt zu sein, und die Dauer des menschlichen Geschlechts vielleicht nicht an den zehnten Teil dieser Zeit heranreicht, die Gewissheit dieses bevorstehenden Schicksals und die stetige Annäherung der

Natur zu demselben ein würdiger Gegenstand der Bewunderung und Untersuchung ist (I 186)

Newton hat auf eine überzeugende Art dargetan, dass der Himmelsraum, der sogar den leichten Kometendünsten[41] eine freie, ungehinderte Bewegung gestattet, mit unendlich wenig widerstehender Materie erfüllt ist (I 186)

Wenn die Erde eine ganz feste Masse ohne alle Flüssigkeiten wäre, so würde die Anziehung weder der Sonne noch des Mondes etwas tun, ihre freie Achsendrehung zu verändern; denn sie zieht die östlichen sowohl als die westlichen Teile der Erdkugel mit gleicher Kraft und verursacht dadurch keinen Hang nach der einen oder der anderen Seite; folglich lässt sie die Erde in völliger Freiheit, diese Umdrehung ohne allen äußeren Einfluss ungehindert fortzusetzen. In dem Falle aber, dass die Masse eines Planeten eine beträchtliche Quantität des flüssigen Elements in sich fasst, bewirken die vereinigten Anziehungen des Mondes und der Sonne, indem sie diese flüssige Materie bewegen, an der Erde einen Teil dieser Erschütterung (I 187)

Man wird nicht bezweifeln können, dass die immerwährende Bewegung des Weltmeeres von Abend gegen Morgen, da sie eine wirkliche und namhafte Gewalt hat, auch immer etwas zur Verminderung der Achsendrehung der Erde beiträgt, deren Folge in langen Perioden unfehlbar merklich werden muss (I 189)

Wenn die Erde sich dem Stillstand ihrer Umwälzung mit stetigen Schritten nähert, so wird die Periode dieser Veränderung dann vollendet sein, wenn ihre Oberfläche in Ansehung des Mondes in respektiver Ruhe sein wird, d. h. wenn sie sich in derselben Zeit um die Achse drehen wird, darin der Mond um sie läuft, folglich ihm immer dieselbe Seite zukehren wird (I 190)

Es lässt sich mit Zuverlässigkeit schließen, dass die Anziehung, die die Erde am Mond ausübt, zur Zeit seiner ursprünglichen Bildung, als seine Masse noch flüssig war, die Achsendrehung, die dieser Nebenplanet damals vermutlich mit größerer Geschwindigkeit gehabt haben mag, auf die

---

[41] Das um Kometen sich bildende Gas, auch Koma genannt.

angeführte Art bis zu diesem abgemessenen Überrest gebracht haben muss. Woraus auch zu ersehen ist, dass der Mond ein späterer Himmelskörper ist, der der Erde hinzugegeben wurde, nachdem sie schon ihren flüssigen Zustand abgelegt und einen festen bekommen hatte; sonst würde die Anziehung des Mondes sie unfehlbar demselben Schicksal in kurzer Zeit unterworfen haben, das der Mond von unserer Erde erlitten hat (I 190)

Die Frage, ob die Erde veralte, physikalisch erwogen

Abb. 5: Immanuel Kant. Kreidezeichnung der Gräfin Carolina Charlotte Amalia von Keyserling um 1755. (Aus Ikonographie, Nr. 1.) Es handelt sich um die erste Darstellung Kants überhaupt.

Wenn man wissen will, ob ein Ding alt, ob es sehr alt, oder noch jung zu nennen sei, so muss man es nicht nach der Anzahl der Jahre schätzen, die es gedauert hat, sondern nach dem Verhältnis, das diese zu derjenigen Zeit haben, die es dauern soll (I 195)

Am meisten geht der Mensch fehl, wenn er in dem großen Werk der Werke Gottes zum Maßstab des Alters die Reihe der menschlichen Geschlechter anwenden will, die in dieser Zeit verflossen sind (I 195)

Die Wahrheit zu gestehen: wir haben keine Merkmale in der Offenbarung, woraus wir entnehmen können, ob die Erde jetzt jung oder alt, also in der Blüte ihrer Vollkommenheit oder im Verfall ihrer Kräfte begriffen ist (I 195-196)

Wenn wir die Klagen bejahrter Leute hören, so vernehmen wir, die Natur altere merklich, und man könne die Schritte verspüren, die sie zu ihrem Verfall tue. Die Witterungen, sagen sie, wollen nicht mehr so gut wie vormals einschlagen. Die Kräfte der Natur sind erschöpft, ihre Schönheit und Richtigkeit nimmt ab... . Die alten Tugenden sind erloschen, an deren Statt finden sich neue Laster. Falschheit und Betrug haben die Stelle der alten Redlichkeit eingenommen. Dieser Wahn, der nicht verdient widerlegt zu werden, ist eine Folge sowohl des Irrtums als auch der Eigenliebe. Die ehrlichen Greise, die so eitel sind, sich einzureden, der Himmel habe die Sorgfalt für sie gehabt, sie in den blühendsten Zeiten leben zu lassen, können sich nicht vorstellen, dass es nach ihrem Tode noch eben so gut in der Welt hergehen wird wie vor ihrer Geburt. Sie möchten sich gerne einbilden, die Natur veralte zugleich mit ihnen, damit sie nicht bereuen, eine Welt zu verlassen, die schon selber ihrem Untergang nahe ist (I 196)

Der Menschen Fleiß tut soviel zur Fruchtbarkeit der Erde, dass man schwerlich erkennt, ob an der Verwilderung und Verödung derjenigen Länder, die vordem blühende Staaten waren und jetzt fast entvölkert sind, die Nachlässigkeit der ersteren oder die Abnahme der letzteren am meisten Schuld ist (I 197)

Die Meinung der meisten Naturforscher, die Theorien der Erde entworfen haben, geht dahin, dass die Fruchtbarkeit der Erde allmählich abnehme, dass sie sich dem Zustand mit langsamen Schritten nähere, unbewohnter und wüst zu werden, und dass es nur Zeit brauche, um die Natur gänzlich veraltet und in der Ermattung ihrer Kräfte erstorben zu sehen. Diese Frage ist wichtig, und es lohnt die Mühe, sich mit Behutsamkeit diesem Schluss zu nähern (I 197)

Das Veralten eines Wesens ist im Ablauf seiner Veränderungen nicht ein Abschnitt, der äußere und gewaltsame Ursachen als Grund hat. Eben dieselben Ursachen, durch die ein Ding zur Vollkommenheit gelangt und darin erhalten wird, bringen es durch unmerkliche Stufen der Veränderungen seinem Untergang wiederum nahe (I 198)

Alle Naturdinge sind diesem Gesetz unterworfen, dass derselbe Mechanismus, der im Anfang an ihrer Vollkommenheit arbeitete, nachdem sie den Punkt derselben erreicht haben, weil er fortfährt das Ding zu verändern, dieses nach und nach wiederum von den Bedingungen der guten Verfassung entfernt und dem Verderben mit unvermerkten Schritten endlich überliefert. Dieses Verfahren der Natur zeigt sich deutlich an der Ökonomie des Pflanzen- und Tierreichs. Eben derselbe Trieb, der die Bäume wachsen lässt, bringt ihnen den Tod, wenn sie ihr Wachstum vollendet haben. Wenn die Fasern und Röhren keiner Ausdehnung mehr fähig sind, so fängt der nährende Saft an, indem er fortfährt sich den Teilen einzuverleiben, das Inwendige der Gänge zu verstopfen und zu verdichten und das Gewächs durch die gehemmte Bewegung der Säfte endlich absterben und verdorren zu lassen. Eben der Mechanismus, wodurch das Tier oder der Mensch lebt und aufwächst, bringt ihm endlich den Tod, wenn das Wachstum vollendet ist (I 198)

Die Erde, als sie sich aus dem Chaos erhob, war unfehlbar vorher in flüssigem Zustand (I 199)

Die Menschen haben die höchsten Gegenden des Erdbodens zuerst bewohnt; sie sind erst später in die Ebenen hinabgestiegen (I 200)

Durch die fortschreitende Bildung und die Veränderung, die die Gestalt der Erde erleidet, werden die tieferen Gegenden bewohnbar, wenn die Höhen bisweilen aufhören, es zu sein (I 201)

Die Frage von dem Veralten der Erde muss im Ganzen bestimmt werden, und zum Schluss sind die Ursachen zu prüfen, denen die meisten Naturforscher diese Wirkung beimessen und daraus den Verfall der Natur dieser Kugel vorher zu verkündigen hinlänglich beschlossen haben (I 202)

Die erste Ursache für das Veralten der Erde entsteht aus der Meinung derjenigen, die die Salzhaltigkeit des Meeres den Flüssen zuschreiben, die das aus dem Erdreich ausgelaugte Salz, das der Regen in ihre Ströme bringt, mit sich ins Meer führen, wo es bei der beständigen Verdunstung des süßen Wassers zurückbleibt, sich häuft und auf diese Art dem Meer all das Salz verschafft hat, das es noch enthält. Es ist hieraus leicht zu entnehmen, dass, da das Salz das vornehmste Triebwerk des Wachstums und die Quelle der Fruchtbarkeit ist, nach dieser Hypothese die ihrer Kraft nach und nach beraubte Erde in einen toten und unfruchtbaren Zustand versetzt werden muss (I 202)

Die zweite Ursache für das Veralten der Erde ist in der Wirkung des Regens und der Flüsse in Anbetracht der Abspülung des Erdreichs und

Wegführung desselben ins Meer zu sehen, das dadurch mehr und mehr ausgefüllt zu werden scheint, während die Höhe des festen Landes sich beständig verringert, so dass zu befürchten ist, das Meer müsste, indem es immer mehr steigt, endlich genötigt werden, das Trockene wiederum zu übersteigen, das ehedem seiner Herrschaft entzogen wurde (I 202)

Die dritte Meinung für das Veralten der Erde ist die Vermutung derjenigen, die, indem sie gewahr werden, dass das Meer sich von den meisten Ufern in langen Zeiten merklich zurück zieht und große Strecken, die vordem am Grund des Meeres lagen, in trockenes Land verwandelt, entweder eine wirkliche Verringerung dieses flüssigen Elements durch eine Art der Transformation in einen festen Zustand oder andere Ursachen befürchten, die den Regen, der aus dessen Verdunstung besteht, hindern, wieder dahin zurück zu kehren, wo er entstanden ist (I 202-203)

Die vierte und letzte Meinung für das Veralten der Erde kann diejenige sein, die einen allgemeinen Weltgeist, ein unfühlbares, aber überall wirksames Prinzip als das geheime Triebwerk der Natur annimmt, dessen subtile Materie durch unaufhörliche Zeugungen beständig verzehrt würde, daher die Natur in Gefahr stände, bei dessen Verminderung in einer allmählichen Ermattung alt zu werden und zu sterben (I 203)

Es können noch andere Ursachen sein, die durch einen plötzlichen Umsturz der Erde ihren Untergang zu Wege bringen könnten. Denn ohne der Kometen zu gedenken, deren man sich zu allen außerordentlichen Schicksalen seit einiger Zeit bequem zu bedienen gewusst hat, so scheint im Inneren der Erde selber das Reich des Vulkans und ein großer Vorrat entzündeter und feuriger Materie verborgen zu sein, die unter der obersten Rinde vielleicht mehr und mehr überhand nimmt, die Feuerschätze häuft und an der Grundfeste der obersten Rinde nagt, deren etwaiger Einsturz das flammende Element über die Oberfläche führen und ihren Untergang im Feuer verursachen könnte. Allein dergleichen Zufälle gehören eben so wenig zu der Frage des Veraltens der Erde wie man bei der Erwägung, auf welche Weise ein Gebäude veralte, die Erdbeben oder Feuersbrünste in Betracht zu ziehen hat (I 213)

Allgemeine Naturgeschichte und Theorie des Himmels

Abb. 6: Isaac Newton.
Kupferstich, 1702. (Aus Jürgen Teichmann: Wandel der Weltbilder, 4. Auflage, Stuttgart und Leipzig 1999, Seite 107.)
Zur Notwendigkeit der Newton'schen „Weltweisheit" für diese Schrift vgl. I 234-235.

Das Systematische, das die großen Glieder der Schöpfung im ganzen Umfang der Unendlichkeit verbindet, zu entdecken, die Bildung der Weltkörper selber und den Ursprung ihrer Bewegungen aus dem ersten Zustand der Natur durch mechanische Gesetze herzuleiten, solche Einsichten scheinen die Kräfte der menschlichen Vernunft sehr weit zu überschreiten. ... Ich sehe alle diese Schwierigkeiten wohl und werde doch nicht kleinmütig. Ich empfinde die ganze Stärke der Hindernisse, die sich entgegen setzen, und verzage doch nicht (I 221)

Mein Eifer ist verdoppelt worden, als ich bei jedem Schritt die Nebel sich zerstreuen sah, die hinter ihrer Dunkelheit Ungeheuer zu verbergen schienen und nach deren Zerteilung die Herrlichkeit des höchsten Wesens mit dem lebhaftesten Glanz hervorbrach (I 221-222)

Wenn der Weltbau mit aller Ordnung und Schönheit nur eine Wirkung der ihren allgemeinen Bewegungsgesetzen überlassenen Materie ist, wenn die blinde Mechanik der Naturkräfte sich aus dem Chaos so herrlich zu entwickeln weiß und zu solcher Vollkommenheit von selber gelangt, so ist der Beweis des göttlichen Urhebers, den man aus dem Anblick der Schönheit des Weltgebäudes zieht, völlig entkräftet, die Natur ist sich selbst genugsam, die göttliche Regierung ist unnötig, *Epikur* lebt mitten im Christentum wieder auf, und eine unheilige Weltweisheit tritt den Glauben mit Füßen, der ihr ein helles Licht darreicht, sie zu erleuchten (I 222)

Die Überzeugung, die ich von der Unfehlbarkeit göttlicher Wahrheiten habe, ist bei mir so stark, dass ich alles, was ihnen widerspricht, durch sie für ausreichend widerlegt halten und verwerfen würde. Allein eben die Übereinstimmung, die ich zwischen meinem System und der Religion antreffe, erhebt meine Zuversicht in Ansehung aller Schwierigkeiten zu einer unerschrockenen Gelassenheit (I 222)

Ich erkenne den ganzen Wert derjenigen Beweise, die man aus der Schönheit und vollkommenen Anordnung des Weltbaues zur Bestätigung eines höchst weisen Urhebers anführt (I 222)

Wenn die allgemeinen Wirkungsgesetze der Materie gleichfalls eine Folge aus dem höchsten Entwurf sind, so können sie vermutlich keine anderen Bestimmungen haben als die, die den Plan von selber zu erfüllen trachten, den die höchste Weisheit sich vorgesetzt hat; oder wenn dies nicht so ist, sollte man nicht in Versuchung geraten, zu glauben, dass wenigstens die Materie und ihre allgemeinen Gesetze unabhängig wären, und dass die höchst weise Gewalt, die sich ihrer so rühmlichst zu bedienen gewusst hat, zwar groß, aber doch nicht unendlich, zwar mächtig, aber doch nicht all genugsam sei? (I 223)

Ich will Beispiele anführen. Man hat es schon mehrmals als eine der deutlichsten Proben einer gütigen Vorsorge, die für die Menschen wacht, angeführt, dass in dem heißesten Erdstrich die Seewinde gerade zu einer solchen Zeit, wenn das erhitzte Erdreich am meisten der Abkühlung bedarf, gleichsam gerufen über das Land streichen und es erquicken. Ein Beispiel gibt die Insel Jamaika: sobald die Sonne so hoch gekommen ist, dass sie die größte Hitze auf das Erdreich wirft, gleich nach 9 Uhr vormittags, erhebt sich aus dem Meer ein Wind, der von allen Seiten über das Land weht; seine Stärke nimmt in dem Maße zu wie die Höhe der Sonne zunimmt. Um 1 Uhr nachmittags, da es natürlicherweise am heißesten ist, ist er am heftigsten und lässt mit dem Tiefergehen der Sonne allmählich wieder nach, so dass gegen Abend die Stille wie am Morgen herrscht (I 223-224)

Was für einen Nutzen haben nicht die Winde überhaupt zum Vorteil der Erdkugel, und was für einen Gebrauch macht nicht der Menschen Scharfsinnigkeit aus denselben! (I 224)

Luft, Wasser, Wärme erzeugen, wenn man sie sich selbst überlassen betrachtet, Winde, Wolken, Regen und Ströme, die die Länder befeuchten, und alle die nützlichen Folgen, ohne die die Natur traurig, öde und unfruchtbar bleiben müsste. Sie bringen aber diese Folgen nicht durch ein bloßes Ungefähr hervor oder durch einen Zufall, der eben so leicht nachteilig hätte ausfallen können, sondern man sieht, dass sie durch ihre natürlichen Gesetze eingeschränkt sind, auf keine andere als diese Weise zu wirken. Was soll man von dieser Übereinstimmung denn denken? Wie wäre es wohl möglich, dass Dinge von verschiedenen Naturen in Verbindung mit einander so vortreffliche Übereinstimmungen und Schönheiten zu bewirken trachten sollten, sogar zu Zwecken solcher Dinge, die sich gewissermaßen außerhalb der toten Materie befinden, nämlich zum Nutzen der Menschen und Tiere, wenn sie nicht einen gemeinschaftlichen Ursprung hätten, nämlich einen unendlichen Verstand, in dem aller Dinge wesentliche Beschaffenheiten entworfen wurden? (I 225)

Ich genieße das Vergnügen, ohne Beihilfe willkürlicher Erdichtungen unter Veranlassung entdeckter Bewegungsgesetze sich ein wohlgeordnetes Ganzes erzeugen zu sehen, das demjenigen Weltsystem so ähnlich sieht, das wir vor Augen haben, dass ich mich nicht entziehen kann, es für dasselbe zu halten. ... Ich lerne endlich aus der vorher angezeigten Betrachtung, dass eine solche Entwicklung der Natur nicht etwas Unerhörtes an ihr ist, sondern dass ihre wesentliche Bestrebung solche notwendig mit sich bringt, und dass dieses das herrlichste Zeugnis ihrer Abhängigkeit von demjenigen Urwesen ist, das sogar die Quelle der Wesen selber und ihrer ersten Wirkungsgesetze in sich hat (I 225-226)

Ich will nicht völlig alle Übereinstimmung mit *Epikur* ablehnen. Viele sind durch den Schein solcher Gründe, die sie bei genauerer Erwägung von der Gewissheit des höchsten Wesens am kräftigsten hätten überzeugen können, zu Atheisten geworden. Die Folgen, die ein fehlgeleiteter Verstand aus untadelhaften Grundsätzen zieht, sind öfter sehr tadelhaft, und so waren es auch die Schlüsse des *Epikur*s, obwohl sein Entwurf der Scharfsinnigkeit eines großen Geistes gemäß war (I 226)

Ich werde es nicht in Abrede stellen, dass die Theorie des *Lucrez* oder dessen Vorgänger, des *Epikur*s, *Leucipps* und *Demokritus,* mit der meinigen große Ähnlichkeit hat. Ich sehe den ersten Zustand der Natur, so wie jene Weltweise, in der allgemeinen Zerstreuung des Urstoffs aller Weltkörper oder der Atome, wie sie bei jenen genannt werden. *Epikur* nahm eine Schwere an, die diese elementaren Teilchen zum Sinken trieb, und dieses scheint von der *Newton*'schen Anziehung, die ich annehme, nicht sehr verschieden zu sein; er gab ihnen auch eine gewisse Abweichung von der gradlinigen Bewegung des Falles, obgleich er in Anbetracht der Ursache derselben und ihrer Folgen ungereimte Vorstellungen hatte (I 226)

Endlich waren die Wirbel, die aus der wirren Bewegung der Atome entstanden, ein Hauptstück in dem Lehrbegriff des *Leucipps* und *Demokritus,* und man wird sie auch in dem unsrigen antreffen. So viel Verwandtschaft mit einer Lehrverfassung, die die wahre Theorie der Gottesleugnung im Altertum war, zieht indessen die meinige dennoch nicht in die Gemeinschaft ihrer Irrtümer. Auch in den aller unsinnigsten Meinungen, die sich bei den Menschen Beifall erworben haben, wird man jederzeit etwas Wahres bemerken. Ein falscher Grundsatz oder ein paar unüberlegte Verbindungssätze leiten den Menschen von dem Fußsteig der Wahrheit durch unmerkliche Abwege bis in den Abgrund (I 227)

Die angeführten Lehrer der mechanischen Erzeugung des Weltbaues leiteten alle Ordnung, die sich an demselben wahrnehmen lässt, aus dem ungefähren Zufall her, der die Atome so glücklich zusammentreffen ließ, dass sie ein wohlgeordnetes Ganzes ausmachten. *Epikur* war gar so unverschämt, dass er behauptete, die Atome wichen von ihrer gradlinigen Bewegung ohne alle Ursache ab, um einander begegnen zu können. Alle insgesamt trieben diese Ungereimtheit so weit, dass sie den Ursprung aller belebten Geschöpfe eben diesem blinden Zusammenkommen beimaßen und die Vernunft wirklich aus der Unvernunft herleiteten (I 227)

In meiner Lehrverfassung finde ich die Materie an gewisse notwendige Gesetze gebunden. Ich sehe in ihrer gänzlichen Auflösung und Zerstreuung ein schönes und ordentliches Ganzes sich ganz natürlich daraus entwickeln. Es geschieht dieses nicht durch einen Zufall, sondern man bemerkt, dass natürliche Eigenschaften es so mit sich bringen. Wird man hierdurch nicht bewogen zu fragen, warum die Materie gerade solche Gesetze haben muss, die auf Ordnung und Wohlanständigkeit zielen? War es wohl möglich, dass viele voneinander unabhängige Dinge einander von selber gerade so bestimmen sollten, dass ein wohlgeordnetes Ganzes daraus entspringe? Und wenn sie dies tun, ergibt das nicht einen unleugbaren Beweis für die Gemeinschaft ihres ersten Ursprungs, der ein allmächtiger höchster Verstand sein muss, in dem die Natur der Dinge zu bestimmten Absichten entworfen wurden? (I 227-228)

Die Materie, die der Urstoff aller Dinge ist, ist an gewisse Gesetze gebunden, nach denen sie in freier Wahl unbedingt schöne Verbindungen hervorbringen muss. Sie hat keine Freiheit, von diesem Plan der Vollkommenheit abzuweichen. Da sie also einer höchst weisen Absicht unterworfen ist, muss sie zwingend in solch übereinstimmende Verhältnisse durch eine über sie herrschende erste Ursache versetzt worden sein, und es ist ein Gott eben deswegen, weil die Natur auch selbst im Chaos nicht anders als regelmäßig und ordentlich verfahren kann (I 228)

Ist man imstande zu sagen, gebt mir Materie, ich will euch zeigen, wie eine Raupe erzeugt werden könne? Bleibt man hier nicht beim ersten Schritt aus Unwissenheit über die wahre innere Beschaffenheit des Objekts und die Verwicklung der in demselben vorhandenen Mannigfaltigkeit stecken? Man darf sich also nicht wundern, wenn ich zu sagen wage, dass eher die Bildung aller Himmelskörper, die Ursache ihrer Bewegungen, kurz der Ursprung der ganzen gegenwärtigen Verfassung des Weltbaues eingesehen werden könne, ehe die Erzeugung eines einzigen Krauts oder einer Raupe aus mechanischen Gründen deutlich und vollständig bekannt werden wird (I 230)

Die jederzeit abgemessene Rundung der Umlaufbahnen der Gestirne belehrte mich, dass ein unbegreiflich zahlreiches Sternenheer, und zwar um einen gemeinschaftlichen Mittelpunkt geordnet, sein muss, weil sonst ihre freien Stellungen gegeneinander wohl irreguläre Gestalten, aber nicht abgemessene Bahnen haben würden. Ich sah auch ein, dass sie in dem System, in dem sie vereinigt sind, vornehmlich auf eine Fläche beschränkt sein müssen, weil sie nicht zirkelrunde, sondern elliptische Bahnen haben, und dass sie wegen ihres blassen Lichts unbegreiflich weit von uns entfernt sind (I 233)

Ich habe mich mit größter Behutsamkeit aller willkürlichen Erdichtungen enthalten. Ich habe, nachdem ich die Welt in das einfachste Chaos versetzte, keine anderen Kräfte als die Anziehungs- und die Rückstoßkraft zur Entwicklung der großen Ordnung der Natur angewandt, zwei Kräfte, die beide gleich gewiss, gleich einfach und dabei gleich ursprünglich und allgemein sind. Beide sind aus der *Newton*schen Weltweisheit entlehnt. Die erstere ist ein nunmehr außer Zweifel stehendes Naturgesetz. Die zweite, der vielleicht die Naturwissenschaft des *Newton* nicht so viel Deutlichkeit wie der ersteren gewähren kann, nehme ich nur deshalb an, weil sie niemand in Abrede stellt, nämlich bei der feinsten Auflösung der Materie wie z. B. bei den Dünsten (I 234-235)

Man erlaube mir, wegen der Gültigkeit und des angeblichen Wertes derjenigen Sätze, die in der folgenden Theorie vorkommen werden und die ich von Fachkundigen zu prüfen wünsche, eine kurze Erklärung abzugeben. Man beurteilt allgemein den Verfasser nach dem Stempel, den er auf seine Ware drückt; daher hoffe ich, man werde in den verschiedenen Teilen dieser Abhandlung keine strengere Verantwortung meiner Meinungen fordern als dem Wert angemessen, den ich von ihnen selber habe. Überhaupt kann die größte geometrische Schärfe und mathematische Unfehlbarkeit niemals von einer Abhandlung dieser Art verlangt werden. Wenn das System auf Analogien und Übereinstimmungen nach den Regeln der Glaubwürdigkeit und einer richtigen Denkungsart gegründet ist, so hat es allen Forderungen seines Objekts Genüge getan (I 235)

Wenn ich das Unendliche der ganzen Schöpfung, die Bildung neuer Welten und den Untergang der alten, den unbeschränkten Raum des Chaos der Einbildungskraft darstelle, so hoffe ich, man werde der reizenden Annehmlichkeit des Objekts und dem Vergnügen, die Übereinstimmung einer Theorie in ihrer größten Ausdehnung zu sehen, so viel Nachsicht vergönnen, sie nicht nach der größten hier ohnehin nicht angebrachten geometrischen Strenge zu beurteilen. ... Man wird indessen immer etwas mehr als nur Willkürliches, obgleich jederzeit etwas weniger als Unbezweifeltes, in diesen antreffen (I 235-236)

Wenn die Bahnen der Himmelskörper genaue Kreise wären, so würde die einfachste Zergliederung der Zusammensetzung krummliniger Bewegungen zeigen, dass ein anhaltender Trieb gegen den Mittelpunkt dazu erforderlich ist; allein obgleich sie an allen Planeten und auch Kometen Ellipsen sind, in deren gemeinschaftlichem Brennpunkt sich die Sonne befindet, so zeigt doch die höhere Geometrie mit Hilfe der *Kepler*schen Analogie ... mit untrüglicher Gewissheit, dass eine Kraft den Planeten im ganzen Kreislauf gegen den Mittelpunkt der Sonne unablässig treiben muss. Diese Senkungskraft, die im gesamten Raum des Planetensystems herrscht und zur Sonne hinzielt, ist also ein ausgemachtes Phänomen der Natur, und eben so zuverlässig ist auch das Gesetz erwiesen, nach dem sich diese Kraft von dem Mittelpunkt in die fernen Weiten erstreckt. Sie nimmt immer umgekehrt ab wie die Quadrate der Entfernungen von ihm zunehmen (I 244)

Man meinte Grund genug zu haben, die allgemeine Senkung der Planeten gegen die Sonne einer Anziehungskraft der letzteren und dieses Vermögen der Anziehung allen Himmelskörpern überhaupt zuzuschreiben (I 245)

Eigentlich machen alle Planeten und Kometen, die zu unserem Weltbau gehören, dadurch schon ein System aus, dass sie sich um einen gemeinschaftlichen Zentralkörper drehen (I 246)

Man weiß zur Zeit noch nicht mehr als ... dass der unendliche Weltraum von Weltgebäuden wimmelt, deren Zahl und Vortrefflichkeit ein Verhältnis zur Unermesslichkeit ihres Schöpfers hat (I 247)

Die Fixsterne beziehen sich, wie wir wissen, alle auf einen gemeinschaftlichen Plan und ergeben dadurch ein zusammengeordnetes Ganzes, das eine Welt von Welten ist. Man sieht, dass es in unermesslichen Entfernungen mehr solcher Sternensysteme gibt und dass die Schöpfung im ganzen unendlichen Umfang ihrer Größe allenthalben systematisch und auf einander bezogen ist (I 255)

Der Lehrbegriff, den wir vorgetragen haben, eröffnet uns eine Aussicht in das unendliche Feld der Schöpfung und bietet eine Vorstellung von dem Werk Gottes, die der Unendlichkeit des großen Werkmeisters gemäß ist (I 255-256)

Die Weisheit, die Güte, die Macht, die sich offenbart hat, ist unendlich und in eben dem Maße fruchtbar und geschäftig; der Plan ihrer Offenbarung muss daher wie sie unendlich und ohne Grenzen sein (I 256)

Wenn wir den Raum erwägen, in dem die Planeten unseres Systems herum laufen, so ist er vollkommen leer und aller Materie beraubt, die eine Gemeinschaft des Einflusses auf diese Himmelskörper verursachen und die Übereinstimmung unter ihren Bewegungen nach sich ziehen könnte. Dieser Umstand ist mit vollkommener Gewissheit ausgemacht und übertrifft wo möglich noch die vorige Wahrscheinlichkeit. ... Dieser Raum ist vollkommen leer oder wenigstens so gut wie leer. ... Ich untersuche hier nicht, ob dieser Raum im eigentlichsten Sinne leer genannt werden kann. Denn hier ist es genug zu bemerken, dass alle Materie, die etwa in diesem Raum anzutreffen sein könnte, viel zu unvermögend ist, als dass sie in Ansehung der hier gemeinten bewegten Massen einige Wirkung verüben kann (I 262)

Man könnte ... endlich auf den Entwurf selber kommen, den ich vom Ursprung des Weltgebäudes darlegen werde; allein ich will meine Meinungen lieber in der Gestalt einer Hypothese vortragen und es der Einsicht des Lesers überlassen, ihre Würdigkeit zu prüfen. ... Ich nehme an, dass alle Materien, aus denen die zu unserer Sonnenwelt gehörenden Kugeln sowie alle Planeten und Kometen bestehen, am Anfang aller Dinge, in ihren elementaren Grundstoff aufgelöst, den ganzen Raum des Weltgebäudes erfüllt haben, in dem jetzt diese gebildeten Körper herumlaufen. Dieser Zustand der Natur scheint, wenn man ihn auch ohne Absicht auf ein System betrachtet, nur der einfachste zu sein, der auf das Nichts folgen kann (I 263)

Die Natur, die unmittelbar an die Schöpfung grenzte, war so roh, so ungebildet wie möglich. Allein auch in den wesentlichen Eigenschaften der Elemente, die das Chaos ausmachen, ist das Merkmal derjenigen Vollkommenheit zu spüren, die sie von ihrem Ursprung her haben, indem ihr Wesen eine Folge aus der ewigen Idee des göttlichen Verstandes ist. Die einfachsten, die allgemeinsten Eigenschaften, die ohne Absicht entworfen zu sein scheinen, die Materie, die nur passiv und der Formen und Gestalten bedürftig zu sein scheint, hat in ihrem einfachsten Zustand die Bestrebung, sich durch eine natürliche Entwicklung zu vervollkommnen. Allein die Verschiedenheit in den Gattungen der Elemente trägt zur Regelung der Natur und zur Bildung des Chaos am trefflichsten bei, indem die Ruhe, die bei einer allgemeinen Gleichheit unter den zerstreuten Elementen herrschen würde, gehoben wird und das Chaos in den Punkten der stärker anziehenden Partikel anfängt, sich zu bilden (I 263-264)

Wenn man in dem unermesslichen Raum, in dem sich alle Sonnen der Milchstraße gebildet haben, einen Punkt annimmt, um den durch ich weiß nicht was für eine Ursache die erste Bildung der Natur aus dem Chaos angefangen hat, so wird dort die größte Masse und ein Körper von der ungemeinsten Attraktion[42] entstanden sein, der dadurch fähig wurde, in einer ungeheuren Sphäre um sich alle in der Bildung begriffenen Systeme zu nötigen, sich gegen ihn als ihren Mittelpunkt zu senken und um ihn ein gleiches System im Ganzen zu errichten, wie es derselbe elementare Grundstoff, der die Planeten bildete, um die Sonne im Kleinen gemacht hat. Die Beobachtung macht diese Mutmaßung beinahe zweifelsfrei (I 307)

Man kommt der Unendlichkeit der Schöpfungskraft Gottes ebenso wenig näher, wenn man den Raum ihrer Offenbarung in eine Sphäre mit dem Radius der Milchstraße einschließt, wie wenn man ihn in eine Kugel beschränken will, die einen Zoll im Durchmesser hat. Alles Endliche, was seine Schranken und ein bestimmtes Verhältnis zur Einheit hat, ist von dem Unendlichen gleich weit entfernt. Es wäre ungereimt, die Gottheit mit einem unendlich kleinen Teil ihres schöpferischen Vermögens wirksam sein zu lassen und ihre unendliche Kraft, den Schatz einer wahren Unermesslichkeit von Naturen und Welten, untätig und in einem ewigen Mangel der Ausübung verschlossen zu denken. Ist es nicht vielmehr anständiger, oder ist es besser gesagt nicht notwendig, den Inbegriff der Schöpfung so darzustellen wie er sein muss, um ein Zeugnis von derjenigen Macht zu sein, die durch keinen Maßstab abgemessen werden kann? Aus diesem Grund ist das Feld der Offenbarung göttlicher Eigenschaften ebenso unendlich wie diese selbst (I 309)

Wenn es möglich war, dass Gott den Begriff der Unendlichkeit ... in einer aufeinander folgenden Reihe wirklich machen kann, warum sollte er nicht den Begriff einer anderen Unendlichkeit in einem dem Raum nach

---

[42] Große Anziehungskraft, universale Eigenschaft der Materie und allgemeine Beziehung, die die Teile der Natur in einem Raum vereinigt.

verbundenen Zusammenhang darstellen und dadurch den Umfang der Welt ohne Grenzen machen können? (I 309-310)

Die Ewigkeit ist nicht hinlänglich, die Zeugnisse des höchstens Wesens zu fassen, wo sie nicht mit der Unendlichkeit des Raumes verbunden wird (I 309-310)

Die Grundmaterie selber, deren Eigenschaften und Kräfte allen Veränderungen zu Grunde liegen, ist eine unmittelbare Folge des göttlichen Daseins; diese muss also so reich, so vollständig sein, dass die Entwicklung ihrer Zusammensetzungen sich im Ablauf der Ewigkeit über einen Plan ausbreiten kann, der alles in sich schließt, was sein kann, der kein Maß annimmt, kurz, der unendlich ist (I 310)

Wenn die Schöpfung dem Raum nach unendlich oder es wenigstens der Materie nach wirklich von Anbeginn her schon gewesen ist, der Form oder der Ausbildung nach aber bereit ist, es zu werden, so wird der Weltraum mit Welten ohne Zahl und ohne Ende belebt werden (I 310)

Ein Weltzustand, der sich ohne ein Wunder nicht erhielte, hat nicht den Charakter der Beständigkeit, die das Merkmal der Wahl Gottes ist (I 311)

Um der Errichtung des allgemeinen Systems der Natur aus den mechanischen Gesetzen der zur Bildung strebenden Materie nachforschen zu können, muss im unendlichen Raum des ausgebreiteten elementaren Grundstoffes an irgendeinem Ort dieser Grundstoff die dichteste Häufung gehabt haben, um durch die dort wirkende Bildung dem gesamten Universum eine Masse verschafft zu haben, die ihm zum Ausgangspunkt diente. Es ist zwar so, dass in einem unendlichen Raum kein Punkt eigentlich das Vorrecht haben kann, Mittelpunkt zu heißen; aber mittels eines gewissen Verhältnisses, das sich auf die wesentlichen Grade der Dichtigkeit des Urstoffes gründet, nach dem dieser zugleich mit seiner Schöpfung an einem gewissen Ort wesentlich dichter gehäuft ist und mit den Weiten desselben in der Zerstreuung zunimmt, kann ein solcher Punkt das Vorrecht haben, der Mittelpunkt zu sein (I 312)

Wichtig und der größten Aufmerksamkeit würdig ist die Tatsache, dass der Ordnung der Natur in unserem System zufolge die Schöpfung oder vielmehr die Bildung der Natur bei einem Mittelpunkt anfängt und mit stetiger Fortschreitung nach und nach in alle ferneren Weiten ausgebreitet wird, um den unendlichen Raum im Fortgang der Ewigkeit mit Welten und Ordnungen zu erfüllen. Lasset uns dieser Vorstellung einen Augenblick mit stillem Vergnügen nachhängen. Ich finde nichts, das den Geist des Menschen zu einem edleren Erstaunen erheben kann, indem es ihm eine Aussicht in das unendliche Feld der Allmacht eröffnet, als diesen Teil der Theorie, der die sukzessive Vollendung der Schöpfung betrifft (I 312)

Es ist vielleicht eine Reihe von Millionen Jahren und Jahrhunderten verflossen, ehe die Sphäre der entstandenen Natur, in der wir uns befinden, zu ihrer jetzigen Vollkommenheit gediehen ist; und es wird vielleicht eine eben so lange Periode vergehen, bis die Natur einen eben so weiten Schritt in das Chaos tut. Allein die Sphäre der gebildeten Natur ist unaufhörlich damit beschäftigt, sich auszubreiten. Die Schöpfung ist nicht das Werk von einem Augenblick. Nachdem sie mit der Hervorbringung einer Unendlichkeit von Substanzen und Materie den Anfang gemacht hat, ist sie mit immer zunehmenden Graden der Fruchtbarkeit die ganze Folge der Ewigkeit hindurch wirksam. Es werden Millionen und ganze Gebirge von Millionen Jahrhunderten verfließen, in denen sich immer neue Welten und Weltordnungen nacheinander in den entfernten Weiten vom Mittelpunkt der Natur bilden und zur Vollkommenheit gelangen werden (I 313-314)

Die Schöpfung ist niemals vollendet. Sie hat zwar einmal angefangen, aber sie wird niemals aufhören. Sie ist immer geschäftig, mehr Varianten der Natur, neue Dinge und neue Welten hervor zu bringen. Das Werk, das sie zustande bringt, hat ein Verhältnis zu der Zeit, die sie darauf anwendet. Sie braucht nichts weniger als eine Ewigkeit, um die ganze grenzenlose Weite der unendlichen Räume mit Welten ohne Zahl und ohne Ende zu beleben. Man kann von ihr dasjenige sagen, was der erhabenste unter den deutschen Dichtern[43] von der Ewigkeit schreibt:

---

[43] Albrecht von Haller.

„Unendlichkeit wer misset dich?
Vor dir sind Welten Tag und Menschen Augenblick;
Vielleicht die tausendste der Sonnen wälzt jetzt sich,
Und tausend bleiben noch zurück.
Wie eine Uhr, beseelt durch ein Gewicht,
Eilt eine Sonn', aus Gottes Kraft bewegt:
Ihr Trieb läuft ab, und eine andre schlägt,
Du aber bleibst und zählst sie nicht" (I 314-315)

Ich bin den Folgen meiner Theorie nicht so sehr ergeben, dass ich nicht erkenne, wie die Mutmaßung von der sukzessiven Ausbreitung der Schöpfung durch die unendlichen Räume, die den Stoff dazu in sich fassen, den Einwurf der Unerweislichkeit nicht völlig ablehnen kann. Indessen verspreche ich mir doch von denjenigen, die die Grade der Wahrscheinlichkeit einschätzen können, dass ein solches Bild der Unendlichkeit, obgleich es einen Vorwurf birgt, der bestimmt zu sein scheint, dem menschlichen Verstand auf ewig verborgen zu sein, nicht deswegen als ein Hirngespinst angesehen wird, besonders wenn man die Analogie zu Hilfe nimmt, die uns in solchen Fällen leiten muss, wo dem Verstand der Faden der untrüglichen Beweise fehlt (I 315)

Wenn man erwägt, dass die Schöpfung den Charakter der Beständigkeit nicht mit sich führt ..., wird man genötigt, einen allgemeinen Mittelpunkt des ganzen Weltalls anzunehmen, der alle Teile desselben in verbundener Beziehung zusammen hält und aus dem ganzen Inbegriff der Natur nur ein System macht (I 315-316)

Wenn man meine ganze Hypothese im gesamten Umfang sowohl dessen, was ich gesagt habe, als dessen, was ich noch eigentlich darlegen werde, erwägt, dann wird man die Kühnheit ihrer Forderungen wenigstens nicht für unfähig halten, eine Entschuldigung anzunehmen (I 316)

Das ganze Stück der Natur, das wir kennen, obgleich es nur ein Atom in Ansehung dessen ist, was über oder unter unserem Gesichtskreis verborgen bleibt, bestätigt doch die Fruchtbarkeit der Natur, die ohne Schranken ist, weil sie nichts anderes als die Ausübung der göttlichen Allmacht selber ist. Unzählige Tiere und Pflanzen werden täglich zerstört und sind ein

Opfer der Vergänglichkeit; aber nicht weniger bringt die Natur durch ein unerschöpfliches Zeugungsvermögen an anderen Orten wiederum hervor und füllt das Leere aus. Beträchtliche Stücke des Erdbodens, den wir bewohnen, werden wiederum im Meer begraben, aus dem sie eine günstige Periode hervorgezogen hatte; aber an anderen Orten ergänzt die Natur den Mangel und bringt andere Gegenden hervor, die in der Tiefe des Wassers verborgen waren, um neue Reichtümer ihrer Fruchtbarkeit auszubreiten. Auf die gleiche Art vergehen Welten und Weltordnungen und werden vom Abgrund der Ewigkeit verschlungen; dagegen ist die Schöpfung immerfort geschäftig, in anderen Himmelsgegenden Neues zu bilden und den Abgang mit Vorteilen zu ergänzen (I 317)

Man muss selbst dem Großen der Werke Gottes eine Vergänglichkeit gestatten. Alles, was endlich ist, was einen Anfang und Ursprung hat, hat das Merkmal seiner eingeschränkten Natur in sich; es muss vergehen und ein Ende haben (I 317)

Eine unzählige Menge Blumen und Insekten zerstört ein einziger kalter Tag; aber wie wenig vermisst man sie, obwohl sie herrliche Kunstwerke der Natur und Beweise der göttlichen Allmacht sind! An einem anderen Ort wird dieser Abgang mit Überfluss wiederum ersetzt. Der Mensch, der das Meisterstück der Schöpfung zu sein scheint, ist selbst von diesem Gesetz nicht ausgenommen. Die Natur beweist, dass sie ebenso reich, ebenso unerschöpflich in Hervorbringung des Trefflichsten unter den Kreaturen wie des Geringschätzigsten ist (I 318)

Die schädlichen Wirkungen der angesteckten Luft[44], der Erdbeben, der Überschwemmungen vertilgen ganze Völker vom Erdboden; allein es scheint nicht, dass die Natur dadurch einen Nachteil erlitten hat. Auf gleiche Weise verlassen ganze Welten und Systeme den Schauplatz, nachdem sie ihre Rolle ausgespielt haben. Die Unendlichkeit der Schöpfung ist groß genug, um eine Welt oder eine Milchstraße von Welten so anzusehen wie man eine Blume oder ein Insekt im Vergleich mit der Erde ansieht. Indessen ... bleibt Gott in einer unaufhörlichen Schöpfung geschäftig (I 318)

---

[44] Seuchen oder Feuer?

Ich sage es nochmals, die Größe desjenigen, was untergehen soll, ist nicht im geringsten hinderlich, denn alles, was groß ist, wird klein, ja es wird gleichsam nur ein Punkt, wenn man es mit dem Unendlichen vergleicht, das die Schöpfung im unbeschränkten Raum in Ewigkeit darstellen wird (I 319)

Es scheint, dass dieses den Welten so wie allen Naturdingen verhängte Ende einem gewissen Gesetz unterworfen ist, dessen Erwägung der Theorie einen neuen Zug der Anständigkeit gibt. Nach diesem fängt es bei den Weltkörpern an, die sich dem Mittelpunkt des Weltalls am nächsten befinden, so wie die Erzeugung und Bildung neben diesem Zentrum ursprünglich anfing; von da breiten sich das Verderben und die Zerstörung nach und nach in die weiteren Entfernungen aus, um alle Welt, die ihre Periode zurückgelegt hat, durch einen allmählichen Verfall der Bewegungen zuletzt in einem einzigen Chaos zu begraben (I 319)

So versenkt sich der Geist, der all dies überdenkt, in ein tiefes Erstaunen. ... Er wünscht dasjenige Wesen von nahem kennen zu lernen, dessen Verstand, dessen Größe die Quelle desjenigen Lichtes ist, das sich über die gesamte Natur wie aus einem Mittelpunkt ausbreitet. Mit welcher Art der Ehrfurcht muss die Seele sogar ihr eigenes Wesen ansehen, wenn sie bedenkt, dass sie noch alle diese Veränderungen überleben soll. Sie kann zu sich selber sagen, was der philosophische Dichter[45] von der Ewigkeit sagt:

„Wenn dann ein zweites Nichts wird diese Welt begraben,
Wenn von dem Alles selbst nichts bleibe als die Stelle,
Wenn mancher Himmel noch, von andern Sternen helle,
Wird seinen Lauf vollendet haben:
Wirst du so jung als jetzt von deinem Tod gleich weit,
Gleich ewig künftig sein, wie heut" (I 321)

Wenn die Fesseln, die uns an die Eitelkeit der Kreaturen geknüpft halten, in dem zu der Verwandlung unseres Wesens bestimmten Augenblick abgefallen sind, wird der unsterbliche Geist, von der Abhängigkeit

---

[45] Albrecht von Haller.

der endlichen Dinge befreit, in der Gemeinschaft mit dem unendlichen Wesen den Genuss der wahren Glückseligkeit finden (I 322)

Die veränderlichen Szenen der Natur vermögen nicht, den Ruhestand der Glückseligkeit eines Geistes zu verrücken, der einmal zu solcher Höhe erhoben ist. Indem er diesen Zustand mit einer süßen Hoffnung schon im voraus kostet, kann er seinen Mund in denjenigen Lobgesängen üben, von denen dereinst alle Ewigkeiten erschallen sollen.

„Wenn dereinst der Bau der Welt in sein Nichts zurück geeilet
Und sich deiner Hände Werk nicht durch Tag und Nacht mehr teilet:
Dann soll mein gerührt Gemüte sich, durch dich gestärkt, bemühn,
In Verehrung deiner Allmacht stets vor deinen Thron zu ziehn;
Mein von Dank erfüllter Mund soll durch alle Ewigkeiten
Dir und deiner Majestät ein unendlich Lob bereiten;
Ist dabei gleich kein vollkommnes: denn o Herr! so groß bist du,
Dich nach Würdigkeit zu loben, reicht die Ewigkeit nicht zu"[46]
(I 322)

Vielleicht ist es den künftigen Zeiten vorbehalten, dereinst die Gegend zu entdecken, in der sich der Mittelpunkt des Fixsternensystems unserer Sonne befindet, oder vielleicht gar zu bestimmen, wohin man den Zentralkörper des Universums, nach dem alle seine Teile mit übereinstimmender Senkung zielen, setzen muss... . Ich habe eine Mutmaßung, nach der es mir sehr wahrscheinlich zu sein scheint, dass der Sirius oder Hundstern in dem System der Sterne, die die Milchstraße ausmachen, der Zentralkörper ist und den Mittelpunkt einnimmt, zu dem sie sich alle anziehen (I 328-329)

Wir wollen der Kühnheit unserer Mutmaßungen, denen wir vielleicht gar zu viel erlaubt haben, nicht bis zu willkürlichen Erdichtungen den Zügel schießen lassen. Die Gottheit ist in der Unendlichkeit des ganzen Weltraumes allenthalben gleich gegenwärtig: allenthalben, wo Naturen fähig sind, sich über die Abhängigkeit der Geschöpfe von der Gemeinschaft des höchsten Wesens empor zu schwingen, befindet es sich gleich nahe (I 329)

---

[46] Joseph Addisson (nach Gottscheds Übersetzung).

Wenn man, wie es wahrscheinlich ist, nahe zum Mittelpunkt der Natur die dichtesten und schwersten Sorten der Materie und dagegen in der größeren Entfernung die zunehmenden Grade der Feinheit und Leichtigkeit derselben der in unserem Weltbau herrschenden Analogie gemäß annimmt, so ist die Folge begreiflich. Die vernünftigen Wesen, deren Erzeugungsplatz und Aufenthalt sich näher zum Mittelpunkt der Schöpfung befindet, sind in eine steife und unbewegliche Materie versenkt, die ihre Kräfte in einer unüberwindlichen Trägheit verschlossen enthält und auch ebenso unfähig ist, die Eindrücke des Universums mit der nötigen Deutlichkeit und Leichtigkeit zu übertragen und mitzuteilen. Man wird diese denkenden Wesen also in die niedrige Klasse zu zählen haben; dagegen wird mit den Entfernungen vom allgemeinen Zentrum diese Vollkommenheit ... wie eine Leiter beständig wachsen. In der tiefsten Erniedrigung zu diesem Senkungspunkt hat man demzufolge die schlechtesten und unvollkommensten Gattungen denkender Naturen zu sehen (I 330)

Wenn man erwägt, dass der Mittelpunkt der Natur zugleich der Anfang ihrer Bildung aus dem rohen Zeug und ihre Grenze mit dem Chaos ist ..., so wird man, wenn nach einem bestehenden Gesetz den vernünftigen Kreaturen Wohnplätze nach der Ordnung ihrer Beziehung zum gemeinschaftlichen Mittelpunkt zugeteilt sind, die niedrigste und unvollkommenste, also gleichsam den Anfang des Geschlechtes der Geisterwelt darstellende Gattung an demjenigen Ort zu sehen haben, der der Anfang des gesamten Universums ist, um zugleich mit diesem in gleicher Fortschreitung aller Unendlichkeit der Zeit und der Räume mit ins Unendliche wachsenden Graden der Vollkommenheit des Denkvermögens zu erreichen und sich gleichsam nach und nach dem Ziel der höchsten Trefflichkeit, nämlich der Gottheit, zu nähern ohne es doch jemals erreichen zu können (I 331)

Man kann das Weltgebäude nicht ansehen, ohne die trefflichste Anordnung in seiner Einrichtung und die sicheren Merkmale der Hand Gottes in der Vollkommenheit seiner Beziehungen zu kennen. Die Vernunft entrüstet sich, nachdem sie so viel Schönheit, so viel Trefflichkeit erwogen und bewundert hat, mit Recht über die kühne Torheit, die all dieses dem Zufall und einem glücklichen Ungefähr zuschreiben darf. Es muss die höchste Weisheit den Entwurf gemacht und eine unendliche Macht ihn ausgeführt haben, sonst wäre es unmöglich, so viele in einem Zweck zusammen kommende Absichten in der Verfassung des Weltgebäudes anzutreffen (I 331-332)

Ein fast allgemeines Vorurteil hat die meisten Weltweisen gegen die Fähigkeit der Natur, etwas Ordentliches durch ihre allgemeinen Gesetze hervorzubringen, eingenommen, als wolle man Gott die Regierung der Welt streitig machen, wenn man die ursprünglichen Bildungen in den Naturkräften sucht, und als wären diese ein von der Gottheit unabhängiges Prinzip und ein ewiges blindes Schicksal (I 332)

Man soll den schönen farbigen Bogen, der in den Regentropfen erscheint, wenn diese die Farben des Sonnenlichts auffächern, wegen seiner Schönheit, den Regen wegen seines Nutzens, die Winde wegen der unentbehrlichen Vorteile, die sie in unendlichen Arten der menschlichen Bedürfnisse leisten, kurz, alle Veränderungen der Welt, die Wohlanständigkeit und Ordnung mit sich führen, nicht aus den Kräften der Materie herleiten. Das Unterfangen der Naturforscher, die sich mit einer solchen Weltweisheit abgegeben haben, wird vor dem Richterstuhl der Religion eine feierliche Abbitte tun müssen (I 333)

Die ihren allgemeinen Eigenschaften überlassene Natur ist an lauter schönen und vollkommenen Früchten fruchtbar, die nicht allein an sich Übereinstimmung und Trefflichkeit zeigen, sondern auch mit dem ganzen Umfang ihrer Wesen, mit dem Nutzen der Menschen und der Verherrlichung der göttlichen Eigenschaften harmonieren (I 333)

Alles, was sich auf eine wechselseitige Harmonie bezieht, muss in einem einzigen Wesen, von dem es insgesamt abhängt, untereinander verbunden werden. Also ist ein Wesen aller Wesen, ein unendlicher Verstand und selbständige Weisheit vorhanden, worin die Natur ihren Ursprung hat (I 334)

Nicht der ungefähre Zusammenlauf der Atome des *Lucrez* hat die Welt gebildet, sondern gegebene Kräfte und Gesetze, die den weisesten Verstand zur Quelle haben, sind ein unwandelbarer Ursprung derjenigen Ordnung gewesen, die aus ihnen nicht von ungefähr, sondern notwendig entspringen musste (I 334)

Die Umlaufbewegungen der Weltkörper bestehen aus der Verbindung der anziehenden Kraft, die eine gewisse Folge aus den Eigenschaften der Materie ist, und aus der abstoßenden Bewegung, die als Wirkung der ersteren als eine durch das Herabsinken erlangte Geschwindigkeit angesehen werden kann, in der nur eine gewisse Ursache nötig war, um den senkrechten Fall seitwärts abzubeugen. Nach einmal erlangter Bestimmung dieser Bewegungen ist nichts weiter nötig, um sie auf immer zu erhalten. Sie bestehen im leeren Raum durch die Verbindung der einmal bewirkten abstoßenden Kraft mit der aus den wesentlichen Naturkräften fließenden Anziehung und erleiden weiterhin keine Veränderung. Allein die Analogien in der Übereinstimmung dieser Bewegungen zeigen die Wirklichkeit eines mechanischen Ursprungs so deutlich, dass man daran keine Zweifel haben kann (I 334-335)

Es war in Ansehung des Nutzens der Welt gewiss ganz gleichgültig, ob die Planetenkreise völlig zirkelrund oder ob sie ein wenig exzentrisch sind (I 337)

Indem die Natur alle möglichen Stufen der Mannigfaltigkeit in sich fasst, erstreckt sie ihren Umfang über alle Gattungen von der Vollkommenheit bis zum Nichts, und die Mängel selber sind ein Zeichen des Überflusses, an dem ihr Inbegriff unerschöpflich ist (I 338)

Der Himmelsraum ist, wie schon mehrfach gesagt, leer oder wenigstens mit unendlich dünner Materie angefüllt, die folglich kein Mittel hat abgeben können, um den Himmelskörpern gemeinschaftliche Bewegungen zu geben. Diese Schwierigkeit ist so bedeutend und gültig, dass *Newton*, der Ursache hatte, den Einsichten seiner Weltweisheit so viel wie irgendein Sterblicher zu vertrauen, sich genötigt sah, hier die Hoffnung aufzugeben (I 338)

Obgleich es für einen Philosophen ein betrüblicher Entschluss ist, bei einer zusammengesetzten und noch weit von den einfachen Grundgesetzen entfernten Beschaffenheit die Bemühung der Untersuchung aufzugeben und sich mit Berufung auf den unmittelbaren Willen Gottes zu begnügen, erkannte *Newton* doch die Grenze, die die Natur und den Finger Gottes, den Lauf der Gesetze der ersteren und den Wink des letzteren voneinander scheidet. Nach eines so großen Weltweisen Verzweiflung scheint es eine

Vermessenheit zu sein, noch einen glücklichen Fortgang in einer Sache von solcher Schwierigkeit zu erhoffen (I 338-339)

Die Gewissheit einer gesetzmäßigen Lehre vom Ursprung des Weltgebäudes, vornehmlich des unsrigen, wird auf den höchsten Gipfel der Überzeugung erhoben, wenn man die Bildung der Himmelskörper selber, die Wichtigkeit und Größe ihrer Massen nach den Verhältnissen erwägt, die sie in Ansehung ihres Abstandes vom Mittelpunkt der Gravitation haben (I 341)

Als der Stoff aller Weltkörper noch im Raum des planetarischen Systems ausgebreitet war, bildete die Anziehung aus diesen Teilchen Kugeln, die ohne Zweifel desto größer werden mussten, je weiter der Ort ihrer Bildungssphäre von dem allgemeinen Zentralkörper entfernt war, der aus dem Mittelpunkt des ganzen Raumes durch eine überragend mächtige Anziehung diese Vereinigung einschränkte und hinderte. Man erkennt die Merkmale dieser Bildung der Himmelskörper aus dem im Anfang ausgebreitet gewesenen Grundstoff an der Weite der Zwischenräume, die ihre Kreise voneinander scheiden und die nach diesem Begriff als die leeren Fächer angesehen werden müssen, aus denen die Planeten die Materie zu ihrer Bildung genommen haben. Man sieht, wie diese Zwischenräume zwischen den Kreisen ein Verhältnis zur Größe der daraus gebildeten Massen haben (I 342-343)

Im planetarischen Weltbau geht alles stufenweise mit richtigen Beziehungen zur ersten erzeugenden Kraft, die neben dem Mittelpunkt wirksamer als in der Ferne war, in alle unbeschränkten Weiten fort. Die Verminderung der ihm beigebrachten abstoßenden Kraft, die Abweichung von der genauesten Übereinstimmung in der Richtung und der Stellung der Kreise, die Dichtigkeiten der Himmelskörper, die Sparsamkeit der Natur in Bezug auf den Raum ihrer Bildung – alles vermindert sich stufenartig vom Zentrum in die weiten Entfernungen, alles zeigt, dass die erste Ursache an die mechanischen Regeln der Bewegung gebunden war und nicht durch eine freie Wahl gehandelt hat (I 344)

Ich will endlich aufhören, eine Sache von so überzeugender Deutlichkeit, wie es die Entwicklung des Weltgebäudes aus den Kräften der Natur ist, auf mehr Beweise zu gründen. Wenn man bei so vieler Überführung unbeweglich bleibt, muss man entweder gar zu tief in den Fesseln des

Vorurteils liegen oder gänzlich unfähig sein, sich über den Wust hergebrachter Meinungen zu der Betrachtung der allerreinsten Wahrheit empor zu schwingen. Indessen ist zu glauben, dass nur die Blödsinnigen, auf deren Beifall man nicht rechnen darf, die Richtigkeit dieser Theorie verkennen können, wenn die Übereinstimmungen, die der Weltbau in allen seinen Verbindungen zum Nutzen der vernünftigen Kreatur hat, nicht auf etwas mehr als bloße allgemeine Naturgesetze begründet schienen (I 345-346)

Der eine Schluss ist ganz richtig: Wenn in der Verfassung der Welt Ordnung und Schönheit hervorleuchten, so ist ein Gott. Allein der andere ist nicht weniger begründet: Wenn diese Ordnung aus allgemeinen Naturgesetzen hat herfließen können, so ist die ganze Natur notwendig eine Wirkung der höchsten Weisheit. Wenn man aber durchaus die unmittelbare Anwendung der göttlichen Weisheit an allen Anordnungen der Natur, die unter sich Harmonie und nützliche Zwecke begreifen, erkennen will, indem man der Entwicklung aus allgemeinen Bewegungsgesetzen keine übereinstimmenden Folgen zutraut, so rate ich, in der Ansicht des Weltbaues seine Augen nicht auf einen einzigen unter den Himmelskörpern, sondern auf das Ganze zu richten, um sich aus diesem Wahn zu befreien (I 346)

Die Natur fasst, obwohl sie eine wesentliche Bestimmung zur Vollkommenheit und Ordnung hat, im Umfang ihrer Mannigfaltigkeit alle möglichen Abwechslungen sogar bis zu den Mängeln und Abweichungen in sich. Eben diese unbeschränkte Fruchtbarkeit der Natur hat sowohl die bewohnten Himmelskugeln als auch die Kometen, die nützlichen Berge und die schädlichen Klippen, die bewohnbaren Landschaften und öden Wüsteneien, die Tugenden und Laster hervorgebracht (I 347)

„Wer das Verhalten aller Welten von einem Teil zum anderen weiß,
Wer aller Sonnen Menge kennet und jeglichen Planetenkreis,
Wer die verschiedenen Bewohner von einem jeden Stern erkennet,
Dem ist allein, warum die Dinge so sind, als wie sie sind vergönnet,
Zu fassen und uns zu erklären"[47]
(I 349)

---

[47] Alexander Pope.

Ich bin der Meinung, dass es nicht notwendig ist, zu behaupten, alle Planeten müssten bewohnt sein, obgleich es eine Ungereimtheit wäre, dieses in Ansehung aller oder auch nur der meisten zu leugnen. Beim Reichtum der Natur, in dem Welten und Systeme in Ansehung des Ganzen der Schöpfung nur Sonnenstäubchen sind, könnte es auch öde und unbewohnte Gegenden geben, die nicht zum Aufenthalt vernünftiger Wesen genutzt würden (I 352)

Es ist ein gewisses Naturgesetz, dass alles, was einen Anfang hat, sich beständig seinem Untergang nähert und diesem um so näher ist, je mehr es sich von dem Punkt seines Anfangs entfernt hat (I 353)

Die Satire jenes witzigen Kopfes aus dem Haag, der nach den allgemeinen Nachrichten aus dem Reich der Wissenschaften die Annahme von der notwendigen Bevölkerung aller Weltkörper auf lächerliche Art vorzustellen wusste, kann nur gebilligt werden. „Diejenigen Kreaturen," spricht er, „die die Wälder auf dem Kopf eines Bettlers bewohnen, hatten schon lange ihren Aufenthalt für eine unermessliche Kugel und sich selber als das Meisterstück der Schöpfung angesehen, als einer unter ihnen ... den Kopf eines Edelmanns unvermutet gewahr wurde. Alsbald rief er alle witzigen Köpfe seines Quartiers zusammen und sagte ihnen mit Entzücken: Wir sind nicht die einzigen lebenden Wesen der ganzen Natur; sehet hier ein neues Land, hier wohnen mehr Läuse." Wenn der Ausgang dieses Schlusses ein Lachen erweckt, geschieht es nicht deshalb, weil er vom menschlichen Urteilen weit entfernt ist, sondern weil derselbe Irrtum, der beim Menschen eine gleiche Ursache hat, bei den Läusen mehr Entschuldigung zu verdienen scheint (I 353)

Die Unendlichkeit der Schöpfung fasst alle Naturen, die ihr überschwänglicher Reichtum hervorbringt, mit gleicher Notwendigkeit in sich. Von der erhabensten Klasse unter den denkenden Wesen bis zu dem verachtetsten Insekt ist ihr kein Glied gleichgültig; und es kann keins fehlen, ohne dass die Schönheit des Ganzen, die in dem Zusammenhang besteht, dadurch unterbrochen würde (I 354)

Wenn die Beschaffenheit eines Himmelskörpers der Bevölkerung natürliche Hindernisse entgegensetzt, wird er unbewohnt sein, obgleich es an und für sich schöner wäre, dass er Einwohner hätte. Die Trefflichkeit der Schöpfung verliert dadurch nichts, denn das Unendliche ist unter allen Größen diejenige, die durch Entziehung eines endlichen Teils nicht vermindert wird. Es wäre wie eine Klage darüber, dass der Raum zwischen dem Jupiter und dem Mars unnötig leer steht und dass es Kometen gibt, die nicht bevölkert sind. In der Tat mag ein Insekt nichtswürdig erscheinen, und dennoch ist der Natur gewiss an der Erhaltung seiner ganzen Klasse mehr gelegen als an einer kleinen Zahl vortrefflicherer Geschöpfe, deren es dennoch unendlich viele gibt (I 354)

Die meisten unter den Planeten sind gewiss bewohnt, und die es nicht sind, werden es dereinst werden (I 354)

Es ist gewiss, dass der Mensch, der alle seine Begriffe und Vorstellungen von den durch das Universum in seiner Seele erregten Eindrücken hat – sowohl in Ansehung der Deutlichkeit derselben als auch der Fertigkeit, dieselben zu verbinden und zu vergleichen, also das Vermögen zu denken – , von der Beschaffenheit dieser Materie völlig abhängt, an die der Schöpfer ihn gebunden hat (I 355)

Der Mensch ist erschaffen, die Eindrücke und Rührungen, die die Welt in ihm erregen soll, durch denjenigen Körper anzunehmen, der der sichtbare Teil seines Wesens ist und dessen Materie nicht allein dem ihm innewohnenden unsichtbaren Geist dient, die ersten Begriffe der äußeren Gegenstände einzudrücken, sondern auch in der inneren Handlung, diese zu wiederholen, zu verbinden, kurz zu denken, unentbehrlich ist (I 355)

Die Schöpfung hat Seele und Leib voneinander abhängig gemacht (I 355)

Das Vermögen ..., durch freie Anwendung der Einsichten über den Hang der Leidenschaften zu herrschen, findet sich spät ein, bei einigen niemals in ihrem ganzen Leben; bei allen aber ist es schwach: es dient den unteren Kräften, über die es doch herrschen sollte, und in deren Bewältigung der Vorzug seiner Natur besteht (I 356)

Wenn man das Leben der meisten Menschen ansieht, scheint diese Kreatur geschaffen zu sein, um wie eine Pflanze Saft in sich zu ziehen und zu wachsen, ihr Geschlecht fortzusetzen, endlich alt zu werden und zu sterben. Der Mensch erreicht unter allen Geschöpfen am wenigsten den Zweck seines Daseins, weil er seine vorzüglichen Fähigkeiten zu solchen

Absichten verbraucht, die die übrigen Kreaturen mit weit minderen Fähigkeiten und doch weit sicherer und besser erreichen (I 356)

Wenn man die Ursache der Hindernisse untersucht, die die menschliche Natur in einer so tiefen Erniedrigung halten, findet sie sich in der Grobheit der Materie, in der sein geistiger Teil versenkt ist, in der Unbiegsamkeit der Fasern und der Trägheit und Unbeweglichkeit der Säfte, die dessen Regungen gehorchen sollen. Die Nerven und Flüssigkeiten seines Gehirns liefern ihm nur grobe und undeutliche Begriffe, und weil er der Reizung der sinnlichen Empfindungen im Inneren seines Denkvermögens nicht genügend kräftige Vorstellungen entgegenstellen kann, wird er von seinen Leidenschaften hingerissen, von dem Getümmel der Elemente, die seine Maschine unterhalten, betäubt und gestört. Die Bemühungen der Vernunft, sich dagegen zu erheben und diese Verwirrung durch das Licht der Urteilskraft zu vertreiben, sind wie die Sonnenblicke, wenn dicke Wolken ihre Heiterkeit unablässig unterbrechen und verdunkeln (I 356-357)

Die Grobheit des Stoffes und des Gewebes in der menschlichen Natur ist die Ursache derjenigen Trägheit, die die Fähigkeiten der Seele in einer beständigen Mattigkeit und Kraftlosigkeit erhält. Die Handlung des Nachdenkens und der durch die Vernunft aufgeklärten Vorstellungen ist ein mühsamer Zustand, in den die Seele sich nicht ohne Widerstand versetzen kann und aus dem sie durch einen natürlichen Hang der körperlichen Maschine in den leidenden Zustand zurückfällt, sobald die sinnlichen Reizungen alle ihre Handlungen bestimmen und regieren. Diese Trägheit seiner Denkkraft, die eine Folge der Abhängigkeit von einer groben und ungelenken Materie ist, ist nicht allein die Quelle des Lasters, sondern auch des Irrtums (I 357)

Wenn das hohe Alter durch den geschwächten Umlauf der Säfte nur dicke Substanzen im Körper kocht, wenn die Beugsamkeit der Fasern und die Behändigkeit in allen Bewegungen abnehmen, erstarren die Kräfte des Geistes in einer gleichen Ermattung. Die Hurtigkeit der Gedanken, die Klarheit der Vorstellungen, die Lebhaftigkeit des Witzes und das Erinnerungsvermögen werden kraftlos und erkalten. Die durch lange Erfahrung eingepfropften Begriffe ersetzen noch einigermaßen den Abgang dieser Kräfte, und der Verstand würde sein Unvermögen noch deutlicher verraten, wenn die Heftigkeit der Leidenschaften, die dessen Zügel nötig haben, nicht zugleich und noch eher als er abnehmen würden. Dies erhellt deutlich, dass die Kräfte der menschlichen Seele von den Hindernissen einer groben Materie, an die sie innigst verbunden sind, eingeschränkt und gehemmt werden (I 357)

Die Einwohner der Erde und der Venus können ohne ihr beiderseitiges Verderben ihre Wohnplätze gegeneinander nicht vertauschen (I 358)

Der Stoff, woraus die Einwohner verschiedener Planeten, ja sogar die Tiere und Gewächse auf denselben gebildet sind, muss überhaupt um so leichter und feiner und die Elastizität der Fasern samt der vorteilhaften Anlage ihres Baues um so vollkommener sein, je weiter sie von der Sonne abstehen (I 358)

Der Stoff, woraus die Himmelskörper gebildet sind, ist bei den entfernteren allemal leichter als bei den nahen, was notwendig an den Geschöpfen, die sich auf ihnen erzeugen und unterhalten, ein gleiches Verhältnis nach sich ziehen muss (I 359)

Die menschliche Natur, die in der Leiter der Wesen gleichsam die mittlere Sprosse inne hat, sieht sich zwischen den zwei äußersten Grenzen der Vollkommenheit von beiden gleich weit entfernt (I 359)

Die Einsichten des Verstandes haben, wenn sie die ausreichenden Grade der Vollständigkeit und Deutlichkeit besitzen, weit lebhaftere Reizungen als die sinnlichen Anlockungen an sich und vermögen diese siegreich zu beherrschen (I 360)

Die Trefflichkeit der Naturen in den oberen Himmelsgegenden scheint durch einen physischen Zusammenhang mit einer Dauerhaftigkeit, deren sie würdig ist, verbunden zu sein. Das Verderben und der Tod können diesen trefflichen Geschöpfen nicht so viel wie uns niedrigen Naturen anhaben. Eben dieselbe Trägheit der Materie und Grobheit des Stoffes, die bei den unteren Stufen das spezifische Prinzip ihrer Erniedrigung ist, ist auch die Ursache ihres Hanges zum Verderben (I 362)

Wir haben in der Gestaltung des Weltbaues, an der Menge der Trabanten, die die Planeten der entferntesten Kreise erleuchten, an der Schnelligkeit der Achsendrehungen und dem gegen die Sonnenwirkung proportionierten Stoff ihrer Zusammensetzung die Weisheit Gottes erkannt, die alles zum Vorteil der vernünftigen Wesen, die sie bewohnen, angeordnet hat (I 363)

Je näher man die Natur kennen lernen wird, desto mehr wird man einsehen, dass die allgemeinen Beschaffenheiten der Dinge einander nicht fremd und getrennt sind. Man wird hinlänglich überzeugt werden, dass sie wesentliche Verwandtschaften haben ... und dass überhaupt die einzelnen Naturen der Dinge im Feld der ewigen Wahrheiten schon untereinander ein System ausmachen, in dem eine auf die andere bezogen ist (I 364)

Im ganzen Umfang der Natur hängt alles in einer ununterbrochenen Gradfolge zusammen durch die ewige Harmonie, die alle Glieder auf einander beziehend macht. Die Vollkommenheiten Gottes haben sich in unseren Stufen deutlich offenbart und sind nicht weniger herrlich in den niedrigsten Klassen als in den erhabeneren (I 365)

Wer zeigt uns die Grenze, wo die begründete Wahrscheinlichkeit aufhört und die willkürlichen Erdichtungen anheben? Wer ist so kühn, eine Beantwortung der Frage zu wagen, ob die Sünde ihre Herrschaft auch in den anderen Kugeln des Weltbaues ausübt oder ob die Tugend allein ihr Regiment dort aufgeschlagen hat?

„Die Sterne sind vielleicht ein Sitz verklärter Geister,
Wie hier das Laster herrscht, ist dort die Tugend Meister"[48] (I 365)

Gehört nicht ein gewisser Mittelstand zwischen der Weisheit und der Unvernunft zu der unglücklichen Fähigkeit, sündigen zu können? Wer weiß, ob die Bewohner jener entfernten Weltkörper nicht zu erhaben und zu weise sind, um sich bis zu der in der Sünde steckenden Torheit herabzulassen, diejenigen aber, die in den unteren Planeten wohnen, zu fest an die Materie geheftet und mit gar zu geringen Fähigkeiten des Geistes versehen sind, um die Verantwortung ihrer Handlungen vor dem Richterstuhl der Gerechtigkeit tragen zu dürfen (I 365-366)

Es ist uns nicht einmal recht bekannt, was der Mensch wirklich ist, obgleich uns das Bewusstsein und die Sinne hierüber belehren sollten; wie viel weniger werden wir erraten können, was er dereinst werden soll! (I 366)

Sollte die unsterbliche Seele wohl in der ganzen Unendlichkeit ihrer

---

[48] Albrecht von Haller.

künftigen Dauer, die selbst das Grab nicht unterbricht, sondern nur verändert, jederzeit an diesen Punkt des Weltraumes, an unsere Erde, geheftet bleiben? Sollte sie niemals von den übrigen Wundern der Schöpfung eines näheren Anschauens teilhaftig werden? Wer weiß, ob es ihr nicht zugedacht ist, dass sie dereinst jene entfernten Kugeln des Weltgebäudes und die Trefflichkeit ihrer Gestaltung, die schon von weitem ihre Neugierde so reizen, von nahem kennen lernen soll. Vielleicht bilden sich darum noch einige Kugeln des Planetensystems aus, um uns nach vollendetem Ablauf der uns hier vorgeschriebenen Zeit in anderen Himmeln neue Wohnplätze zu bereiten. ... Wenn man mit solchen Betrachtungen und mit den vorhergehenden sein Gemüt erfüllt hat, gibt der Anblick eines bestirnten Himmels in einer heiteren Nacht eine Art des Vergnügens, das nur edle Seelen empfinden (I 366-367)

Geschichte und Naturbeschreibung des Erdbebens am Ende des Jahres 1755

Abb. 7: Das Erdbeben von Lissabon am 1. November 1755.
Zeitgenössisches Flugblatt von Georg Caspar Pfauntz. (Von AKG, Berlin.)
Die Stadt wurde zu zwei Dritteln zerstört und verlor über 30.000 Einwohner.

Die Natur hat nicht vergeblich einen Schatz von Seltenheiten überall zur Betrachtung und Bewunderung ausgebreitet. Der Mensch, dem die Obhut des Erdbodens anvertraut ist, besitzt Fähigkeit, er besitzt auch Lust zu seiner Pflege und preist den Schöpfer durch seine Einsichten. Selbst die fürchterlichen Werkzeuge der Heimsuchung des menschlichen Geschlechts, die Erschütterungen der Länder, die Wut des in seinem Grund bewegten Meeres, die feuerspeienden Berge fordern den Menschen zur Betrachtung auf und sind nicht weniger von Gott als Folge beständiger Gesetze in die Natur gepflanzt als andere schon gewohnte Ursachen des Verdrusses, die man nur darum für natürlicher hält, weil man mit ihnen mehr bekannt ist. Die Betrachtung solcher schrecklichen Zufälle ist lehrreich. Sie demütigt den Menschen dadurch, dass sie ihn sehen lässt, er habe kein Recht ..., von den von Gott angeordneten Naturgesetzen nur bequeme Folgen zu erwarten, und er lernt vielleicht auch auf diese Weise einzusehen, dass dieser Tummelplatz seiner Begierden nicht das Ziel aller seiner Absichten sein sollte (I 431)

Nachdem wir Menschen einen widerrechtlichen Anspruch auf alle Annehmlichkeit des Lebens erhoben haben, wollen wir Vorteile nicht erkaufen. Wir verlangen, der Erdboden soll so beschaffen sein, dass man wünschen könnte, ewig darauf zu wohnen. Außerdem bilden wir uns ein, dass wir alles zu unserem Vorteil besser bestimmen würden, wenn die Vorsehung uns dazu befragt hätte. So wünschen wir z. B., den Regen in unserer Gewalt zu haben, damit wir ihn nach unserer Bequemlichkeit übers Jahr verteilen könnten und immer angenehme Tage zwischen den trüben zu genießen hätten (I 455)

Es lässt sich leicht raten, dass, wenn Menschen auf einem Grund bauen, der mit entzündbaren Materien angefüllt ist, über kurz oder lang die ganze Pracht ihrer Gebäude durch Erschütterungen zerstört wird; aber muss man denn darum über die Wege der Vorsehung ungehalten sein? Wäre es nicht besser, so zu urteilen: Es ist nötig, dass Erdbeben bisweilen auf dem Erdboden geschehen, aber es war nicht notwendig, dass wir prächtige Wohnplätze darüber erbauten? (I 456)

Der Mensch muss sich in die Natur fügen lernen, aber er will, dass sie sich in ihn fügen soll (I 456)

Auch Mutmaßungen sind annehmbar, wenn es darauf ankommt, den Menschen zur Dankbarkeit gegen das höchste Wesen zu bewegen, das selbst dann, wenn es züchtigt, verehrungs- und liebenswürdig ist (I 458)

Der Mensch ist von sich selbst so eingenommen, dass er nur sich als das Ziel der Werke Gottes ansieht, als hätten diese kein anderes Augenmerk als ihn allein, um die Regierung der Welt danach einzurichten. Wir wissen, dass der ganze Inbegriff der Natur ein würdiger Gegenstand der göttlichen Weisheit und der Werke Gottes ist. Wir sind nur ein Teil der Natur und wollen das Ganze sein. Die Regeln der Vollkommenheit der

Natur im Großen sollen keine Rolle spielen, und es soll sich alles nur auf uns ausrichten (I 460)

Der Mensch ist im Dunkeln, wenn er die Absichten ergründen will, die Gott in der Regierung der Welt vor Augen hat. Allein wir sind in keiner Ungewissheit, wenn es auf die Anwendung ankommt, wie wir diese Wege der Vorsehung ihrem Zweck gemäß gebrauchen sollen. Der Mensch ist nicht geboren, um auf der Schaubühne der Eitelkeit ewige Hütten zu erbauen. Sein Leben hat ein weit edleres Ziel, und damit stimmen auch alle die Verheerungen überein, die die Vergänglichkeit der Welt selbst in den Dingen blicken lässt, die uns die größten und wichtigsten zu sein scheinen, um uns zu erinnern, dass die Güter der Erde unserem Trieb zur Glückseligkeit keine Genugtuung verschaffen können! (I 460)

Neuer Lehrbegriff der Bewegung und Ruhe

Abb. 8: Immanuel Kant.
Nach einem neuzeitlichen Künstler-Holzschnitt von August Becker.
(Aus Ikonographie, Nr. 87.)

Ich wünsche, dass sich meine Leser für einen Augenblick in die Gemütsverfassung versetzen, die *Cartes* für unumgänglich nötig zur Erlangung richtiger Einsichten hält und worin ich mich jetzt befinde, nämlich so lange, wie diese Betrachtung währt, alle erlernten Begriffe zu vergessen und den Weg zur Wahrheit ohne einen anderen Führer als die gesunde Vernunft von selber anzutreten (II 16)

Die *Newton*sche Anziehungskraft aller Materie dient zur Erklärung der großen Bewegungen des Weltbaues, also als das Gesetz einer durch die Erfahrung erkannten allgemeinen Erscheinung, deren Ursache man nicht kennt und die man folglich nicht übereilt auf eine dahin zielende innere Naturkraft schieben sollte (II 20)

Das physische Gesetz der Kontinuität, das sich niemals beweisen, wohl aber widerlegen lässt, ist aus logischer Sicht eine sehr schöne und richtige Regel zum Urteilen (II 20-21)

Ich werde die ... abgehandelten Sätze polemisch[49] betrachten, was meiner Meinung nach eines der vorzüglichsten Mittel ist, zu gründlichen Einsichten zu gelangen (II 25)

---

[49] Hier: wissenschaftlicher Streit.

Versuch einiger Betrachtungen über den Optimismus

Abb. 9: Die Erschaffung der Welt.
Graphik von Cayetano Aníbal, 1995. (Aus 4. Internationales Platon-Symposion, Granada/Spanien.)
Inspiriert durch Platons „Timaios", worin die Erschaffung der materiellen Welt, des Menschen, der Tiere und der Pflanzen dargestellt ist.

Leibniz hat nichts Neues[50] vorzutragen geglaubt, als er sagte, diese Welt sei unter allen möglichen die beste, also der Inbegriff alles dessen, was Gott außer sich hervorgebracht hat, ist das Beste, was hervorzubringen möglich war (II 29)

Wenn keine Welt vorstellbar ist, über die sich nicht noch eine bessere vorstellen ließe, dann hätte der höchste Verstand unmöglich die Erkenntnis

---

[50] Vgl. Platon: „Die Welt ist das Schönste von allem Gewordenen" (Timaios 29a).

aller möglichen Welten haben können; nun ist das Letztere falsch, also auch das Erstere (II 29)

Wenn Dinge von einander unterschieden sind, so unterscheiden sie sich jederzeit nur durch den Grad ihrer Realität, und unterschiedliche Dinge können nie einerlei Grad der Realität haben. Also können ihn auch niemals zwei unterschiedliche Welten haben; das heißt, es sind nicht zweit Welten möglich, die gleich gut, gleich vollkommen wären (II 31)

Wir sehen ein, dass unter allen möglichen Welten eine die vollkommenste ist, so dass ihr weder eine an Trefflichkeit vorgeht noch eine andere ihr gleich kommt (II 32)

Wenn man mir das oben Bewiesene zugibt, wenn man mit mir einig ist, dass unter allen möglichen Welten eine die vollkommenste ist, so verlange ich nicht zu streiten (II 33)

Entweder kann ich mir gar keinen Begriff von einer Wahl machen, oder man wählt nach Belieben; was aber beliebt, das gefällt (II 33)

Weil Gott diese Welt unter allen möglichen, die er kannte, allein wählte, muss er sie für die beste gehalten haben, und weil sein Urteil niemals irrt, ist sie es in der Tat auch (II 34)

Ich bin zugleich erfreut, mich als einen Bürger in einer Welt zu sehen, die nicht besser möglich war. Von dem besten unter allen Wesen zu dem vollkommensten unter allen möglichen Entwürfen als ein geringes Glied, an mir selbst unwürdig und um des Ganzen willen auserlesen, schätze ich mein Dasein desto höher, weil ich erkoren wurde, im besten Plan eine Stelle einzunehmen. Ich rufe allen Geschöpfen, die sich nicht selbst unwürdig machen, zu: wir sind, und der Schöpfer hat an uns Wohlgefallen! (II 34-35)

Unermessliche Räume und Ewigkeiten werden wohl nur vor dem Auge des Allwissenden die Reichtümer der Schöpfung in ihrem ganzen Umfang eröffnen, ich aber, aus meinem Gesichtspunkt und bewaffnet durch die Einsicht, die meinem schwachen Verstand verliehen ist, werde um mich schauen, so weit ich kann, und immer mehr einsehen lernen, dass das Ganze das Beste und alles um des Ganzen willen gut ist (II 35)

Gedanken bei dem frühzeitigen Ableben des Herrn Johann Friedrich von Funk

Abb. 10: Herzogtum Kurland.
Landkarte. (Aus Katalog, Seite 95.)
Zur Herkunft von Johann Friedrich von Funk vgl. II 43.

Wenn die Menschen unter das Getümmel ihrer Geschäfte und Zerstreuungen bisweilen ernsthafte Augenblicke der lehrreichen Betrachtungen mengten, ... dann würden ihre Freuden vielleicht weniger rauschend sein, aber deren Stelle würde eine ruhige Heiterkeit der Seele einnehmen, der keine Zufälle mehr unerwartet sind, und selbst die sanfte Schwermut, dieses zärtliche Gefühl, von dem ein edles Herz aufgeht, wenn es in einsamer Stille die Nichtswürdigkeit des vermeintlich Großen und Wichtigen erwägt, würde mehr wahre Glückseligkeit enthalten als die ungestüme Belustigung des Leichtsinnigen und das laute Lachen des Toren (II 39)

Der größte Haufe der Menschen mengt sich sehr begierig in das Gedränge derjenigen, die auf der von der Vorsehung über einen Teil des Abgrundes der Ewigkeit geschlagenen Brücke, die wir Leben nennen, gewissen Wasserblasen nachlaufen und sich keine Mühe geben, auf die Fallbretter zu achten, die einen nach dem anderen neben ihnen in die Tiefe sinken lassen, deren Maß Unendlichkeit ist und von der sie selbst schließlich mitten in ihrem ungestümen Lauf verschlungen werden (II 39)

Ich bin ein Mensch, und was Menschen widerfährt, kann auch mich treffen (II 40)

Jeder Mensch macht sich einen eigenen Plan seiner Bestimmung auf dieser Welt. Geschicklichkeiten, die er erwerben will, Ehre und Bequemlichkeit, die er sich davon verspricht, dauerhafte Glückseligkeit im ehelichen Leben und eine lange Reihe von Vergnügen oder Unternehmungen machen die Bilder der Zauberlaterne aus, die er sich sinnreich zeichnet und nacheinander in seinen Einbildungen spielen lässt; der Tod, der dieses Schattenspiel beschließt, zeigt sich nur in dunkler Ferne und wird durch das Licht, das über die angenehmeren Stellen verbreitet ist, verdunkelt und unkenntlich gemacht. Während dieser Träumereien führt uns unser wahres Schicksal ganz andere Wege. Das Los, das uns wirklich zuteil wird, sieht selten demjenigen ähnlich, das wir uns versprachen, wir finden uns bei jedem Schritt, den wir tun, in unseren Erwartungen getäuscht; indessen verfolgt die Einbildung weiter ihr Ziel und zeichnet unermüdlich neue Entwürfe, bis der Tod, der noch immer fern zu sein scheint, plötzlich dem ganzen Spiel ein Ende macht (II 41)

Der Mann von Geschicklichkeit, von Verdiensten, von Reichtum ist nicht immer derjenige, dem die Vorsehung das weiteste Ziel des Lebens gesteckt hat (II 41)

Der oberste Beherrscher teilt einem jeden das Los seines Schicksals mit weiser Hand aus. Er verbirgt das Ende unserer Bestimmung auf dieser Welt in unerforschlicher Dunkelheit, macht uns durch Triebe geschäftig, durch Hoffnung getrost und durch die glückselige Unwissenheit des Künftigen selbst kurz vor unserem Ende beflissen, auf Absichten und Entwürfe zu sinnen, als wenn wir uns am Anfang unserer Bestimmung befänden: „Dass jeder seinen Kreis vollende, den ihm der Himmel ausersehn"[51] (II 42)

Der Weise (aber wie selten findet sich ein solcher!) richtet die Aufmerksamkeit vornehmlich auf seine große Bestimmung jenseits des Grabes. Er verliert die Verbindlichkeit nicht aus den Augen, die ihm der Posten auferlegt, auf den ihn die Vorsehung hier gesetzt hat. Vernünftig in seinen Entwürfen, aber ohne Eigensinn, zuversichtlich auf die Erfüllung seiner Hoffnung, aber ohne Ungeduld, bescheiden in Wünschen, ohne vorzuschreiben, vertrauend, ohne zu pochen, ist er eifrig in der Erfüllung seiner Pflichten, aber bereit, sich mit einer christlichen Resignation in den Befehl des Höchsten zu ergeben, wenn es diesem gefällt, ihn aus allen diesen Bestrebungen von der Bühne abzurufen. Wir finden die Wege der Vorsehung allemal weise und anbetungswürdig in den Stücken, wo wir sie einigermaßen einsehen können; sollten sie es da nicht noch weit mehr sein, wo wir es nicht können? (II 42)

Ein frühzeitiger Tod derer, auf die wir große Hoffnung setzten, schreckt uns; aber wie oft kann dies die größte Gunst des Himmels sein! Bestand nicht manches Menschen Unglück vornehmlich in der Verzögerung des Todes, der gar zu säumig war, nach den rühmlichsten Auftritten des Lebens zur rechten Zeit einen Schnitt zu machen? (II 42)

Herr *Johann Friedrich von Funk* wurde am 04. Oktober 1738 in einem vornehmen adligen Haus im Kurland geboren. Er hat von Kindheit an niemals eine vollkommene Gesundheit genossen. Er wurde mit großer Sorgfalt erzogen, bezeigte viel Fleiß im Studieren und hatte ein Herz, das von Natur dazu geschaffen war, zu edlen Eigenschaften gebildet zu werden (II 43)

---

[51] Alexander Pope

Die falsche Spitzfindigkeit
der vier syllogistischen Figuren

Abb. 11: Aristoteles-Bildnis. Römische Marmorkopie. Das Bild entstand in den späten Jahren des Philosophen oder bald nach dessen Tod um 320 vor Christus. (Aus Katalog zur Sonderausstellung „Sokrates in der griechischen Bildniskunst" der Glyptothek, München 1989, Seite 66.) Die syllogistischen Figuren gehen zurück auf das von Aristoteles begründete Schließen vom Allgemeinen auf das Besondere.

Durch die Zeit messbar sein widerspricht allem Unveränderlichen, unveränderlich aber ist ein Merkmal Gottes (II 48)

Die erste und allgemeine Regel aller bejahenden Vernunftschlüsse sei „Ein Merkmal vom Merkmal ist ein Merkmal der Sache selbst"; von allen verneinenden „Was dem Merkmal eines Dinges widerspricht, widerspricht dem Ding selbst" (II 49)

Was von einem Begriff allgemein bejaht wird, wird auch von jedem bejaht, der unter ihm enthalten ist (II 49)

Was von einem Begriff allgemein verneint wird, das wird auch von allen denen verneint, die unter ihm enthalten sind. Denn derjenige Begriff, unter dem diese anderen enthalten sind, ist nur ein von ihnen abgesondertes Merkmal (II 49)

Es ist jedem bekannt, dass es unmittelbare Schlüsse gibt, nach denen aus einem Urteil die Wahrheit eines anderen ohne einen Mittelbegriff unmittelbar erkannt wird. Deswegen sind solche Schlüsse auch keine Vernunftschlüsse; z. B. folgt aus dem Satz „Eine jede Materie ist veränderlich" geradezu „Was nicht veränderlich ist, ist nicht Materie" (II 50)

Es ist schade um die Mühe, die sich ein großer Geist gibt, an einer unnützen Sache bessern zu wollen. Man kann nur etwas Nützliches tun, indem man sie vernichtet (II 55)

Der menschliche Verstand ist so beschaffen, dass er entweder grüblerisch ist und auf Irrtümer gerät oder verwegen nach zu großen Gegenständen strebt und Luftschlösser baut. Von dem großen Haufen der Denker wählt der eine die Zahl 666, der andere den Ursprung der Tiere und Pflanzen, oder die Geheimnisse der Vorsehung. Der Irrtum, in den beide geraten, ist sehr unterschiedlich, so wie die Köpfe verschieden sind (II 57)

Die wissenswerten Dinge häufen sich zu unseren Zeiten. Bald wird unsere Fähigkeit zu schwach und unsere Lebenszeit zu kurz sein, um nur den nützlichsten Teil daraus zu fassen. Es bieten sich Reichtümer im Überfluss dar, die einzunehmen wir manchen unnützen Plunder wieder wegwerfen müssen. Es wäre besser gewesen, sich niemals damit zu belästigen (II 57)

Alle Urteile, die unmittelbar der Zustimmung oder dem Widerspruch unterstehen, d.h. bei denen weder die Identität noch der Widerstreit durch ein Zwischenmerkmal (mithin nicht mittels der Zergliederung der Begriffe), sondern unmittelbar eingesehen wird, sind unerweisliche Urteile; diejenigen, bei denen sie mittelbar erkannt werden können, sind erweislich. Die menschliche Erkenntnis ist voll solcher unerweislichen Urteile (II 60-61)

Beweisgrund zu einer Demonstration des Daseins Gottes

Abb. 12: Immanuel Kant. Gemälde von Becker, II. 1768. (Aus Ikonographie, Nr. 2.)

Die wichtigste Erkenntnis aller unserer Erkenntnisse: Es ist ein Gott. ... Die Vorsehung hat nicht gewollt, dass unsere zur Glückseligkeit höchstnötigen Einsichten auf der Spitzfindigkeit feiner Schlüsse beruhen sollen, sondern sie hat sie dem natürlichen Verstand überlassen, der, wenn man ihn nicht durch solche Kunst verwirrt, uns geradewegs zum Wahren und Nützlichen führt, sofern wir desselben bedürfen (II 65)

Meine Betrachtungen sind die Folge eines langen Nachdenkens, aber die Art des Vortrags trägt das Merkmal einer unvollendeten Ausarbeitung, weil verschiedene Beschäftigungen die dazu erforderliche Zeit nicht übrig gelassen haben (II 66)

Ich wollte nur die ersten Züge eines Grundrisses entwerfen, nach dem ein vortreffliches Gebäude errichtet werden könnte, wenn unter geübteren Händen die Zeichnung in den Teilen mehr Richtigkeit und im Ganzen eine vollendete Regelmäßigkeit erhielte (II 66)

Ein kleiner Teil derer, die sich das Urteil über Werke des Geistes anmaßen, blickt auf das Ganze eines Versuchs und betrachtet vornehmlich die

Beziehung, die dessen Hauptstücke zu einem guten Bau haben könnten, wenn man gewisse Mängel ergänzte oder Fehler verbesserte. Diese Art Leser ist es, deren Urteil der menschlichen Erkenntnis vornehmlich nützlich ist. ... Jene, die immer nur bestrebt sind, jeden angefangenen Bau in Trümmer zu verwandeln, können zwar um ihrer Menge willen zu fürchten sein, allein ihr Urteil ist, was die Entscheidung des wahren Wertes anlangt, bei Vernünftigen nicht von Bedeutung (II 67)

Ich glaube, für diejenigen deutlich genug geredet zu haben, die nichts anderes in einer Schrift finden wollen, als was der Verfasser hineinlegen wollte (II 67)

Es gäbe viel weniger Uneinigkeit unter den Philosophen, wenn man die Urteile der unverstellten Vernunft bei verschiedenen denkenden Personen mit der Aufrichtigkeit eines unbestochenen Sachwalters prüfte, der von zwei strittigen Teilen die Gründe so abwiegt, dass er sich in Gedanken in deren Urheber versetzt, um sie möglichst stark zu finden und dann erst auszumachen, welchem Teil er sich widmen will (II 67-68)

In einer so schweren Betrachtung wie der gegenwärtigen kann ich mich schon im voraus darauf gefasst machen, dass mancher Satz unrichtig, manche Erläuterung unzulänglich und manche Ausführung gebrechlich und mangelhaft sein wird. ... Es wird mich daher nicht überraschen, von anderen in manchen Stücken eines besseren belehrt zu werden, auch wird man mich bereit finden, solche Belehrung anzunehmen (II 68)

Selbst die wohlverstandene feinste Eitelkeit wird bemerken, dass nicht weniger Verdienst dazu gehört, sich überzeugen zu lassen, als selbst zu überzeugen, und dass erstere Handlung vielleicht mehr wahre Ehre macht, weil dazu mehr Entsagung und Selbstprüfung als zu der anderen erfordert wird (II 68)

Da meine Absicht ... vornehmlich auf die Methode gerichtet ist, mittels der Naturwissenschaft zur Erkenntnis Gottes hinaufzusteigen, habe ich diesen Zweck ohne Beispiele nicht erreichen können (II 68)

Das Werk selber besteht aus drei Abteilungen, wovon die erste den Beweisgrund, die zweite den weitläufigen Nutzen desselben, die dritte aber Gründe vorlegt, um darzutun, dass kein anderer Beweisgrund zu einer Demonstration vom Dasein Gottes möglich ist (II 69)

Ich bezweifle, dass jemals einer richtig geklärt hat, was der Raum ist (II 71)

Eine Begierde mag sein, was sie will, sie gründet sich auf irgendeine Vorstellung, sie setzt eine Lust an dem Begehrten voraus (II 71)

Die schmeichelhafte Vorstellung, man werde die Wahrheit durch größere Scharfsinnigkeit besser als andere treffen, macht verständlich, dass jederzeit alle so geredet haben, die uns aus einem fremden Irrtum in den ihrigen haben ziehen wollen (II 71)

Jede menschliche Sprache hat von den Zufälligkeiten ihres Ursprungs einige nicht zu ändernde Unrichtigkeiten (II 73)

Die Aussage „Es existiert nichts" heißt genau so viel wie „Es ist ganz und gar nichts" (II 78)

Es ist schlechterdings unmöglich, dass gar nichts existiert (II 79)

Ich begreife wohl, dass derartige Sätze wie in dieser Betrachtung noch mancher Erläuterung bedürfen, um das Licht zu bekommen, das zur Augenscheinlichkeit erforderlich ist (II 80)

Schlechterdings notwendig ist etwas, dessen Gegenteil unmöglich ist (II 81)

Wenn ich alles Dasein überhaupt aufhebe und hierdurch der letzte Realgrund alles Denkbaren wegfällt, verschwindet gleichfalls alle Möglichkeit, und nichts mehr bleibt zu denken (II 82)

Das notwendige Wesen ist unveränderlich und ewig. ... Sein Nichtsein ist schlechterdings unmöglich, mithin auch sein Ursprung und Untergang, demnach ist es ewig (II 85)

Jeder erkennt, dass ungeachtet aller Gründe der Hervorbringung von Pflanzen und Bäumen regelmäßige Blumenstücke, Alleen u. dgl. nur durch einen Verstand möglich sind, der sie entwirft, und durch einen Willen, der sie ausführt (II 88)

Es existiert etwas schlechterdings notwendig. Dieses ist einig in seinem Wesen, einfach in seiner Substanz, ein Geist nach seiner Natur, ewig in seiner Dauer, unveränderlich in seiner Beschaffenheit, genugsam in Ansehung alles Möglichen und Wirklichen. Es ist ein Gott. Ich gebe hier keine bestimmte Erklärung vom Gottesbegriff; das müsste ich nur dann tun, wenn ich meinen Gegenstand systematisch betrachten wollte (II 89)

Unser Beweisgrund vom Dasein Gottes ist lediglich darauf erbaut, dass etwas möglich ist. Demnach ist er ein Beweis, der vollkommen a priori[52] geführt werden kann. Es wird weder meine Existenz noch die von anderen Geistern noch die von der körperlichen Welt vorausgesetzt. Er ist in der Tat vom inneren Kennzeichen der absoluten Notwendigkeit genommen. Man erkennt so das Dasein dieses Wesens aus demjenigen, was wirklich seine absolute Notwendigkeit ausmacht (II 91)

Wenn wir durch eine reife Beurteilung der wesentlichen Eigenschaften der Dinge, die uns durch Erfahrung bekannt werden, ... eine Einheit im Mannigfaltigen und Wohlgereimtheit im Getrennten wahrnehmen, so werden wir durch den Erkenntnisweg a posteriori[53] ... uns zuletzt bei demselben Grundbegriff des schlechterdings notwendigen Daseins befinden, von dem wir durch den Weg a priori anfänglich ausgegangen waren (II 92)

Die Bewunderung ist eine Tochter der Unwissenheit (II 94)

Man kann keine anderen Ursachen angeben, weswegen die Klauen der Katze, des Löwen u. a. m. so gebaut sind, dass sie sich zurücklegen können, als diejenige, dass irgendein Urheber sie zu dem Zweck, vor dem Abschleifen gesichert zu sein, so angeordnet hat, da diese Tiere geschickte Werkzeuge haben müssen, um ihren Raub zu ergreifen und zu halten (II 96)

Der Wille macht nichts möglich, sondern beschließt nur was als möglich schon vorausgesetzt ist (II 100)

Dass flüssige Materien und schwere Körper da sind, kann nur dem Willen des mächtigen Urhebers entsprechen, dass aber ein Weltkörper in seinem flüssigen Zustand notwendigerweise bestrebt ist, so allgemeinen Gesetzen zu Folge eine Kugelgestalt anzunehmen, die nachher besser als irgendeine andere mögliche mit den übrigen Zwecken des Universums zusammenstimmt ..., das liegt im Wesen der Sache selbst (II 102)

Wenn Reibung die Bewegungen nicht verzögerte, würden die Beibehaltung der einmal hervorgebrachten Kräfte durch die Mitteilung an andere,

---

[52] Vgl. III 28.
[53] Vgl. III 28.

die Rückstöße und die fortgesetzten Anstöße und Erschütterungen zuletzt alles in Verwirrung bringen (II 102)

Es sind viele Kräfte in der Natur, die einzelne Menschen oder Staaten oder das ganze menschliche Geschlecht verderben können: Erdbeben, Sturmwinde, Meeresbewegungen, Kometen usw. Es ist auch nach einem allgemeinen Gesetz im Wesen der Natur begründet, dass einiges davon bisweilen geschieht. Allein unter den Gesetzen, wonach es geschieht, stehen die Laster und das moralische Verderben der Menschengeschlechter nicht aus natürlichen Gründen damit in Verbindung (II 104)

Es gibt Strafen und Belohnungen nach der Ordnung der Natur, weil das moralische Verhalten der Menschen nach den Gesetzen der Ursachen und Wirkungen mit ihnen verknüpft ist. Wilde Wolllust und Unmäßigkeit enden in einem siechen und martervollen Leben. Ränke und Arglist scheitern zuletzt, und Ehrlichkeit ist am Ende doch die beste Politik. In allem geschieht die Verknüpfung der Folgen nach den Gesetzen der Natur (II 105)

Es ist eine bekannte Regel der Weltweisen oder vielmehr der gesunden Vernunft überhaupt, dass man ohne erhebliche Ursache nichts für ein Wunder oder eine übernatürliche Begebenheit halten solle. Diese Regel besagt erstens, dass Wunder selten sind, zweitens, dass die gesamte Vollkommenheit des Universums auch ohne viele übernatürliche Einflüsse dem göttlichen Willen gemäß nach den Gesetzen der Natur erreicht wird (II 108)

Da Gott in seinem Ratschluss eine Welt begriff, in der alles größtenteils durch einen natürlichen Zusammenhang die Regel des Besten erfüllt, würdigte er sie seiner Wahl ..., weil durch diesen natürlichen Zusammenhang ohne viele Wunder die vollkommenen Zwecke am richtigsten erreicht werden (II 109)

Es würde ungereimt sein, die erste Erzeugung einer Pflanze oder eines Tieres als eine mechanische Nebenfolge aus allgemeinen Naturgesetzen zu betrachten. Gleichwohl bleibt noch eine doppelte Frage übrig, ... ob nämlich ein jedes Individuum derselben unmittelbar von Gott gebaut und also übernatürlichen Ursprungs ist ... oder ob einige Individuen des Pflanzen- und Tierreichs zwar unmittelbar göttlichen Ursprungs, jedoch mit einem uns nicht begreiflichen Vermögen ausgestattet sind, nach einem ordentlichen Naturgesetz ihresgleichen zu erzeugen (II 114)

Wenn ich unter anderen die mikroskopischen Beobachtungen ... erwäge und sehe zahlreiche Tiergeschlechter in einem einzigen Wassertropfen, räuberische Arten, mit Werkzeugen des Verderbens ausgerüstet, die von noch mächtigeren Tyrannen dieser Wasserwelt zerstört werden, indem sie beflissen sind, andere zu verfolgen, wenn ich die Ränke, die Gewalt und die Szene des Aufruhrs in einem Tropfen Materie ansehe und erhebe von da meine Augen in die Höhe, um den unermesslichen Raum von Welten wie von Stäubchen wimmeln zu sehen, so kann keine menschliche Sprache das Gefühl ausdrücken, das ein solcher Gedanke erregt und ... einer solchen Anschauung eigen ist (II 117)

Unzählbare Anordnungen der Natur haben, da sie nach den allgemeinen Gesetzen immer noch zufällig sind, keinen anderen Grund als die weise Absicht desjenigen, der gewollt hat, dass sie so und nicht anders verknüpft werden sollen (II 121)

Es kann nichts dem Gedanken von einem göttlichen Urheber des Universums nachteiliger und zugleich unvernünftiger sein, als wenn man bereit ist, eine große und fruchtbare Regel der Anständigkeit, Nützlichkeit und Übereinstimmung dem ungefähren Zufall beizumessen (II 123)

Aristoteles und viele andere Philosophen des Altertums haben nicht die Materie oder den Stoff der Natur, sondern nur die Form von der Gottheit hergeleitet. Vielleicht hat auch die Weltweisheit erst seit der Zeit, als uns die Offenbarung eine vollkommene Abhängigkeit der Welt von Gott gelehrt hat, ihr Bemühen daran gewandt, den Ursprung der Dinge selbst ... als so etwas zu betrachten, was ohne einen Urheber nicht möglich ist (II 124)

Es geschieht oft, dass man dasjenige zwar nicht findet, was man eigentlich sucht, aber doch auf diesem Wege andere Vorteile antrifft, die man nicht vermutet (II 139)

Bei einer unmittelbar göttlichen Anordnung können niemals unvollständig erreichte Zwecke angetroffen werden, sondern allenthalben zeigt sich die größte Richtigkeit und Abgemessenheit, wie man unter anderem am Bau der Tiere sieht (II 144)

Da die Räume zwischen den Planeten jetzt leer sind, müssen sie vorher gefüllt gewesen sein, sonst hat niemals eine ausgebreitete Wirkung der in Kreisen treibenden Bewegkräfte stattfinden können. Und es muss demnach diese verbreitete Materie sich später auf die Himmelskörper verteilt haben; wenn ich es näher betrachte, werden sich diese Himmelskörper also selbst aus dem verbreiteten Grundstoff in den Räumen des Sonnenbaues gebildet haben, und die Bewegung, die ihre Teilchen im Zustand der Zerstreuung hatten, ist bei ihnen nach der Vereinigung in abgesonderten Massen übrig geblieben. Seitdem sind diese Räume leer. Sie enthalten keine Materie, die unter diesen Körpern zur Mitteilung des Kreisschwunges dienen könnte. Aber sie sind es nicht immer gewesen (II 145)

Das atomistische System des *Demokritus* und *Epikur*s hat ungeachtet des ersten Anscheins von Ähnlichkeit doch eine ganz andere Beziehung zu der Folgerung auf einen Urheber der Welt als der Entwurf des unsrigen. In jenem war die Bewegung ewig und ohne Urheber und der Zusammenstoß, der reiche Quell so vieler Ordnung, ein Ungefähr und ein Zufall, wozu sich nirgends ein Grund fand. Hier führt ein erkanntes und wahres Gesetz der Natur nach einer sehr begreiflichen Voraussetzung mit Notwendigkeit auf Ordnung (II 148)

Die Summe aller Betrachtungen führt uns auf einen Begriff vom höchsten Wesen, der alles in sich fasst, was man nur zu denken vermag, wenn Menschen, aus Staub gemacht, es wagen, ausspähende Blicke hinter den Vorhang zu werfen, der die Geheimnisse des Unerforschlichen für erschaffene Augen verbirgt. Gott ist sich selbst genug. Was da ist, sei es möglich oder wirklich, das ist nur etwas, sofern es durch ihn gegeben ist. Eine menschliche Sprache kann den Unendlichen so zu sich selbst reden lassen: Ich bin von Ewigkeit zu Ewigkeit, außer mir ist nichts, sofern es nicht durch mich etwas ist. Dieser Gedanke, der erhabenste unter allen, ist noch sehr vernachlässigt[54] (II 151)

Es ist die Frage, ob nicht unter allen möglichen Welten eine Steigerung ohne Ende in den Graden der Vollkommenheit anzutreffen ist, da gar keine

---

[54] Vgl. V 316.

natürliche Ordnung möglich ist, über die nicht noch eine vortrefflichere gedacht werden kann; ferner ... ob nicht wenigstens selbst verschiedene Welten, die von keiner übertroffen werden, einander an Vollkommenheit gänzlich gleich sind (II 153)

Es ist dieser über alles Mögliche und Wirkliche erweiterte Begriff der göttlichen Genügsamkeit ein viel treffenderer Ausdruck, die größte Vollkommenheit dieses Wesens zu bezeichnen, als der des Unendlichen, dessen man sich im allgemeinen bedient. Denn obgleich man diesen letzteren zwar auslegen kann, wie man will, so ist er seiner eigentlichen Bedeutung nach doch offenbar mathematisch. Er bezeichnet das Verhältnis einer Größe zu einer anderen als das Maß, dessen Verhältnis größer ist als jede Zahl. Daher würde im eigentlichen Wortverstand die göttliche Erkenntnis unendlich heißen, wenn sie vergleichsweise zu irgendeiner angeblichen anderen Erkenntnis ein Verhältnis hat, das jede mögliche Zahl übersteigt. ... Die Benennung der Unendlichkeit ist gleichwohl schön und eigentlich ästhetisch. Die Erweiterung über alle Zahlbegriffe rührt und setzt die Seele durch eine gewisse Verlegenheit in Erstaunen. Dagegen ist der Ausdruck, den ich empfehle, der logischen Richtigkeit angemessener (II 154)

Alle Beweisgründe für das Dasein Gottes können nur entweder aus den Verstandesbegriffen des nur Möglichen oder aus dem Erfahrungsbegriff des Existierenden hergenommen werden (II 155-156)

Die Dinge der Welt, die sich unseren Sinnen offenbaren, zeigen sowohl deutliche Merkmale ihrer Zufälligkeit als auch durch die Größe, die Ordnung und die zweckmäßigen Gestaltungen, die man allenthalben gewahr wird, Beweise eines vernünftigen Urhebers von großer Weisheit, Macht und Güte (II 159)

Es sind überhaupt nur zwei Beweise vom Dasein Gottes möglich. ... Man erlaube mir, dass ich den ersten Beweis den ontologischen, den zweiten aber den kosmologischen nenne (II 159-160)

Der kosmologische Beweis des Daseins Gottes ist, wie mir scheint, so alt wie die menschliche Vernunft. Er ist so natürlich, so einnehmend und erweitert sein Nachempfinden auch so sehr mit dem Fortgang unserer Einsichten, dass er so lange gelten muss wie es irgendein vernünftiges Geschöpf geben wird, das an der edlen Betrachtung teilzunehmen wünscht, Gott aus seinen Werken zu erkennen. ... Bei all ihrer Vortrefflichkeit ist diese Beweisart doch immer der mathematischen Gewissheit und Genauigkeit unfähig. Man wird jederzeit nur auf irgendeinen unbegreiflich großen Urheber desjenigen Ganzen, was sich unseren Sinnen darbietet, schließen können, nicht aber auf das Dasein des vollkommensten unter allen möglichen Wesen (II 160)

Wir müssen uns damit bescheiden, dass wir nicht alles Erschaffene kennen, und daher urteilen, dass das uns Bekannte nur einen Urheber erkennen lässt, woraus wir vermuten, dass es mit dem uns Unbekannten ebenso bewandt sein muss; das ist zwar sehr vernünftig gedacht, aber nicht streng schlüssig (II 160-161)

Sofern wir uns nicht zu sehr schmeicheln, scheint unser entworfener ontologischer Beweis des Daseins Gottes derjenigen Schärfe fähig zu sein, die man in einer Demonstration fordert. Allerdings würde man auf die Frage, welcher denn überhaupt unter beiden der beste sei, antworten: sobald es auf logische Genauigkeit und Vollständigkeit ankommt, ist es der ontologische, verlangt man aber Verständlichkeit für den richtigen Begriff, Lebhaftigkeit des Eindrucks, Schönheit und Bewegkraft auf die moralischen Triebfedern der menschlichen Natur, so ist dem kosmologischen Beweis der Vorzug zu geben. Und da es ohne Zweifel wichtiger ist, den Menschen mit hohen zu edlem Tun anregenden Empfindungen zu beleben, indem man zugleich den gesunden Verstand überzeugt, als ihn mit sorgfältig abgewogenen Vernunftschlüssen zu unterweisen ..., so ist, wenn man aufrichtig verfahren will, dem bekannten kosmologischen Beweise der Vorzug der allgemeinern Nutzbarkeit nicht abzusprechen (II 161)

Wenn ein forschender Verstand einmal auf die Spur der Untersuchung geraten ist, wird er nicht eher befriedigt, als bis alles um ihn licht ist und bis sich, wenn ich mich so ausdrücken darf, der Kreis, der seine Frage umgrenzt, völlig schließt, so wird niemand eine Bemühung ... für unnütz und überflüssig halten, zumal es viele Fälle gibt, da ohne solche Sorgfalt die Anwendung seiner Begriffe unsicher und zweifelhaft bleibt (II 161-162)

Es ist nur ein Gott und nur ein Beweisgrund, durch welchen es möglich ist, sein Dasein mit der Wahrnehmung derjenigen Notwendigkeit einzusehen, die schlechterdings alles Gegenteil vernichtet (II 162)

Es ist durchaus nötig, dass man sich vom Dasein Gottes überzeugt; es ist aber nicht ebenso nötig, dass man es demonstriert (II 163)

Versuch, den Begriff der negativen Größen in die Weltweisheit einzuführen

Abb. 13: Immanuel Kant. Scherenschnitt von Heinrich Wolff, 1924. (Aus Ikonographie, Nr. 98.) Das Wechselspiel von negativ und positiv, das Gegenstand dieser Schrift von Kant ist, kommt in der Abbildung wie in der Schwarz-Weiß-Fotografie zum Ausdruck.

Der Gebrauch, den man in der Weltweisheit von der Mathematik machen kann, besteht entweder in der Nachahmung ihrer Methode, oder in der wirklichen Anwendung ihrer Sätze auf die Gegenstände der Philosophie (II 167)

Es ist die Frage, ob Unlust lediglich ein Mangel der Lust oder ein Grund ihrer Beraubung ist, der an sich zwar etwas Positives und nicht lediglich das kontradiktorische Gegenteil von Lust, ihr aber im Realverstand entgegengesetzt ist, und ob die Unlust also eine negative Lust genannt werden kann. Nun lehrt gleich anfangs die innere Empfindung, dass die Unlust mehr als eine bloße Verneinung ist. Denn welche Lust man auch haben mag, es fehlt doch immer einige mögliche Lust, so lange wir eingeschränkte Wesen sind (II 180)

Derjenige, der ein Medikament einnimmt, das wie reines Wasser schmeckt, empfindet vielleicht eine Lust über die erwartete Gesundheit; an dem Geschmack hingegen fühlt er eben keine Lust, dieser Mangel ist aber noch nicht Unlust. Gebt ihm ein Arzneimittel von Wermut. Diese Empfindung ist sehr positiv. Hier ist nicht ein bloßer Mangel an

Lust, sondern ein wahrer Grund des Gefühls, das man Unlust nennt (II 180)

Der Ausgang von Versuchen[55] entspricht nicht immer den Vermutungen. Wenn aber die Versuche nicht lediglich eine Sache des Ungefährs sein sollen, so müssen sie durch Vermutung veranlasst werden (II 187)

Ich bin fest davon überzeugt, dass unvollendete Versuche und problematisch vorgetragene Erkenntnisse dem Wachstum der höheren Weltweisheit sehr zuträglich sein können, weil ein anderer oft den Aufschluss in einer tief verborgenen Frage leichter findet als derjenige, der ihm dazu Anlass gibt und dessen Bestrebungen vielleicht nur die Hälfte der Schwierigkeiten haben überwinden können (II 197-198)

Ich, der ich aus der Schwäche meiner Einsicht kein Geheimnis mache, nach der ich gewöhnlich das am wenigsten begreife, was alle Menschen leicht zu verstehen glauben, schmeichle mir, durch mein Unvermögen ein Recht auf den Beistand dieser großen Geister zu haben, dass ihre hohe Weisheit die Lücke ausfüllen möge, die meine mangelhafte Einsicht übrig gelassen hat (II 201-202)

---

[55] Vgl. IX 451.

Beobachtungen über das Gefühl des Schönen und Erhabenen

Abb. 14: Titelseite der Zweitauflage.
(Aus Katalog, Seite 121.)

Die verschiedenen Empfindungen des Vergnügens oder des Verdrusses beruhen nicht so sehr auf der Beschaffenheit der äußeren Dinge, die sie erregen, sondern auf dem jedem Menschen eigenen Gefühl, dadurch mit Lust oder Unlust erfüllt zu werden. Daher kommen die Freuden einiger Menschen daran, woran andere Ekel empfinden, die verliebte Leidenschaft, die oft ein Rätsel ist, oder auch der lebhafte Widerwille, den der eine an etwas empfindet, was dem anderen völlig gleichgültig ist. Das Feld der Beobachtungen dieser Besonderheiten der menschlichen Natur erstreckt sich sehr weit und verbirgt noch einen reichen Vorrat an Entdeckungen, die ebenso anmutig wie lehrreich sind (II 207)

Wohlbeleibte Personen, deren geistreichster Autor ihr Koch ist und deren Werke von feinem Geschmack sich in ihrem Keller befinden, werden bei gemeinen Zoten und einem plumpen Scherz in ebenso lebhafte Freude geraten wie diejenige ist, worauf Personen von edler Empfindung so stolz tun (II 207)

Hohe Eichen und einsame Schatten im heiligen Hain sind erhaben, Blumenbeete, niedrige Hecken und in Figuren geschnittene Bäume sind schön. Die Nacht ist erhaben, der Tag ist schön. Gemüter, die ein Gefühl für das Erhabene besitzen, werden durch die Stille eines Sommerabends, wenn das zitternde Licht der Sterne durch die braunen Schatten der Nacht hindurch bricht und der einsame Mond im Gesichtskreis steht, allmählich in hohe Empfindungen von Freundschaft, von Verachtung der Welt, von Ewigkeit gezogen. Der glänzende Tag flößt geschäftigen Eifer und ein Gefühl von Lustigkeit ein. Das Erhabene rührt, das Schöne reizt. Die Miene des Menschen, der sich im vollen Gefühl des Erhabenen befindet, ist ernsthaft, bisweilen starr und erstaunt (II 208-209)

Das Erhabene muss jederzeit groß, das Schöne kann auch klein sein (II 210)

Verstand ist erhaben, Witz ist schön. Kühnheit ist erhaben und groß, List ist klein, aber schön. Die Behutsamkeit, sagte *Cromwell*, ist eine Bürgermeistertugend. Wahrhaftigkeit und Redlichkeit sind einfältig und edel, Scherz und gefällige Schmeichelei sind fein und schön. Artigkeit ist die Schönheit der Tugend. Uneigennütziger Diensteifer ist edel, Geschliffenheit (Politesse) und Höflichkeit sind schön. Erhabene Eigenschaften flößen Hochachtung, schöne aber Liebe ein (II 211)

Leute, deren Gefühl vornehmlich auf das Schöne geht, suchen ihre redlichen, beständigen und ernsthaften Freunde nur in der Not auf; den scherzhaften, artigen und höflichen Gesellschafter aber erwählen sie sich zum Umgang. Man schätzt manch einen viel zu hoch, als dass man ihn lieben könnte. Er flößt Bewunderung ein, aber er ist zu weit über uns, als dass wir uns mit der Vertraulichkeit der Liebe ihm zu nähern getrauen (II 211)

Freundschaft hat hauptsächlich den Zug des Erhabenen, Geschlechterliebe aber den des Schönen an sich (II 211)

Das Trauerspiel unterscheidet sich meiner Meinung nach vom Lustspiel vornehmlich darin, dass in dem ersteren das Gefühl fürs Erhabene, im zweiten für das Schöne gerührt wird. In dem ersteren zeigen sich großmütige Aufopferung für fremdes Wohl, kühne Entschlossenheit in Gefahren, und geprüfte Treue. Die Liebe ist dort schwermütig, zärtlich und voll Hochachtung; das Unglück anderer bewegt im Busen des Zuschauers teilnehmende Empfindungen und lässt sein großmütiges Herz für fremde Not klopfen. Er wird sanft gerührt und fühlt die Würde seiner eigenen Natur. Dagegen stellt das Lustspiel seine Ränke, wunderliche Verwirrungen und Witzige, Narren, die sich herauszuziehen wissen, die sich betrügen lassen, Späße und lächerliche Charaktere vor. Die Liebe ist hier nicht so ernsthaft, sie ist lustig und vertraulich (II 212)

Weil dem höheren Alter das Erhabene am notwendigsten ist, so ist ein alter Geck das verächtlichste Geschöpf in der Natur (II 214)

Die mathematische Vorstellung von der unermesslichen Größe des Weltbaues, die Betrachtungen der Metaphysik von der Ewigkeit, der Vorsehung, der Unsterblichkeit unserer Seele enthalten eine gewisse Erhabenheit und Würde (II 215)

Es ist nicht möglich, dass unser Busen für jedes Menschen Anteil von Zärtlichkeit aufschwillt und bei jeder fremden Not in Wehmut schwimmt, sonst würde der Tugendhafte unaufhörlich in mitleidigen Tränen ... schmelzend bei all dieser Gutherzigkeit dennoch nichts weiter als ein weichmütiger Müßiggänger werden (II 216)

Bei näherer Erwägung erkennt man, dass die mitleidige Eigenschaft, so liebenswürdig sie auch sein mag, doch nicht die Würde der Tugend hat. Ein leidendes Kind, eine unglückliche und artige Frau wird unser Herz mit dieser Wehmut anfüllen, während wir gleichzeitig die Nachricht von einer großen Schlacht, in der ein ansehnlicher Teil des menschlichen Geschlechts unter grausamen Übeln unverschuldet sterben muss, mit Gleichgültigkeit vernehmen. Mancher Prinz, der sein Gesicht aus Wehmut für eine einzige unglückliche Person wegwandte, gab gleichwohl aus einem oft eitlen Beweggrund zur selben Zeit den Befehl zum Krieg. Es gibt hier kein Verhältnis in der Wirkung, wie kann man dann sagen, dass die menschliche Nächstenliebe die Ursache sei? (II 216)

Die Meinung, die andere von unserem Wert haben mögen, und ihr Urteil von unseren Handlungen ist ein Beweggrund von großem Gewicht, der uns manche Aufopferung ablockt; und was ein guter Teil der Menschen weder aus einer unmittelbar aufsteigenden Regung der Gutherzigkeit noch aus Grundsätzen getan haben würde, geschieht oft genug bloß um des äußeren Scheines willen aus einem Wahn, der sehr nützlich, obwohl subjektiv sehr seicht ist und nach dem das Urteil anderer den Wert von uns und unseren Handlungen bestimmt. Was aus diesem Antrieb geschieht, ist nicht im mindesten tugendhaft, weswegen auch jeder, der dafür gehalten werden will, den Beweggrund der Ehrbegierde wohlbedacht verhehlt (II 218)

Die echte Tugend aus Grundsätzen hat etwas an sich, was am meisten mit der melancholischen Gemütsverfassung im gemilderten Verstande zusammenzustimmen scheint (II 219)

Man sieht, dass eine gewisse Feinheit des Gefühls einem Menschen zum Verdienst angerechnet wird. Dass jemand in Fleisch oder Kuchen eine gute Mahlzeit sieht, ebenso dass er unvergleichlich gut schläft, das wird man ihm wohl als ein Zeichen eines guten Magens, aber nicht als ein Verdienst auslegen. Wer dagegen einen Teil seiner Mahlzeit dem Anhören einer Musik opfert oder sich bei einer Schilderung in eine angenehme Zerstreuung vertiefen kann oder witzige Sachen, wenn es auch nur poetische Kleinigkeiten wären, gerne liest, hat doch in fast jedermanns Augen den Anstand eines feineren Menschen, von dem man eine vorteilhaftere und für ihn rühmlichere Meinung hat (II 225-226)

Solcher Menschen, die nach Grundsätzen verfahren, gibt es nur sehr wenige. ... Derer, die aus gutherzigen Trieben handeln, sind weit mehrere. ... Derer, die ihr allerliebstes Selbst als den einzigen Beziehungspunkt ihrer Bemühungen starr vor Augen haben und die um den Eigennutz als um die große Achse alles zu drehen suchen, gibt es die meisten. ... Die Ehrliebe endlich ist in aller Menschen Herzen, obwohl in ungleichem Maße, verbreitet (II 227)

Derjenige, der zuerst die Frau unter dem Namen des schönen Geschlechts begriffen hat, hat vielleicht etwas Schmeichelhaftes sagen wollen, aber er hat es besser getroffen, als er wohl selbst geglaubt haben mag (II 228)

Alle Vorzüge einer Frau sollen sich nur dazu vereinigen, den Charakter des Schönen zu erhöhen, der der eigentliche Beziehungspunkt ist. Dagegen steche unter den männlichen Eigenschaften das Erhabene als das Kennzeichen seiner Art deutlich hervor. Hierauf müssen alle Beurteilungen dieser zwei Gattungen, sowohl die rühmlichen als auch die des Tadels, sich beziehen, alle Erziehung und Unterweisung muss dieses vor Augen haben und alle Bemühung, die sittliche Vollkommenheit des einen oder des anderen Geschlechtes zu erhöhen, wenn man nicht den reizenden Unterschied unkenntlich machen will, den die Natur zwischen zwei Menschengattungen hat treffen wollen (II 228)

Das schöne Geschlecht hat ebenso Verstand wie das männliche, nur ist es ein schöner Verstand, der unsrige soll ein tiefer Verstand, d.h. gleichbedeutend mit dem Erhabenen sein (II 229)

Tiefes Nachsinnen und eine lange fortgesetzte Betrachtung sind edel, aber schwer und schicken sich nicht für eine Person, bei der die ungezwungenen Reize nichts anderes als eine schöne Natur zeigen sollen. Mühsames Lernen oder tiefes Grübeln vertilgen, auch wenn eine Frau es darin weit bringen sollte, die ihrem Geschlecht eigenen Vorzüge und können dieselbe wohl um der Seltenheit willen zum Gegenstand einer kalten Bewunderung machen, aber sie werden zugleich die Reize schwächen, wodurch sie ihre große Gewalt über das andere Geschlecht ausübt (II 229)

Der Inhalt der großen Wissenschaft der Frau ist der Mensch und unter den Menschen der Mann. Ihre Weltweisheit ist nicht Vernünfteln, sondern Empfinden (II 230)

Die Tugend der Frauen ist eine schöne Tugend, die des männlichen Geschlechts soll eine edle Tugend sein. Sie werden das Böse vermeiden, nicht weil es unrecht, sondern weil es hässlich ist, und tugendhafte Handlungen bedeuten bei ihnen sittlich schöne. Nichts von Sollen, nichts von Müssen, nichts von Schuldigkeit. Die Frau ist aller Befehle und alles mürrischen Zwanges abgeneigt (II 231)

Ich glaube kaum, dass das schöne Geschlecht der Grundsätze fähig ist, und ich hoffe dadurch nicht zu beleidigen, denn diese sind auch äußerst selten beim männlichen. Dafür aber hat die Vorsehung ihnen gütige und wohlwollende Empfindungen, ein feines Gefühl für Anständigkeit und eine gefällige Seele gegeben (II 232)

Wer auf Hochachtung pocht, fordert alles um sich zum Tadel auf (II 233)

Dem Schönen ist nichts so sehr entgegengesetzt wie der Ekel, so wie nichts tiefer unter das Erhabene sinkt als das Lächerliche (II 233)

Die zirkassischen[56] und georgischen Mädchen sind von allen Europäern, die durch ihre Länder reisen, jederzeit für überaus hübsch gehalten worden. Die Türken, die Araber, die Perser müssen wohl diesen Geschmack teilen, weil sie sehr begierig sind, ihre Völkerschaft durch so feines Blut zu verschönern, und es ist anzumerken, dass dies der persischen Rasse wirklich gelungen ist (II 237)

Aus der Gemütsart entspringt der Aufschub und schließlich die völlige Entsagung auf die eheliche Verbindung oder, was vielleicht ebenso schlimm ist, eine gramvolle Reue nach einer getroffenen Wahl, die die großen Erwartungen nicht erfüllt; denn nicht selten findet der äsopische Hahn[57] eine Perle, obwohl ihm ein gemeines Gerstenkorn besser geziemt haben würde (II 239)

Es ist niemals aus den Augen zu lassen, dass man, in welcher Art es auch sei, keine sehr hohen Ansprüche an die Glückseligkeiten des Lebens und die Vollkommenheit der Menschen stellen sollte; denn wer jederzeit nur Mittelmäßiges erwartet, hat den Vorteil, dass der Erfolg selten seine Hoffnung widerlegt, dagegen ihn bisweilen auch wohl unvermutete Vollkommenheiten überraschen (II 239)

Allen Reizen droht schließlich das Alter, der große Verwüster der Schönheit, und nach der natürlichen Ordnung müssen allmählich die erhabenen und edlen Eigenschaften die Stelle der schönen einnehmen, um eine Person, so wie sie nachlässt, liebenswürdig zu sein, immer einer größeren Achtung wert zu machen (II 239)

Allmählich, so wie die Ansprüche auf Reize nachlassen, könnte das Lesen der Bücher und die Erweiterung der Einsicht unmerklich die erledigte Stelle der Grazien durch die Musen ersetzen, und der Ehemann sollte der erste Lehrmeister sein. Wenn die für jede Frau so schreckliche Epoche des Altwerdens beginnt, so gehört sie doch auch alsdann noch immer zum schönen Geschlecht, und sie verunziert sich selbst, wenn sie in einer Art

---

[56] Angehörige einer Gruppe kaukasischer Volksstämme (tscherkessisch).
[57] Fabel des Äsop: Der Hahn und der Diamant.

von Verzweiflung diesen Charakter länger erhalten will und sich einer mürrischen und gramvollen Laune überlässt (II 239-240)

Die platonische Liebe dürfte wohl etwas zu mystisch sein, die ein alter Philosoph vorgab, als er von dem Gegenstand seiner Neigung sagte: Die Grazien residieren in ihren Runzeln, und meine Seele scheint auf meinen Lippen zu schweben, wenn ich ihren welken Mund küsse (II 240)

Ein alter Mann, der verliebt tut, ist ein Geck, und die ähnlichen Anmaßungen des anderen Geschlechts sind alsdann ekelhaft. An der Natur liegt es niemals, wenn wir nicht mit einem guten Anstand erscheinen, sondern daran, dass man sie verkehren will (II 240)

Die Frau hat ein vorzügliches Gefühl für das Schöne, sofern es ihr selbst zukommt, aber für das Edle, soweit es beim männlichen Geschlecht angetroffen wird. Der Mann dagegen hat ein entschiedenes Gefühl für das Edle, was zu seinen Eigenschaften gehört, für das Schöne aber, sofern es bei der Frau anzutreffen ist. Daraus muss folgen, dass die Zwecke der Natur darauf zielen, den Mann durch die Geschlechterneigung noch mehr zu veredeln und die Frau durch eben dieselbe noch mehr zu verschönern (II 240)

Wie würde es sonst wohl möglich sein, dass so viele männliche Fratzengesichter, obgleich sie Verdienste besitzen mögen, so artige und feine Frauen bekommen können! Dagegen ist der Mann viel delikater in Ansehung der schönen Reize der Frau. Er ist durch ihre feine Gestalt, die muntere Naivität und die reizende Freundlichkeit genügend schadlos gehalten wegen des Mangels von Büchergelehrsamkeit und wegen anderer Mängel, die er durch seine eigenen Talente ersetzen muss (II 241)

Wenn alles aufs Äußerste kommt, so wird der Mann, auf seine Verdienste weisend, sagen können: Wenngleich ihr mich nicht liebt, so will ich euch zwingen, mich hoch zu achten, und die Frau, der Macht ihrer Reize sicher, wird antworten: Wenngleich ihr uns nicht innerlich hochschätzt, so zwingen wir euch doch, uns zu lieben. In Ermangelung solcher Grundsätze sieht man Männer Weiblichkeiten annehmen, um zu gefallen, und Frauen bisweilen (obwohl viel seltener) einen männlichen Eindruck künsteln, um Hochachtung einzuflößen; was man aber wider die Natur macht, das macht man jederzeit sehr schlecht (II 242)

Im ehelichen Leben soll das vereinigte Paar gleichsam eine einzige moralische Person darstellen, die durch den Verstand des Mannes und den Geschmack der Frau belebt und regiert wird. ... Wenn es dazu kommt, dass die Rede vom Recht des Befehlshabers ist, so ist die Sache schon äußerst verdorben. ... Die Anmaßung der Frau in hartem Ton ist äußerst hässlich und die des Mannes im höchsten Grade unedel und verächtlich (II 242)

Die weise Ordnung der Dinge bringt es so mit sich, dass all die Feinheiten und Zärtlichkeiten der Empfindung nur am Anfang ihre ganze Stärke haben, in der Folge aber durch Gemeinschaft und häusliche Angelegenheiten allmählich stumpfer werden und dann in vertrauliche Liebe ausarten, wo die große Kunst darin besteht, noch genug Reste von jenen zu erhalten, damit Gleichgültigkeit und Überdruss nicht den ganzen Wert des Vergnügens aufheben, um dessentwillen es einzig und allein gelohnt hat, eine solche Verbindung einzugehen (II 242-243)

Unter den Völkern unseres Erdteils sind meiner Meinung nach die Italiener und Franzosen diejenigen, die im Gefühl des Schönen, die Deutschen aber, Engländer und Spanier, die durch das Gefühl des Erhabenen am meisten unter allen übrigen herausragen (II 243)

Nichts kann allen Künsten und Wissenschaften mehr entgegenstehen als ein abenteuerlicher Geschmack, weil dieser die Natur verdreht, die das Urbild alles Schönen und Edlen ist (II 245)

In jedem Volk enthält der feinste Teil rühmliche Charaktere von aller Art, und wen der eine oder andere Tadel treffen sollte, der wird, wenn er fein genug ist, seinen Vorteil verstehen, der darin besteht, dass er jeden anderen seinem Schicksal überlässt, sich selbst aber ausnimmt (II 245)

Um zur Wahrheit zu gelangen, muss man nicht kühn, sondern behutsam sein (II 246)

Es ist wohl nicht zu leugnen, dass die Gesellschaften ohne das schöne Geschlecht ziemlich ... langweilig sind; allein wenn die Dame darin den schönen Ton angibt, sollte der Mann seinerseits den edlen angeben. Andernfalls wird der Umgang langweilig, aber aus einem entgegengesetzten Grund, weil nichts so sehr verekelt wie lauter Süßigkeit (II 246)

Ich möchte dasjenige nicht gesagt haben, was *Rousseau* so verwegen behauptet: dass eine Frau niemals mehr als ein großes Kind werde. Allein

109

der scharfsichtige Schweizer schrieb dieses in Frankreich, und vermutlich empfand er es als ein so großer Verteidiger des schönen Geschlechts mit Entrüstung, dass man diesem dort nicht mit mehr wirklicher Achtung begegnet (II 247)

Der Deutsche hat ein gemischtes Gefühl aus dem eines Engländers und dem eines Franzosen, scheint aber dem ersteren am nächsten zu kommen, und die größere Ähnlichkeit mit dem letzteren ist nur gekünstelt und nachgeahmt (II 248)

Der Hoffärtige ist ein Stolzer, der zugleich eitel ist. Der Beifall aber, den er bei anderen sucht, besteht in Ehrenbezeugungen. Daher schimmert er gerne durch Titel, Ahnenregister und Gepränge. Der Deutsche ist vornehmlich von dieser Schwachheit angesteckt. Die Wörter Gnädig, Hochgeneigt, Hoch- und Wohlgeboren und dergleichen Bombast mehr machen seine Sprache steif und ungewandt und verhindern die schöne Einfachheit, die andere Völker ihrer Schreibart geben können (II 249)

In der Liebe haben der Deutsche und der Engländer einen ziemlich guten Magen, etwas fein von Empfindungen, mehr aber von gesundem und derbem Geschmack. Der Italiener ist in diesem Punkt grüblerisch, der Spanier phantastisch, der Franzose vernascht (II 250)

Gehen wir mit einem flüchtigen Blick noch die anderen Erdteile durch, so treffen wir den Araber als den edelsten Menschen im Orient an, doch von einem Gefühl, das sehr ins Abenteuerliche ausartet (II 252)

Die Neger von Afrika haben von der Natur kein Gefühl, das über das Läppische stiege. Herr *Hume* fordert jedermann auf, ein einziges Beispiel anzuführen, da ein Neger Talente bewiesen habe, und behauptet, dass unter den hunderttausenden von Schwarzen, die aus ihren Ländern anderwärts verschleppt werden, obgleich deren sehr viele auch in Freiheit gesetzt werden, dennoch nicht ein einziger jemals gefunden wurde, der entweder in Kunst oder Wissenschaft oder irgendeiner anderen rühmlichen Eigenschaft etwas Großes vorgestellt habe, während sich unter den Weißen beständig welche aus dem niedrigsten Pöbel empor schwingen und durch vorzügliche Gaben in der Welt ein Ansehen erwerben. So wesentlich ist der Unterschied zwischen diesen zwei Menschengeschlechtern, und er scheint ebenso groß in Ansehung der Gemütsfähigkeiten wie der Farbe nach zu sein (II 253)

Ein Verzagter ist allemal ein strenger Herr über den Schwächeren, so wie auch bei uns derjenige Mann jederzeit ein Tyrann in der Küche ist, der sich außerhalb seines Hauses kaum erkühnt, jemandem unter die Augen zu treten (II 254)

Wenn wir zuletzt noch einige Blicke auf die Geschichte werfen, so sehen wir den Geschmack der Menschen wie einen *Proteus* stets wandelbare Gestalten annehmen. Die alten Zeiten der Griechen und Römer zeigten deutliche Merkmale eines echten Gefühls sowohl für das Schöne als auch für das Erhabene in der Dichtkunst, der Bildhauerkunst, der Architektur, der Gesetzgebung und selbst in den Sitten (II 255)

(Umfangreiche Nachträge zu den Beobachtungen über das Gefühl des Schönen und Erhabenen finden sich in Band XX, Seiten 1-192)

Versuch über die Krankheiten des Kopfes

Abb. 15: Diogenes in der Tonne. Römisches Marmorrelief. (Aus Katalog zur Sonderausstellung „Sokrates in der griechischen Bildniskunst" der Glyptothek, München 1989, Seite 69.)
Anlass dieser Schrift war für Kant das Auftreten eines halbverrückten Schwärmers, eines Abenteurers im Alter von etwa 50 Jahren, eines neuen „Diogenes" (412-323v. Chr.), der sich damals in der Nähe von Königsberg zwar nicht mit einem Hund, sondern mit einer Viehherde aufhielt.

Ist eine Leidenschaft besonders mächtig, so hilft die Verstandesfähigkeit dagegen nur wenig; denn der bezauberte Mensch sieht zwar die Gründe wider seine Lieblingsneigung sehr gut, allein er fühlt sich ohnmächtig, ihnen den tätigen Nachdruck zu geben (II 261)

Der Tor kann allenfalls einen vortrefflichen Ratgeber für andere abgeben, wenngleich sein Rat bei ihm selbst ohne Wirkung ist. Er wird nur durch Schaden oder durch Alter gescheit, was aber meistens nur eine Torheit verdrängt, um einer anderen Platz zu machen (II 261)

Wer ohne Torheit ist, ist ein Weiser. Dieser Weise kann etwa im Mond gesucht werden; vielleicht ist man dort ohne Leidenschaft und hat unendlich viel Vernunft (II 262)

Pyrrho sah auf einem Schiff im Sturm, da jedermann ängstlich beschäftigt war, ein Schwein ruhig aus seinem Trog fressen und sagte, indem er auf dasselbe wies: „So soll die Ruhe eines Weisen sein" (II 262)

Alle Narrheit ist eigentlich auf zwei Leidenschaften gepfropft, den Hochmut und den Geiz (II 262)

Man darf nicht gänzlich bezweifeln, dass ein Tor noch einmal gescheit werden könne, wer aber einen Narren klug zu machen gedenkt, wäscht einen Mohren. Die Ursache ist, dass bei jenem doch eine wahre und natürliche Neigung herrscht, die die Vernunft allenfalls nur fesselt, bei diesem aber ein albernes Hirngespinst, das ihre Grundsätze umkehrt (II 263)

Es ist kein Wunder, dass Träume, so lange sie dauern, für wahrhafte Erfahrungen wirklicher Dinge gehalten werden. Denn da sie alsdann in der Seele die stärksten Vorstellungen sind, so sind sie in diesem Zustand eben das, was im Wachen die Empfindungen sind (II 264)

Es ist niemals ohne Enthusiasmus in der Welt etwas Großes ausgerichtet worden (II 267)

Der Fanatiker (Visionär, Schwärmer) ist eigentlich ein Verrückter von einer vermeintlichen unmittelbaren Eingebung und einer großen Vertraulichkeit mit den Mächten des Himmels. Die menschliche Natur kennt kein gefährlicheres Blendwerk (II 267)

Der bejahrte Murrkopf, der fest glaubt, dass in seiner Jugend die Welt viel ordentlicher und die Menschen besser gewesen wären, ist ein Phantast in Bezug auf die Erinnerung (II 267)

Der Verstand, sofern er zu den Notwendigkeiten und den einfachen Vergnügungen des Lebens ausreicht, ist ein gesunder Verstand, sofern er aber zu der gekünstelten Üppigkeit, sei es im Genuss oder in den Wissenschaften, erfordert wird, ist er der feine Verstand (II 269)

Die traurigen nicht erblichen Übel lassen auf eine glückliche Genesung hoffen, und derjenige, dessen Beistand man hierbei vornehmlich zu suchen hat, ist der Arzt. Doch möchte ich ehrenhalber den Philosophen nicht gerne ausschließen, der die Diät des Gemüts verordnen könnte, nur unter der Bedingung, dass er hierfür, wie für seine meiste andere Beschäftigung, keine Bezahlung fordere (II 271)

Untersuchung über die Grundsätze der natürlichen Theologie und der Moral

Abb. 16: The Home of Kant. Kolorierte Lithographie nach der Lithographie von Friedrich Heinrich Bils, 1842. (Aus Katalog, Seite 134.)

Die Mathematik gelangt zu allen ihren Definitionen synthetisch, die Philosophie aber analytisch (II 276)

Es ist die Aufgabe der Weltweisheit, Begriffe, die als verworren gegeben sind, zu zergliedern, ausführlich und bestimmt zu machen, der Mathematik aber, gegebene Begriffe von Größen, die klar und sicher sind, zu verknüpfen und zu vergleichen, um zu sehen, was hieraus gefolgert werden kann (II 278)

Die Zeichen der philosophischen Betrachtung sind niemals etwas anderes als Worte, die weder in ihrer Zusammensetzung die Teilbegriffe ... anzeigen noch in ihren Verknüpfungen die Verhältnisse der philosophischen Gedanken zu bezeichnen vermögen. Daher muss man bei jedem Nachdenken in dieser Art der Erkenntnis die Sache selbst vor Augen haben und ist genötigt, sich das Allgemeine in abstracto vorzustellen (II 278-279)

In der Mathematik sind nur wenig unauflösliche Begriffe und unbeweisbare Sätze, in der Philosophie aber unzählige (II 279)

In der Mathematik sind die Definitionen der erste Gedanke, den ich von dem erklärten Ding haben kann, weil mein Begriff des Objekts durch die Erklärung entspringt, und da ist es schlechterdings ungereimt, sie als beweisbar anzusehen. In der Weltweisheit, wo mir der Begriff der Sache, die ich erklären soll, gegeben ist, muss dasjenige, was unmittelbar und zuerst in ihm wahrgenommen wird, zu einem unbeweisbaren Grundurteil dienen (II 281-282)

Ich weiß, dass es viele gibt, die die Weltweisheit im Vergleich mit der höheren Mathematik sehr leicht finden. Allein diese nennen alles Weltweisheit, was in den Büchern steht, die diesen Titel führen (II 282-283)

Die Metaphysik ist ohne Zweifel die schwerste unter allen menschlichen Einsichten; allein es ist noch niemals eine geschrieben worden (II 283)

Die Metaphysik ist nichts anderes als eine Philosophie über die ersten Gründe unserer Erkenntnis (II 283)

In der Mathematik habe ich keinen Begriff von einem Gegenstand, bis die Definition ihn gibt; in der Metaphysik habe ich einen, wenn auch verworrenen Begriff, der mir schon gegeben wurde, und ich soll den deutlichen, ausführlichen und bestimmten davon finden (II 283)

In der Mathematik ist die Bedeutung der Zeichen sicher, weil man sich leicht bewusst werden kann, welche man ihnen hat erteilen wollen. In der Philosophie überhaupt und der Metaphysik insbesondere haben die Worte ihre Bedeutung durch den Redegebrauch, sofern sie ihnen nicht durch logische Einschränkung genauer bestimmt worden ist. Weil aber bei sehr ähnlichen Begriffen, die dennoch recht Unterschiedliches aussagen, oft dieselben Worte gebraucht werden, muss man hier bei jedesmaliger Anwendung dieses Begriffs, wenngleich die Benennung desselben nach dem Redegebrauch übereinstimmend scheint, mit großer Behutsamkeit klären, ob wirklich einerlei Begriff hier mit demselben Zeichen verbunden wurde (II 284-285)

Die erste und vornehmste Regel in der Metaphysik ist, dass man ja nicht mit Erklärungen anfange, es sei denn nur mit Worterklärungen; z. B.: notwendig ist das, dessen Gegenteil unmöglich ist (II 285)

Die echte Methode der Metaphysik ist mit derjenigen im Grunde gleich, die *Newton* in die Naturwissenschaft einführte. Man soll, heißt es dort, durch sichere Erfahrungen, allenfalls mit Hilfe der Geometrie die Regeln beachten, nach denen gewisse Erscheinungen der Natur vorgehen (II 286)

Das Vornehmste, worauf ich hinaus will, ist dieses: man muss in der Metaphysik durchaus analytisch verfahren, denn ihr Anliegen ist in der

Tat, verworrene Erkenntnisse aufzulösen. Vergleicht man hiermit das Verfahren der Philosophen, so wie es in allen Schulen üblich ist, wie verkehrt wird man es finden! Die allerschwierigsten Begriffe, auf die der Verstand natürlicherweise zuletzt eingeht, machen bei ihnen den Anfang, weil ihnen der Plan des Mathematikers im Kopf ist, den sie durchaus nachahmen wollen. Daher findet sich ein sonderbarer Unterschied zwischen der Metaphysik und jeder anderen Wissenschaft. In der Geometrie und anderen Erkenntnissen der Größenlehre fängt man beim Leichteren an und steigt langsam zu schwereren Übungen. In der Metaphysik wird der Anfang beim Schwersten gemacht: bei der Möglichkeit und dem Dasein überhaupt (II 289)

Die Philosophen ... wünschen einander Glück, damit sie das Geheimnis, gründlich zu denken, dem Messkünstler[58] abschauen können, und bemerken gar nicht, dass sie durch Zusammensetzen Begriffe erwerben, während jener es allein durch Auflösen tun kann, was die Methode zu denken ganz verändert (II 289)

Der menschliche Verstand ist so wie jede andere Kraft der Natur an gewisse Regeln gebunden. Man irrt nicht deswegen, weil der Verstand die Begriffe regellos verknüpft, sondern weil man das Merkmal, das man in einem Ding nicht wahrnimmt, auch bei diesem verneint und urteilt, dass dasjenige nicht sei, wessen man sich in einem Ding nicht bewusst ist (II 291)

Es ist aus Erfahrung bekannt, dass wir durch Vernunftgründe auch außerhalb der Mathematik in vielen Fällen bis zur Überzeugung völlig sicher werden können. Die Metaphysik ist nur eine auf allgemeinere Vernunfteinsichten angewandte Philosophie, und es kann mit ihr unmöglich anders bewandt sein (II 292)

Irrtümer entspringen nicht allein dadurch, dass man gewisse Dinge nicht weiß, sondern dass man sich ein Urteil herausnimmt, obgleich man noch nicht alles weiß, was dazu erforderlich ist. Eine große Menge Falschheiten, ja fast alle haben diesem letzteren Vorwitz ihren Ursprung zu verdanken (II 292)

---

[58] Fachmann der Geometrie.

Der Unterschied in einzelnen Sätzen ist nicht genug, um einen wesentlichen Unterschied zwischen zwei Philosophien zu bezeichnen (II 293)

Alle wahren Urteile müssen entweder bejahend oder verneinend sein. Der Satz, der das Wesen einer jeden Bejahung ausdrückt und mithin die oberste Formel aller bejahenden Urteile enthält, heißt: „Einem jeden Subjekt kommt ein Prädikat zu, das ihm identisch ist". Dies ist der Satz der Identität. Und da der Satz, der das Wesen aller Verneinung ausdrückt: „Keinem Subjekt kommt ein Prädikat zu, das ihm widerspricht", der Satz des Widerspruchs ist, so ist dieser die erste Formel aller verneinenden Urteile. Beide zusammen machen die obersten und allgemeinen Grundsätze im formalen Sinn der ganzen menschlichen Vernunft aus (II 294)

Wenn man keinen anderen Grund der Wahrheit angeben kann als den, dass man etwas unmöglich für anders als wahr halten kann, so gibt man zu verstehen, dass gar kein weiterer Grund der Wahrheit vorhanden und dass die Erkenntnis unbeweisbar ist (II 295)

Es ist die leichteste und deutlichste Unterscheidung eines Dinges von allen anderen möglich, wenn dieses Ding einzig in seiner Art ist (II 296)

Ich kann nichts anderes tun, als die mögliche philosophische Erkenntnis von Gott überhaupt in Erwägung zu ziehen; denn es würde viel zu weitläufig sein, die wirklich vorhandenen Lehren der Weltweisen über diesen Gegenstand zu prüfen. Der Hauptbegriff, der sich hier dem Metaphysiker darbietet, ist die schlechterdings notwendige Existenz eines Wesens. Um darauf zu kommen, könnte er zuerst fragen, ob es möglich ist, dass ganz und gar nichts existiert (II 296-297)

Ich erkenne leicht, dass das Wesen, von dem alles andere abhängt, während es selbst unabhängig ist, durch seine Gegenwart zwar allen anderen der Welt den Ort bestimmt, sich selber aber keinen Ort unter ihnen, weil es sonst mit zur Welt gehören würde. Gott ist also eigentlich an keinem Ort, aber er ist in allen Dingen gegenwärtig an allen Orten, wo die Dinge sind (II 297)

Wenn ich sage, Gott sieht das Künftige vorher, so heißt das nicht, Gott sieht das, was in Ansehung seiner selbst künftig ist, sondern was gewissen Dingen der Welt künftig ist, d. h. was auf einen Zustand derselben folgt. Hieraus folgt, dass die Erkenntnis des Künftigen, Vergangenen und

Gegenwärtigen in Ansehung der Handlung des göttlichen Verstandes gar nicht unterschiedlich ist, sondern dass er sie alle als wirkliche Dinge des Universums erkennt (II 297)

Es ist eine unmittelbare Hässlichkeit in der Handlung, die dem Willen desjenigen, von dem unser Dasein und alles Gute kommt, widerstreitet. Diese Hässlichkeit ist klar, und dennoch wird nicht auf die Nachteile gesehen, die als Folgen eine solche Handlung begleiten können. Daher wird der Satz „Tu das, was dem Willen Gottes gemäß ist" ein materialer[59] Grundsatz der Moral (II 300)

---

[59] Hier im Sinne von wesentlich, sachlich.

Nachricht von der Einrichtung seiner Vorlesungen im Winterhalbjahr 1765-1766

Abb. 17: Albertus-Universität und Dom in Königsberg.
Anonymes Aquarell, 1. Hälfte des 19. Jahrhunderts. (Aus Uwe Schultz: Immanuel Kant, Reinbek bei Hamburg 2003, Seite 15.)

Alle Unterweisung der Jugend hat das Beschwerliche an sich, dass man genötigt ist, mit der Einsicht den Jahren vorauszueilen und, ohne die Reife des Verstandes abzuwarten, solche Erkenntnisse erteilen soll, die nach der natürlichen Ordnung nur von einer geübteren und erprobten Vernunft begriffen werden können. Daraus entspringen die ewigen Vorurteile der Schulen, die hartnäckiger und oft abgeschmackter sind als die allgemeinen, und die frühkluge Geschwätzigkeit junger Denker, die blinder ist als irgendein anderer Eigendünkel und unheilbarer als die Unwissenheit. Gleichwohl ist diese Beschwerlichkeit nicht gänzlich zu vermeiden (II 305)

Da der natürliche Fortschritt der menschlichen Erkenntnis der ist, dass sich zuerst der Verstand ausbildet, indem er durch Erfahrung zu anschaulichen Urteilen und durch diese zu Begriffen gelangt, dass darauf diese Begriffe mit ihren Gründen und Folgen durch Vernunft und endlich in einem wohlgeordneten Ganzen mittels der Wissenschaft erkannt werden, so wird die Unterweisung denselben Weg zu nehmen haben (II 305)

Von einem Lehrer wird erwartet, dass er an seinem Zuhörer zuerst den verständigen, dann den vernünftigen Mann und endlich den Gelehrten bildet. Ein solches Verfahren hat den Vorteil, dass der Lehrling, auch wenn er niemals zur letzten Stufe gelangen sollte, dennoch durch die Unterweisung gewonnen hat und, wo nicht für die Schule, doch für das Leben geübter und klüger geworden ist. Wenn man diese Methode umkehrt, erschnappt der Schüler eine Art von Vernunft, ehe noch der Verstand an ihm ausgebildet wurde, und er besitzt erborgte Wissenschaft, die an ihm gleichsam nur klebt und nicht gewachsen ist, wobei seine Gemütsfähigkeit noch so unfruchtbar wie vorher, aber zugleich durch den Wahn von Weisheit viel schlechter geworden ist. Dies ist die Ursache dafür, dass man nicht selten Gelehrte (eigentlich Studierte) antrifft, die wenig Verstand zeigen, und dass die Akademien mehr abgeschmackte Köpfe in die Welt schicken als irgendein anderer Stand des Allgemeinwesens (II 305-306)

Der Schüler soll nicht Gedanken, sondern denken lernen; man soll ihn nicht tragen, sondern leiten, wenn man will, dass er in Zukunft selbstständig handeln soll. Eine solche Lehrart erfordert die der Weltweisheit eigene Natur. Da diese aber eigentlich nur eine Beschäftigung für das Mannesalter ist, so ist es kein Wunder, dass sich Schwierigkeiten ergeben, wenn man sie der ungeübteren Jugend zumuten will. Der aus den Schulunterweisungen entlassene Jüngling war gewohnt zu lernen. Nunmehr denkt er, er werde Philosophie lernen, was aber unmöglich ist, denn er soll jetzt philosophieren lernen (II 306)

Um Philosophie zu lernen, müsste zuallererst eine wirklich vorhanden sein. Man müsste ein Buch vorzeigen und sagen können: sehet, hier ist Weisheit und zuverlässige Einsicht; lernet es verstehen und fassen, bauet künftig darauf, so seid ihr Philosophen (II 307)

Die eigentümliche Methode des Unterrichts in der Weltweisheit ist ...

forschend und wird nur bei schon geübterer Vernunft in verschiedenen Teilen dogmatisch[60], d. h. entschieden (II 307)

Es widerspricht der Natur der Philosophie, eine Brotkunst zu sein, da es ihrer wesentlichen Beschaffenheit widerspricht, sich dem Wahn der Nachfrage und dem Gesetz der Mode zu beugen, und nur die Notdurft, deren Gewalt noch über der Philosophie ist, kann sie nötigen, sich der Form des allgemeinen Beifalls anzupassen (II 308)

Jeder weiß, wie eifrig der Anfang der Vortragsreihen von der munteren und unbeständigen Jugend mitgemacht wird und wie dann die Hörsäle allmählich etwas leerer werden (II 309)

Von der Wissenschaft der Logik gibt es eigentlich zwei Gattungen. Die erste ist eine Kritik und Vorschrift des gesunden Verstandes, so wie er einerseits an die groben Begriffe und die Unwissenheit, andererseits aber an die Wissenschaft und Gelehrsamkeit angrenzt. Die Logik dieser Art soll man am Anfang der akademischen Unterweisung aller Philosophie voranschicken, gleichsam die Quarantäne (wenn es mir erlaubt ist, mich so auszudrücken), die der Lehrling durchlaufen muss, der aus dem Land des Vorurteils und des Irrtums in das Gebiet der aufgeklärteren Vernunft und der Wissenschaft übergehen will (II 310)

Ohne Einheit der Erkenntnis ist alles Wissen nur Stückwerk (II 313)

Zumindest kann es einem Gelehrten nicht angenehm sein, sich in der Verlegenheit zu sehen, in der sich der Redner *Isokrates* befand, der, als man ihn in einer Gesellschaft aufmunterte, doch auch etwas zu sprechen, sagen musste: „Was ich weiß, schickt sich nicht, und was sich schickt, weiß ich nicht" (II 313)

---

[60] Vgl. IX 30.

Träume eines Geistersehers, erläutert durch Träume der Metaphysik

Abb. 18: Emanuel von Swedenborg. Gemälde von Per Krafft d.Ä., 1760. (Aus Uwe Schultz: Immanuel Kant, Reinbek bei Hamburg 2003, Seite 85.)
Kants Entschluss, sich mit Swedenborg auseinander zu setzen, hat er in dieser Schrift zum Schluss seines Vorberichtes u.a. durch den Hinweis auf „das ungestüme Anhalten bekannter und unbekannter Freunde" begründet. Er kommt dann zu dem Fazit, das im vorliegenden Buch zum Motto seiner gesamten Philosophie gewählt wurde (II 368), weil sie auch insgesamt eine kritische Philosophie ist.

Das Schattenreich ist das Paradies der Phantasten. Hier finden sie ein unbegrenztes Land, wo sie sich nach Belieben ansiedeln können. Hypochondrische Dünste, Ammenmärchen und Klosterwunder lassen es ihnen an Baumaterial nicht ermangeln (II 317)

Welcher Philosoph hat nicht einmal zwischen den Beteuerungen eines vernünftigen und fest überzeugten Augenzeugen und der inneren Gegenwehr eines unüberwindlichen Zweifels die einfältigste Figur gemacht, die man sich vorstellen kann? Soll er die Richtigkeit aller solcher Geistererscheinungen gänzlich ableugnen? Was kann er für Gründe anführen, sie zu widerlegen? (II 317)

Das methodische Geschwätz der hohen Schulen ist oftmals nur ein Einverständnis, durch veränderliche Wortbedeutungen einer schwer zu lösenden Frage auszuweichen, weil das bequeme und meistens vernünftige „Ich weiß nicht" auf Akademien nicht gern gehört wird (II 319)

Ein Geist, heißt es, ist ein Wesen, das Vernunft hat. So ist es denn also keine Wundergabe, Geister zu sehen; denn wer Menschen sieht, der sieht Wesen, die Vernunft haben. Allein, so fährt man fort, dieses Wesen, das im Menschen Vernunft hat, ist nur ein Teil vom Menschen, und dieser Teil, der ihn belebt, ist ein Geist. Wohlan denn: ehe ihr beweist, dass nur ein geistiges Wesen Vernunft haben kann, so sorgt doch dafür, dass ich zunächst verstehe, was ich mir von einem geistigen Wesen für einen Begriff zu machen habe (II 319)

Ich weiß nicht, ob es Geister gibt, ich weiß nicht einmal, was das Wort Geist bedeutet. Da ich es indessen oft selbst gebraucht oder andere habe gebrauchen hören, so muss doch etwas darunter verstanden werden, es mag nun dieses Etwas ein Hirngespinst oder etwas Wirkliches sein (II 320)

Einfache Wesen ... werden immaterielle Wesen und, wenn sie Vernunft haben, Geister genannt. Einfache Substanzen aber, deren Zusammensetzung ein undurchdringliches und ausgedehntes Ganzes ergibt, heißen materielle Einheiten, ihr Ganzes aber Materie. Entweder ist der Name eines Geistes ein Wort ohne allen Sinn oder seine Bedeutung ist die angezeigte (II 321)

Man kann die Möglichkeit immaterieller Wesen annehmen ohne Besorgnis, widerlegt zu werden, jedoch auch ohne Hoffnung, diese Möglichkeit durch Vernunftgründe beweisen zu können (II 323)

Hätte man bewiesen, die Seele des Menschen sei ein Geist (wiewohl ein solcher Beweis noch niemals geführt wurde), so würde die nächste Frage etwa diese sein: Wo ist der Ort dieser menschlichen Seele in der Körperwelt? Ich würde antworten: Der Körper, dessen Veränderungen meine Veränderungen sind, dieser Körper und der Ort desselben ist zugleich mein Ort (II 324)

Die herrschende Meinung, der Seele einen Platz im Gehirn zuzuweisen, scheint hauptsächlich ihren Ursprung darin zu haben, dass man bei starkem Nachsinnen deutlich fühlt, dass die Gehirnnerven angestrengt werden. Allein wenn dieser Schluss richtig wäre, so würde er auch noch andere Orte der Seele beweisen (II 325)

Wo ich empfinde, da bin ich. Ich bin ebenso unmittelbar in der Fingerspitze wie im Kopf (II 324)

Ich würde einen strengen Beweis verlangen, um das ungereimt zu finden, was die Schullehrer sagten: Meine Seele ist ganz im ganzen Körper und ganz in jedem seiner Teile (II 325)

Der gesunde Verstand bemerkt oft die Wahrheit eher, als er die Gründe einsieht, durch die er sie beweisen oder erläutern kann (II 325)

Die Seele des Menschen hat ihren Sitz im Gehirn, und ein unbeschreiblich kleiner Platz in diesem ist ihr Aufenthalt. Dort empfindet sie wie die Spinne im Mittelpunkt ihres Gewebes. Die Nerven des Gehirns stoßen oder erschüttern sie, dadurch verursachen sie aber, dass nicht dieser unmittelbare Eindruck, sondern der, der auf ganz entlegene Teile des Körpers ausgeübt wird, allerdings als ein außerhalb des Gehirns vorhandenes Objekt vorgestellt wird. Aus diesem Sitz bewegt sie auch die Seile und Hebel der ganzen Maschine und verursacht willkürliche Bewegungen nach ihrem Belieben. Solche Sätze lassen sich nur sehr seicht oder gar nicht beweisen und, weil die Natur der Seele im Grunde nicht bekannt genug ist, auch nur ebenso schwach widerlegen. Ich würde mich also in kein Schulgezänk einlassen, wo üblicherweise beide Teile dann am meisten zu sagen haben, wenn sie von ihrem Gegenstand gar nichts verstehen (II 325-326)

Es ist bisweilen nötig, den Denker, der auf unrechtem Wege ist, durch die Folgen zu erschrecken, damit er aufmerksamer auf die Grundsätze werde, durch die er sich gleichsam träumend hat fortführen lassen (II 327)

Ich gestehe, dass ich sehr geneigt bin, das Dasein immaterieller Naturen in der Welt zu behaupten und meine Seele selbst in die Klasse dieser Wesen zu versetzen... . Der Grund hierfür, der mir selbst sehr dunkel ist und wahrscheinlich wohl auch so bleiben wird, trifft zugleich auf das empfindende Wesen in den Tieren zu. Was in der Welt ein Prinzip des Lebens enthält, scheint immaterieller Natur zu sein. ... Wie geheimnisvoll wird dann aber die Gemeinschaft zwischen einem Geist und einem Körper? (II 327)

Jede Substanz, selbst ein einfaches Element der Materie muss doch irgendeine innere Tätigkeit als Grund der äußerlichen Wirksamkeit haben, obgleich ich nicht anzugeben weiß, worin eine solche besteht. ... Welche Notwendigkeit aber verursacht, dass ein Geist und ein Körper zusammen ein Ganzes ausmachen und welche Gründe bei gewissen Zerstörungen diese Einheit wiederum aufheben? Diese Fragen übersteigen nebst verschiedenen anderen sehr weit meine Einsicht (II 328)

Da die immateriellen Wesen selbsttätige Prinzipien sind, mithin Substanzen und für sich bestehende Naturen, so ist diejenige Folgerung, auf die man zunächst stößt, diese: sie mögen untereinander, unmittelbar vereinigt, vielleicht ein großes Ganzes ausmachen, das man die immaterielle Welt nennen kann (II 329)

Die immaterielle Welt kann als ein für sich bestehendes Ganzes angesehen werden, dessen Teile untereinander in wechselseitiger Verknüpfung und Gemeinschaft stehen, auch ohne Vermittlung körperlicher Dinge, so dass dieses letztere Verhältnis zufällig ist und nur einigen zukommen darf; dort verhindert es, dass die immateriellen Wesen, die durch die Vermittlung der Materie ineinander wirken, außerdem in einer besonderen und durchgängigen Verbindung stehen und jederzeit untereinander als immaterielle Wesen wechselseitige Einflüsse ausüben, so dass ihr Verhältnis mittels der Materie nur zufällig ist und auf einer besonderen göttlichen Fügung beruht, jene hingegen natürlich und unauflöslich ist (II 330)

Indem man alle Prinzipien des Lebens in der ganzen Natur als so viele unkörperliche Substanzen untereinander in Gemeinschaft, aber auch zum Teil mit der Materie vereinigt zusammennimmt, so stellt man sich ein großes Ganzes der immateriellen Welt vor, eine unermessliche, aber unbekannte Stufenfolge von Wesen und tätigen Naturen, durch die allein der tote Stoff der Körperwelt belebt wird. Bis auf welche Glieder aber das Leben der Natur ausgebreitet ist und in welchen Graden diese zunächst an die völlige Leblosigkeit grenzen, ist vielleicht niemals mit Sicherheit auszumachen (II 330)

Die menschliche Seele würde schon im gegenwärtigen Leben als mit zwei Welten zugleich verknüpft angesehen werden müssen, von denen sie, sofern sie zu persönlicher Einheit mit einem Körper verbunden ist, die materielle allein klar empfindet, dagegen als ein Glied der Geisterwelt die reinen Einflüsse immaterieller Naturen empfängt und erteilt, so dass, sobald jene Verbindung aufgehört hat, die Gemeinschaft, in der sie jederzeit mit geistigen Naturen steht, allein übrig bleibt und sich ihrem Bewusstsein eröffnen müsste (II 332)

Es wird künftig, ich weiß nicht wo oder wann, noch bewiesen werden, dass die menschliche Seele auch in diesem Leben in einer unauflöslichen verknüpften Gemeinschaft mit allen immateriellen Naturen der Geisterwelt steht, dass sie wechselweise in diese wirkt und von ihnen Eindrücke empfängt, deren sie sich aber als Mensch nicht bewusst ist (II 333)

Wenn schließlich durch den Tod die Gemeinschaft der Seele mit der Körperwelt aufgehoben wird, so würde das Leben in der anderen Welt nur eine natürliche Fortsetzung derjenigen Verknüpfung sein, in der sie schon in diesem Leben gestanden hat, und die gesamten Folgen der hier ausgeübten Sittlichkeit würden sich dort in den Wirkungen wiederfinden (II 336)

Die Vorstellungen von der Geisterwelt mögen so klar und anschaulich sein, wie man will, so ist dieses doch nicht ausreichend, um mir derer als Mensch bewusst zu werden; wie denn sogar die Vorstellung seiner selbst (d. h. der Seele) als eines Geistes wohl durch Schlüsse erworben wird, bei keinem Menschen aber ein Erfahrungsbegriff ist (II 338)

Abgeschiedene Seelen und reine Geister können zwar niemals unseren äußeren Sinnen gegenwärtig sein noch sonst mit der Materie in Gemeinschaft stehen, aber wohl auf den Geist des Menschen wirken, der mit ihnen zu einer großen Republik gehört (II 340-341)

Wenn die Vor- und Nachteile desjenigen, der nicht allein für die sichtbare Welt, sondern auch für die unsichtbare in gewissem Grade organisiert ist (sofern es jemals einen solchen gegeben hat), abgewogen werden, so scheint ein Geschenk gleich zu sein, mit dem *Juno* den *Tiresias* beehrte, die ihn zuvor blind machte, damit sie ihm die Gabe zu weissagen erteilen könnte. Denn die anschauliche Kenntnis der anderen Welt kann hier nur erlangt werden, indem man etwas von dem Verstand einbüßt, den man für die gegenwärtige Welt nötig hat (II 341)

Aristoteles sagt irgendwo: „Wenn wir wachen, so haben wir eine gemeinschaftliche Welt, träumen wir aber, so hat ein jeder seine eigene". Ich meine, man sollte den letzten Satz umkehren und sagen: wenn von verschiedenen Menschen ein jeglicher seine eigene Welt hat, so ist zu vermuten, dass sie träumen (II 342)

In gewisser Verwandtschaft mit den Träumern der Vernunft stehen die Träumer der Empfindung, und dazu werden gewöhnlich diejenigen gezählt, die bisweilen mit Geistern zu tun haben, und zwar aus dem selben Grund wie die ersteren, weil sie etwas sehen, was kein anderer gesunder Mensch sieht, und ihre eigene Gemeinschaft mit Wesen haben, die sich niemandem sonst offenbaren, so gute Sinne er auch haben mag (II 342)

Die Krankheit des Phantasten betrifft nicht eigentlich den Verstand, sondern die Täuschung der Sinne, ... weil die wahre oder scheinbare Empfindung der Sinne selbst jedem Urteil des Verstandes vorausgeht und eine unmittelbare Evidenz[61] hat, die jede andere Überredung weit übertrifft (II 347)

Ich verdenke es dem Leser keineswegs, wenn er, anstatt die Geisterseher für Halbbürger der anderen Welt anzusehen, sie kurz und gut als Kandidaten des Hospitals abfertigt und sich dadurch alles weitere Nachforschen erspart... . Der scharfsichtige Hudibras[62] allein hätte uns das Rätsel auflösen können mit seiner Behauptung: wenn ein hypochondrischer Wind in den Eingeweiden tobt, so kommt es darauf an, welche Richtung er nimmt, geht er abwärts, so wird daraus ein F-, steigt er aber aufwärts, so ist es eine Erscheinung oder eine heilige Eingebung (II 348)

Die Unrichtigkeit einer Waage, die nach bürgerlichen Gesetzen ein Maß der Handlung sein soll, wird entdeckt, wenn man Ware und Gewichte ihre Schalen vertauschen lässt, und die Parteilichkeit der Verstandeswaage offenbart sich durch denselben Kunstgriff, ohne den man auch in philosophischen Urteilen nie ein einstimmiges Fazit aus den verglichenen Abwiegungen herausbekommen kann. ... Das Urteil dessen, der meine Gründe widerlegt, ist mein Urteil, nachdem ich es zuerst gegen die Schale der Selbstliebe und nachher in derselben gegen meine vermeintlichen Gründe abgewogen und in ihm einen größeren Gehalt gefunden habe (II 348-349)

Da ich mich jetzt am Schluss der Theorie von Geistern befinde, erlaube ich mir noch zu sagen, dass diese Betrachtung, wenn sie vom Leser gehörig genutzt wird, alle philosophische Einsicht von solchen Wesen vollendet,

---

[61] Die innere Gewissheit der Gültigkeit einer Erkenntnis.
[62] Verssatire von Samuel Butler d. Ä. (1612 1680) in drei Teilen zu je drei Gesängen, oft als „heroikomisches Epos" bezeichnet, ähnelt dem zeitlich früheren „Don Quijote" von Miguel de Cervantes.

und dass man davon vielleicht künftig noch allerlei meinen, niemals aber mehr wissen kann (II 351)

Unermesslich ist die Mannigfaltigkeit dessen, was die Natur in ihren geringsten Teilen einem so eingeschränkten Verstand wie dem menschlichen zur Auflösung darbietet (II 351)

Nunmehr lege ich das ganze Wissen von Geistern, ein weitläufiges Stück der Metaphysik, als abgemacht und vollendet bei Seite. Sie geht mich künftig nichts mehr an. Indem ich den Plan meiner Nachforschung auf diese Art straffe und mich einiger gänzlich vergeblicher Untersuchungen entledige, hoffe ich, meine geringe Verstandesfähigkeit auf die übrigen Gegenstände vorteilhafter anlegen zu können. Es ist größtenteils umsonst, das kleine Maß seiner Kraft auf alle windigen Entwürfe ausdehnen zu wollen. Daher gebietet die Klugheit sowohl in diesem wie in anderen Fällen, den Zuschnitt der Entwürfe den Kräften anzupassen und, wenn man das Große nicht erreichen kann, sich auf das Mittelmäßige zu beschränken (II 352)

Kein Vorwurf ist dem Philosophen bitterer als der der Leichtgläubigkeit und der Ergebenheit in den gewöhnlichen Wahn (II 353)

Torheit und Verstand haben so unkenntliche Grenzen, dass man schwerlich in dem einen Gebiet lange umhergeht, ohne bisweilen einen kleinen Streifzug in das andere zu tun (II 356)

Es ist zu allen Zeiten so gewesen und wird wohl auch künftig so bleiben, dass gewisse widersinnige Dinge selbst bei Vernünftigen Eingang finden, nur weil allgemein davon gesprochen wird. Dazu gehören die Sympathie, die Wünschelrute, die Ahnungen, die Wirkung der Einbildungskraft schwangerer Frauen, die Einflüsse der Mondwechsel auf Tiere und Pflanzen u. dgl. (II 356-357)

Die Schwäche des menschlichen Verstandes in Verbindung mit seiner Wissbegierde bewirkt, dass man anfänglich Wahrheit und Betrug ohne Unterschied wahrnimmt. Aber nach und nach klären sich die Begriffe, ein kleiner Teil bleibt, das übrige wird als Kehricht weggeworfen (II 357)

Man muss wissen, dass alle Erkenntnis zwei Enden hat, bei denen man sie fassen kann, das eine a priori, das andere a posteriori. Zwar haben verschiedene Naturlehrer neuerer Zeiten vorgegeben, man müsse bei dem letzteren anfangen, und sie glauben, den Aal der Wissenschaft beim Schwanz zu erwischen, indem sie sich hinreichender Erfahrungskenntnisse versichern und dann so allmählich zu allgemeinen und höheren Begriffen aufrücken. Dieses mag zwar nicht unklug gehandelt sein, doch ist es bei weitem nicht gelehrt und philosophisch genug, denn man ist auf diese Art bald bei einem Warum, worauf keine Antwort gegeben werden kann; das macht einem Philosophen gerade so viel Ehre wie einem Kaufmann, der bei einer Wechselzahlung freundlich bittet, ein andermal wieder vorzusprechen (II 358)

Wir ziehen uns mit einiger Beschämung von einem törichten Versuch zurück mit der vernünftigen, obgleich etwas späten Anmerkung, dass das Klugdenken mehren teils eine leichte Sache sei, aber leider nur, nachdem man sich eine Zeitlang hat hintergehen lassen (II 367)

Die Metaphysik, in die ich das Schicksal habe verliebt zu sein, obgleich ich mich von ihr nur selten einiger Gunstbezeugungen rühmen kann, leistet zweierlei Vorteile. Der erste ist, den Aufgaben Genüge zu tun, die das forschende Gemüt aufwirft, wenn es verborgeneren Eigenschaften der Dinge durch Vernunft nachspäht. ... Der andere Vorteil ist der Natur des menschlichen Verstandes mehr angemessen und besteht darin, festzustellen, ob die Aufgabe aus dem möglichen Wissen auch bestimmt ist und welches Verhältnis die Frage zu den Erfahrungsbegriffen hat, auf die sich alle unsere Urteile jederzeit stützen müssen. Insofern ist die Metaphysik eine Wissenschaft von den Grenzen der menschlichen Vernunft (II 367-368)

Wenn ich meinem Leser keine neue Einsicht bot, so vertilgte ich doch den Wahn und das eitle Wissen, das den Verstand aufbläht und in seinem engen Raum den Platz ausfüllt, den die Lehren der Weisheit und der nützlichen Unterweisung einnehmen könnten (II 368)

Wenn die Wissenschaft ihren Kreis durchlaufen hat, so gelangt sie natürlicherweise zu dem Punkt eines bescheidenen Misstrauens und sagt unwillig über sich selbst: Wie viele Dinge gibt es doch, die ich nicht einsehe! Aber die durch Erfahrung gereifte Vernunft, die zur Weisheit wird, spricht aus dem Mund des *Sokrates* mitten unter den Waren eines Jahrmarktes mit heiterer Seele: „Wie viele Dinge gibt es doch, die ich alle nicht brauche!" (II 369)

Alle Urteile wie derartige, wie meine Seele den Körper bewegt oder mit andern Wesen ihrer Art jetzt oder künftig im Verhältnis steht, können niemals etwas mehr als Erdichtungen sein (II 371)

Allein die wahre Weisheit ist die Begleiterin der Einfalt, und da bei ihr das Herz dem Verstand die Vorschrift gibt, macht sie gewöhnlich die großen Zurüstungen der Gelehrsamkeit entbehrlich, und ihre Zwecke bedürfen nicht solcher Mittel, die niemals in aller Menschen Gewalt sein können. Ist es denn nur darum gut, tugendhaft zu sein, weil es eine andere Welt gibt, oder werden die Handlungen nicht vielmehr dereinst belohnt werden, weil sie an sich selbst gut und tugendhaft waren? (II 372)

Kann derjenige wohl redlich, kann er wohl tugendhaft genannt werden, der sich gern seinen Lieblingslastern ergeben würde, wenn ihn nur keine künftige Strafe schreckte? Und wird man nicht vielmehr sagen müssen, dass er zwar die Ausübung der Bosheit scheut, die lasterhafte Gesinnung aber in seiner Seele nährt, dass er den Vorteil der tugendähnlichen Handlungen liebt, die Tugend selbst aber hasst? Und in der Tat lehrt die Erfahrung auch, dass so viele, die von der künftigen Welt belehrt und überzeugt sind, gleichwohl dem Laster und der Niederträchtigkeit ergeben sind und nur auf Mittel sinnen, den drohenden Folgen der Zukunft arglistig auszuweichen; aber es hat wohl niemals eine rechtschaffene Seele gelebt, die den Gedanken hätte ertragen können, dass mit dem Tod alles zu Ende sei, und deren edle Gesinnung sich nicht zur Hoffnung der Zukunft erhoben hätte (II 372-373)

Die menschliche Vernunft wurde nicht genügend dazu beflügelt, dass sie so hohe Wolken teilen sollte, die uns die Geheimnisse der anderen Welt vor Augen führen. Und den Wissbegierigen, die sich nach derselben so angelegentlich erkundigen, kann man den einfältigen, aber sehr natürlichen Bescheid geben, dass es wohl am ratsamsten ist, wenn sie sich zu gedulden belieben, bis sie dahin kommen werden. Da aber unser Schicksal in der künftigen Welt vermutlich sehr darauf ankommen mag, wie wir unseren Posten in der gegenwärtigen verwaltet haben, so schließe ich mit dem an, was *Voltaire* seinen ehrlichen Candide[63] nach so viel unnützen Schulstreitigkeiten zum Schluss sagen lässt: „Lasst uns unser Glück besorgen, in den Garten gehen und arbeiten!" (II 373)

---

[63] Held in Voltaires philosophischer Erzählung von 1759, in der sich Voltaire gegen die optimistische Lehre von Leibniz wendet.

Von den verschiedenen Rassen der Menschen

Abb. 19: Immanuel Kant.
Öl auf Leinwand, 19. Jahrhundert.
(Aus Katalog, Seite 72.)

Alle Menschen auf der weiten Erde gehören zu derselben Naturgattung, weil sie durchgängig miteinander fruchtbare Kinder zeugen, mag es auch sonst große Verschiedenheiten in ihrer Gestalt geben (II 429)

Es ist interessant, den unterschiedlichen Schlag der Menschen der Verschiedenheit der Ursachen zuzuordnen, wenn er in demselben Land nach den Provinzen kenntlich ist (wie sich die Böotier[64], die einen feuchten, von den Athenern unterschieden, die einen trockenen Boden bewohnten), allerdings fällt diese Verschiedenheit oft nur einem aufmerksamen Auge auf, während sie von anderen belacht wird (II 431)

Der Mensch wurde für alle Klimazonen und für jede Beschaffenheit des Bodens bestimmt; folglich mussten in ihm mancherlei Keime und natürliche Anlagen bereit liegen, um gelegentlich entweder entwickelt oder zurückgehalten zu werden, damit er seinem Platz in der Welt angemessen wurde und im Fortgang der Zeugungen demselben gleichsam angeboren und dafür gemacht zu sein schien (II 435)

---

[64] Bauern aus Böotien, einer griechischen Landschaft zwischen Parnass und dem Golf von Euböa, denen Plumpheit und Unbildung nachgesagt werden.

Luft und Sonne scheinen die Ursachen zu sein, die starken Einfluss auf die Zeugungskraft ausüben und eine dauerhafte Entwicklung der Keime und Anlagen hervorbringen, d.h. eine Rasse gründen können; dagegen kann die besondere Nahrung zwar einen Schlag Menschen hervorbringen, dessen Unterscheidendes aber bei Verpflanzung bald erlischt. Was auf die Zeugungskraft wirken soll, muss nicht die Erhaltung des Lebens, sondern die Quelle desselben, d. h. die ersten Prinzipien seiner tierischen Einrichtung und Bewegung, beeinflussen (II 435-436)

Was bei der Mannigfaltigkeit der Rassen auf der Erde die größte Schwierigkeit macht, welchen Erklärungsgrund man auch annehmen mag, ist, dass ähnliche Land- und Himmelsstriche doch nicht dieselbe Rasse enthalten (II 441)

Aufsätze, das Philanthropin[65] betreffend

Abb. 20: Johann Bernhard Basedow. Gemälde von Daniel Chodowiecki. (Aus Theodor Fritzsch [Hrsg.]: J. B. Basedows Elementarwerk, erster Band, Leipzig 1909.)

Das Gute hat eine unwiderstehliche Gewalt, wenn es angeschaut wird (II 448)

Es ist allen Lehrern sowohl in der Privat- als auch in der öffentlichen Schulunterweisung sehr zu empfehlen, sich der *Basedow*'schen Schriften und der von ihm herausgegebenen Schulbücher zu eigener Belehrung und der letzteren zur Übung der ihnen anvertrauten Jugend zu bedienen und dadurch ihre Unterweisung philanthropisch[66] zu machen (II 448-449)

Es fehlt in den gesitteten Ländern Europas nicht an Erziehungsanstalten und an wohlgemeintem Fleiß der Lehrer, jedem auf diesem Gebiet zu Diensten zu sein, und dennoch ist es einleuchtend bewiesen, dass sie insgesamt im ersten Zuschnitt verdorben sind, weil alles darin der Natur entgegen arbeitet und daher bei weitem nicht das von der Natur veranlagte Gute aus den Menschen hervorgebracht wird. Weil wir tierischen

---

[65] 1774 in Dessau von Johannes Bernhard Basedow gegründete Schule (Philanthropinum).
[66] Erziehungsbewegung, die eine natur- und vernunftgemäße Erziehung zu weltbürgerlicher und bekenntnisfreier Gesinnung anstrebte.

Geschöpfe nur durch Ausbildung zu Menschen gemacht werden, würden wir in Kurzem ganz andere Menschen um uns sehen, wenn die Erziehungsmethode allgemein in Anwendung käme, die aus der Natur selbst gezogen und nicht von der alten Gewohnheit vorher und unerfahrener Zeitalter sklavisch nachgeahmt wurde (II 449)

Es ist vergeblich, das Heil des menschlichen Geschlechts von einer allmählichen Schulverbesserung zu erwarten. Die Schulen müssen umgeordnet werden, wenn etwas Gutes aus ihnen entstehen soll, weil sie in ihrer ursprünglichen Einrichtung fehlerhaft sind und selbst die Lehrer eine neue Bildung annehmen müssen. Nicht eine langsame Reform, sondern eine schnelle Revolution kann dieses bewirken. Und dazu gehört nichts weiter als nur eine Schule, die nach der echten Methode von Grund auf neu geordnet, von aufgeklärten Männern nicht mit lohnsüchtigem, sondern edelmütigem Eifer bearbeitet und während ihres Fortschritts zur Vollkommenheit von dem aufmerksamen Auge der Kenner in allen Ländern beobachtet und beurteilt, aber auch durch den vereinigten Beitrag aller Menschenfreunde bis zur Erreichung ihrer Vollständigkeit unterstützt wird (II 449)

Eine philanthropische Schule (im Sinne *Basedows*) ist nicht nur für ihre Zöglinge, sondern, was unendlich wichtiger ist, durch diejenigen, denen sie Gelegenheit gibt, sich bei ihr nach der wahren Erziehungsmethode zu Lehrern zu bilden, ein Samenkorn, durch dessen sorgfältige Pflege in kurzer Zeit eine Menge wohl unterwiesener Lehrer erwachsen kann, die ein ganzes Land bald mit guten Schulen bedecken werden (II 449-450)

Dem Philanthropin, das der Menschheit und der Teilnahme jedes Weltbürgers gewidmet ist, einige Hilfe zu leisten (die einzeln nur klein ist, aber durch die Menge wichtig werden kann), wird jetzt Gelegenheit geboten. Wollte man seine Erfindungskraft anstrengen, um eine Gelegenheit zu erdenken, durch einen geringen Beitrag das größtmögliche, dauerhafteste und allgemeine Gute zu befördern, so müsste es doch diejenige sein, da der Same des Guten selbst, damit er sich mit der Zeit verbreite und verewige, gepflegt und unterhalten werden kann (II 451)

(Das Philanthropin betreffend, sollte Kants Vorlesung über Pädagogik, Band IX, Seiten 437-499 herangezogen werden.; vgl. hier IX 441-499.)

Kritik der reinen Vernunft (2. Auflage)

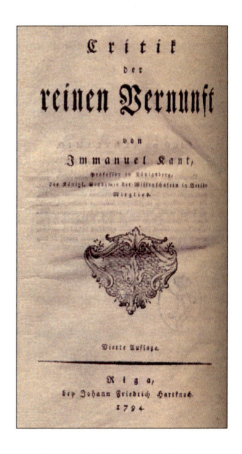

Abb. 21: Titelseite der vierten Auflage.
(Aus Katalog, Seite 136.)

Es ist nicht Vermehrung, sondern Verunstaltung der Wissenschaften, wenn man ihre Grenzen ineinander laufen lässt; die Grenze der Logik aber ist dadurch ganz genau bestimmt, dass sie eine Wissenschaft ist, die nichts als die formalen Regeln allen Denkens ... ausführlich darlegt und streng beweist (III 8)

Mathematik und Physik sind die beiden theoretischen Erkenntnisse der Vernunft, die ihre Objekte a priori bestimmen sollen, die erstere ganz rein, die zweite wenigstens zum Teil rein, dann aber auch nach Maßgabe anderer Erkenntnisquellen als der der Vernunft (III 9)

Die Vernunft sieht nur das ein, was sie selbst nach ihrem Entwurf hervorbringt (III 10)

Die Zentralgesetze der Bewegungen der Himmelskörper verschafften dem, was *Kopernikus* anfänglich nur als Hypothese annahm, ausgemachte Gewissheit und bewiesen zugleich die unsichtbare den Weltbau verbindende Kraft (der *Newton*schen Anziehung), die für immer unentdeckt geblieben wäre, wenn *Kopernikus* es nicht gewagt hätte, auf eine widersinnige, aber doch wahre Art die beobachteten Bewegungen nicht in den Gegenständen des Himmels, sondern in ihrem Zuschauer zu suchen (III 14 -15)

Es ist die erste und wichtigste Aufgabe der Philosophie, ein- für allemal der Metaphysik dadurch, dass man die Quelle der Irrtümer verstopft, allen nachteiligen Einfluss zu nehmen (III 19)

Kritik der Vernunft … kann niemals populär werden, hat aber auch nicht nötig, es zu sein, denn so wenig dem Volk die fein gesponnenen Argumente für nützliche Wahrheiten in den Kopf wollen, kommen ihm ebenso wenig auch die ebenso subtilen Einwände dagegen jemals in den Sinn (III 20-21)

Im künftigen System der Metaphysik müssen wir der strengen Methode des berühmten *Wolff*, des größten unter allen dogmatischen Philosophen, folgen, der zuerst das Beispiel gab (und durch dieses Beispiel der Urheber des bisher noch nicht erloschenen Geistes der Gründlichkeit in Deutschland wurde). … Diejenigen, die seine Lehrart und doch zugleich auch das Verfahren der Kritik der reinen Vernunft verwerfen, können nichts anderes im Sinn haben, als gar die Fesseln der Wissenschaft abzuwerfen, Arbeit in Spiel, Gewissheit in Meinung und Philosophie in Meinungsliebe zu verwandeln (III 22)

Was diese zweite Auflage betrifft, so habe ich die Gelegenheit dazu nicht vorbeilassen wollen, um den Schwierigkeiten und der Dunkelheit so viel wie möglich abzuhelfen, woraus manche Missdeutungen entsprungen sein mögen, die scharfsinnigen Männern vielleicht nicht ohne meine Schuld in der Beurteilung dieses Buches aufgestoßen sind. In den Sätzen selbst und ihren Beweisgründen … habe ich nichts zu ändern gefunden. In dieser Unveränderlichkeit wird sich das System, wie ich hoffe, auch fernerhin behaupten (III 22-23)

Es bleibt immer ein Skandal der Philosophie und der allgemeinen Menschenvernunft, das Dasein der Dinge außer uns (von denen wir doch den ganzen Stoff zu Erkenntnissen selbst für unseren inneren Sinn haben) nur auf Grund von Glauben annehmen zu müssen (III 23)

Verdienten Männern, die mit der Gründlichkeit der Einsicht noch das Talent einer lichtvollen Darstellung (dessen ich mir eben nicht bewusst bin) so glücklich verbinden, überlasse ich, meine in Ansehung der letzteren hin und wieder etwa noch mangelhafte Bearbeitung zu vollenden; denn widerlegt zu werden, ist in diesem Fall keine Gefahr, wohl aber, nicht verstanden zu werden (III 25)

Da ich während dieser Arbeiten schon ziemlich tief ins Alter fortgerückt bin (in diesem Monat ins vierundsechzigste Jahr), so muss ich, wenn ich meinen Plan ... ausführen will, mit der Zeit sparsam verfahren (III 25-26)

Dass alle unsere Erkenntnis mit der Erfahrung anfängt, daran ist gar kein Zweifel (III 27)

Es ist wenigstens eine noch der näheren Untersuchung bedürfende und nicht auf den ersten Anschein abzulehnende Frage, ob es eine von der Erfahrung und selbst von allen Eindrücken der Sinne unabhängige Erkenntnis gibt. Man nennt solche Erkenntnisse a priori und unterscheidet sie von den empirischen, die ihre Quellen a posteriori, nämlich in der Erfahrung haben (III 28)

Man sagt von jemand, der das Fundament seines Hauses untergrub, er konnte es a priori wissen, dass es einfallen würde, d. h. er durfte nicht auf die Erfahrung, dass es wirklich einfiele, warten. Allein gänzlich a priori konnte er dies jedoch auch nicht wissen. Denn dass die Körper schwer sind und daher, wenn ihnen die Stütze entzogen wird, fallen, musste ihm doch zuvor durch Erfahrung bekannt sein. Wir werden also im Folgenden unter Erkenntnissen a priori nicht solche verstehen, die von dieser oder jener, sondern die schlechterdings von aller Erfahrung unabhängig stattfinden. Ihnen sind empirische Erkenntnisse oder solche, die nur a posteriori, d. h. durch Erfahrung, möglich sind, entgegengesetzt (III 28)

Von den Erkenntnissen a priori sind diejenigen rein, denen gar nichts

Empirisches beigemischt ist. So ist z. B. der Satz[67] „eine jede Veränderung hat ihre Ursache", ein Satz a priori, jedoch nicht rein, weil Veränderung ein Begriff ist, der nur aus der Erfahrung gezogen werden kann (III 28)

Notwendigkeit und strenge Allgemeinheit sind sichere Kennzeichen einer Erkenntnis a priori und gehören auch unzertrennlich zueinander (III 29)

Dass es notwendige und im strengsten Sinne allgemeine, mithin reine Urteile a priori in der menschlichen Erkenntnis wirklich gibt, ist leicht zu zeigen. Will man ein Beispiel aus der Wissenschaft, so braucht man nur auf alle Sätze der Mathematik zu sehen; will man ein solches aus dem einfachsten Verstandesgebrauch, so kann der Satz, dass alle Veränderung eine Ursache haben muss, dazu dienen (III 29)

In Erkenntnissen, die über die Sinnenwelt hinausgehen, wo Erfahrung weder einen Leitfaden noch Berechtigung ergeben kann, liegen die Nachforschungen unserer Vernunft, die wir der Wichtigkeit nach für weit vorzüglicher und ihre Endabsicht für viel erhabener halten als alles, was der Verstand im Feld der Erscheinungen lernen kann, wobei wir sogar auf die Gefahr hin, zu irren eher alles wagen. ... Diese unvermeidlichen Aufgaben der reinen Vernunft selbst sind Gott, Freiheit und Unsterblichkeit (III 30-31)

Wenn man über den Kreis der Erfahrung hinaus ist, so ist man sicher, durch Erfahrung nicht widerlegt zu werden (III 31)

Der Reiz, seine Erkenntnisse zu erweitern, ist so groß, dass man nur durch einen klaren Widerspruch in seinem Fortschritt aufgehalten werden kann (III 31)

Durch den einen Beweis von der Macht der Vernunft eingenommen, sieht der Trieb zur Erweiterung keine Grenzen. Die leichte Taube könnte, indem sie im freien Flug die Luft teilt, deren Widerstand sie fühlt, die Vorstellung fassen, dass es ihr im luftleeren Raum noch viel besser gelingen würde. Ebenso verließ *Plato* die Sinnenwelt, weil sie dem Verstand so enge

---

[67] Dieser Satz widerspricht dem Satz bei III 29 nicht. Kant hat „rein" an beiden Stellen leider in unterschiedlichem Sinne verwendet (vgl. Hans Vaihinger: Kommentar zu Kants Kritik der reinen Vernunft, Aalen 1970, Seiten 211-214, und V 179).

Schranken setzt, und wagte sich jenseits derselben auf den Flügeln der Ideen in den leeren Raum des reinen Verstandes (III 32)

Ein großer Teil und vielleicht der größte von den Aufgaben unserer Vernunft besteht in Zergliederungen der Begriffe, die wir schon von Gegenständen haben. Dies liefert uns eine Menge an Erkenntnissen, die ... dem Inhalt nach die Begriffe, die wir haben, nicht erweitern, sondern nur auseinandersetzen (III 32-33)

Dass ein Körper ausgedehnt ist, ist ein Satz, der a priori feststeht, und kein Erfahrungsurteil (III 34)

Mathematische Sätze sind jederzeit Urteile a priori und nicht empirisch, weil sie Notwendigkeit in sich bergen, die aus Erfahrung nicht genommen werden kann (III 36-37)

Die menschliche Vernunft geht unaufhaltsam ..., durch eigenes Bedürfnis getrieben, bis zu solchen Fragen, die durch keinen Erfahrungsgebrauch der Vernunft und daher entlehnte Prinzipien beantwortet werden können; und so ist wirklich in allen Menschen, sobald Vernunft sich in ihnen bis zur Spekulation erweitert, irgendeine Metaphysik zu aller Zeit gewesen und wird auch immer darin bleiben (III 41)

Die Kritik der Vernunft führt zuletzt zwingend zu Wissenschaft, der dogmatische Gebrauch derselben ohne Kritik dagegen auf grundlose Behauptungen (III 41)

Nur wenn Kritik des reinen Vernunftvermögens selbst zu Grunde liegt, hat man einen sicheren Probierstein, den philosophischen Gehalt alter und neuer Werke in diesem Fach zu schätzen; widrigenfalls beurteilt der unbefugte Geschichtsschreiber und Richter grundlose Behauptungen anderer durch seine eigenen, die ebenso grundlos sind (III 44)

Die Transzendental-Philosophie ist die Idee einer Wissenschaft, wozu die Kritik der reinen Vernunft den ganzen Plan architektonisch, d. h. aus Prinzipien, entwerfen soll mit völliger Gewährleistung der Vollständigkeit und Sicherheit aller Teile, die dieses Gebäude ausmachen (III 44)

Zur Kritik der reinen Vernunft gehört alles, was die Transzendental-Philosophie ausmacht, und sie ist die vollständige Idee der Transzendental-Philosophie, aber noch nicht diese Wissenschaft selbst, weil sie in der

Analysis nur so weit geht, wie es zur vollständigen Beurteilung der synthetischen Erkenntnis a priori erforderlich ist (III 45)

Die Transzendental-Philosophie ist eine Weltweisheit der reinen, nur spekulativen Vernunft. Denn alles Praktische, sofern es Triebfedern enthält, bezieht sich auf Gefühle, die zu empirischen Erkenntnisquellen gehören (III 45)

Mittels der Sinnlichkeit werden uns Gegenstände deutlich gemacht, und sie allein liefert uns Anschauungen; durch den Verstand aber werden sie gedacht, und von ihm entspringen Begriffe. Alles Denken aber muss sich ... zuletzt auf Anschauungen, mithin bei uns auf Sinnlichkeit beziehen, weil uns auf andere Weise kein Gegenstand deutlich gemacht werden kann (III 49)

Was sind Raum und Zeit? Sind es wirkliche Wesen? (III 52)

Der Raum ist eine notwendige Vorstellung a priori, die allen äußeren Anschauungen zu Grunde liegt. Man kann sich niemals eine Vorstellung davon machen, dass kein Raum ist, obgleich man sich ganz wohl denken kann, dass keine Gegenstände darin angetroffen werden. Er wird also als die Bedingung der Möglichkeit der Erscheinungen und nicht als eine von ihnen abhängende Bestimmung angesehen und ist eine Vorstellung a priori, die notwendigerweise äußeren Erscheinungen zu Grunde liegt (III 52-53)

Der Raum stellt gar keine Eigenschaft irgendwelcher Dinge an sich oder sie in ihrem Verhältnis aufeinander vor. ... Der Raum ist nichts anderes als nur die Form aller Erscheinungen äußerer Sinne, d. h. die subjektive Bedingung der Sinnlichkeit, unter der allein uns äußere Anschauung möglich ist (III 55)

Verschiedene Zeiten sind nicht zugleich, sondern nach einander (so wie verschiedene Räume nicht nach einander, sondern zugleich sind) (III 58)

Die Zeit ist die formale Bedingung a priori aller Erscheinungen überhaupt (III 60)

Da unsere Anschauung jederzeit sinnlich ist, kann uns in der Erfahrung niemals ein Gegenstand deutlich gemacht werden, der nicht unter die Bedingung der Zeit gehört. Dagegen bestreiten wir der Zeit allen Anspruch auf absolute Realität (III 61)

Ich kann zwar sagen, meine Vorstellungen folgen einander, aber das heißt nur, wir sind uns ihrer als in einer Zeitfolge, d. h. nach der Form des inneren Sinnes, bewusst. Die Zeit ist darum nicht etwas an sich selbst, auch keine den Dingen objektiv zugehörige Bestimmung (III 62)

Es ist unbezweifelt gewiss und nicht nur möglich oder auch wahrscheinlich, dass Raum und Zeit als die notwendigen Bedingungen aller (äußeren und inneren) Erfahrung, nur subjektive Bedingungen aller unserer Anschauung sind; im Verhältnis auf diese sind daher alle Gegenstände bloße Erscheinungen und nicht für sich in dieser Art gegebene Dinge, von denen sich ... vieles a priori sagen lässt, niemals aber das mindeste von dem Ding an sich selbst, das diesen Erscheinungen zu Grunde liegen mag (III 69)

Anschauung und Begriffe machen die Elemente aller unserer Erkenntnis aus, so dass weder Begriffe ohne ihnen irgendwie entsprechende Anschauung noch Anschauung ohne Begriffe eine Erkenntnis abgeben können (III 74)

Unsere Natur bringt es so mit sich, dass die Anschauung niemals anders als sinnlich sein kann, d. h. nur die Art enthält, wie wir von Gegenständen angeregt werden. Dagegen ist das Vermögen, den Gegenstand sinnlicher Anschauung zu denken, der Verstand. Keine dieser Eigenschaften ist der anderen vorzuziehen. Ohne Sinnlichkeit würde uns kein Gegenstand verdeutlicht und ohne Verstand keiner gedacht werden. Gedanken ohne Inhalt sind leer, Anschauungen ohne Begriffe sind blind. Daher ist es ebenso notwendig, seine Begriffe sinnlich zu machen (d. h. ihnen den Gegenstand in der Anschauung beizufügen), wie seine Anschauungen sich verständlich zu machen (d. h. sie unter Begriffe zu bringen)... . Der Verstand vermag nichts anzuschauen und die Sinne nichts zu denken. Nur daraus, dass sie sich vereinigen, kann Erkenntnis entspringen (III 75)

Was ist Wahrheit? Die Namenserklärung der Wahrheit, dass sie nämlich die Übereinstimmung der Erkenntnis mit ihrem Gegenstand ist, wird hier übergangen und vorausgesetzt; man verlangt aber zu wissen, welches das allgemeine und sichere Kriterium der Wahrheit einer jeden Erkenntnis ist (III 79)

Es ist schon ein großer und nötiger Beweis der Klugheit oder Einsicht, zu wissen, was man vernünftigerweise fragen soll. Denn wenn die Frage an sich ungereimt ist und unnötige Antworten verlangt, so hat sie außer der Beschämung dessen, der sie aufwirft, bisweilen noch den Nachteil, den unbehutsamen Hörer zu ungereimten Antworten zu verleiten und den belachenswerten Anblick zu geben, dass einer (wie die Alten sagten) den Bock melkt, der andere ein Sieb darunter hält (III 79)

Wir können unabhängig von der Sinnlichkeit keiner Anschauung teilhaftig werden. Also ist der Verstand kein Vermögen der Anschauung. Es gibt aber außer der Anschauung keine andere Art, zu erkennen, als durch Begriffe. Also ist die Erkenntnis eines jeden, wenigstens des menschlichen Verstandes eine Erkenntnis durch Begriffe, nicht intuitiv, sondern diskursiv (III 85)

Wir wollen die Begriffe nach *Aristoteles* Kategorien nennen, indem unsere Absicht uranfänglich mit der seinigen zwar übereinstimmt, obgleich sie sich in der Ausführung gar sehr davon entfernt (III 92)

Die Geometrie geht ihren Weg sicher durch lauter Erkenntnisse a priori, ohne dass sie sich wegen der reinen und gesetzmäßigen Herkunft ihres Grundbegriffs vom Raum von der Philosophie einen Beglaubigungsschein erbitten muss (III 101)

Es sind zwei Bedingungen, unter denen allein die Erkenntnis eines Gegenstandes möglich ist: erstens Anschauung, wodurch derselbe, aber nur als Erscheinung, vermittelt wird; zweitens Begriff, wodurch ein Gegenstand gedacht wird, der dieser Anschauung entspricht (III 104)

Verstand ist, allgemein gesagt, das Vermögen der Erkenntnisse. Diese bestehen in der bestimmten Beziehung gegebener Vorstellungen auf ein Objekt (III 111)

Bewegung eines Objektes im Raum gehört nicht in eine reine Wissenschaft, folglich auch nicht in die Geometrie, weil nicht a priori, sondern nur durch Erfahrung erkannt werden kann, dass etwas beweglich ist (III 121)

Da zur Erkenntnis unserer selbst außer der Handlung des Denkens ... noch eine bestimmte Art der Anschauung ... erforderlich ist, ist zwar mein eigenes Dasein nicht Erscheinung (viel weniger bloßer Schein), aber die Bestimmung meines Daseins kann nur gemäß der Form des inneren Sinnes ... geschehen; und ich habe demnach keine Erkenntnis von mir, wie ich bin, sondern nur, wie ich mir selbst erscheine. Das Bewusstsein seiner selbst ist also noch lange nicht eine Erkenntnis seiner selbst (III 123)

Die allgemeine Logik ist über einem Grundriss erbaut, der ganz genau mit der Einteilung der oberen Erkenntnisvermögen zusammentrifft. Diese sind: Verstand, Urteilskraft und Vernunft (III 130)

Ein Arzt, ein Richter oder ein Staatskundiger kann so viele schöne pathologische, juristische oder politische Regeln im Kopfe haben, dass er darin ein gründlicher Lehrer werden kann; und dennoch wird er in der Anwendung dieser Regeln leicht Fehler machen, weil es ihm entweder an natürlicher Urteilskraft (obgleich nicht an Verstand) mangelt und er zwar das Allgemeine in abstracto einsehen, aber nicht unterscheiden kann, ob ein Fall in concreto darunter gehört, oder weil er nicht genug durch Beispiele und wirklichen Einsatz zu diesem Urteil unterrichtet wurde. Hier zeigt sich der einhellige und große Nutzen der Beispiele: dass sie die Urteilskraft schärfen (III 132)

Der Mangel an Urteilskraft ist eigentlich das, was man Dummheit nennt, und einem solchen Gebrechen ist gar nicht abzuhelfen. Ein stumpfer oder eingeschränkter Kopf, dem es an nichts als an gehörigem Verstand und eigenen Begriffen desselben mangelt, ist durch Erlernung sehr wohl, sogar bis zur Gelehrsamkeit zu bringen. Da es aber gewöhnlich alsdann auch an Urteilskraft fehlt, ist es nichts Ungewöhnliches, dass sehr gelehrte Männer im Gebrauch ihrer Wissenschaft häufig jenen nie zu bessernden Mangel blicken lassen (III 132)

Von welchem Inhalt unsere Erkenntnis auch sei und wie sie sich auf das Objekt beziehen mag, so ist doch die allgemeine, obzwar nur negative Bedingung aller unserer Urteile überhaupt, dass sie sich nicht selbst widersprechen (III 141)

Der Satz „Keinem Ding kommt ein Prädikat zu, das ihm widerspricht" heißt der Satz des Widerspruchs und ist ein allgemeines, wenn auch nur negatives Kriterium aller Wahrheit ... und sagt, dass der Widerspruch sie gänzlich vernichtet und aufhebt (III 141)

Wir müssen den Satz des Widerspruchs als das allgemeine und völlig hinreichende Prinzip aller analytischen Erkenntnis gelten lassen; aber weiter gehen auch sein Ansehen und seine Brauchbarkeit nicht als bis zu einem hinreichenden Kriterium der Wahrheit. Denn dass ihm gar keine Erkenntnis widersprechen kann, ohne sich selbst zu vernichten, das macht diesen Satz wohl zur conditio sine qua non[68], aber nicht zum Bestimmungsgrund der Wahrheit unserer Erkenntnis (III 142)

Alle Empfindungen werden als solche zwar nur a posteriori gegeben, aber ihre Eigenschaft, dass sie eine Stärke haben, kann a priori erkannt werden (III 158)

Ein Philosoph wurde gefragt, „Wie viel wiegt der Rauch?". Er antwortete: „Ziehe von dem Gewicht des verbrannten Holzes das Gewicht der übrigbleibenden Asche ab, so hast du das Gewicht des Rauchs". Er setzte also als unwidersprechbar voraus, dass selbst im Feuer die Materie (Substanz) nicht vergeht, sondern nur ihre Form verändert wird (III 164)

Entstehen und Vergehen sind nicht Veränderungen desjenigen, was entsteht oder vergeht. Veränderung ist eine Art zu existieren, die auf eine andere Art zu existieren eben desselben Gegenstandes erfolgt. Daher ist alles, was sich verändert, bleibend, und nur sein Zustand wechselt (III 165)

Es ist nur eine Zeit, in der alle verschiedenen Zeiten nicht zugleich, sondern nacheinander ablaufen müssen (III 166)

Alle Veränderungen geschehen nach dem Gesetz der Verknüpfung von Ursache und Wirkung (III 166)

Wahrheit ist Übereinstimmung der Erkenntnis mit dem Objekt (III 169)

Wenn wir erfahren, dass etwas geschieht, so setzen wir dabei jederzeit voraus, dass irgend etwas vorausgeht, worauf das Geschehen nach einer Regel folgt (III 171)

Die Regel, etwas der Zeitfolge nach zu bestimmen, ist, dass in dem Vorhergehenden die Bedingung anzutreffen ist, unter der die Begebenheit jederzeit (d. h. notwendigerweise) folgt. Also ist der Satz vom zureichenden Grund der Grund möglicher Erfahrung (III 174)

---

[68] Unerlässliche Bedingung.

Wenn ein Körper sich gleichförmig bewegt, verändert er seinen Zustand (der Bewegung) gar nicht, wohl aber, wenn seine Bewegung zu- oder abnimmt (III 178)

Unter Natur (im empirischen Sinn) verstehen wir den Zusammenhang der Erscheinungen ihrem Dasein nach, nach notwendigen Regeln, d. h. nach Gesetzen. Es sind also gewisse Gesetze und zwar a priori, die erst eine Natur möglich machen (III 184)

Auch wenn der Begriff eines Dinges schon vollständig ist, kann ich zu diesem Gegenstand fragen, ob er nur möglich, aber auch wirklich, oder, wenn er das letztere ist, ob er gar auch notwendig ist (III 186)

Alles, was geschieht, ist hypothetisch notwendig; das ist ein Grundsatz, der die Veränderung in der Welt einem Gesetz unterwirft, also einer Regel des notwendigen Daseins, ohne die nicht einmal Natur vorhanden sein würde. Daher ist der Satz „Nichts geschieht durch ein blindes Ungefähr" ein Naturgesetz a priori (III 194)

Ob das Feld der Möglichkeit größer ist als das Feld, das alles Wirkliche enthält, dieses aber wiederum größer als die Menge desjenigen, was notwendig ist, das sind artige Fragen ..., die aber auch nur der Gerichtsbarkeit der Vernunft unterstehen (III 195)

Alles Wirkliche ist möglich; hieraus folgt natürlicherweise nach den logischen Regeln der Umkehrung der nur partikulare Satz „Einiges Mögliche ist wirklich", was so viel zu bedeuten scheint wie „Es ist vieles möglich, was nicht wirklich ist". Zwar hat es den Anschein, als könne man die Zahl des Möglichen über die des Wirklichen stellen, weil zu jener noch etwas hinzukommen muss, um diese auszumachen. Allein dieses Hinzukommen zum Möglichen kenne ich nicht (III 196)

Das Land des reinen Verstandes ... ist eine Insel und durch die Natur selbst in unveränderliche Grenzen eingeschlossen. Es ist das Land der Wahrheit (ein reizender Name), umgeben von einem weiten und stürmischen Ozean, dem eigentlichen Sitz des Scheins, wo manche Nebelbank und manches bald wegschmelzende Eis neue Länder lügt und, indem es den auf Entdeckungen herumschwärmenden Seefahrer unaufhörlich mit leeren Hoffnungen täuscht, ihn in Abenteuer lockt, von denen er niemals ablassen und sie dennoch niemals zu Ende bringen kann (III 202)

Der vermeintliche Grundsatz „Alles Zufällige hat eine Ursache" tritt zwar ziemlich gravitätisch auf, als habe er seine Würde in sich selbst. Aber was versteht ihr unter zufällig? Und wenn ihr antwortet „dessen Nichtsein möglich ist", so möchte ich gern wissen, woran ihr diese Möglichkeit des Nichtseins erkennen wollt (III 206)

Die Substanz im Raum kennen wir nur durch in ihm wirksame Kräfte, die entweder andere dahin treiben (Anziehung) oder vom Eindringen in ihn abhalten (Zurückstoßung und Undurchdringlichkeit); andere Eigenschaften kennen wir nicht, die den Begriff von der Substanz, die im Raum erscheint und die wir Materie nennen, ausmachen (III 217-218)

Raum und Zeit sind nicht Bestimmungen der Dinge an sich, sondern der Erscheinungen; was die Dinge an sich sein mögen, weiß ich nicht und brauche es auch nicht zu wissen, weil mir doch niemals ein Ding anders als in der Erscheinung vorkommen kann (III 224)

Das schlechthin, dem reinen Verstand nach, Innere der Materie ist eine bloße Grille. ... Materie ist ein bloßes Etwas, wovon wir nicht einmal verstehen würden, was es ist, auch wenn es uns jemand sagen könnte. Denn wir können nur verstehen, was ein unseren Worten Korrespondierendes in der Anschauung mit sich führt (III 224)

Am Anfang einer Transzendental-Philosophie steht gewöhnlich die Einteilung in das Mögliche und Unmögliche (III 232)

Wenn das Licht den Sinnen nicht bekannt ist, kann man sich auch keine Finsternis, und wenn nicht ausgedehnte Wesen wahrgenommen werden, keinen Raum vorstellen (III 233)

Man kann zwar richtig sagen, dass die Sinne nicht irren, aber nicht weil sie jederzeit richtig urteilen, sondern weil sie gar nicht urteilen (III 234)

In der Übereinstimmung mit den Gesetzen des Verstandes besteht das Formale aller Wahrheit. In den Sinnen ist gar kein Urteil, weder ein wahres, noch ein falsches. Daraus, dass wir nun außer diesen beiden Erkenntnisquellen keine andere haben, folgt, dass der Irrtum nur durch den unbemerkten Einfluss der Sinnlichkeit auf den Verstand bewirkt wird (III 234-235)

Alle unsere Erkenntnis beginnt bei den Sinnen, geht von da zum Verstand und endigt bei der Vernunft, über die nichts Höheres in uns gestellt ist, um den Stoff der Anschauung zu bearbeiten und unter die höchste Einheit des Denkens zu bringen (III 237)

Es ist ein alter Wunsch, der, wer weiß wie spät, vielleicht einmal in Erfüllung gehen wird, dass man sich doch einmal statt der endlosen Vielfalt bürgerlicher Gesetze auf ihre Prinzipien beschränken möge, denn allein darin kann das Geheimnis bestehen, die Gesetzgebung, wie man sagt, zu vereinfachen (III 239)

Man macht einen Unterschied zwischen dem, was unmittelbar erkannt, und dem, was nur geschlossen wird. Dass in einer Figur, die durch drei gerade Linien begrenzt ist, drei Winkel sind, wird unmittelbar erkannt; dass diese Winkel aber zusammen zwei rechten gleich sind, ist nur geschlossen. Weil wir des Schließens ständig bedürfen und es dadurch letztlich gewohnt werden, bemerken wir zuletzt diesen Unterschied nicht mehr und halten oft, wie bei dem sogenannten Betrug der Sinne, etwas für unmittelbar wahrgenommen, was wir doch nur geschlossen haben (III 240)

Bei dem großen Reichtum unserer Sprachen ist doch oft der denkende Kopf um den Ausdruck verlegen, der seinem Begriff genau angepasst ist und in dessen Ermangelung er sich weder anderen noch sogar sich selbst recht verständlich machen kann. Neue Wörter zu schmieden, ist eine Anmaßung zum Gesetzgeben in Sprachen, die selten gelingt, und ehe man zu diesem verzweifelten Mittel greift, ist es ratsam, sich in einer toten und gelehrten Sprache umzusehen, ob sich dort nicht dieser Begriff mit seinem angemessenen Ausdruck vorfindet; und wenn sein alter Gebrauch durch Unbehutsamkeit seiner Urheber auch etwas schwankend geworden ist, so ist es doch besser, die ihm bisher eigene Bedeutung zu befestigen (sollte es auch zweifelhaft bleiben, ob man damals genau dieselbe im Sinn gehabt hat), als sein Anliegen nur dadurch zu verderben, dass man sich unverständlich macht (III 245)

Ich merke nur an, dass es gar nichts Ungewöhnliches ist, sowohl im allgemeinen Gespräch als auch in Schriften durch den Vergleich der Gedanken, die ein Verfasser über seinen Gegenstand äußert, ihn sogar besser zu verstehen als er sich selbst verstand, indem er seinen Begriff nicht genügend bestimmte und dadurch bisweilen gegen seine eigene Absicht redete oder auch dachte (III 246)

Nichts kann Schädlicheres und eines Philosophen Unwürdigeres gefunden werden als die pöbelhafte Berufung auf vorgeblich widerstreitende Erfahrung, die doch gar nicht existieren würde, wenn jenes Verhalten zu rechter Zeit nach den Ideen getroffen würde, und stattdessen nicht rohe Begriffe eben darum, weil sie aus Erfahrung geschöpft wurden, alle gute Absicht vereitelt hätten. Je übereinstimmender die Gesetzgebung und die Regierung nach dieser Idee eingerichtet wären, desto seltener würden allerdings die Strafen werden, und da ist es denn ganz vernünftig (wie *Plato* behauptet), dass bei einer vollkommenen Anordnung derselben gar keine Strafen nötig sein würden (III 248)

In Ansehung der Natur sieht selbst *Plato* mit Recht deutliche Beweise ihres Ursprungs aus Ideen. Ein Gewächs, ein Tier, die regelmäßige Anordnung des Weltbaues (vermutlich also auch die ganze Naturordnung) zeigen deutlich, dass sie nur nach Ideen möglich sind; dass zwar kein einzelnes Geschöpf unter den einzelnen Bedingungen seines Daseins mit der Idee des Vollkommensten seiner Art deckungsgleich ist (so wenig wie der Mensch mit der Idee der Menschheit, die er sogar selbst als das Urbild seiner Handlungen in seiner Seele trägt), dass gleichwohl jene Ideen im höchsten Verstand einzeln, unveränderlich, durchgängig bestimmt und die ursprünglichen Ursachen der Dinge sind (III 248)

In Anbetracht der Natur gibt uns Erfahrung die Regel an die Hand und ist der Quell der Wahrheit; in Ansehung der sittlichen Gesetze aber ist Erfahrung (leider!) die Mutter des Scheins, und es ist höchst verwerflich, die Gesetze über das, was ich tun soll, von demjenigen herzunehmen oder dadurch einschränken zu wollen, was getan wird. Statt aller dieser Betrachtungen, deren bestmögliche Ausführung in der Tat die eigentliche Würde der Philosophie ausmacht, beschäftigen wir uns jetzt mit einer nicht so glänzenden, aber doch auch nicht verdienstlosen Arbeit (III 249)

Vernunft, als Vermögen einer gewissen logischen Form der Erkenntnis betrachtet, ist das Vermögen zu schließen, d. h. mittelbar ... zu urteilen (III 255)

Das denkende Subjekt ist der Gegenstand der Psychologie, der Inbegriff aller Erscheinungen (die Welt) der Gegenstand der Kosmologie, und das Ding, das die oberste Bedingung der Möglichkeit von allem, was gedacht werden kann, enthält (das Wesen aller Wesen), der Gegenstand der Theologie (III 258)

Von der Erkenntnis seiner selbst (der Seele) zur Welterkenntnis und mittels dieser zum Urwesen zu gelangen, ist ein so natürlicher Fortschritt, dass er dem logischen Fortgang der Vernunft von den Prämissen zum Schlusssatz ähnlich scheint (III 260)

Die Metaphysik hat zum eigentlichen Zweck ihrer Nachforschung nur drei Ideen: Gott, Freiheit und Unsterblichkeit, so dass der zweite Begriff, mit dem ersten verbunden, auf den dritten als einen notwendigen Schlusssatz führen soll (III 260)

Ich, als denkend, bin ein Gegenstand des inneren Sinnes und heiße Seele. Dasjenige, was ein Gegenstand äußerer Sinne ist, heißt Körper (III 263)

Wir können auf keine Art, welche es auch sei, von der Beschaffenheit unserer Seele, die die Möglichkeit ihrer abgesonderten Existenz überhaupt betrifft, irgend etwas erkennen (III 274)

Für die Befugnis, ja gar die Notwendigkeit der Annahme eines künftigen Lebens ... wird nicht das mindeste riskiert (III 276)

Die Aufgabe, die Gemeinschaft der Seele mit dem Körper zu erklären, gehört nicht eigentlich zur Psychologie ..., weil sie die Persönlichkeit der Seele auch außerhalb dieser Gemeinschaft (nach dem Tod) zu beweisen die Absicht hat (III 278)

Es zeigt sich ein neues Phänomen der menschlichen Vernunft, nämlich... sich entweder einer skeptischen Hoffnungslosigkeit zu überlassen oder einen dogmatischen Trotz anzunehmen und den Kopf steif auf gewisse Behauptungen zu richten, ohne den Gründen des Gegenteils Gehör und Gerechtigkeit widerfahren zu lassen. Beides ist der Tod einer gesunden Philosophie (III 282)

Thesis: Die Welt hat einen Anfang in der Zeit und ist dem Raum nach auch in Grenzen eingeschlossen (III 294)

Antithese: Die Welt hat keinen Anfang und keine Grenzen im Raum, sondern ist sowohl in Ansehung der Zeit als des Raumes unendlich (III 295)

Thesis: Eine jede zusammengesetzte Substanz in der Welt besteht aus einfachen Teilen, und es existiert überall nichts als das Einfache oder das, was aus diesem zusammengesetzt ist (III 300)

Antithese: Kein zusammengesetztes Ding in der Welt besteht aus einfachen Teilen, und es existiert überall nichts Einfaches in derselben (III 301)

Thesis: Die Kausalität nach Gesetzen der Natur ist nicht die einzige, aus der die Erscheinungen der Welt insgesamt abgeleitet werden können. Es ist notwendig, noch eine Kausalität durch Freiheit zur Erklärung derselben anzunehmen (III 308)

Antithese: Es gibt keine Freiheit, sondern alles in der Welt geschieht lediglich nach Gesetzen der Natur (III 309)

Thesis: Zu der Welt gehört etwas, das entweder als ihr Teil oder ihre Ursache ein schlechthin notwendiges Wesen ist (III 314)

Antithese: Es existiert überall kein schlechthin notwendiges Wesen, weder in der Welt noch außerhalb der Welt als ihre Ursache (III 315)

Die Fragen[69], ob die Welt einen Anfang und irgendeine Grenze ihrer Ausdehnung im Raum hat, ob es irgendwo und vielleicht in meinem denkenden Selbst eine unteilbare und unzerstörbare Einheit oder nichts als das Teilbare und Vergängliche gibt, ob ich in meinen Handlungen frei oder wie andere Wesen am Faden der Natur und des Schicksals geleitet bin, ob es endlich eine oberste Weltursache gibt oder die Naturdinge und deren Ordnung den letzten Gegenstand ausmachen, bei dem wir in allen unseren Betrachtungen stehen bleiben müssen – das sind Fragen, um deren Auflösung der Mathematiker gerne seine ganze Wissenschaft gäbe; denn diese kann ihm doch in Ansehung der höchsten und angelegensten Zwecke der Menschheit keine Befriedigung verschaffen (III 322-323)

Wenn es kein von der Welt unterschiedenes Urwesen gibt, wenn die Welt ohne Anfang und also auch ohne Urheber, unser Wille nicht frei und die Seele von gleicher Teilbarkeit und Verweslichkeit mit der Materie ist, so verlieren auch die moralischen Ideen und Grundsätze alle Gültigkeit (III 325)

Dies ist der Gegensatz des Epikurismus gegen den Platonismus. Ein jeder von beiden sagt mehr als er weiß, doch so, dass *Epikur* das Wissen,

---

[69] Vgl. zu den Fragen (Thesen und Antithesen) auch III 348 und IV 339-341, 347, 379 und V 107, 146-147, 340, 345.

obwohl zum Nachteil des Praktischen, aufmuntert und befördert, *Platon* zwar zum Praktischen vortreffliche Prinzipien an die Hand gibt, aber eben dadurch ... der Vernunft erlaubt, idealistischen Erklärungen der Naturerscheinungen nachzuhängen und darüber die physische Nachforschung zu vernachlässigen (III 327-328)

Obgleich es einem Philosophen sehr schwer wird, etwas als Grundsatz anzunehmen, ohne deshalb sich selbst Rechenschaft geben zu können, ... so ist doch dem allgemeinen Verstand nichts gewöhnlicher. Dieser will etwas haben, womit er zuversichtlich anfangen kann. Die Schwierigkeit, eine solche Voraussetzung selbst zu begreifen, beunruhigt ihn nicht, weil sie ihm (der nicht weiß, was Begreifen heißt) niemals in den Sinn kommt, und er hält das für bekannt, was ihm durch öfteren Gebrauch geläufig ist. Zuletzt aber verschwindet alles spekulative Interesse bei ihm vor dem praktischen, und er bildet sich ein, das einzusehen und zu wissen, was anzunehmen oder zu glauben ihn seine Besorgnisse oder Hoffnungen antreiben (III 328-329)

Alle Aufgaben lösen und alle Fragen beantworten zu wollen, würde eine unverschämte Großsprecherei und ein so ausschweifender Eigendünkel sein, dass man dadurch sich sofort um alles Zutrauen bringen würde (III 330)

In der Erklärung der Erscheinungen der Natur muss uns vieles ungewiss und manche Frage unauflöslich bleiben, weil das, was wir von der Natur wissen, zu dem, was wir erklären sollen, bei weitem nicht in allen Fällen ausreichend ist (III 330)

Wir werden der Verbindlichkeit einer wenigstens kritischen Auflösung der vorgelegten Vernunftfragen[70] dadurch nicht ausweichen können, dass wir über die engen Schranken unserer Vernunft Klagen erheben und mit dem Schein einer demutsvollen Selbsterkenntnis bekennen, es gehe über unsere Vernunft. ... Denn alle diese Fragen betreffen einen Gegenstand, der nirgendwo anders als in unseren Gedanken gegeben werden kann (III 333)

Es scheint doch nichts klarer, als dass von zweien, von denen der eine behauptet, die Welt hat einen Anfang, der andere, die Welt hat keinen

---

[70] Die vier Antinomien.

Anfang, sondern sie ist von Ewigkeit her, doch einer Recht haben muss. Stimmt aber dieses, so ist es, weil die Klarheit auf beiden Seiten gleich ist, doch unmöglich, jemals zu ermitteln, auf welcher Seite das Recht ist; und der Streit dauert an, auch wenn die Parteien bei dem Gerichtshof der Vernunft zur Ruhe verwiesen wurden. Es bleibt also kein Mittel übrig, den Streit gründlich und zur Zufriedenheit beider Teile zu beenden, als dass sie, da sie einander doch so schön widerlegen können, schließlich überzeugt werden, dass sie um Nichts streiten (III 344-345)

Wenn das Weltall alles, was existiert, in sich fasst, so ist es auch keinem anderen Ding ähnlich oder unähnlich, weil es außer ihm kein anderes Ding gibt, mit dem es verglichen werden könnte (III 345)

Es ist falsch, dass die Welt (der Inbegriff aller Erscheinungen) ein an sich existierendes Ganzes ist. Woraus also folgt, dass Erscheinungen überhaupt außer unseren Vorstellungen nichts sind. ... Diese Anmerkung ist von Wichtigkeit. Man sieht daraus, dass die obigen Beweise der vierfachen Antinomie nicht Blendwerke, sondern gründlich waren, unter der Voraussetzung nämlich, dass Erscheinungen oder eine Sinnenwelt, die diese insgesamt in sich begreift, Dinge an sich selbst sind. Der Widerstreit der daraus gezogenen Sätze zeigt aber, dass in der Voraussetzung eine Falschheit liegt, und bringt uns dadurch zu einer Entdeckung der wahren Beschaffenheit der Dinge als Gegenstände der Sinne (III 348)

Auf die kosmologische Frage zur Weltgröße ist die erste und negative Antwort: Die Welt hat keinen ersten Anfang der Zeit und keine äußerste Grenze dem Raume nach. Denn im entgegengesetzten Fall würde sie durch die leere Zeit einer- und durch den leeren Raum anderseits begrenzt sein. Da sie nun als Erscheinung keines von beiden an sich selbst sein kann, denn Erscheinung ist kein Ding an sich selbst, so müsste eine Wahrnehmung der Begrenzung durch schlechthin leere Zeit oder leeren Raum möglich sein, durch die diese Weltenden in einer möglichen Erfahrung gegeben wären. Eine solche Erfahrung aber, als völlig leer an Inhalt, ist unmöglich. Also ist eine absolute Weltgrenze empirisch, mithin auch schlechterdings unmöglich (III 356)

Sind Erscheinungen Dinge an sich, so ist Freiheit nicht zu retten. ... Wenn dagegen Erscheinungen für nicht mehr gelten, als sie in der Tat sind, nämlich nicht für Dinge an sich, sondern für bloße Vorstellungen, die nach empirischen Gesetzen zusammenhängen, so müssen sie selbst noch Gründe haben, die nicht Erscheinungen sind (III 365)

Ich nenne dasjenige an einem Gegenstand der Sinne, was selbst nicht Erscheinung ist, intelligibel (III 366)

Das Naturgesetz, dass alles, was geschieht, eine Ursache hat ..., ist ein Verstandesgesetz, von dem abzugehen unter keinem Vorwand erlaubt ist, ebenso irgendeine Erscheinung davon auszunehmen, weil man diese sonst ... zum bloßen Gedankending und einem Hirngespinst machen würde (III 368)

Der Mensch, der die ganze Natur sonst nur durch Sinne kennt, erkennt sich selbst auch durch bewusste Wahrnehmung, und zwar in Handlungen und inneren Bestimmungen, die er gar nicht zum Eindruck der Sinne zählen kann, und er ist sich selbst freilich einesteils Phänomen, anderenteils aber, nämlich in Ansehung gewissen Könnens, ein nur intelligibler Gegenstand (III 371)

Es mögen noch so viele Naturgründe sein, die mich zum Wollen antreiben, noch so viele sinnliche Anreize, so können sie nicht das Sollen hervorbringen, sondern nur ein noch lange nicht notwendiges ... Wollen, dem dagegen das Sollen, das die Vernunft ausspricht, Maß und Ziel, ja Verbot und Ansehen entgegensetzt (III 371-372)

Die eigentliche Moralität der Handlungen (Verdienst und Schuld), selbst die unseres eigenen Verhaltens, bleibt uns gänzlich verborgen. ... Wieviel aber davon reine Wirkung der Freiheit, wieviel der bloßen Natur und dem unverschuldeten Fehler des Temperaments oder dessen glücklicher Beschaffenheit zuzuschreiben ist, kann niemand ergründen und daher auch nicht nach völliger Gerechtigkeit richten (III 373)

Das Zufällige lernen wir nicht anders als durch Erfahrung kennen (III 382)

Was uns ein Ideal ist, war dem *Plato* eine Idee des göttlichen Verstandes, ein einzelner Gegenstand in der reinen Anschauung desselben, das Vollkommenste einer jeden Art möglicher Wesen und der Urgrund aller Nachbilder in der Erscheinung. Ohne uns aber so weit zu versteigen, müssen wir gestehen, dass die menschliche Vernunft nicht allein Ideen, sondern auch Ideale enthält, die zwar nicht wie die Platonischen schöpferische, aber doch praktische Kraft (als regulative Prinzipien) haben und der Möglichkeit der Vollkommenheit gewisser Handlungen zu Grunde liegen (III 383-384)

Niemand kann sich eine Verneinung bestimmt denken, ohne dass er die entgegengesetzte Bejahung zu Grunde legt. Der Blindgeborene kann sich nicht die mindeste Vorstellung von Finsternis machen, weil er keine vom Licht hat, der Wilde nicht von Armut, weil er den Wohlstand nicht kennt. Der Unwissende hat keinen Begriff von seiner Unwissenheit, weil er keinen von der Wissenschaft hat usw. (III 387)

Die Beobachtungen und Berechnungen der Sternkundigen haben uns viel Bewundernswürdiges gelehrt, aber das Wichtigste ist wohl, dass sie uns den Abgrund der Unwissenheit aufgedeckt haben, den sich die menschliche Vernunft ohne diese Kenntnisse niemals so groß hätte vorstellen können (III 387)

Das Zufällige existiert nur unter der Bedingung eines anderen als Ursache, von der es demzufolge weitergeht bis zu einer Ursache, die nicht zufällig und eben darum ohne Bedingung notwendigerweise da ist. Das ist das Argument, worauf die Vernunft ihren Fortschritt zum Urwesen gründet (III 393)

Man sieht Dinge sich verändern, entstehen und vergehen; sie müssen also, oder wenigstens ihr Zustand, eine Ursache haben. Zu jeder Ursache aber ... lässt sich eben dieses wiederum fragen: Wohin sollen wir nun die oberste Kausalität richtiger verlegen als dahin, wo auch die höchste Kausalität ist, d. h. in dasjenige Wesen, das zu jeder möglichen Wirkung die Zulänglichkeit in sich selbst ursprünglich enthält und dessen Begriff auch durch das einzige Merkmal einer allumfassenden Vollkommenheit sehr leicht zustande kommt? Diese höchste Ursache halten wir für schlechthin notwendig, weil wir es einfach notwendig finden, bis zu ihr hinaufzusteigen, und keinen Grund sehen, über sie noch weiter hinauszugehen (III 396)

Es sind nur drei Beweisarten vom Dasein Gottes aus spekulativer Vernunft möglich. ... Der erste Beweis ist der physikotheologische, der zweite der kosmologische, der dritte der ontologische Beweis. Mehr gibt es ihrer nicht, und mehr kann es auch nicht geben (III 396)

Man hat zu aller Zeit von dem absolut notwendigen Wesen geredet und sich weniger Mühe gegeben, zu verstehen, ob und wie man sich ein Ding von dieser Art auch nur denken kann, als vielmehr dessen Dasein zu beweisen (III 397)

Für Objekte des reinen Denkens gibt es ganz und gar kein Mittel, ihr Dasein zu erkennen, weil es gänzlich a priori erkannt werden müsste (III 402)

Der berühmte *Leibniz* hat bei weitem das nicht geleistet, wessen er sich schmeichelte, nämlich die Möglichkeit eines so erhabenen idealistischen Wesens a priori einzusehen. Es ist also an dem so berühmten ontologischen (cartesianischen) Beweis vom Dasein eines höchsten Wesens aus Begriffen alle Mühe und Arbeit verloren, und ein Mensch möchte wohl ebenso wenig aus bloßen Ideen an Einsichten reicher werden wie ein Kaufmann an Vermögen, wenn er dazu seinem Kassenbestand nur einige Nullen anhängen wollte (III 403)

Man kann sich des Gedankens nicht erwehren, ihn aber auch nicht ertragen, dass ein Wesen, das wir uns als das höchste unter allen möglichen vorstellen, gleichsam zu sich selbst sagt: Ich bin von Ewigkeit zu Ewigkeit, außer mir ist nichts ohne das, was bloß durch meinen Willen etwas ist; aber woher bin ich denn? Hier sinkt alles unter uns (III 409)

Viele Kräfte der Natur, die ihr Dasein durch gewisse Wirkungen äußern, bleiben für uns unerforschlich; denn wir können ihnen durch Beobachtung nicht weit genug nachspüren (III 409)

Eben darin besteht Vernunft, dass wir von allen unseren Begriffen, Meinungen und Behauptungen, sei es aus objektiven oder, wenn sie ein bloßer Schein sind, aus subjektiven Gründen, Rechenschaft geben können (III 410)

Es ist etwas überaus Merkwürdiges, dass, wenn man voraussetzt, etwas existiere, man zu der Folgerung keinen Zugang hat, dass auch irgend etwas notwendigerweise existiere (III 410)

Die gegenwärtige Welt eröffnet uns einen so unermesslichen Schauplatz von Mannigfaltigkeit, Ordnung, Zweckmäßigkeit und Schönheit ..., dass selbst nach den Kenntnissen, die unser schwacher Verstand davon hat erwerben können, alle Worte über so viele und unabsehbar große Wunder ihren Nachdruck, alle Zahlen ihre Kraft zu messen und selbst unsere Gedanken alle Begrenzung vermissen, so dass sich unser Urteil vom Ganzen in ein sprachloses aber desto beredteres Erstaunen auflösen muss (III 414)

Überall sehen wir eine Kette von Wirkungen und Ursachen, von Zwecken und den Mitteln, von Regelmäßigkeit im Entstehen oder Vergehen; und weil nichts von selbst in seinen gegenwärtigen Zustand getreten ist, so weist es nach einem anderen Ding als seiner Ursache hin, die dieselbe weitere Nachfrage notwendig macht, so dass auf solche Weise das ganze All im Abgrund des Nichts versinken müsste, nähme man nicht etwas an, das außerhalb diesem unendlichen Zufälligen ... als die Ursache seines Ursprungs ihm zugleich seine Fortdauer sicherte (III 414-415)

Die höchste Ursache (in Ansehung aller Dinge der Welt) – wie groß soll man sie sich denken? Die Welt kennen wir nicht ihrem ganzen Inhalt nach, noch weniger wissen wir ihre Größe durch den Vergleich mit allem, was möglich ist, zu schätzen. Was hindert uns aber, da wir nun einmal wegen der Kausalität ein äußerstes und oberstes Wesen brauchen, es nicht zugleich dem Grad der Vollkommenheit nach über alles andere Mögliche zu setzen? (III 415)

Dem physikotheologischen Beweis liegt der kosmologische, diesem aber der ontologische Beweis vom Dasein eines einzigen Urwesens als höchsten Wesens zu Grunde, und da außer diesen drei Wegen keiner mehr der spekulativen Vernunft offen ist, so ist der ontologische Beweis aus lauter reinen Vernunftbegriffen der einzig mögliche, wenn überall nur ein Beweis von einem so weit über allen empirischen Verstandesgebrauch erhabenen Satz möglich ist (III 419)

Da man unter dem Begriff von Gott nicht etwa nur eine blindwirkende ewige Natur als die Wurzel der Dinge, sondern ein höchstes Wesen, das durch Verstand und Freiheit der Urheber der Dinge sein soll, zu verstehen gewohnt ist und auch allein dieser Begriff uns interessiert, so könnte man nach der Strenge dem Deisten[71] allen Glauben an Gott absprechen und ihm

---

[71] Wer nur eine Theologie durch reine Vernunft einräumt, ist ein Deist. Im Unterschied zum Theisten, der einen „lebendigen" Gott einräumt, glaubt der Deist an einen Gott, den man nicht näher bestimmen kann.

lediglich die Behauptung eines Urwesens oder einer obersten Ursache übrig lassen. Indessen da niemand darum, weil er sich nicht etwas zu behaupten traut, beschuldigt werden darf, er wolle es gar leugnen, so ist es gelinder und erlaubter zu sagen: der Deist glaubt an einen Gott, der Theist aber an einen lebendigen Gott (III 421)

Das höchste Wesen bleibt für den nur spekulativen Gebrauch der Vernunft ein bloßes, aber doch fehlerfreies Ideal, ein Begriff, der die ganze menschliche Erkenntnis einschließt und krönt, dessen objektive Realität auf diesem Weg zwar nicht bewiesen, aber auch nicht widerlegt werden kann (III 426)

Die Vernunft bezieht sich niemals geradezu auf einen Gegenstand, sondern lediglich auf den Verstand... schafft also keine Begriffe (von Objekten), sondern ordnet sie nur (III 427)

Die Vernunft bereitet dem Verstand sein Feld (III 435)

Die Vernunft setzt die Verstandeserkenntnisse voraus, die zunächst auf Erfahrung angewandt werden, und sucht ihre Einheit der Ideen, die viel weiter geht, als Erfahrung reichen kann (III 438)

Der Verstand macht für die Vernunft ebenso einen Gegenstand aus wie die Sinnlichkeit für den Verstand (III 439)

Die Einheit aller möglichen empirischen Verstandeshandlungen systematisch zu machen, ist ein Geschäft der Vernunft, so wie der Verstand das Mannigfaltige der Erscheinungen durch Begriffe verknüpft und unter empirische Gesetze bringt (III 439)

Wenn wir in Ansehung der Gestalt der Erde (der runden, doch etwas abgeplatteten), der Gebirge und Meere lauter weise Absichten eines Urhebers im voraus annehmen, so können wir auf diesem Weg eine Menge an Entdeckungen machen (III 452-453)

Der Vorteil, den eine kugelige Erdgestalt schafft, ist bekannt genug; aber wenige wissen, dass ihre Abplattung als eines Sphäroids es allein verhindert, dass die Erhebungen auf dem festen Land oder auch kleinere, vielleicht durch Erdbeben aufgeworfene Berge die Achse der Erde kontinuierlich und in nicht eben langer Zeit ansehnlich verrücken, wäre nicht die Aufschwellung der Erde unter der Linie ein so gewaltiger Berg, den der Schwung jedes anderen Berges niemals merklich aus seiner Lage im Verhältnis zur Achse bringen kann. Und doch erklärt man diese weise Fügung ohne Bedenken aus dem Gleichgewicht der ehemals flüssigen Erdmasse (III 452)

Man kann jeden Grundsatz faule Vernunft nennen, der bewirkt, dass man seine Naturuntersuchung, wo es auch sei, für schlechthin vollendet ansieht und die Vernunft sich also zur Ruhe begibt, als ob sie ihr Geschäft völlig ausgerichtet habe (III 454)

Die größte systematische, folglich auch die zweckmäßige Einheit ist die Schule und selbst die Grundlage der Möglichkeit des bestmöglichen Gebrauchs der Menschenvernunft. Die Idee derselben ist also mit dem Wesen unserer Vernunft unzertrennlich verbunden (III 456)

Alle menschliche Erkenntnis fängt mit Anschauungen an, geht von da zu Begriffen und endigt mit Ideen (III 460)

Die negativen Urteile, die es nicht bloß der logischen Form, sondern auch dem Inhalt nach sind, stehen bei der Wissbegierde der Menschen in keiner sonderlichen Achtung; man sieht sie wohl gar als neidische Feinde unseres unablässig zur Erweiterung strebenden Erkenntnistriebes an, und es bedarf beinahe einer Verteidigung, um ihnen nur Duldung und noch mehr, um ihnen Gunst und Hochschätzung zu verschaffen (III 466)

Disziplin nennt man den Zwang, wodurch der beständige Hang, von gewissen Regeln abzuweichen, eingeschränkt und schließlich vertilgt wird (III 466-467)

Die Mathematik gibt das glänzendste Beispiel einer sich ohne Beihilfe der Erfahrung von selbst glücklich erweiternden reinen Vernunft (III 468)

Die philosophische Erkenntnis ist die Vernunfterkenntnis aus Begriffen, die mathematische aus der Konstruktion der Begriffe. Einen Begriff aber konstruieren heißt, die ihm korrespondierende Anschauung a priori darstellen (III 469)

Ich konstruiere einen Triangel, indem ich den diesem Begriff entsprechenden Gegenstand entweder durch bloße Einbildung in der reinen, oder nach derselben auch auf dem Papier in der empirischen Anschauung darstelle, jedesmal aber völlig a priori, ohne das Muster dazu aus irgendeiner Erfahrung geborgt zu haben (III 469)

Die philosophische Erkenntnis betrachtet das Besondere nur im Allgemeinen, die mathematische das Allgemeine im Besonderen, ja gar im

Einzelnen, gleichwohl doch a priori und mittels der Vernunft. In dieser Form besteht also der wesentliche Unterschied dieser beiden Arten der Vernunfterkenntnis und beruht nicht auf dem Unterschied ihrer Materie oder Gegenstände. Diejenigen, die Philosophie von Mathematik dadurch zu unterscheiden vermeinten, dass sie von jener sagten, sie habe bloß die Qualität, diese aber nur die Quantität zum Objekt, haben die Wirkung für die Ursache genommen (III 469-470)

Die Materie der Erscheinungen, wodurch uns Dinge im Raum und in der Zeit gegeben werden, kann nur in der Wahrnehmung, mithin a posteriori vorgestellt werden (III 473)

Alles was da ist (ein Ding im Raum oder in der Zeit) ..., die Möglichkeit dieses Daseins, die Wirklichkeit und Notwendigkeit oder die Gegenteile derselben zu erwägen, dieses alles gehört zur Vernunfterkenntnis aus Begriffen, die philosophisch genannt wird (III 475)

Philosophie besteht darin, seine Grenzen zu kennen, und selbst der Mathematiker ... kann die Warnungen der Philosophie nicht ausschlagen noch sich über sie hinwegsetzen (III 477)

Die Erklärung der Kreislinie, dass sie eine krumme Linie ist, deren Punkte alle vom selben Punkt (dem Mittelpunkt) gleich weit abstehen, hat den Fehler, dass die Bestimmung krumm unnötigerweise eingeflossen ist. Denn es muss einen besonderen Lehrsatz geben, der aus der Definition gefolgert wird und leicht bewiesen werden kann, dass eine jede Linie, deren Punkte alle von einem Mittelpunkt gleich weit abstehen, krumm (kein Teil von ihr gerade) ist (III 480)

Erfahrung lehrt uns wohl, was da ist, aber nicht, dass es gar nicht anders sein kann. Daher können empirische Beweisgründe keinen apodiktischen Beweis verschaffen (III 481)

Es schickt sich für die Natur der Philosophie gar nicht, vornehmlich im Feld der reinen Vernunft mit einem dogmatischen Gängelband zu strotzen und sich mit den Titeln und Bändern der Mathematik zu schmücken, in deren Orden sie doch nicht gehört, obwohl sie alle Ursache hat, auf schwesterliche Vereinigung mit derselben zu hoffen (III 482)

Jede dogmatische Methode ist ... für sich unschicklich. Denn sie verbirgt nur die Fehler und Irrtümer und täuscht die Philosophie, deren eigentliche Absicht es ist, alle Schritte der Vernunft in ihrem klarsten Licht sehen zu lassen (III 483)

Die Vernunft muss sich in allen ihren Unternehmungen der Kritik unterwerfen und kann deren Freiheit durch kein Verbot Abbruch tun, ohne sich selbst zu schaden und einen ihr nachteiligen Verdacht auf sich zu ziehen. Da ist nun hinsichtlich des Nutzens nichts so wichtig, nichts so heilig, das sich dieser prüfenden und musternden Durchsuchung, die kein Ansehen der Person kennt, entziehen dürfte. Auf dieser Freiheit beruht sogar die Existenz der Vernunft, die kein diktatorisches Ansehen hat, sondern deren Ausspruch jederzeit nichts als die Übereinstimmung freier Bürger ist, deren jeglicher seine Bedenken, ja sogar sein Veto ohne Zurückhaltung äußern können muss (III 484)

Ich bin zwar nicht der Meinung ..., dass man hoffen könne, man werde dereinst noch evidente Demonstrationen der zwei Kardinalsätze unserer reinen Vernunft – „Es ist ein Gott" und „Es ist ein künftiges Leben" – finden. Vielmehr bin ich gewiss, dass dies niemals geschehen wird. Denn wo will die Vernunft den Grund zu solchen synthetischen Behauptungen, die sich nicht auf Gegenstände der Erfahrung und deren innere Möglichkeit beziehen, hernehmen? Aber es ist auch unwiderlegbar gewiss, dass niemals irgendein Mensch auftreten wird, der das Gegenteil mit dem mindesten Schein, geschweige denn dogmatisch behaupten kann (III 486)

Alles, was die Natur selbst anordnet, ist zu irgendeiner Absicht gut. Selbst Gifte dienen dazu, andere Gifte, die sich in unseren eigenen Säften erzeugen, zu überwältigen, und dürfen daher in einer vollständigen Sammlung von Heilmitteln nicht fehlen (III 487)

Allemal und ohne allen Zweifel ist es nützlich, sowohl die forschende als auch die prüfende Vernunft in völlige Freiheit zu versetzen, damit sie ungehindert ihr eigenes Interesse verfolgen kann, was ebenso dadurch unterstützt wird, dass sie ihren Einsichten Schranken setzt, wie dadurch, dass sie solche erweitert. ... Lasset demnach euren Gegner nur Vernunft zeigen, und bekämpft ihn nur mit Waffen der Vernunft[72] (III 487)

---

[72] Vgl. Polemik im Namen- und Sachregister; hier: wissenschaftliche Auseinandersetzung, nicht unsachliche Diskussion.

Es bleibt euch noch genug übrig, um die vor der schärfsten Vernunft gerechtfertigte Sprache eines festen Glaubens zu sprechen, wenn ihr die des Wissens habt aufgeben müssen (III 487)

Es gibt eine gewisse Unlauterkeit in der menschlichen Natur, die am Ende doch wie alles, was von der Natur kommt, eine Anlage zu guten Zwecken enthalten muss, nämlich eine Neigung, seine wahren Gesinnungen zu verhehlen und gewisse angenommene, die man für gut und rühmlich hält, zur Schau zu tragen (III 489)

Die Anlage, sich besser zu stellen, als man ist, und Gesinnungen zu äußern, die man nicht hat, dient gleichsam provisorisch dazu, den Menschen aus der Rohheit zu bringen und ihn zuerst wenigstens die Manier des Guten, das er kennt, annehmen zu lassen; denn nachher, wenn die echten Grundsätze einmal entwickelt und in das Denken übergegangen sind, so muss jene Falschheit nach und nach kräftig bekämpft werden, weil sie sonst das Herz verdirbt und gute Gesinnungen unter dem Wucherkraut des schönen Scheins nicht aufkommen lässt (III 489-490)

Man kann die Kritik der reinen Vernunft als den wahren Gerichtshof für alle Streitigkeiten derselben ansehen; denn sie ist in die letzteren nicht mit verwickelt (III 491)

Zur Freiheit gehört auch, seine Gedanken, seine Zweifel, die man nicht selbst ausräumen kann, öffentlich zur Beurteilung zu stellen, ohne deswegen als ein unruhiger und gefährlicher Bürger verschrieen zu werden. Dies liegt schon im ursprünglichen Recht der menschlichen Vernunft, die keinen anderen Richter anerkennt als selbst wiederum die allgemeine Menschenvernunft, worin ein jeder seine Stimme hat; und da von dieser alle Besserung, deren unser Zustand fähig ist, herkommen muss, so ist ein solches Recht heilig und darf nicht geschmälert werden (III 492)

Der erste Schritt in Sachen der reinen Vernunft, der das Kindesalter derselben anzeigt, ist dogmatisch. Der zweite Schritt ist skeptisch und zeugt von Vorsicht der durch Erfahrung gewitzten Urteilskraft. Nun ist aber noch ein dritter Schritt nötig, der nur der gereiften und männlichen Urteilskraft zukommt und dem feste und ihrer Allgemeinheit nach bewährte Maximen zu Grunde liegen, nämlich ... Kritik der Vernunft, wodurch nicht nur Schranken, sondern die bestimmten Grenzen ... bewiesen werden (III 497)

Meinungen und wahrscheinliche Urteile von dem, was Dingen zukommt, können nur als Erklärungsgründe dessen, was wirklich gegeben ist ..., mithin nur in der Reihe der Gegenstände der Erfahrung vorkommen. Außer diesem Feld ist Meinen so viel wie mit Gedanken Spielen (III 505)

Wenn man schon den Dogmatiker mit zehn Beweisen auftreten sieht, kann man sicher sein, dass er gar keinen hat. Denn hätte er einen, der (wie es in Sachen der reinen Vernunft sein muss) unwiderlegbar bewiese, wozu bedürfte er der übrigen? (III 513)

Wenn auch nur eine einzige falsche Folge aus einem Satz gezogen werden kann, so ist dieser Satz falsch (III 514)

Der größte und vielleicht einzige Nutzen aller Philosophie der reinen Vernunft ist wohl nur negativ; da sie nämlich ... anstatt Wahrheit zu entdecken, nur das stille Verdienst hat, Irrtümer zu verhüten (III 517)

Die Endabsicht, worauf die Spekulation der Vernunft ... zuletzt hinausläuft, betrifft drei Gegenstände: die Freiheit des Willens, die Unsterblichkeit der Seele und das Dasein Gottes (III 518)

Vernunft gibt Gesetze, die ... objektive Gesetze der Freiheit sind und die sagen, was geschehen soll, obgleich es vielleicht nie geschieht, und sich darin von Naturgesetzen, die nur von dem handeln, was geschieht, unterscheiden, weshalb sie auch praktische Gesetze genannt werden (III 521)

Alles Interesse meiner Vernunft (das spekulative ebenso wie das praktische) vereinigt sich in folgenden drei Fragen: Was kann ich wissen? Was soll ich tun? Was darf ich hoffen? (III 522)

Wenn es um Wissen geht, so ist wenigstens soviel sicher und ausgemacht, dass uns dieses ... niemals zuteil werden kann (III 523)

Gott und ein künftiges Leben sind zwei von der Verbindlichkeit, die uns reine Vernunft auferlegt, nach Prinzipien eben derselben Vernunft nicht zu trennende Voraussetzungen (III 526)

Praktische Gesetze, sofern sie zugleich subjektive Gründe der Handlungen, d. h. subjektive Grundsätze werden, heißen Maximen (III 527)

Es ist notwendig, dass unser ganzer Lebenswandel sittlichen Maximen untergeordnet wird, ... sei es in diesem oder einem anderen Leben (III 527)

Ohne einen Gott und eine für uns jetzt nicht sichtbare, aber erhoffte Welt sind die herrlichen Ideen der Sittlichkeit zwar Gegenstände des Beifalls und der Bewunderung, aber nicht Triebfedern des Vorsatzes und der Ausübung (III 527)

Überredung ist ein bloßer Schein, weil der Grund des Urteils, der lediglich im Subjekt liegt, für objektiv gehalten wird. Daher hat ein solches Urteil auch nur Privatgültigkeit, und das Fürwahrhalten lässt sich nicht mitteilen. Wahrheit aber beruht auf der Übereinstimmung mit dem Objekt, wonach also die Urteile eines jeden Verstandes einstimmig sein müssen (III 532)

Überredung kann ich für mich behalten, wenn ich mich dabei wohl fühle, kann sie aber und soll sie außer mir selbst gegenüber nicht geltend machen wollen (III 532)

Das Fürwahrhalten oder die subjektive Gültigkeit des Urteils in Bezug auf die Überzeugung (die zugleich objektiv gilt) hat folgende drei Stufen: Meinen, Glauben und Wissen. Meinen ist ein mit Bewusstsein sowohl subjektiv als auch objektiv unzureichendes Fürwahrhalten. Ist das letztere nur subjektiv zureichend und wird zugleich für objektiv unzureichend gehalten, so heißt es Glauben. Schließlich heißt das sowohl subjektiv als auch objektiv ausreichende Fürwahrhalten das Wissen (III 532-533)

Ich darf niemals etwas meinen, ohne wenigstens etwas zu wissen, mittels dessen das an sich nur problematische Urteil eine Verknüpfung mit Wahrheit bekommt, die, obgleich nicht vollständig, doch mehr als willkürliche Erdichtung ist. Das Gesetz einer solchen Verknüpfung muss außerdem klar sein. Denn wenn ich in Kenntnis dessen auch nichts als Meinung habe, so ist alles nur Spiel der Einbildung ohne die mindeste Beziehung auf Wahrheit (III 533)

Es ist ungereimt, in der reinen Mathematik zu meinen; man muss wissen oder sich alles Urteilens enthalten (III 533)

Der Arzt muss bei einem Kranken, der in Gefahr ist, etwas tun, kennt aber die Krankheit nicht. Er sieht auf die Erscheinungen und urteilt, weil er nichts Besseres weiß, es sei die Schwindsucht. Sein Glaube ist selbst in seinem eigenen Urteil nur zufällig, ein anderer würde es vielleicht besser treffen. Ich nenne dergleichen zufälligen Glauben, aber den, der dem wirklichen Gebrauch der Mittel zu gewissen Handlungen zu Grunde liegt, den pragmatischen Glauben (III 534)

Manchmal spricht jemand seine Sätze mit so zuversichtlichem und unlenkbarem Trotz aus, dass er alle Besorgnis des Irrtums gänzlich abgelegt zu haben scheint (III 534)

Wenn es durch irgendeine Erfahrung auszumachen wäre, so möchte ich wohl all das Meinige darauf verwetten, dass es wenigstens auf irgendeinem von den sichtbaren Planeten Einwohner gibt. Daher ist es nicht nur Meinung, sondern ein starker Glaube (auf dessen Richtigkeit ich schon viele Vorteile des Lebens wagen würde), dass es auch Bewohner anderer Welten gibt (III 534-535)

Ich werde unweigerlich an ein Dasein Gottes und ein künftiges Leben glauben und bin sicher, dass diesen Glauben nichts wankend machen kann, weil dadurch meine sittlichen Grundsätze umgestürzt würden, denen ich nicht entsagen kann, ohne in meinen eigenen Augen verabscheuungswürdig zu sein (III 536)

Zwar wird sich freilich niemand rühmen können, er wisse, dass ein Gott und dass ein künftiges Leben sei; denn wenn er das weiß, so ist er genau der Mann, den ich längst gesucht habe. Alles Wissen (wenn es einen Gegenstand der bloßen Vernunft betrifft) kann man mitteilen, und ich würde also auch hoffen können, durch seine Belehrung mein Wissen in so bewunderungswürdigem Maße erweitert zu sehen (III 536)

Der Glaube an einen Gott und eine andere Welt ist mit meiner moralischen Gesinnung so verwebt, dass ich ebenso wenig Gefahr laufe, die letztere einzubüßen, wie ich mich sorge, dass mir der erstere jemals entrissen werden könnte. Das einzig Bedenkliche hierbei ist, dass sich dieser Vernunftglaube auf die Voraussetzung moralischer Gesinnungen gründet (III 537)

Sorgt ihr nicht dafür, dass ihr zunächst wenigstens halbwegs gute Menschen macht, so werdet ihr aus ihnen auch niemals aufrichtig gläubige Menschen machen (III 537)

Wer ein System der Philosophie, z. B. das *Wolff*ische⁷³, gelernt hat, obgleich er alle Grundsätze, Erklärungen und Beweise samt der Einteilung des ganzen Lehrgebäudes im Kopf hätte und alles an den Fingern abzählen könnte, hat doch keine andere als ausschließlich historische Erkenntnis der *Wolff*ischen Philosophie; er weiß und urteilt nur so viel wie ihm gegeben war. Missfällt ihm eine Definition, so weiß er nicht, wo er eine andere hernehmen soll. Er bildete sich nach fremder Vernunft, aber das nachbildende Können ist nicht das erzeugende, d. h. die Erkenntnis entsprang bei ihm nicht aus Vernunft, und obgleich es objektiv allerdings eine Vernunfterkenntnis war, so ist es doch subjektiv nur historisch. Er hat gut aufgefasst und behalten, d. h. gelernt, ist aber nur ein Gipsabdruck von einem lebenden Menschen (III 540-541)

Alle Vernunfterkenntnis ist entweder die aus Begriffen oder aus der Konstruktion der Begriffe; die erstere heißt philosophisch, die zweite mathematisch (III 541)

Man kann unter allen Vernunftwissenschaften (a priori) nur allein Mathematik, niemals aber Philosophie (es sei denn historisch), sondern, was die Vernunft betrifft, höchstens nur philosophieren lernen (III 541-542)

Man kann keine Philosophie lernen, denn wo ist sie, wer hat sie im Besitz, und woran lässt sie sich erkennen? Man kann nur philosophieren lernen, d. h. das Talent der Vernunft in der Befolgung ihrer allgemeinen Prinzipien an gewissen vorhandenen Versuchen üben (III 542)

Der Philosoph ist nicht ein Vernunftkünstler, sondern der Gesetzgeber der menschlichen Vernunft. In solcher Bedeutung wäre es sehr ruhmsüchtig, sich selbst einen Philosophen zu nennen und sich anzumaßen, dem Urbild, das nur in der Idee liegt, gleichgekommen zu sein (III 542)

Die Gesetzgebung der menschlichen Vernunft (Philosophie) hat nun zwei Gegenstände, Natur und Freiheit, und sie enthält also sowohl das Naturgesetz als auch das Sittengesetz, anfangs in zwei besonderen, zuletzt aber

---

[73] Christian Frhr. von Wolff (1679-1754) schuf ein philosophisches System im Geiste des Rationalismus von der Theologie, Ontologie, Kosmologie und Psychologie über Logik und Ethik bis zur Ökonomik, Politik und Naturrechtslehre.

in einem einzigen philosophischen System. Die Philosophie der Natur zielt auf alles, was da ist, die der Sitten nur auf das, was da sein soll (III 543)

Alle Philosophie ist entweder Erkenntnis aus reiner Vernunft oder Vernunfterkenntnis aus empirischen Prinzipien. Die erstere heißt reine, die zweite empirische Philosophie (III 543)

Metaphysik ist die Vollendung aller Kultur der menschlichen Vernunft, die unentbehrlich ist, wenngleich man ihren Einfluss als Wissenschaft auf gewisse bestimmte Zwecke beiseite lässt (III 549)

Es ist merkwürdig genug, obgleich es natürlicherweise nicht anders zugehen konnte, dass die Menschen im Kindesalter der Philosophie damit anfingen, womit wir jetzt lieber endigen möchten, nämlich die Erkenntnis Gottes und die Hoffnung oder wohl gar die Beschaffenheit einer anderen Welt zu studieren. ... Man sah leicht ein, dass es keine gründlichere und zuverlässigere Art geben kann, der unsichtbaren Macht, die die Welt regiert, zu gefallen, um wenigstens in einer anderen Welt glücklich zu sein, als den guten Lebenswandel (III 550)

In Ansehung des Gegenstandes aller unserer Vernunfterkenntnisse waren einige nur Sensual-, andere nur Intellektualphilosophen. Epikur kann der vornehmste Philosoph der Sinnlichkeit, *Plato* der des Intellektuellen genannt werden. Dieser Unterschied der Schulen aber, so subtil er auch ist, hatte schon in den frühesten Zeiten angefangen und hat sich lange ununterbrochen erhalten. Die von der ersteren behaupteten, in den Gegenständen der Sinne sei allein Wirklichkeit, alles übrige sei Einbildung; die von der zweiten sagten dagegen, in den Sinnen ist nichts als Schein, nur der Verstand erkennt das Wahre (III 550-551)

Aristoteles kann als das Haupt der Empiristen, *Plato* aber als das der Noologisten[74] angesehen werden (III 551)

---

[74] Vertreter der Lehre von den Vernunftbegriffen.

Prolegomena

Abb. 22: Immanuel Kant.
Sepia-Zeichnung (Miniatur) von
Friedrich Wilhelm Senewaldt, 1786.
(Aus Ikonographie, Nr. 10.)

Es gibt Gelehrte, denen die Geschichte der Philosophie (der alten sowohl als der neuen) selbst ihre Philosophie ist; für diese sind gegenwärtige Prolegomena[75] nicht geschrieben (IV 255)

Da der menschliche Verstand viele Jahrhunderte hindurch über unzählige Gegenstände auf mancherlei Weise geschwärmt hat, kann es nicht falsch sein, zu jedem Neuen etwas ähnliches Altes zu finden (IV 255)

Es scheint fast lächerlich, dass, während jede andere Wissenschaft unaufhörlich fortrückt, sich die Metaphysik, die doch die Weisheit selbst sein will und deren Orakel angeblich jeder Mensch befragt, beständig auf derselben Stelle herumtritt, ohne einen Schritt weiterzukommen. Auch haben sich ihre Anhänger sehr verringert, und diejenigen, die sich stark genug fühlen, in anderen Wissenschaften zu glänzen, wollen ihren Ruhm in dieser nicht wagen (IV 256)

---

[75] Vorbemerkungen (hier: zu einer jeden künftigen Metaphysik).

Es ist niemals zu spät, vernünftig und weise zu werden; es ist aber jederzeit schwieriger, wenn die Einsicht spät kommt, sie in Gang zu bringen (IV 256)

Ich wage vorauszusagen, dass der selbstdenkende Leser dieser Prolegomena nicht nur an seiner bisherigen Wissenschaft zweifeln, sondern in der Folge gänzlich überzeugt sein wird, dass es dergleichen gar nicht geben kann, ohne dass die hier geäußerten Forderungen erfüllt werden (IV 256-257)

Es gibt ein bequemes Mittel, ohne alle Einsicht trotzig zu tun, nämlich die Berufung auf den gesunden Menschenverstand. In der Tat ist es eine große Gabe des Himmels, einen geraden (oder, wie man es neuerlich benannt hat, schlichten) Menschenverstand zu besitzen. Aber man muss ihn durch Taten beweisen, durch das überlegte und vernünftige Denken und Reden, nicht aber dadurch, dass man sich, wenn man nichts Kluges zu seiner Rechtfertigung vorzubringen weiß, auf ihn als Orakel beruft (IV 259)

Erst wenn Einsicht und Wissenschaft auf die Neige gehen, sich auf den gesunden Menschenverstand zu berufen, das ist eine von den subtilen Erfindungen neuerer Zeiten, wobei es der schalste Schwätzer mit dem gründlichsten Denker getrost aufnehmen kann. Solange aber noch ein kleiner Rest von Einsicht da ist, wird man sich wohl hüten, diese Nothilfe zu ergreifen. Und bei Licht besehen ist diese Appellation nichts anderes als eine Berufung auf das Urteil der Menge; ein Zuklatschen, über das der Philosoph errötet, der populäre Witzling aber triumphiert und trotzig tut (IV 259)

Hammer und Meißel können wohl dazu dienen, ein Stück Zimmerholz zu bearbeiten, aber zum Kupferstechen muss man die Radiernadel benutzen. So sind ein gesunder und ein spekulativer Verstand jeder in seiner Art brauchbar; ersterer wenn es auf Urteile ankommt, die in der Erfahrung ihre unmittelbare Anwendung finden, der andere aber wo im Allgemeinen, aus bloßen Begriffen geurteilt werden soll, z. B. in der Metaphysik, wo der sich selbst ... so nennende gesunde Verstand ganz und gar kein Urteil hat (IV 259-260)

Wenn man auf einem begründeten, obwohl nicht ausgeführten Gedanken aufbaut, den uns ein anderer hinterlassen hat, so kann man wohl hoffen, es bei fortgesetztem Nachdenken weiter zu bringen als der scharfsinnige Mann, dem man den ersten Funken dieses Lichts zu verdanken hat (IV 260)

Ich ... fand bald, dass der Begriff der Verknüpfung von Ursache und Wirkung bei weitem nicht der einzige ist, durch den der Verstand a priori sich Verknüpfungen der Dinge denkt, vielmehr dass Metaphysik ganz und gar daraus besteht (IV 260)

Pläne machen ist oftmals eine üppige prahlerische Geistesbeschäftigung, wodurch man sich ein Ansehen von schöpferischem Genie gibt, indem man fordert, was man selbst nicht leisten, tadelt, was man doch nicht besser machen kann, und vorschlägt, wovon man selbst nicht weiß, wo es zu finden ist (IV 262-263)

Wer den Plan dunkel findet, den ich als Prolegomena aller künftigen Metaphysik vorausschicke, der mag bedenken, dass nicht jeder Metaphysik studieren muss und dass es manches Talent gibt, das in gründlichen und selbst tiefen Wissenschaften, die sich mehr der Anschauung nähern, gut zurechtkommt (IV 263)

Was die Quellen einer metaphysischen Erkenntnis betrifft, so liegt es schon in ihrem Begriff, dass sie nicht empirisch sein können. Ihre Prinzipien (wozu nicht nur ihre Grundsätze, sondern auch ihre Grundbegriffe gehören) müssen also niemals aus der Erfahrung genommen sein, denn sie soll nicht physische, sondern metaphysische, d. h. jenseits der Erfahrung liegende Erkenntnis sein. Also wird weder äußere Erfahrung, die Quelle der eigentlichen Physik, noch innere, die die Grundlage der empirischen Psychologie bildet, bei ihr zu Grunde liegen. Sie ist also Erkenntnis a priori oder aus reinem Verstand und reiner Vernunft. Hierin würde sie aber nichts von der reinen Mathematik unterscheiden; sie wird also reine philosophische Erkenntnis heißen müssen (IV 265-266)

Urteile – welchen Ursprung oder welche logische Form sie auch immer haben – unterscheiden sich doch dem Inhalt nach, aufgrund dessen sie entweder nur erläuternd sind und zum Inhalt der Erkenntnis nichts beitragen oder erweiternd die gegebene Erkenntnis vergrößern; die ersten werden analytische, die zweiten synthetische Urteile genannt (IV 266)

Alle analytischen Urteile beruhen gänzlich auf dem Satz des Widerspruchs und sind ihrer Natur nach Erkenntnisse a priori (IV 267)

Mathematische Sätze sind jederzeit Urteile a priori und nicht empirisch, weil ihre Notwendigkeit aus Erfahrung nicht abgeleitet werden kann (IV 268)

Man findet kein einziges Buch, von dem man ... sagen kann: das ist Metaphysik, hier findet ihr den vornehmsten Zweck dieser Wissenschaft, die Erkenntnis eines höchsten Wesens und einer künftigen Welt, bewiesen aus Prinzipien der reinen Vernunft (IV 271)

Das Wesentliche und Unterscheidende der reinen mathematischen Erkenntnis von aller anderen Erkenntnis a priori ist, dass sie durchaus nicht aus Begriffen, sondern jederzeit nur durch die Konstruktion der Begriffe hervorgehen muss (IV 272)

In der Kritik der reinen Vernunft bin ich in Absicht auf die Frage „Ist überall Metaphysik möglich?" synthetisch zu Werke gegangen, nämlich so, dass ich in der reinen Vernunft selbst forsche und in dieser Quelle sowohl die Elemente als auch die Gesetze ihres reinen Gebrauchs nach Prinzipien zu bestimmen versuchte. Diese Arbeit ist schwer und fordert vom Leser die Bereitschaft, sich nach und nach in ein System hineinzudenken, das noch nichts als gegeben zu Grunde legt außer die Vernunft selbst und also, ohne sich auf irgendein Faktum zu stützen, die Erkenntnis aus ihren ursprünglichen Keimen zu entwickeln versucht. Prolegomena sollen dagegen Vorübungen sein; sie sollen mehr anzeigen, was man zu tun habe, um eine Wissenschaft wo möglich zur Wirklichkeit zu bringen, als diese selbst vortragen (IV 274)

Die Möglichkeit synthetischer Sätze a posteriori, d. h. solcher, die aus der Erfahrung geschöpft werden, bedarf keiner besonderen Erklärung, denn Erfahrung ist selbst nichts anderes als eine kontinuierliche Zusammenfügung der Wahrnehmungen. Es bleiben uns also nur synthetische Sätze a priori übrig, deren Möglichkeit gesucht oder untersucht werden muss, weil sie auf anderen Prinzipien als dem Satz des Widerspruchs beruht (IV 275)

Die eigentliche, mit schulgerechter Präzision ausgedrückte Aufgabe, auf die alles ankommt, ist also: Wie sind synthetische Sätze a priori möglich? Ich habe sie zugunsten der Popularität als eine Frage nach der Erkenntnis aus reiner Vernunft ausgedrückt. ... Auf die Lösung dieser Aufgabe kommt das Stehen oder Fallen der Metaphysik und also ihre Existenz gänzlich an. Wenn jemand seine Behauptungen hierzu mit noch so großem Schein vorträgt und Schlüsse auf Schlüsse bis zum Erdrücken aufhäuft, ohne vorher jene Frage befriedigend zu beantworten, so habe ich Recht zu sagen: Das ist alles eitle, grundlose Philosophie und falsche Weisheit (IV 276-277)

Sich in der Metaphysik auf Beistimmung des gesunden Menschenverstandes zu berufen, kann nicht gestattet werden; denn der ist ein Zeuge, dessen Ansehen nur auf dem öffentlichen Gerücht beruht (IV 277)

Diejenigen, die noch nicht von der Vorstellung loskommen können, dass Raum und Zeit wirkliche Beschaffenheiten wären ..., können ihre Scharfsinnigkeit an folgendem Paradoxon üben und, wenn sie dessen Auflösung vergebens versucht haben, wenigstens auf einige Augenblicke von Vorurteilen frei vermuten, dass doch vielleicht die Herabstufung des Raumes und der Zeit zu bloßen Formen unserer sinnlichen Anschauung Grund haben mag (IV 285)

Was kann wohl meiner Hand ... ähnlicher und in allen Stücken gleicher sein als ihr Bild im Spiegel? Und dennoch kann ich ein solches Spiegelbild nicht an die Stelle seines Urbildes setzen; denn wenn dieses eine rechte Hand war, so ist jene im Spiegel eine linke. ... Nun sind hier keine inneren Unterschiede, die irgendein Verstand nur denken könnte; und dennoch sind die Unterschiede innerlich, soweit die Sinne lehren, denn die linke Hand kann mit der rechten ungeachtet aller beiderseitigen Gleichheit und Ähnlichkeit doch nicht zwischen denselben Grenzen eingeschlossen sein (sie können nicht deckungsgleich sein); der Handschuh der einen Hand passt nicht auf die andere. Was ist nun die Auflösung? Diese Gegenstände sind nicht etwa Vorstellungen von den Dingen an sich selbst und wie sie der pure Verstand erkennen würde, sondern es sind sinnliche Anschauungen, d. h. Erscheinungen, deren Möglichkeit auf dem Verhältnis an sich unbekannter Dinge zu unserer Sinnlichkeit beruht. Von dieser ist nun der Raum die Form der äußeren Anschauung. Die innere Bestimmung eines jeden Raumes erfolgt durch die Bestimmung des äußeren Verhältnisses zum ganzen Raum, von dem jener ein Teil ist (Verhältnis zum äußeren Sinn), d. h. der Teil ist nur durchs Ganze möglich, was bei Dingen an sich selbst als Gegenständen des bloßen Verstandes niemals, wohl aber bei bloßen Erscheinungen stattfindet. Wir können daher auch den Unterschied ähnlicher und gleicher, aber doch nicht deckungsgleicher Dinge (z. B. widersinnig gewundener Schnecken) durch keinen einzigen Begriff verständlich machen, sondern nur durch das Verhältnis zur rechten und linken Hand, das unmittelbar auf Anschauung ausgerichtet ist (IV 286)

Die reine Mathematik und besonders die reine Geometrie kann nur unter der Bedingung allein objektive Realität haben, dass sie nur auf Gegenstände der Sinne zielt, für die aber der Grundsatz gilt, dass unsere sinnliche Vorstellung keineswegs eine Vorstellung der Dinge an sich selbst, sondern nur der Art ist, wie sie uns erscheinen (IV 287)

Der Raum ist nichts anderes als die Form aller äußeren Erscheinungen, unter der allein uns Gegenstände der Sinne gegeben werden können (IV 287)

Alle Gegenstände im Raum sind bloße Erscheinungen, d. h. nicht Dinge an sich selbst, sondern Vorstellungen unserer sinnlichen Anschauung (IV 288)

Alles, was uns als Gegenstand gegeben werden soll, muss uns in der Anschauung gegeben werden. Alle unsere Anschauung geschieht aber nur mittels der Sinne; der Verstand schaut nichts an, sondern reflektiert nur. Da nun die Sinne ... uns niemals die Dinge an sich selbst, sondern nur ihre Erscheinungen zu erkennen geben, diese aber bloße Vorstellungen der Sinnlichkeit sind, so müssen auch alle Körper mit dem Raum, in dem sie sich befinden, für nichts als bloße Vorstellungen in uns gehalten werden, und sie existieren nirgendwo anders als nur in unseren Gedanken (IV 288)

Sinnliche Erkenntnis stellt die Dinge gar nicht vor wie sie sind, sondern nur so wie sie unsere Sinne reizen; durch sie werden also nur Erscheinungen, nicht die Sachen selbst dem Verstand zur Reflexion gegeben (IV 290)

Natur ist das Dasein der Dinge, sofern es nach allgemeinen Gesetzen bestimmt ist. Sollte Natur das Dasein der Dinge an sich selbst bedeuten, so würden wir sie weder a priori noch a posteriori erkennen können (IV 294)

Die Erfahrung lehrt mich zwar, was da ist und wie es ist, niemals aber, dass es notwendigerweise so und nicht anders sein muss. Also kann sie die Natur der Dinge an sich selbst niemals lehren (IV 294)

Natur ... ist der Inbegriff aller Gegenstände der Erfahrung (IV 296)

Alles, wovon die Erfahrung lehrt, dass es geschieht, muss eine Ursache haben (IV 296)

Dass das Zimmer warm, der Zucker süß, der Wermut widrig ist, sind nur subjektiv gültige Urteile ..., die ich Wahrnehmungsurteile nenne. Eine ganz andere Bewandtnis hat es mit dem Erfahrungsurteil. Was die Erfahrung mich unter gewissen Umständen lehrt, muss sie mich jederzeit und auch jedermann lehren (IV 299)

Die Sache der Sinne ist, anzuschauen, die des Verstandes, zu denken. Denken aber ist Vorstellungen in einem Bewusstsein vereinigen (IV 304)

Wenn wir die Gegenstände der Sinne einfach als bloße Erscheinungen ansehen, so gestehen wir hierdurch doch zugleich, dass ihnen ein Ding an sich selbst zu Grunde liegt, obgleich wir es nicht so kennen, wie es an sich beschaffen ist, sondern nur seine Erscheinungen, d. h. die Art, wie unsere Sinne von diesem unbekannten Etwas angesprochen werden (IV 314-315)

Der Verstand gesteht dadurch, dass er Erscheinungen annimmt, auch das Dasein von Dingen an sich selbst zu, und so können wir sagen, dass die Vorstellung von den Erscheinungen zu Grunde liegenden Wesen, mithin bloßer Verstandeswesen, nicht nur zulässig, sondern auch unvermeidlich ist... . Also werden hierdurch Verstandeswesen zugelassen, nur mit Hinweis auf die keine Ausnahme duldende Regel, dass wir von diesen reinen Verstandeswesen ganz und gar nichts Bestimmtes wissen oder wissen können (IV 315)

Es ist mit unseren reinen Verstandesbegriffen etwas Verfängliches in Bezug auf die Verlockung zu einem transzendenten Gebrauch; denn so nenne ich denjenigen, der über alle mögliche Erfahrung hinausgeht (IV 315)

Intellektuell sind die Erkenntnisse durch den Verstand, und solche zielen auch auf unsere Sinnenwelt; intelligibel aber heißen Gegenstände, sofern sie nur durch den Verstand vorgestellt werden können und auf die keine unserer sinnlichen Anschauungen kommen kann (IV 316)

Es kann einem Philosophen nichts erwünschter sein, als wenn er das Mannigfaltige der Begriffe oder Grundsätze, die sich ihm vorher durch den konkreten Gebrauch zerstreut dargestellt hatten, aus einem Prinzip a priori ableiten und so alles in eine Erkenntnis vereinigen kann (IV 322)

Bei einer Untersuchung der reinen (nichts Empirisches enthaltenden) Elemente der menschlichen Erkenntnis gelang es mir erst nach langem Nachdenken, die reinen Elementarbegriffe der Sinnlichkeit (Raum und Zeit) von denen des Verstandes zuverlässig zu unterscheiden und abzusondern (IV 323)

Die nicht etwa beliebig erdachte, sondern in der Natur der menschlichen Vernunft gegründete, mithin unvermeidliche und niemals ein Ende nehmende Antinomie enthält vier Sätze samt ihren Gegensätzen. Hier ist nun das seltsamste Phänomen der menschlichen Vernunft, wovon sonst kein Beispiel in irgendeinem anderen Gebrauch derselben gezeigt werden kann (IV 339)

Wenn wir, wie es gewöhnlich geschieht, uns die Erscheinungen der Sinnenwelt als Dinge an sich selbst denken, wenn wir die Grundsätze ihrer Verbindung als allgemein von Dingen an sich selbst und nicht nur von der Erfahrung geltende Grundsätze annehmen, wie dies ebenso gewöhnlich, ja ohne unsere Kritik unvermeidlich ist, so ergibt sich ein nicht vermuteter Widerstreit, der niemals auf dem gewöhnlichen dogmatischen Weg beigelegt werden kann, weil sowohl Satz als auch Gegensatz durch gleich einleuchtende klare und unwiderstehliche Beweise belegt werden können. Für die Richtigkeit aller dieser Beweise verbürge ich mich. Die Vernunft entzweit sich also mit sich selbst, ein Zustand, über den der Skeptiker frohlockt, der kritische Philosoph aber in Nachdenken und Unruhe versetzt werden muss (IV 339-340)

Wie wollten wir durch Erfahrung feststellen, ob die Welt von Ewigkeit besteht oder einen Anfang hat, ob Materie ins Unendliche teilbar ist oder aus einfachen Teilen besteht? Solche Begriffe lassen sich in keiner, auch nicht der größtmöglichen Erfahrung klären, somit lässt sich die Unrichtigkeit des behauptenden oder verneinenden Satzes durch diesen Probierstein nicht entdecken (IV 340)

Ich wünsche, dass sich der kritische Leser hauptsächlich mit der Antinomie der reinen Vernunft beschäftigt, weil die Natur selbst sie aufgestellt zu haben scheint, um die Vernunft in ihren dreisten Anmaßungen stutzig zu machen und zur Selbstprüfung zu nötigen. Jeden Beweis, den ich sowohl für die Thesis als auch die Antithese gegeben habe, will ich verantworten und dadurch die Gewissheit der unvermeidlichen Antinomie der Vernunft dartun. Wenn der Leser nun durch diese seltsame Erscheinung dahin gebracht wird, zu der Prüfung der dabei zu Grunde liegenden Voraussetzung zurückzugehen, so wird er sich gezwungen fühlen, die erste Grundlage aller Erkenntnis der reinen Vernunft mit mir tiefer zu untersuchen (IV 341)

Von zwei einander widersprechenden Sätzen können nicht alle beide falsch sein, außer wenn der beiden zu Grunde liegende Begriff selbst widersprüchlich ist. Die Sätze „Ein viereckiger Kreis ist rund" und „Ein viereckiger Kreis ist nicht rund" sind beide falsch. Denn was den ersten betrifft, so ist es falsch, dass der genannte Kreis rund ist, weil er ja viereckig ist; es ist aber auch falsch, dass er nicht rund, d. h. eckig ist, weil er ein Kreis ist. Denn darin besteht das logische Merkmal der Unmöglichkeit eines Begriffes, dass unter seiner Voraussetzung zwei sich widersprechende Sätze zugleich falsch sind; weil also kein Drittes zwischen ihnen gedacht werden kann, wird durch jenen Begriff gar nichts gedacht (IV 341)

Wenn ich von Gegenständen in Zeit und Raum rede, so rede ich nicht von Dingen an sich selbst, weil ich von diesen nichts weiß, sondern nur von Dingen in der Erscheinung, d. h. von der Erfahrung als einer besonderen Erkenntnisart, die dem Menschen allein vergönnt ist (IV 341)

Eine Folge des Widerstreits der Vernunft ist unausbleiblich, weil es ganz unmöglich ist, aus diesem herauszukommen, solange man die Gegenstände der Sinnenwelt für Sachen an sich hält und nicht für das, was sie in der Tat sind, nämlich bloße Erscheinungen (IV 347)

Die Gegenstände, die uns durch Erfahrung gegeben werden, sind uns in vielerlei Hinsicht unbegreiflich, und viele durch das Naturgesetz aufgeworfene Fragen können, wenn sie bis zu einer gewissen Höhe, aber immer diesen Gesetzen gemäß getrieben werden, gar nicht gelöst werden, z. B. warum Materien einander anziehen (IV 348-349)

Es klingt paradox und ist übrigens nicht befremdlich, zu sagen, in der Natur sei uns vieles unbegreiflich (z. B. das Zeugungsvermögen), wenn wir aber noch höher steigen und selbst über die Natur hinaus gehen, so werde uns wieder alles begreiflich; denn wir verlassen alsdann die Gegenstände, die uns gegeben werden können, und beschäftigen uns nur mit Ideen (IV 349)

Es würde eine Ungereimtheit sein, wenn wir gar keine Dinge an sich selbst einräumen oder unsere Erfahrung für die einzig mögliche Erkenntnisart der Dinge, mithin unsere Anschauung in Raum und Zeit für die allein mögliche Anschauung, unseren von Begriff zu Begriff logisch fortschreitenden Verstand aber für das Urbild von jedem möglichen Verstand ausgeben wollten (IV 350-351)

Erfahrung tut der Vernunft niemals völlig Genüge; sie weist uns in Beantwortung der Fragen immer weiter zurück und lässt uns hinsichtlich des völligen Aufschlusses derselben unbefriedigt (IV 351)

Wer kann es wohl ertragen, dass wir von der Natur unserer Seele bis zum klaren Bewusstsein des Subjekts und zugleich der Überzeugung gelangen, dass seine Erscheinungen nicht materialistisch erklärt werden können, ohne zu fragen, was denn die Seele eigentlich ist? (IV 351-352)

Die Erweiterung der Einsichten in der Mathematik und die Möglichkeit immer neuer Erfindungen geht ins Unendliche, ebenso die Entdeckung neuer Natureigenschaften, neuer Kräfte und Gesetze durch fortgesetzte Erfahrungen und Vereinigung derselben durch die Vernunft (IV 352)

Naturwissenschaft wird uns niemals das Innere der Dinge, d. h. was nicht Erscheinung ist, aber doch zum obersten Erklärungsgrund der Erscheinungen dienen kann, entdecken; aber sie braucht das auch nicht zu ihren physischen Erklärungen (IV 353)

Ideen dienen lediglich zur Grenzbestimmung der menschlichen Vernunft, nämlich einerseits Erfahrungserkenntnis nicht unbegrenzt auszudehnen, so dass gar nichts mehr als nur Welt von uns zu erkennen übrig bliebe, und anderseits dennoch nicht über die Grenze der Erfahrung hinauszugehen und von Dingen außerhalb derselben als Dingen an sich selbst urteilen zu wollen (IV 357)

Ich kann gegen einen anderen niemals etwas tun, ohne ihm das Recht zu geben, unter den selben Bedingungen dasselbe gegen mich zu tun, ebenso wie kein Körper auf einen anderen mit seiner bewegenden Kraft wirken kann, ohne dadurch eine gleich starke Gegenwirkung zu verursachen. Hier sind Recht und bewegende Kraft ganz unähnliche Dinge, aber in ihrem Verhältnis ist doch eindeutig Ähnlichkeit (IV 357-358)

Die Sinnenwelt enthält nur Erscheinungen, die doch nicht Dinge an sich selbst sind (IV 360)

Es bleibt noch immer eine der Nachforschung würdige Aufgabe, die Naturzwecke ... herauszufinden, weil alles, was in der Natur liegt, doch ursprünglich auf irgendeine nützliche Absicht angelegt sein muss (IV 362)

Es ist mein immerwährender Vorsatz in der Kritik gewesen, nichts zu versäumen, was die Nachforschung der Natur der reinen Vernunft zur Vollständigkeit bringen könnte, obgleich es noch so tief verborgen liegen mag (IV 364)

So viel ist gewiss: wer einmal Kritik gekostet hat, den ekelt auf immer alles dogmatische Gewäsch, womit er sich vorher aus Not begnügte, weil seine Vernunft etwas brauchte und nichts Besseres zu ihrer Unterhaltung finden konnte (IV 366)

Ich stehe dafür ein, dass niemand, der die Grundsätze der Kritik auch nur in diesen Prolegomena durchdacht und begriffen hat, jemals wieder zu jener alten und sophistischen Scheinwissenschaft zurückkehren wird; vielmehr wird er mit einem gewissen Ergötzen auf eine Metaphysik blicken ..., die zuerst der Vernunft dauernde Befriedigung verschaffen kann (IV 366)

Dass der Geist des Menschen metaphysische Untersuchungen einmal gänzlich aufgeben wird, ist ebenso wenig zu erwarten wie der Umstand, dass wir, um nicht immer unreine Luft zu schöpfen, das Atemholen ganz und gar einstellen werden. Es wird also in der Welt jederzeit und bei jedem, vornehmlich dem nachdenkenden Menschen, Metaphysik sein, die sich jeder in Ermangelung eines öffentlichen Richtmaßes nach seiner Art zuschneiden wird (IV 367)

Zwei Dinge muss ich ... mir verbitten: erstens den Spielraum von Wahrscheinlichkeit und Mutmaßung, der der Metaphysik ebenso schlecht ansteht wie der Geometrie; zweitens die Entscheidung mittels der Wünschelrute des sogenannten gesunden Menschenverstandes, die nicht jedem ausschlägt, sondern sich nach persönlichen Eigenschaften richtet (IV 369)

Nur in der empirischen Naturwissenschaft können Mutmaßungen ... geduldet werden, doch so, dass wenigstens die Möglichkeit einer Annahme völlig gewiss sein muss (IV 369)

Mit der Berufung auf den gesunden Menschenverstand ist es, wenn von Begriffen und Grundsätzen ... die Rede ist, schlecht bewandt. Denn was ist der gesunde Verstand? Er ist der einfache Verstand, sofern er richtig urteilt. Und was ist nun der einfache Verstand? Er ist das Vermögen der Erkenntnis und des konkreten Gebrauchs der Regeln im Unterschied zum spekulativen Verstand, der ein Vermögen der abstrakten Erkenntnis der Regeln ist (IV 369)

Der einfache Verstand wird die Regel, dass alles, was geschieht, durch seine Ursache bestimmt ist, kaum verstehen, niemals aber einsehen können. Er fordert daher ein Beispiel aus Erfahrung, und wenn er hört, dass dies nichts anderes bedeutet als was er immer gedacht hat, wenn ihm eine Fensterscheibe zerbrochen oder ein Hausratsteil verschwunden war, so versteht er den Grundsatz und räumt ihn auch ein (IV 369-370)

Hohe Türme und die ihnen ähnlichen metaphysisch großen Männer, um die gewöhnlich viel Wind ist, sind nichts für mich. Mein Platz ist das fruchtbare Bathos[76] der Erfahrung (IV 373)

Wissenschaften und Kenntnisse haben doch ihren Maßstab. Mathematik hat ihren in sich selbst, Geschichte und Theologie in weltlichen oder heiligen Büchern, Naturwissenschaft und Arzneikunst in Mathematik und Erfahrung, Rechtsgelehrsamkeit in Gesetzbüchern und sogar Sachen des Geschmacks in Mustern der Alten. Allein zur Beurteilung des Dinges, das Metaphysik heißt, soll erst der Maßstab gefunden werden (ich habe einen Versuch gemacht, sowohl ihn als auch seinen Gebrauch zu bestimmen) (IV 378)

---

[76] Bathos = Tiefe, nicht Pathos = Leidenschaft.

In diesen Prolegomena und in meiner Kritik findet man acht Sätze[77], deren zwei und zwei immer einander widerstreiten, jeder aber unbedingt zur Metaphysik gehört, die ihn entweder annehmen oder widerlegen muss (obwohl es keinen einzigen gibt, der nicht zu seiner Zeit von irgendeinem Philosophen angenommen worden wäre) (IV 379)

Mathematik, Naturwissenschaft, Gesetze, Künste, selbst Moral usw. füllen die Seele nicht gänzlich aus; es bleibt immer noch ein Raum in ihr übrig, der für die reine und spekulative Vernunft abgestochen ist und dessen Leere uns zwingt, in Fratzen oder Tändelwerk oder auch Schwärmerei dem Schein nach Beschäftigung und Unterhaltung, im Grunde aber nur Zerstreuung zu suchen, um den beschwerlichen Ruf der Vernunft zu betäuben, die ihrer Bestimmung gemäß etwas verlangt, was sie befriedigt und nicht nur zum Zweck anderer Absichten oder zum Interesse der Neigungen in Geschäftigkeit versetzt (IV 381)

Ich schlage diese Prolegomena zum Plan und Leitfaden der Untersuchung vor und nicht das Werk selbst, weil ich mit diesem, was den Inhalt, die Ordnung, die Lehrart und die Sorgfalt betrifft, die auf jeden Satz gewandt wurden, um ihn vor der Abfassung genau zu wägen und zu prüfen, auch noch jetzt ganz wohl zufrieden bin (denn es haben Jahre dazu gehört, mich nicht allein von dem Ganzen, sondern bisweilen auch nur von einem einzigen Satz in Würdigung seiner Quellen völlig zu befriedigen) (IV 381)

Man rühmt die Deutschen, dass sie es mit Beharrlichkeit und anhaltendem Fleiß weiter als andere Völker bringen können (IV 381)

Durch Kritik wird unserem Urteil der Maßstab zugeteilt, wodurch Wissen von Scheinwissen mit Sicherheit unterschieden werden kann, und sie gründet dadurch, dass sie in der Metaphysik voll eingesetzt wird, eine Denkart, die ihren wohltätigen Einfluss nachher auf jeden anderen Vernunftgebrauch erstreckt und zuerst den wahren philosophischen Geist einflößt. Aber auch der Dienst, den sie der Theologie leistet, indem sie die Theologen vom Urteil der dogmatischen Spekulation unabhängig macht

---

[77] Die vier Antinomien.

und sie dadurch gegen solche Angriffe völlig absichert, ist nicht gering zu schätzen (IV 383)

Es kann doch einem Lehrer der Metaphysik nur wichtig sein, einmal mit allgemeiner Zustimmung sagen zu können, dass sein Vortrag nun endlich auch Wissenschaft ist und dadurch der Allgemeinheit wirklicher Nutzen geleistet wird (IV 383)

Grundlegung zur Metaphysik der Sitten

> Der kategorische Imperativ ist also nur ein einziger und zwar dieser: handle nur nach derjenigen Maxime, durch die du zugleich wollen kannst, daß sie ein allgemeines Gesetz werde.

Abb. 23: Der kategorische Imperativ.
Originalabdruck. (Aus der Akademie-Textausgabe, IV 421.). Zur Vermeidung seiner Missdeutung vgl. IV 430.

Die alte griechische Philosophie teilte sich in drei Wissenschaften: die Physik, die Ethik und die Logik. Diese Einteilung ist der Natur der Sache vollkommen angemessen, und man hat an ihr nichts zu verbessern (IV 387)

Alle Vernunfterkenntnis ist entweder material und betrachtet irgendein Objekt oder formal und beschäftigt sich bloß mit der Form des Verstandes und der Vernunft selbst sowie den allgemeinen Regeln des Denkens überhaupt ohne Unterschied der Objekte. Die formale Philosophie heißt Logik, die materiale aber, die es mit bestimmten Gegenständen und den diesen übergeordneten Gesetzen zu tun hat, ist wiederum zweifach. Denn diese Gesetze sind Gesetze entweder der Natur oder der Freiheit. Die Wissenschaft von der ersten heißt Physik, die der anderen Ethik; jene wird auch Naturlehre, diese Sittenlehre genannt (IV 387)

Man kann alle Philosophie, sofern sie auf Gründe der Erfahrung fußt, empirische, die aber, die lediglich aus Prinzipien a priori ihre Lehren vorträgt, reine Philosophie nennen. Die letztere, wenn sie nur formal ist, heißt Logik; ist sie aber auf bestimmte Gegenstände des Verstandes eingeschränkt, so heißt sie Metaphysik. Auf diese Weise entspringt die Idee einer zweifachen Metaphysik: einer Metaphysik der Natur und einer der Sitten. Die Physik wird also ihren empirischen, aber auch einen rationalen Teil haben, die Ethik gleichfalls, obwohl hier der empirische Teil besonders praktische Anthropologie, der rationale aber eigentlich Moral genannt werden könnte (IV 388)

Gewerbe, Handwerk und Künste haben durch die Verteilung der Arbeiten gewonnen, da nämlich nicht einer alles macht, sondern jeder sich auf gewisse Arbeit beschränkt, die sich ihrer Behandlungsweise nach von anderen merklich unterscheidet, um sie in der größten Vollkommenheit und mit Leichtigkeit leisten zu können. Wo die Arbeiten nicht unterschiedlich verteilt werden und jeder ein Tausendkünstler ist, da liegen die Gewerbe noch in der Barbarei (IV 388)

Nichts in der Welt und außerhalb derselben ist vorstellbar, was ohne Einschränkung für gut gehalten werden könnte, als allein ein guter Wille. Verstand, Witz, Urteilskraft und wie die Talente des Geistes sonst heißen mögen, oder Mut, Entschlossenheit, Beharrlichkeit im Vorsatz als Eigenschaften des Temperaments sind ohne Zweifel in mancher Absicht gut und wünschenswert, aber sie können auch äußerst böse und schädlich werden, wenn der Wille, der von diesen Naturgaben Gebrauch machen soll und dessen eigentümliche Beschaffenheit darum Charakter heißt, nicht gut ist. Mit den Glücksgaben ist es ebenso. Macht, Reichtum, Ehre, selbst Gesundheit und das ganze Wohlbefinden sowie die Zufriedenheit unter dem Begriff der Glückseligkeit machen Mut und hierdurch oft auch Übermut, wo nicht ein guter Wille da ist (IV 393)

Der gute Wille ist nicht durch das, was er bewirkt oder ausrichtet, nicht durch seine Tauglichkeit zur Erreichung irgendeines vorgesetzten Zweckes, sondern allein durch das Wollen, d. h. an sich, gut und, für sich selbst betrachtet, weit höher zu schätzen als alles, was durch ihn zu Gunsten irgendeiner Neigung, ja wenn man will, der Summe aller Neigungen nur immer zustande gebracht werden kann (IV 394)

Wenn durch eine besondere Ungunst des Schicksals oder durch kärgliche Ausstattung einer stiefmütterlichen Natur es dem Willen gänzlich an Vermögen fehlte, seine Absicht durchzusetzen, wenn bei seiner größten Bestrebung dennoch nichts von ihm ausgerichtet würde und nur der gute Wille (freilich nicht etwa als ein bloßer Wunsch, sondern als die Aufbietung aller Mittel, soweit sie in unserer Gewalt sind) übrig bliebe, so würde er doch wie ein Juwel aus sich selbst glänzen wie etwas, das seinen vollen Wert in sich selbst hat. Die Nützlichkeit oder Fruchtlosigkeit kann diesem Wert weder etwas zusetzen noch etwas abnehmen (IV 394)

Der Wille darf zwar nicht das einzige und das ganze, aber er muss doch das höchste Gut und zu allem übrigen, selbst allem Verlangen nach Glückseligkeit, die Bedingung sein (IV 396)

Es ist pflichtgemäß, dass der Händler seinen unerfahrenen Käufer nicht überfordert, und wo viel Kundschaft ist, tut dies auch der kluge Kaufmann nicht, sondern hält einen festgesetzten einheitlichen Preis, so dass ein Kind eben so gut bei ihm kauft wie jeder andere (IV 397)

Das Leben erhalten ist Pflicht, und außerdem hat jeder dazu noch eine unmittelbare Neigung (IV 397)

Wenn Widerwärtigkeiten und hoffnungsloser Gram den Geschmack am Leben gänzlich weggenommen haben, wenn der Unglückliche, stark an Seele und über sein Schicksal mehr entrüstet als kleinmütig oder niedergeschlagen, den Tod wünscht und sein ungeliebtes Leben doch erhält, nicht aus Neigung oder Furcht, sondern aus Pflicht, dann hat seine Maxime einen moralischen Gehalt (IV 398)

Wohltätig sein, wo man kann, ist Pflicht, und außerdem gibt es manche so teilnehmend gestimmte Seelen, dass sie auch ohne einen anderen Beweggrund der Eitelkeit oder des Eigennutzes ein inneres Vergnügen daran finden, Freude um sich zu verbreiten, und die sich an der Zufriedenheit anderer, sofern sie ihr Werk ist, ergötzen können. Aber ich behaupte, dass Wohltun in solchem Fall, so pflichtmäßig und liebenswürdig es auch ist, dennoch keinen wahren sittlichen Wert hat, sondern mit anderen Neigungen gepaart ist, z. B. der Neigung nach Ehre, die, wenn sie glücklicherweise auf Gemeinnützigkeit und Pflichterfüllung trifft und mithin ehrenwert ist, Lob und Aufmunterung, aber nicht Hochschätzung verdient; denn der Maxime fehlt der sittliche Gehalt, nämlich nicht aus Neigung, sondern aus Pflicht zu handeln (IV 398)

Angenommen, das Gemüt eines Menschenfreundes wäre von eigenem, jede Anteilnahme auslöschendem Gram erfüllt, so könnte er dennoch anderen Notleidenden wohltun, aber fremde Not rührte ihn auf Grund seiner eigenen nicht; wenn ihn nun keine Neigung mehr dazu reizte, er sich aber doch aus dieser tödlichen Unempfindlichkeit herausrisse und lediglich aus Pflicht handelte, dann hätte sein Handeln erst einen echten moralischen Wert (IV 398)

Der Wert des Charakters, der moralisch und ohne jeden Vergleich der höchste ist, beginnt mit der Wohltätigkeit nicht aus Neigung, sondern aus Pflicht (IV 398-399)

Die eigene Glückseligkeit sichern ist Pflicht (wenigstens indirekt), denn der Mangel der Zufriedenheit mit sich selbst in einem Gedränge von vielen Sorgen und mitten unter unbefriedigten Bedürfnissen könnte leicht eine große Versuchung zur Vernachlässigung der Pflichten werden (IV 399)

Wenn die allgemeine Neigung zur Glückseligkeit den Willen nicht bestimmt ..., so bleibt noch hier wie in allen anderen Fällen ein Gesetz übrig, nämlich nicht aus Neigung, sondern aus Pflicht eine Glückseligkeit zu schaffen, und da hat das Verhalten zuallererst den eigentlichen moralischen Wert. So sind ohne Zweifel auch die Bibelstellen zu verstehen, in denen geboten wird, unseren Nächsten, selbst unseren Feind zu lieben. Denn Liebe als Neigung kann nicht geboten werden; aber Wohltun aus Pflicht, selbst wenn dazu keine Neigung treibt, ja sogar natürliche und unbezwingliche Abneigung dem widerstrebt, ist praktische und nicht pathologische Liebe, die im Willen liegt und nicht im Hang der Empfindung (IV 399)

Ich soll niemals anders verfahren als so, dass ich auch wollen kann, meine Maxime solle ein allgemeines Gesetz werden (IV 402)

Es ist doch etwas ganz anderes, aus Pflicht wahrhaft zu sein als aus Besorgnis der nachteiligen Folgen: im ersten Fall enthält der Begriff der Handlung an sich selbst schon ein Gesetz, im zweiten muss ich mich erst anderswo umsehen, welche Wirkungen für mich wohl damit verbunden sind (IV 402)

Um zu erreichen, dass mein Wollen sittlich gut ist, brauche ich gar keine weit ausholende Scharfsinnigkeit. Unerfahren hinsichtlich des Weltlaufes und unfähig, auf alle Vorfälle desselben gefasst zu sein, frage ich mich nur: Kann ich auch wollen, dass meine Maxime ein allgemeines Gesetz werde? Wo nicht, da ist sie verwerflich, und zwar nicht wegen eines mir oder auch anderen daraus erwachsenden Nachteils, sondern weil sie nicht als Prinzip in eine mögliche allgemeine Gesetzgebung passen kann (IV 403)

So sind wir denn in der moralischen Erkenntnis der allgemeinen Menschenvernunft bis zu ihrem Prinzip gelangt ..., mit diesem Kompass in der Hand in allen Fällen sehr gut Bescheid zu wissen, zu unterscheiden, was gut, was böse, pflichtmäßig oder pflichtwidrig ist ..., und dass es also keiner Wissenschaft und Philosophie bedarf, um zu wissen, was man zu tun hat, um ehrlich und gut, ja sogar um weise und tugendhaft zu sein (IV 404)

Es ist eine herrliche Sache mit der Unschuld, nur ist es allerdings sehr schlimm, dass sie sich nicht bewahren lässt und leicht verführt wird. Deswegen bedarf selbst die Weisheit – die sonst wohl mehr im Tun und Lassen als im Wissen besteht – doch auch der Wissenschaft, nicht um von ihr zu lernen, sondern ihrer Vorschrift Eingang und Dauerhaftigkeit zu verschaffen (IV 404-405)

Wenn vom moralischen Wert die Rede ist, kommt es nicht auf die sichtbaren Handlungen an, sondern auf jene unsichtbaren inneren Prinzipien (IV 407)

Ich will aus Menschenliebe einräumen, dass doch die meisten unserer Handlungen pflichtmäßig sind; sieht man aber das menschliche Trachten näher an, so stößt man allenthalben auf das hervorstechende liebe Selbst, worauf sich anstatt auf das strenge Gebot der Pflicht, das mehrmals Selbstverleugnung erfordern würde, ihre Absicht stützt (IV 407)

Es ist gar keine Kunst, allgemeinverständlich zu sein, wenn man dabei auf alle gründliche Einsicht verzichtet (IV 409)

Ein jedes Ding der Natur wirkt nach Gesetzen. Nur ein vernünftiges Wesen hat das Vermögen, nach der Vorstellung der Gesetze, d. h. nach Prinzipien, zu handeln oder nach seinem Willen (IV 412)

Die Vorstellung eines objektiven Prinzips, sofern es für einen Willen bestimmend ist, ist ein Gebot (der Vernunft), und die Formel des Gebots heißt Imperativ (IV 413)

Für den göttlichen und überhaupt für einen heiligen Willen gelten keine Imperative; das Sollen ist hier am unrechten Ort, weil das Wollen schon von selbst mit dem Gesetz unbedingt übereinstimmt (IV 414)

Der kategorische Imperativ würde der sein, der eine Handlung als für sich selbst, ohne Bezug auf einen anderen Zweck, als objektiv-notwendig vorstellte (IV 414)

Das Wort Klugheit gilt in zweifachem Sinn: einmal kann es den Namen Weltklugheit, ein andermal den der Privatklugheit führen. Die erste ist die Geschicklichkeit eines Menschen, auf andere Einfluss zu haben, um sie zu seinen Absichten zu gebrauchen. Die zweite ist die Einsicht, alle diese Absichten zu seinem eigenen dauernden Vorteil zu vereinigen. Die letztere ist eigentlich diejenige, auf die selbst der Wert der ersteren zurückgeführt wird; und wer in der ersten Art klug ist, nicht aber in der zweiten, von dem könnte man besser sagen, er sei gescheit und verschlagen, im Ganzen aber doch unklug (IV 416)

Es ist ein Unglück, dass der Begriff der Glückseligkeit so unbestimmt ist, dass der Mensch, obgleich er zu dieser gelangen möchte, doch niemals bestimmt sagen kann, was er eigentlich wünscht und will. Die Ursache ist, dass alle Elemente, die zum Begriff der Glückseligkeit gehören, insgesamt empirisch sind, d. h. aus der Erfahrung entlehnt werden müssen, dass gleichwohl zur Idee der Glückseligkeit ein absolutes Ganzes, ein Maximum des Wohlbefindens, im gegenwärtigen und jedem zukünftigen Zustand erforderlich ist (IV 418)

Es ist unmöglich, dass der Mensch sich einen bestimmten Begriff von dem macht, was er eigentlich will.[78] Will er Reichtum, könnte er sich viel Sorge, Neid und Nachstellung aufhalsen! Will er viel Erkenntnis und Einsicht, könnte das vielleicht ein schärferes Auge bewirken, um ihm die Übel, die sich für ihn jetzt noch verbergen und doch nicht vermieden werden können, nur noch schrecklicher zu zeigen oder seinen Begierden, die ihm schon genug zu schaffen machen, noch mehr Bedürfnisse aufzubürden. Will er ein langes Leben – wer bürgt ihm dafür, dass es nicht ein langes Elend sein werde? Will er wenigstens Gesundheit, so ist zu bedenken, wie oft ihn Ungemächlichkeit des Körpers von Ausschweifungen abgehalten hat, in die er bei unbeschränkter Gesundheit hätte fallen können, usw. (IV 418)

Der Mensch kann nicht nach irgendeinem Grundsatz mit völliger Gewissheit bestimmen, was ihn wahrhaftig glücklich macht, weil hierzu Allwissenheit erforderlich ist (IV 418)

Man kann nicht nach bestimmten Prinzipien handeln, um glücklich zu sein, sondern nur nach empirischen Ratschlägen, z. B. der Diät, der

---

[78] Vgl. IX 93.

Sparsamkeit, der Höflichkeit, der Zurückhaltung usw., von denen die Erfahrung lehrt, dass sie das Wohlbefinden im Durchschnitt am meisten steigern (IV 418)

Maxime ist das subjektive Prinzip zu handeln und muss vom objektiven Prinzip, nämlich dem praktischen Gesetz, unterschieden werden. Jene enthält die praktische Regel, die die Vernunft den Bedingungen des Subjekts gemäß ... bestimmt, und ist also der Grundsatz, nach dem das Subjekt handelt; das Gesetz aber ist das objektive Prinzip, gültig für jedes vernünftige Wesen, und der Grundsatz, nach dem es handeln soll, d. h. ein Imperativ (IV 420-421)

Der kategorische Imperativ ist nur ein einziger, und zwar dieser: Handle nur nach derjenigen Maxime, durch die du zugleich wollen kannst, dass sie ein allgemeines Gesetz werde (IV 421)

Wir müssen wollen können, dass eine Maxime unserer Handlung ein allgemeines Gesetz wird: dies ist der Kanon der moralischen Beurteilung derselben überhaupt (IV 424)

Wenn wir bei jeder Übertretung einer Pflicht auf uns selbst achten, so erkennen wir, dass wir wirklich nicht wollen, dass unsere Maxime ein allgemeines Gesetz wird, denn das ist uns unmöglich, sondern ihr Gegenteil soll vielmehr allgemein ein Gesetz bleiben; nur nehmen wir uns die Freiheit, für uns oder (auch nur für dieses Mal) zum Vorteil unserer Neigung davon eine Ausnahme zu machen (IV 424)

Der Mensch und überhaupt jedes vernünftige Wesen existiert als Zweck an sich, nicht nur als Mittel zum beliebigen Gebrauch für diesen oder jenen Willen, sondern er muss in allen seinen sowohl auf sich selbst als auch auf andere vernünftige Wesen gerichteten Handlungen jederzeit zugleich als Zweck betrachtet werden (IV 428)

Nach dem Begriff der notwendigen Pflicht gegen sich selbst wird derjenige, der einen Selbstmord plant, sich fragen, ob seine Handlung mit der Idee der Menschheit als Zweck an sich übereinstimmt. Wenn er, um einem beschwerlichen Zustand zu entfliehen, sich selbst zerstört, so bedient er sich seiner Person nur als eines Mittels zur Erhaltung eines erträglichen Zustandes bis zum Ende des Lebens. Der Mensch aber ist keine Sache, mithin nicht etwas, das nur als Mittel gebraucht werden kann, sondern er muss bei allen seinen Handlungen jederzeit als Zweck an sich betrachtet werden. Also kann ich über den Menschen in meiner Person nichts disponieren, ihn zu verstümmeln, zu verderben oder zu töten (IV 429)

Was die notwendige oder schuldige Pflicht gegen andere betrifft, so wird der, der ein lügenhaftes Versprechen im Sinne hat, sofort einsehen, dass er sich eines anderen Menschen nur als Mittel bedienen will, ohne dass dieser zugleich den Zweck in sich enthält (IV 429)

Man denke ja nicht, dass das abgedroschene „Quod tibi non vis fieri"[79] etc. zur Richtschnur oder zum Prinzip dienen könne. Es kann kein allgemeines Gesetz sein, denn es enthält nicht den Grund der Pflichten gegen sich selbst, nicht den der Liebespflichten gegen andere (denn mancher würde es gerne sehen, dass andere ihm nicht wehtun, wenn er ihnen nur trotzdem wehtun dürfte), schließlich nicht den der schuldigen Pflichten gegeneinander; denn der Verbrecher würde aus diesem Grunde gegen seine strafenden Richter argumentieren, usw. (IV 430)

Was einen Preis hat, an dessen Stelle kann auch etwas anderes als Äquivalent gesetzt werden; was dagegen über allen Preis erhaben ist, mithin kein Äquivalent gestattet, das hat eine Würde (IV 434)

Geschicklichkeit und Fleiß im Arbeiten haben einen Marktpreis ..., dagegen haben Treue im Versprechen, Wohlwollen aus Grundsätzen (nicht aus Instinkt) einen inneren Wert (IV 435)

Handle jederzeit nach derjenigen Maxime, deren Allgemeinheit als Gesetz du zugleich wollen kannst; dies ist die einzige Bedingung, unter der ein Wille niemals mit sich selbst im Widerstreit sein kann, und ein solcher Imperativ ist kategorisch... . So kann der kategorische Imperativ auch ausgedrückt werden: Handle nach Maximen, die sich selbst zugleich als allgemeine Naturgesetze zum Gegenstand haben können (IV 437)

Das Wesen der Dinge ändert sich durch ihre äußeren Verhältnisse nicht, und was, ohne an das letztere zu denken, den absoluten Wert des Menschen ausmacht, danach muss er, von wem es auch sei, selbst vom höchsten Wesen beurteilt werden (IV 439)

---

[79] „Was du nicht willst, das man dir tu" etc.

Alle Vorstellungen, die uns ohne unsere Willkür kommen (wie die der Sinne), geben uns die Gegenstände nicht anders zu erkennen, als diese auf uns einwirken. Daraus folgt von selbst, dass man hinter den Erscheinungen doch noch etwas anderes, was nicht Erscheinung ist, nämlich die Dinge an sich, einräumen und annehmen muss, obgleich wir, da sie uns niemals bekannt werden, sondern immer nur beeindrucken können, ihnen nicht näher treten und niemals wissen können, was sie an sich sind. Dieses muss zu einer, obwohl rohen, Unterscheidung einer Sinnenwelt von der Verstandeswelt führen, wovon die erstere nach Verschiedenheit der Sinnlichkeit in mancherlei Weltbeschauern auch sehr differenziert sein kann, während die zweite, die ihr zu Grunde liegt, immer dieselbe bleibt. Nach der Kenntnis, die der Mensch durch innere Empfindung von sich selbst hat, darf er sich nicht anmaßen zu erkennen, wie er an sich ist (IV 451)

Der Mensch findet in sich wirklich eine Fähigkeit, durch die er sich von allen anderen Dingen, ja von sich selbst, sofern er durch Gegenstände beeindruckt wird, unterscheidet, und das ist die Vernunft. Diese, als reine Selbsttätigkeit, ist darin sogar noch über den Verstand erhoben (IV 452)

Freiheit ist eine bloße Idee, deren objektive Realität auf keine Weise nach Naturgesetzen, also auch nicht in irgendeiner möglichen Erfahrung offenbart werden kann, die also, weil ihr selbst niemals nach irgendeiner Analogie ein Beispiel untergelegt wird, niemals begriffen oder auch nur eingesehen werden kann (IV 459)

Interesse ist das, wodurch Vernunft praktisch, d. h. eine den Willen bestimmende Ursache wird. Daher sagt man nur von einem vernünftigen Wesen, dass es Interesse hat, vernunftlose Geschöpfe fühlen nur sinnliche Antriebe (IV 459)

Metaphysische Anfangsgründe der Naturwissenschaft

Abb. 24: Immanuel Kant. Anonymes Gemälde, um 1790. (Aus Ikonographie, Nr. 15.)

Die Natur ... hat nach der Grundverschiedenheit unserer Sinne zwei Hauptteile, von denen der eine die Gegenstände äußerer, der andere den Gegenstand des inneren Sinnes enthält; somit ist von ihr eine zweifache Naturlehre, die Körperlehre und die Seelenlehre, möglich, wovon die erste die ausgedehnte, die zweite die denkende Natur in Erwägung zieht (IV 467)

Eine jede Lehre nennt man Wissenschaft, wenn sie ein System, d. h. ein nach Prinzipien geordnetes Ganzes der Erkenntnis sein soll (IV 467)

Eigentliche Wissenschaft kann nur diejenige genannt werden, deren Gewissheit unwiderlegbar ist, Erkenntnis, die nur empirische Gewissheit enthalten kann, ist ein nur so genanntes Wissen. ... Wenn aber diese Gründe oder Prinzipien in ihr, wie z. B. in der Chemie, doch zuletzt nur empirisch und die Gesetze, aus denen die gegebenen Fakten durch die Vernunft erklärt werden, nur Erfahrungsgesetze sind, so führen sie kein Bewusstsein ihrer Notwendigkeit bei sich (sind nicht unwiderlegbar gewiss), und dann verdient das Ganze im strengen Sinne nicht den Namen einer Wissenschaft. Chemie sollte daher eher systematische Kunst als Wissenschaft heißen. Eine rationale Naturlehre verdient also den Namen einer Naturwissenschaft nur dann, wenn die ihr zu Grunde liegenden Naturgesetze a priori erkannt werden und nicht bloße Erfahrungsgesetze sind (IV 468)

Die vollständigste Erklärung gewisser Erscheinungen aus chemischen Prinzipien lässt noch immer eine Unzufriedenheit zurück, weil man von diesen als zufälligen Gesetzen, die nur Erfahrung gelehrt hat, keine Gründe a priori anführen kann (IV 469)

Reine Vernunfterkenntnis aus bloßen Begriffen heißt reine Philosophie oder Metaphysik; dagegen wird die, die nur auf der Konstruktion der Begriffe durch Darstellung des Gegenstandes in einer Anschauung a priori ihre Erkenntnis gründet, Mathematik genannt (IV 469)

Ich behaupte, dass in jeder besonderen Naturlehre nur so viel eigentliche Wissenschaft angetroffen werden kann, wie darin Mathematik anzutreffen ist. Denn eigentliche Wissenschaft, vornehmlich der Natur, erfordert einen reinen Teil, der dem empirischen zu Grunde liegt und der auf Erkenntnis der Naturdinge a priori beruht (IV 470)

Reine Naturlehre über bestimmte Naturdinge (Körperlehre und Seelenlehre) ist nur mittels der Mathematik möglich, und da in jeder Naturlehre nur so viel eigentliche Wissenschaft angetroffen wird, wie sich darin Erkenntnis a priori befindet, wird Naturlehre nur so viel eigentliche Wissenschaft enthalten, wie Mathematik in ihr angewandt werden kann (IV 470)

Chemie kann nicht mehr als systematische Kunst oder Experimentallehre, niemals aber eigentliche Wissenschaft werden, weil ihre Prinzipien nur empirisch sind und keine Darstellung a priori in der Anschauung erlauben, folglich die Grundsätze chemischer Erscheinungen ihrer Möglichkeit nach nicht im mindesten begreiflich machen, weil sie der Anwendung der Mathematik unfähig sind (IV 471)

Newtons System der allgemeinen Gravitation steht fest, obgleich es die Schwierigkeit birgt, dass man nicht erklären kann, wie Anziehung in die Ferne möglich ist; aber Schwierigkeiten sind nicht Zweifel (IV 474)

Newton sagt ...: „Die Geometrie ist stolz darauf, dass sie mit so wenigem, was sie anderwärts hernimmt, so viel zu leisten vermag". Von der Metaphysik könnte man dagegen sagen: Sie ist bestürzt, weil sie mit so vielem, was ihr die reine Mathematik darbietet, doch nur so wenig ausrichten kann. Indessen ist doch dieses Wenige etwas, das selbst die Mathematik in ihrer Anwendung auf Naturwissenschaft unumgänglich braucht (IV 478-479)

Materie ist das Bewegliche im Raum. Der Raum, der selbst beweglich ist, ist der materielle oder auch der relative Raum; der, in dem alle Bewegung ausgeschlossen werden muss (der mithin selbst schlechterdings unbeweglich ist), heißt der reine oder auch absolute Raum (IV 480)

Wenn ich den Begriff der Materie nicht durch ein ihr selbst als Objekt zukommendes Prädikat erklären soll, sondern nur durch das Verhältnis zum Erkenntnisvermögen, in dem mir die Vorstellung erst gegeben werden kann, so ist Materie ein jeder Gegenstand äußerer Sinne (IV 481)

In jeder Bewegung sind Richtung und Geschwindigkeit die beiden Momente ihrer Erwägung, wenn man von allen anderen Eigenschaften des Beweglichen abstrahiert (IV 483)

Der Raum gehört überhaupt nicht zu den Eigenschaften oder Verhältnissen der Dinge an sich selbst, die sich notwendig auf objektive Begriffe bringen lassen müssten, sondern nur zu der subjektiven Form unserer sinnlichen Anschauung von Dingen oder Verhältnissen, die uns nach dem, was sie an sich sein mögen, völlig unbekannt bleiben (IV 484)

Der Widerstand, den eine Materie in dem von ihr erfüllten Raum allem Eindringen anderer Materie leistet, ist eine Ursache der Bewegung der letzteren in entgegengesetzter Richtung. Die Ursache einer Bewegung heißt aber bewegende Kraft. Also erfüllt die Materie ihren Raum durch bewegende Kraft und nicht durch ihre bloße Existenz (IV 497)

Die Materie ist ins Unendliche teilbar, und zwar in Teile, von denen jeder wiederum Materie ist (IV 503)

Ein von *Leibniz* ausgeführter, an sich richtiger platonischer Begriff von der Welt ist, sofern man sie gar nicht als Gegenstand der Sinne, sondern als Ding an sich selbst betrachtet, nur ein Gegenstand des Verstandes, der aber doch den Erscheinungen der Sinne zu Grunde liegt (IV 507)

Die aller Materie wesentliche Anziehung ist eine unmittelbare Wirkung derselben auf andere durch den leeren Raum (IV 512)

Dass man die Möglichkeit der Grundkräfte[80] begreiflich machen sollte, ist eine ganz unmögliche Forderung; denn sie sind eben darum Grundkräfte, weil sie von keiner anderen Kraft abgeleitet, d. h. gar nicht begriffen werden können (IV 513)

Jedes Ding im Raum wirkt auf ein anderes nur an einem Ort, wo das Wirkende nicht ist. Denn sollte es an dem Ort, wo es selbst ist, wirken, so würde das Ding, worauf es wirkt, gar nicht außerhalb von ihm sein; denn dieses Außerhalb bedeutet die Gegenwart in einem Ort, worin das andere nicht ist (IV 513)

Die ursprüngliche Anziehungskraft, worauf selbst die Möglichkeit der Materie als einer solchen beruht, erstreckt sich im Weltraum von jedem ihrer Teile auf jeden anderen unmittelbar ins Unendliche (IV 516)

Die Wirkung von der allgemeinen Anziehung, die alle Materie auf alle und in allen Entfernungen unmittelbar ausübt, ist die Gravitation; die Bestrebung, sich in der Richtung der größeren Gravitation zu bewegen, ist die Schwere (IV 518)

Zur Befugnis, eine Hypothese zu errichten, wird unnachgiebig gefordert, dass die Möglichkeit dessen, was man annimmt, völlig gewiss ist, die Möglichkeit von Grundkräften aber kann verstanden werden (IV 524)

Statt einer hinreichenden Erklärung der Möglichkeit der Materie und ihrer spezifischen Verschiedenheit aus jenen Grundkräften, die ich nicht zu leisten vermag, will ich die Momente, worauf ihre spezifische Verschiedenheit sich insgesamt a priori bringen ... lassen muss, wie ich hoffe, vollständig darstellen (IV 525)

Ein Körper in physischer Bedeutung ist eine Materie zwischen bestimmten Grenzen (die also eine Figur hat). Der Raum zwischen diesen Grenzen, seiner Größe nach betrachtet, ist der Rauminhalt (Volumen). Der Grad der Erfüllung eines Raumes von bestimmtem Inhalt heißt Dichtigkeit (IV 525)

Eine Materie, deren Teile ungeachtet ihres noch so starken Zusam-

---

[80] Als Grundkräfte der Materie lassen sich beispielsweise nur die Anziehungs- und die Zurückstoßungskraft denken. Die Naturphilosophie kann nur die verschiedenen Kräfte bis auf die Grundkräfte zurückführen.

menhanges untereinander dennoch von jeder noch so kleinen bewegenden Kraft aneinander verschoben werden können, ist flüssig (IV 526)

Ein fester – besser noch ein starrer – Körper ist der, dessen Teile nicht durch jede Kraft aneinander verschoben werden können, die folglich mit einem gewissen Grad von Kraft dem Verschieben widerstehen. Das Hindernis des Verschiebens der Materien aneinander ist die Reibung (IV 527)

Die Wirkung bewegter Körper aufeinander durch Mitteilung ihrer Bewegung heißt mechanisch; die Wirkung der Materien aber, sofern sie auch in Ruhe durch eigene Kräfte wechselseitig die Verbindung ihrer Teile verändern, heißt chemisch (IV 530)

Die Materie ist ins Unendliche teilbar, folglich kann keine ihrer Quantität nach durch eine Menge ihrer Teile unmittelbar bestimmt werden (IV 537)

Kritik der praktischen Vernunft

Abb. 25: Immanuel Kant und der bestirnte Himmel über seiner Vaterstadt Königsberg.
Gemälde von Robert Budzinski. (Aus Ikonographie, Nr. 42.)

In diesem Werk werden die Begriffe und Grundsätze der reinen spekulativen Vernunft, die doch ihre besondere Kritik schon erlitten haben, hin und wieder nochmals der Prüfung unterworfen, was dem systematischen Gang einer zu errichtenden Wissenschaft sonst schlecht ansteht (da abgeurteilte Sachen nur angeführt und nicht wieder erörtert werden müssen), doch hier erlaubt, ja nötig war, weil die Vernunft von jenen Begriffen unterschiedlich Gebrauch macht (V 7)

Der Begriff der Freiheit ist der Stein des Anstoßes für alle Empiristen, aber auch der Schlüssel zu den erhabensten praktischen Grundsätzen für kritische Moralisten, die dadurch einsehen, dass sie notwendig rational verfahren müssen (V 7-8)

Schlimmeres könnte ... wohl nicht geschehen, als wenn jemand die unerwartete Entdeckung machte, dass es überall gar kein Erkenntnis a priori gibt noch geben kann. Allein es hat hiermit keine Not. Es wäre ebenso, als wenn jemand durch Vernunft beweisen wollte, dass es keine Vernunft gibt. Denn wir sagen nur, dass wir etwas durch Vernunft erkennen, wenn wir uns bewusst sind, dass wir es auch ohne Erfahrung hätten wissen können; mithin ist Vernunfterkenntnis und Erkenntnis a priori dasselbe (V 12)

Wir kennen andere vernünftige Wesen außer dem Menschen nicht (V 12)

Konsequenz ist die größte Pflicht eines Philosophen und wird doch am seltensten angetroffen. Die alten griechischen Schulen geben uns davon mehr Beispiele, als wir in unserem synkretistischen[81] Zeitalter antreffen, wo ein gewisses Koalitionssystem widersprechender Grundsätze voll Unredlichkeit und Seichtigkeit erkünstelt wird, weil es sich einem Publikum besser empfiehlt, das zufrieden ist, von allem etwas und im Ganzen nichts zu wissen und dabei in allen Sätteln gerecht zu sein (V 24)

Grundgesetz der reinen praktischen Vernunft: Handle so, dass die Maxime deines Willens jederzeit zugleich als Prinzip einer allgemeinen Gesetzgebung gelten kann (V 30)

Wer im Spiel verloren hat, kann sich wohl über sich selbst und seine Unklugheit ärgern, aber wenn er sich bewusst ist, im Spiel betrogen (obzwar dadurch gewonnen) zu haben, so muss er sich selbst verachten, sobald er sein Handeln mit dem sittlichen Gesetz vergleicht (V 37)

In jeder Strafe als solcher muss zuerst Gerechtigkeit sein, und diese macht das Wesentliche dieses Begriffes aus. Mit ihr kann zwar auch Güte verbunden werden, aber auf die hat der Angeklagte nach seiner Tat nicht den mindesten Anspruch (V 37)

Natur ist im allgemeinen Verständnis die Existenz der Dinge unter Gesetzen (V 43)

Alle menschliche Einsicht ist zu Ende, sobald wir zu Grundkräften oder Grundvermögen gelangt sind; denn deren Möglichkeit kann durch

---

[81] Synkretismus = Verschmelzung verschiedener philosophischer Lehren.

nichts begriffen, darf aber auch ebenso wenig beliebig erdichtet und angenommen werden (V 46-47)

Aus meinen Untersuchungen ergab es sich, dass die Gegenstände, mit denen wir es in der Erfahrung zu tun haben, keineswegs Dinge an sich selbst, sondern nur Erscheinungen sind (V 53)

Das Wohl oder Übel bedeutet immer nur einen Bezug auf unseren Zustand der Annehmlichkeit oder Unannehmlichkeit, des Vergnügens und Schmerzens, und wenn wir darum ein Objekt begehren oder verabscheuen, so geschieht es nur, sofern es auf unsere Sinnlichkeit und das Gefühl der Lust und Unlust, das es bewirkt, bezogen wird (V 60)

Man mochte immer den Stoiker[82] auslachen, der in den heftigsten Gichtschmerzen ausrief: „Schmerz, du magst mich noch so sehr foltern, ich werde doch nie gestehen, dass du etwas Böses bist!" Er hatte doch recht. Ein Übel war es, das fühlte er, und das verriet sein Geschrei; aber dafür, dass man dem Schmerz dadurch etwas Böses anhinge, gab es gar keine Ursache; denn der Schmerz verringert den Wert einer Person nicht im mindesten, sondern nur den Wert ihres Zustandes. Eine einzige dem Stoiker bewusste Lüge hätte seinen Mut niederschlagen müssen, aber der Schmerz diente nur zur Veranlassung, ihn zu erheben, wenn er sich bewusst war, dass er ihn durch keine unrechte Handlung verschuldet und sich dadurch strafwürdig gemacht hatte (V 60)

Was wir gut nennen sollen, muss in jedes vernünftigen Menschen Urteil ein Gegenstand des Begehrens sein und das Böse in den Augen von jedermann ein Gegenstand des Abscheus; also bedarf es außer dem Sinn zu dieser Beurteilung noch der Vernunft. So ist es mit der Wahrhaftigkeit im Gegensatz zur Lüge, so mit der Gerechtigkeit im Gegensatz zur Gewalttätigkeit usw. bewandt (V 60-61)

Der Mensch ist ein bedürftiges Wesen, sofern er zur Sinnenwelt gehört, und daher hat seine Vernunft allerdings einen nicht abzulehnenden Auftrag von Seiten der Sinnlichkeit, sich um ihr Interesse zu kümmern und sich praktische Maximen, auch in Absicht auf die Glückseligkeit dieses und wo möglich auch eines zukünftigen Lebens, zu bilden (V 61)

---

[82] Poseidonios.

Es widerspricht allen Grundregeln des philosophischen Verfahrens, das, worüber man erst entscheiden soll, schon im voraus als entschieden anzunehmen (V 63)

Alle Neigungen zusammen (die auch wohl in ein erträgliches System gebracht werden können und deren Befriedigung alsdann Glückseligkeit heißt) machen die Selbstsucht aus. Diese ist entweder die Selbstliebe, ein über alles gehendes Wohlwollen gegen sich selbst oder das Wohlgefallen an sich selbst. Jene heißt besonders Eigenliebe, diese Eigendünkel (V 73)

Achtung zielt jederzeit nur auf Personen, niemals auf Sachen. Die letzteren können Neigung und, wenn es Tiere sind (z. B. Pferde, Hunde), sogar Liebe oder auch Furcht wie das Meer, ein Vulkan, ein Raubtier, niemals aber Achtung in uns erwecken (V 76)

Vor einem bürgerlich einfachen Mann, an dem ich eine Rechtschaffenheit des Charakters in einem höheren Maß wahrnehme, als mir von mir selbst bewusst ist, bückt sich mein Geist, ich mag wollen oder nicht und den Kopf noch so hoch tragen, um ihn meinen Vorrang nicht übersehen zu lassen. Warum das? Sein Beispiel hält mir ein Gesetz vor, das meinen Eigendünkel niederschlägt, wenn ich es mit meinem Verhalten vergleiche, und dessen Befolgung ich durch die Tat bewiesen vor mir sehe (V 77)

Bei Menschen ist immer alles Gute mangelhaft (V 77)

Achtung ist ein Tribut, den wir dem Verdienst nicht verweigern können, wir mögen wollen oder nicht; auch wenn wir uns äußerlich damit zurückhalten, so können wir doch nicht verhüten, sie innerlich zu empfinden. ... Wenn man einmal den Eigendünkel abgelegt und jener Achtung praktischen Einfluss gestattet hat, kann man sich wiederum an der Herrlichkeit dieses Gesetzes nicht satt sehen, und die Seele glaubt sich in dem Maße selbst zu erheben, als sie das heilige Gesetz über sich und ihre gebrechliche Natur erhaben sieht (V 77)

Eine jede Verminderung der Hindernisse einer Tätigkeit ist Beförderung dieser Tätigkeit selbst (V 79)

„Liebe Gott über alles und deinen Nächsten wie dich selbst" ... fordert doch als Gebot Achtung für ein Gesetz, das Liebe befiehlt, und überlässt es nicht der beliebigen Wahl, sich diese zum Prinzip zu machen. Aber Liebe zu Gott als Neigung (pathologische Liebe) ist unmöglich, denn er ist kein

Gegenstand der Sinne. Zu Menschen ist sie zwar möglich, kann aber nicht geboten werden, denn es steht in keines Menschen Vermögen, jemanden nur auf Befehl zu lieben... . Gott lieben heißt in dieser Bedeutung, seine Gebote gerne tun; den Nächsten lieben heißt, alle Pflicht ihm gegenüber gerne ausüben. Das Gebot aber, das dieses zur Regel macht, kann nicht gebieten, diese Gesinnung in pflichtmäßigen Handlungen zu haben, sondern nur danach zu streben (V 83)

Pflicht, du erhabener großer Name, der du nichts Beliebtes birgst, was Einschmeichlung mit sich führt, sondern Unterwerfung verlangst, doch auch nichts androhst, was natürliche Abneigung im Gemüt erregte und schreckte, um den Willen zu bewegen ..., vor dem alle Neigungen verstummen, obgleich sie ihm insgeheim entgegenwirken – welches ist der deiner würdige Ursprung, und wo findet man die Wurzel deiner edlen Herkunft, die alle Verwandtschaft mit Neigungen stolz ausschlägt und von der abzustammen, die unerlässliche Bedingung desjenigen Wertes ist, den sich Menschen allein selbst geben können? (V 86)

Der Mensch ist zwar unheilig genug, aber die Menschheit in seiner Person muss ihm heilig sein. In der ganzen Schöpfung kann alles, was man will und worüber man etwas vermag, auch nur als Mittel gebraucht werden; nur der Mensch und mit ihm jedes vernünftige Geschöpf ist Zweck an sich selbst (V 87)

Die Ehrwürdigkeit der Pflicht hat nichts mit Lebensgenuss zu schaffen, sie hat ihr eigentümliches Gesetz, auch ihr eigentümliches Gericht; wenn man auch beide noch so sehr zusammenschütteln wollte, um sie vermischt gleichsam als Arzneimittel der kranken Seele zu verabreichen, so scheiden sie sich doch alsbald von selbst, und tun sie es nicht, so wirkt das erste gar nicht; das physische Leben würde zwar hierbei einige Kraft gewinnen, während das moralische ohne Rettung dahinschwinden würde (V 89)

Die Reue über eine längst begangene Tat ist bei jeder Erinnerung an diese eine schmerzhafte, durch moralische Gesinnung bewirkte Empfindung, die insofern praktisch leer ist, als sie nicht dazu dienen kann, das Geschehene ungeschehen zu machen (V 98)

Wenn es für uns möglich wäre, in eines Menschen Denkart, so wie sie sich durch innere und äußere Handlungen zeigt, so tiefe Einsicht zu haben, dass jede, auch die mindeste Triebfeder dazu sowie alle auf diese wirkenden äußeren Veranlassungen uns bekannt würden, könnten wir eines Menschen Verhalten für die Zukunft mit Gewissheit so wie eine Mond- oder Sonnenfinsternis ausrechnen und dennoch dabei behaupten, dass der Mensch frei ist (V 99)

So wie es ein Widerspruch wäre, zu sagen, Gott sei ein Schöpfer von Erscheinungen, so ist es auch ein Widerspruch, zu sagen, er sei als Schöpfer Ursache der Handlungen in der Sinnenwelt, also Erscheinungen, auch wenn er Ursache des Daseins der handelnden Wesen ist (V 102)

Wenn einer Wissenschaft geholfen werden soll, müssen alle Schwierigkeiten, auch die noch so verborgenen aufgedeckt werden, denn jede ruft ein Hilfsmittel auf, das nicht gefunden werden kann, ohne der Wissenschaft einen Zuwachs an Umfang oder an Bestimmtheit zu verschaffen; also werden selbst die Hindernisse Beförderungsmittel der Gründlichkeit der Wissenschaft. Werden dagegen die Schwierigkeiten absichtlich verdeckt oder nur durch Palliativmittel[83] behoben, so brechen sie über kurz oder lang in unheilbare Übel aus, die die Wissenschaft in einem gänzlichen Skeptizismus zu Grunde richten (V 103)

Schriftsteller würden sich manche Irrtümer, manche verlorene Mühe (weil sie auf Blendwerk ausgerichtet war) ersparen, wenn sie sich nur entschließen könnten, mit etwas mehr Offenheit zu Werke zu gehen (V 106)

Da alle Begriffe der Dinge auf Anschauungen bezogen werden müssen, die bei uns Menschen niemals anders als sinnlich sein können, lassen sich die Gegenstände nicht als Dinge an sich selbst, sondern nur als Erscheinungen erkennen (V 107)

Die Antinomie der reinen Vernunft, die in ihrer Dialektik offenbar wird, ist in der Tat die wohltätigste Verirrung, in die die menschliche Vernunft je hat geraten können, indem sie uns antreibt, den Schlüssel zu diesem Labyrinth zu suchen, der, wenn er denn gefunden wurde, noch das entdeckt, was man nicht suchte und doch braucht, nämlich eine Aussicht auf eine höhere unveränderliche Ordnung der Dinge (V 107)

---

[83] Beseitigen allgemein die Erscheinungen, nicht ihre Ursachen.

Es wäre nicht übel, den Eigendünkel desjenigen, der sich den Titel eines Philosophen selbst anmaßt, abzuschrecken, indem man ihm schon durch die Definition den Maßstab der Selbsteinschätzung vorhält, der seine Ansprüche sehr absenken wird, denn ein Weisheitslehrer zu sein, dürfte wohl mehr als einen Schüler bedeuten, der noch nicht weit genug gekommen ist, um sich selbst, viel weniger um andere mit sicherer Erwartung eines so hohen Zwecks anzuleiten; es würde einen Meister in Kenntnis der Weisheit bedeuten, welches mehr aussagt, als ein bescheidener Mann sich selber anmaßen wird (V 108)

Sich Philosoph zu nennen, ist nur der berechtigt, der auch die unfehlbare Wirkung der Philosophie (in Beherrschung seiner selbst und dem unbezweifelten Interesse, das er vorzüglich am allgemeinen Guten nimmt) an seiner Person als Beispiel aufstellen kann. Das forderten schon die Alten, um jenen Ehrennamen verdienen zu können (V 109)

Neigungen wechseln, wachsen mit der ihnen gewährten Begünstigung und lassen immer eine noch größere Leere übrig, als man sie auszufüllen gedacht hat. Daher sind sie einem vernünftigen Wesen jederzeit lästig, und wenn es sie auch nicht abzulegen vermag, so nötigen sie ihm doch den Wunsch ab, ihrer entledigt zu sein (V 118)

Neigung ist blind und knechtisch, mag sie nun gutartig sein oder nicht, und die Vernunft muss, wo es auf Sittlichkeit ankommt, nicht nur als ihr Vormund wirken, sondern ohne auf sie Rücksicht zu nehmen, als reine praktische Vernunft ihr eigenes Interesse verfolgen (V 118)

Die völlige Angemessenheit des Willens zum moralischen Gesetz ist Heiligkeit, eine Vollkommenheit, deren ein vernünftiges Wesen der Sinnenwelt zu keinem Zeitpunkt seines Daseins fähig ist. Da sie trotzdem als praktisch notwendig gefordert wird, kann sie nur in einem ins Unendliche gehenden Fortschritt zu jener völligen Angemessenheit gelangen. ... Dieser unendliche Fortschritt ist aber nur unter Voraussetzung einer ins Unendliche fortdauernden Existenz dieses vernünftigen Wesens (die man die Unsterblichkeit der Seele nennt) möglich. Also ist das höchste Gut praktisch nur unter der Voraussetzung der Unsterblichkeit der Seele möglich und diese, als unzertrennlich mit dem moralischen Gesetz verbunden, ein Postulat der reinen praktischen Vernunft (V 122)

Einem vernünftigen, aber endlichen Wesen ist der Fortschritt ins Unendliche nur von niederen zu den höheren Stufen der moralischen Vollkommenheit möglich (V 123)

Natürlicherweise darf derjenige, der sich bewusst ist, einen langen Teil seines Lebens bis zum Tod aus echten moralischen Beweggründen, im Fortschritt zum Besseren eingehalten zu haben, sich wohl die tröstende Hoffnung, obgleich nicht Gewissheit, machen, dass er auch in einer über dieses Leben hinaus fortgesetzten Existenz bei diesen Grundsätzen beharren und … Aussicht in eine selige Zukunft haben wird (V 123)

Glückseligkeit ist der Zustand eines vernünftigen Wesens in der Welt, dem im Ganzen seiner Existenz alles nach Wunsch und Willen geht (V 124)

Das moralische Gesetz gebietet, mir das höchstmögliche Gut in einer Welt zum letzten Gegenstand allen Verhaltens zu machen. Dies aber kann ich nur durch die Übereinstimmung meines Willens mit dem eines heiligen und gütigen Welturhebers zu bewirken hoffen (V 129)

Diejenigen, die den Zweck der Schöpfung in die Ehre Gottes … setzten, haben wohl den besten Ausdruck getroffen. Denn nichts ehrt Gott mehr als das Wertvollste in der Welt, die Achtung seiner Gebote, die Beachtung der heiligen Pflicht, die uns sein Gesetz auferlegt, wenn sein herrliches Wirken dazu kommt, eine solch schöne Ordnung mit angemessener Glückseligkeit zu krönen (V 131)

Gott werden verschiedene Eigenschaften zugesprochen, deren Qualität auch den Geschöpfen angemessen ist, nur dass sie bei ihm zum höchsten Grade erhoben werden, z. B. Macht, Wissenschaft, Gegenwart, Güte …; doch es gibt drei, die ausschließlich und doch ohne Zusatz von Größe für Gott gelten und die insgesamt moralisch sind: er ist der allein Heilige, der allein Selige, der allein Weise; diese Begriffe bergen schon die Uneingeschränktheit in sich. Nach ihrer Ordnung ist er also auch der heilige Gesetzgeber (und Schöpfer), der gütige Regierer (und Erhalter) und der gerechte Richter – drei Eigenschaften, die alles in sich enthalten, wodurch Gott der Gegenstand der Religion wird, und denen angemessen die metaphysischen Vollkommenheiten sich von selbst in der Vernunft hinzufügen (V 131)

Zu jedem Gebrauch der Vernunft bei der Bestimmung eines Gegenstandes werden reine Verstandesbegriffe (Kategorien) erfordert, ohne die kein Gegenstand gedacht werden kann (V 136)

Wenn man beim Versuch, Natureinrichtungen oder deren Veränderung zu erklären, zu Gott als dem Urheber aller Dinge seine Zuflucht nimmt, ist das zwar keine physische Erklärung, aber ein Geständnis, man sei mit seiner Philosophie am Ende (V 138)

Der Weg zur Weisheit muss bei uns Menschen, wenn er gesichert und nicht unbegehbar oder irreleitend werden soll, unvermeidlich durch die Wissenschaft gehen (V 141)

Um beim Gebrauch eines noch so ungewohnten Begriffes wie dem eines reinen praktischen Vernunftglaubens Missdeutungen zu verhüten, sei mir erlaubt, eine Anmerkung hinzuzufügen. Es scheint so, als ob dieser Vernunftglaube hier selbst als Gebot angekündigt wird, nämlich das höchste Gut als möglich anzunehmen. Ein Glaube aber, der geboten wird, ist ein Unding (V 144)

Wenn die menschliche Natur zum höchsten Gut zu streben bestimmt ist, so muss auch das Maß ihrer Erkenntnisvermögen, vornehmlich ihr Verhältnis untereinander, als diesem Zweck dienlich angenommen werden. Nun beweist aber die Kritik der reinen spekulativen Vernunft die größte Unzulänglichkeit der Menschen, um die ihnen gestellten wichtigsten Aufgaben dem Zweck angemessen zu lösen (V 146)

Die Natur scheint uns nur stiefmütterlich mit zu unserem Zweck benötigten Fähigkeiten versorgt zu haben. Angenommen, sie hätte uns unserem Wunsch entsprechend diejenige Einsichtsfähigkeit oder Erleuchtung erteilt, die wir gerne besitzen möchten oder in deren Besitz zu sein einige sogar sicher sind, was würde wohl die Folge hiervon sein? Sofern nicht zugleich unsere ganze Natur geändert würde, so würden die Neigungen, die doch immer das erste Wort haben, auch hier als erste Berücksichtigung und dann, mit vernünftiger Überlegung verbunden, ihre größtmögliche und dauernde Befriedigung unter dem Namen der Glückseligkeit verlangen; das moralische Gesetz würde in den Hintergrund treten (V 146-147)

Es mag richtig sein, was uns das Studium der Natur und des Menschen hinreichend lehrt, nämlich dass die unerforschliche Weisheit, durch die wir existieren, nicht minder verehrungswürdig ist in dem, was sie uns versagte, als in dem, was sie uns zuteil werden ließ (V 148)

Achtet man auf den Gang der Gespräche in gemischten Gesellschaften, die nicht nur aus Gelehrten und Vernünftlern, sondern auch aus Geschäftsleuten oder Frauen bestehen, so bemerkt man, dass außer dem Erzählen und Scherzen noch eine weitere Art der Unterhaltung, nämlich das Räsonnieren, darin Platz findet, weil das erstere, wenn es Neuigkeit und mit ihr Interesse beinhalten soll, bald erschöpft, das zweite aber leicht schal wird (V 153)

Ein Naturbeobachter gewinnt Gegenstände, die seinen Sinnen anfangs missfallen, dann doch lieb, wenn er die große Zweckmäßigkeit ihrer Organisation entdeckt und so seine Vernunft an ihrer Betrachtung weidet. *Leibniz* brachte z.B. ein Insekt, das er durchs Mikroskop sorgfältig betrachtet hatte, schonend wieder auf sein Blatt zurück, weil er sich durch seinen Anblick belehrt gefunden und von ihm gleichsam eine Wohltat genossen hatte (V 160)

Zwei Dinge erfüllen das Gemüt mit immer neuer und zunehmender Bewunderung und Ehrfurcht, je öfter und anhaltender sich das Nachdenken damit beschäftigt: der bestirnte Himmel über mir und das moralische Gesetz in mir. ... Der erstere Anblick einer zahllosen Weltenmenge vernichtet gleichsam meine Wichtigkeit als die eines tierischen Geschöpfes, das die Materie, aus der es entstand, dem Planeten (einem bloßen Punkt im Weltall) wieder zurückgeben muss, nachdem es eine kurze Zeit (man weiß nicht wie) mit Lebenskraft versehen war. Der zweite erhebt dagegen meinen Wert als den einer Intelligenz unendlich durch meine Persönlichkeit, in der das moralische Gesetz mir ein von der Tierwelt und selbst von der ganzen Sinnenwelt unabhängiges Leben offenbart (V 161-162)

Wissenschaft ... ist die enge Pforte, die zur Weisheitslehre führt, wenn unter dieser nicht nur verstanden wird, was man tun, sondern auch was Lehrern zur Richtschnur dienen soll, um den Weg zur Weisheit, den jeder gehen soll, gut und kenntlich zu bahnen und andere vor Irrwegen zu sichern. Bewahrerin dieser Wissenschaft muss jederzeit die Philosophie bleiben, an deren subtiler Untersuchung das Publikum keinen Anteil zu nehmen hat, wohl aber an den Lehren, die ihm nach einer solchen Bearbeitung recht hell einleuchten können (V 163)

Kritik der Urteilskraft

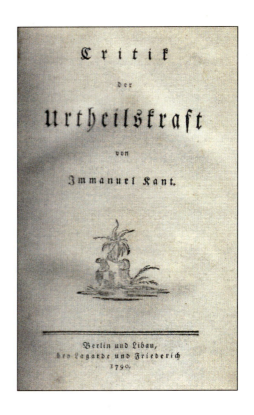

Abb. 26: Titelseite der Erstausgabe.
(Aus Katalog, Seite 139.)

Man kann das Vermögen der Erkenntnis aus Prinzipien a priori die reine Vernunft und die Untersuchung der Möglichkeit und Grenzen derselben überhaupt die Kritik der reinen Vernunft nennen (V 167)

Eine Kritik der reinen Vernunft, d. h. unseres Vermögens nach Prinzipien a priori zu urteilen, würde unvollständig sein, wenn die der Urteilskraft, die für sich als Erkenntnisvermögen darauf auch Anspruch macht, nicht als ein besonderer Teil derselben abgehandelt würde (V 168)

Die Philosophie wird mit Recht in zwei den Prinzipien nach ganz verschiedene Sparten eingeteilt, in die theoretische als Naturphilosophie und die praktische als Moralphilosophie (V 171)

So weit Begriffe a priori ihre Anwendung haben, so weit reicht der

Gebrauch unseres Erkenntnisvermögens nach Prinzipien und mit ihm die Philosophie (V 174)

Unser gesamtes Erkenntnisvermögen hat zwei Gebiete, das der Naturbegriffe und das des Freiheitsbegriffs, denn durch beide ist es a priori gesetzgebend. Die Philosophie teilt sich demgemäß in die theoretische und die praktische (V 174)

Die Gesetzgebung durch Naturbegriffe geschieht durch den Verstand und ist theoretisch. Die Gesetzgebung durch den Freiheitsbegriff geschieht von der Vernunft und ist nur praktisch (V 174)

In der Familie der oberen Erkenntnisvermögen gibt es noch ein Mittelglied zwischen dem Verstand und der Vernunft: die Urteilskraft (V 177)

Zwischen dem Erkenntnis- und dem Begehrungsvermögen ist das Gefühl der Lust enthalten so wie zwischen dem Verstand und der Vernunft die Urteilskraft enthalten ist (V 178)

Wir lernen unsere Kräfte nur dadurch erst kennen, dass wir sie versuchen (V 178)

Die Kritik der reinen Vernunft besteht ... aus drei Teilen: der Kritik des reinen Verstandes, der reinen Urteilskraft und der reinen Vernunft, die darum rein genannt werden, weil sie a priori gesetzgebend sind (V 179)

Urteilskraft überhaupt ist das Vermögen, das Besondere als im Allgemeinen enthalten zu denken (V 179)

Die allgemeinen Gesetze des Verstandes sind zugleich Gesetze der Natur (V 186)

Die Erreichung jeder Absicht ist mit dem Gefühl der Lust verbunden (V 187)

Man kann a priori nicht bestimmen, ob ein Gegenstand dem Geschmack entspricht oder nicht, man muss ihn versuchen (V 191)

Wenn der Begriff von einem Gegenstand gegeben ist, so besteht die Aufgabe der Urteilskraft in seinem Gebrauch zur Erkenntnis in der Darstellung, d. h. darin, dem Begriff eine korrespondierende Anschauung zur Seite zu stellen (V 192)

Das Geschmacksurteil ist kein Erkenntnisurteil, mithin nicht logisch, sondern ästhetisch, worunter man etwas versteht, dessen Bestimmungsgrund nicht anders als subjektiv sein kann (V 203)

Die Definition des Geschmacks ist, dass er das Vermögen der Beurteilung des Schönen ist. Was aber dazu erfordert wird, um einen Gegenstand schön zu nennen, das muss die Analyse der Urteile des Geschmacks entdecken (V 203)

Jeder muss eingestehen, dass das Urteil über Schönheit mit dem geringsten Interesse sehr parteilich und kein reines Geschmacksurteil ist. Man muss nicht im mindesten für die Existenz der Sache eingenommen, sondern diesbezüglich ganz gleichgültig sein, um in Sachen des Geschmacks den Richter zu spielen (V 205)

Angenehm ist das, was den Sinnen in der Empfindung gefällt (V 205)

Gut ist das, was mittels der Vernunft durch den bloßen Begriff gefällt. Wir nennen einiges zu etwas gut (das Nützliche), was nur als Mittel gefällt; ein anderes aber an sich gut, was für sich selbst gefällt (V 207)

Um etwas gut zu finden, muss ich jederzeit wissen, was der Gegenstand für ein Ding sein soll, d. h. einen Begriff von demselben haben. Um Schönheit an etwas zu finden, habe ich das nicht nötig. Blumen, freie Zeichnungen, ohne Absicht ineinander geschlungene Züge unter dem Namen des Laubwerks bedeuten nichts, hängen von keinem bestimmten Begriff ab und gefallen doch (V 207)

Das Geschmacksurteil ist kein Erkenntnisurteil (weder ein theoretisches noch ein praktisches) und daher auch nicht auf Begriffe gegründet (V 209)

Hunger ist der beste Koch, und Leuten von gesundem Appetit schmeckt alles, was nur essbar ist; mithin beweist ein solches Wohlgefallen keine Wahl nach Geschmack (V 210)

Das Schöne ist das, was ohne Begriffe als Objekt eines allgemeinen Wohlgefallens vorgestellt wird (V 211)

Dem einen ist die violette Farbe sanft und lieblich, dem anderen tot und erstorben. Einer liebt den Ton der Blasinstrumente, der andere den von den Saiteninstrumenten. Darüber in der Absicht zu streiten, das sich vom eigenen unterscheidende Urteil anderer so als ob es diesem logisch entgegengesetzt wäre als unrichtig zu schelten, wäre Torheit. In Ansehung des Angenehmen gilt also der Grundsatz: ein jeder hat seinen eigenen Geschmack (der Sinne) (V 212)

Schön ist das, was ohne Begriff allgemein gefällt (V 219)

Der Geschmack ist jederzeit noch barbarisch, wo er der Beimischung der Reize und Rührungen zum Wohlgefallen bedarf, ja diese gar zum Maßstab seines Beifalls macht (V 223)

Ein Geschmacksurteil, auf das Reiz und Rührung keinen Einfluss haben (obgleich sie sich mit dem Wohlgefallen am Schönen verbinden lassen), welches also nur die Zweckmäßigkeit der Form als Bestimmungsgrund hat, ist ein reines Geschmacksurteil (V 223)

In der Malerei, der Bildhauerkunst, ja in allen bildenden Künsten, in der Baukunst, der Gartenkunst, sofern sie schöne Künste sind, ist die Zeichnung das Wesentliche, in der nicht das, was in der Empfindung vergnügt, sondern nur was durch seine Form gefällt, den Grund aller Anlage für den Geschmack ausmacht (V 225)

Es kann keine objektive Geschmacksregel geben, die durch Begriffe bestimmt, was schön ist. Denn alles Urteil aus dieser Quelle ist ästhetisch; d. h. das Gefühl des Subjekts und kein Begriff eines Objekts ist sein Bestimmungsgrund. Ein Prinzip des Geschmacks zu suchen, das das allgemeine Kriterium des Schönen durch bestimmte Begriffe angibt, ist eine fruchtlose Bemühung, weil das, was gesucht wird, unmöglich und an sich selbst widersprechend ist (V 231)

Die Erfahrung zeigt, dass ganz regelmäßige Gesichter gewöhnlich auch nur einen im Inneren mittelmäßigen Menschen verraten, vermutlich (wenn angenommen werden darf, dass die Natur im Äußeren die Proportionen des Inneren ausdrückt) deswegen, weil, wenn keine von den Gemütsanlagen über die nur einen fehlerfreien Menschen ausmachende Proportion hervorstechend ist, nichts von dem erwartet werden darf, was man Genie nennt[84] (V 235)

Erkenntnisse und Urteile müssen sich samt der Überzeugung, die sie begleitet, allgemein mitteilen lassen, denn sonst käme ihnen keine Über-

---

[84] Vgl. VII 297.

einstimmung mit dem Objekt zu; sie wären insgesamt ein nur subjektives Spiel der Vorstellungskräfte (V 238)

Alles Steif-Regelmäßige (was der mathematischen Regelmäßigkeit nahe kommt) hat das Geschmackswidrige an sich, dass es keine lange Unterhaltung über die Betrachtung desselben gewährt, sondern langweilt, sofern es nicht ausdrücklich ... einen bestimmten praktischen Zweck verfolgt. Dagegen ist das, womit Einbildungskraft ungesucht und zweckmäßig spielen kann, uns jederzeit neu, und man wird seines Anblicks nicht überdrüssig (V 242-243)

Der Gesang der Vögel, den wir unter keine musikalische Regel bringen können, scheint mehr Freiheit und darum mehr für den Geschmack zu enthalten als selbst ein menschlicher Gesang, der nach allen Regeln der Tonkunst geführt wird, weil man des letzteren, wenn er oft und lange Zeit wiederholt wird, weit eher überdrüssig wird (V 243)

Der mit Ordnung und Heiligachtung der bürgerlichen Rechte geführte Krieg hat etwas Erhabenes an sich und macht zugleich die Denkart des Volkes, das ihn auf diese Art führt, nur um so erhabener, je mehr Gefahren es ausgesetzt war und sich mutig darunter hat behaupten können; ein langer Frieden pflegt hingegen den bloßen Handelsgeist und mit ihm den niedrigen Eigennutz, Feigheit und Weichlichkeit herrschend zu machen und die Denkart des Volkes zu erniedrigen (V 263)

Da glaubt sich nun mancher durch eine Predigt erbaut, obwohl doch nichts in ihm aufgebaut worden ist (kein System guter Maximen) oder durch ein Trauerspiel gebessert, obgleich er nur über glücklich vertriebene Langeweile froh ist (V 274)

Vielleicht gibt es keine erhabenere Stelle im Gesetzbuch der Juden[85] als das Gebot „Du sollst dir kein Bildnis machen noch irgendein Gleichnis weder dessen, was im Himmel, noch dessen, was auf der Erde oder unter der Erde ist". Dieses Gebot allein kann den Enthusiasmus erklären, den das jüdische Volk in seiner gesitteten Epoche für seine Religion fühlte, wenn es sich mit anderen Völkern verglich, oder den Stolz, den der Islam einflößt (V 274)

---

[85] Exodus 20,4. Vgl. auch VI 198-199.

Es mag mir jemand alle Zutaten eines Gerichts aufzählen und von jeder bemerken, dass sie mir sonst angenehm ist, er mag zudem die Gesundheit dieses Essens mit Recht rühmen, aber ich bin gegen alle diese Gründe taub, versuche das Gericht an meiner Zunge und meinem Gaumen, und danach (nicht nach allgemeinen Prinzipien) fälle ich mein Urteil (V 285)

Obgleich Kritiker, wie *Hume* sagt, überzeugender vernünfteln können als Köche, haben sie doch mit diesen dasselbe Schicksal. Den Bestimmungsgrund ihres Urteils können sie nicht von der Kraft der Beweisgründe, sondern nur von der Reflexion des Subjekts über seinen eigenen Zustand (der Lust oder der Unlust) erwarten (V 285-286)

Der gemeine Menschenverstand, den man als nur gesunden (noch nicht kultivierten) Verstand für das Geringste ansieht, das man von dem, der auf die Bezeichnung Mensch Anspruch erhebt, erwarten kann, hat daher auch die kränkende Ehre, mit dem Namen des Gemeinsinnes belegt zu werden, und zwar so, dass man unter dem Wort gemein (nicht nur in unserer Sprache, die hier wirklich eine Zweideutigkeit enthält, sondern auch in mancher anderen) soviel wie das überall anzutreffende Vulgäre versteht, dessen Besitz schlechterdings kein Verdienst oder Vorzug ist (V 293)

Folgende Maximen des allgemeinen Menschenverstandes gehören zwar als Teile der Geschmackskritik nicht hierher, können aber doch zur Erläuterung ihrer Grundsätze dienen: Selbstdenken, anstelle eines jeden anderen denken, jederzeit mit sich selbst übereinstimmend denken. Die erste ist die Maxime der vorurteilsfreien, die zweite der erweiterten, die dritte der konsequenten Denkart (V 294)

Ich räume gerne ein, dass das Interesse am Schönen der Kunst (wozu ich auch den künstlichen Gebrauch der Naturschönheiten zum Schmuck, mithin zur Eitelkeit rechne) gar keinen Beweis einer dem Moralisch-Guten anhängenden oder auch nur dazu geneigten Denkart abgibt. Dagegen aber behaupte ich, dass ein unmittelbares Interesse an der Schönheit der Natur (nicht nur Geschmack haben, um sie zu beurteilen) jederzeit ein Kennzeichen einer guten Seele ist (V 298-299)

Wen die Schönheit der Natur unmittelbar interessiert, bei dem hat man Ursache, wenigstens eine Anlage zu guter moralischer Gesinnung zu vermuten (V 300-301)

Was wird von Dichtern höher gepriesen als der bezaubernd schöne Schlag der Nachtigall in einsamen Gebüschen an einem stillen Sommerabend beim sanften Licht des Mondes? (V 302)

Wir halten die Denkart derer für grob und unedel, die kein Gefühl für die schöne Natur haben (V 303)

Kunst wird vom Handwerk unterschieden; die erste heißt freie, die andere kann auch Lohnkunst heißen. Man sieht die erste so an, als ob sie nur als Spiel, d. h. für sich selbst angenehme Beschäftigung zweckmäßig ausfallen (gelingen) kann; die zweite so, dass sie als Arbeit, d. h. Beschäftigung, die für sich selbst unangenehm (beschwerlich) und nur durch ihre Wirkung (z. B. den Lohn) anlockend ist, mithin zwangsweise auferlegt werden kann. Ob in der Rangliste der Zünfte Uhrmacher für Künstler, dagegen Schmiede für Handwerker gelten sollen, das bedarf eines anderen Gesichtspunktes der Beurteilung, als des hier gewählten, nämlich die Proportion der Talente, die der einen oder anderen dieser Tätigkeiten zu Grunde liegen müssen. Ob auch unter den sogenannten sieben freien Künsten[86] nicht einige aufgeführt sind, die den Wissenschaften beizuzählen, manche auch, die mit Handwerken zu vergleichen sind, davon will ich hier nicht reden (V 304)

Es gibt weder eine Wissenschaft des Schönen, sondern nur Kritik an ihm, noch schöne Wissenschaft, sondern nur schöne Kunst. Denn was die erstere betrifft, so sollte in ihr wissenschaftlich, d. h. durch Beweisgründe, bestimmt werden, ob etwas für schön zu halten sei oder nicht; das Urteil über Schönheit würde also, wenn es zur Wissenschaft gehörte, kein Geschmacksurteil sein. Was das zweite anlangt, so ist eine Wissenschaft, die als solche schön sein soll, ein Unding. Denn wenn man in ihr als Wissenschaft nach Gründen und Beweisen fragte, so würde man durch geschmackvolle Aussprüche (Bonmots) abgefertigt werden (V 304-305)

Die Tafelmusik ist ein wunderliches Ding, das nur als ein angenehmes Geräusch die Stimmung der Gemüter zur Fröhlichkeit unterhalten soll und, ohne dass jemand auf die Komposition die mindeste Aufmerk-

---

[86] Grammatik, Rhetorik, Dialektik, Arithmetik, Geometrie, Musik und Astronomie. Nach Martianus Capella (um 420 n.Chr.).

samkeit verwendet, die freie Gesprächigkeit unter Nachbarn begünstigt (V 305-306)

Die Natur ist schön, wenn sie zugleich wie Kunst aussieht; und die Kunst kann nur schön genannt werden, wenn wir uns ihrer als Kunst bewusst sind und sie uns doch wie Natur anmutet (V 306)

Schöne Kunst muss wie Natur anzusehen sein, obgleich man sich ihrer als Kunst bewusst ist (V 307)

Genie ist das Talent (Naturgabe), das der Kunst die Regel gibt. Da das Talent als angeborenes produktives Vermögen des Künstlers selbst zur Natur gehört, so könnte man sich auch so ausdrücken: Genie ist die angeborene Gemütsanlage, durch die die Natur der Kunst die Regel gibt (V 307)

Schöne Künste müssen notwendig als Künste des Genies betrachtet werden (V 307)

Darin sind alle einig, dass Genie dem Nachahmungsgeist gänzlich entgegenzusetzen ist. Da nun Lernen nichts als Nachahmen ist, kann die größte Fähigkeit, Gelehrigkeit (Kapazität) ohne Nachahmen, doch nicht für Genie gelten (V 308)

Kein *Homer* oder *Wieland* kann zeigen, wie sich seine phantasiereichen und doch zugleich gedankenvollen Ideen in seinem Kopf zusammenfinden, weil er es selbst nicht weiß und es also auch keinen anderen lehren kann (V 309)

Da die Originalität des Talents ein wesentliches (aber nicht das einzige) Stück vom Charakter des Genies ausmacht, glauben seichte Köpfe, sie wären aufblühende Genies, wenn sie sich vom Schulzwang aller Regeln lossagen, denn man paradiere besser auf einem kollerigen Pferd als auf einem Schulpferd. Das Genie kann nur reichen Stoff zu Produkten der schönen Kunst hergeben; seine Verarbeitung und die Form erfordern ein durch die Schule gebildetes Talent, um ein Produkt daraus zu machen, das vor der Urteilskraft bestehen kann (V 310)

Zur Beurteilung schöner Gegenstände als solcher wird Geschmack, zur schönen Kunst selbst aber, d. h. der Hervorbringung solcher Gegenstände, wird Genie erfordert (V 311)

Eine Naturschönheit ist ein schönes Ding; die Kunstschönheit ist eine schöne Vorstellung von einem Ding (V 311)

Die schöne Kunst zeigt darin ihre Vorzüglichkeit, dass sie Dinge, die in der Natur hässlich oder missfällig sein würden, schön beschreibt (V 312)

Wenn der große König sich in einem seiner Gedichte so ausdrückt: „Lasst uns aus dem Leben ohne Murren weichen und ohne etwas zu bedauern, indem wir die Welt noch alsdann mit Wohltaten überhäuft zurücklassen. So verbreitet die Sonne, nachdem sie ihren Tageslauf vollendet hat, noch ein mildes Licht am Himmel; und die letzten Strahlen, die sie in die Lüfte schickt, sind ihre letzten Seufzer für das Wohl der Welt", so belebt er seine Vernunftidee von weltbürgerlicher Gesinnung noch am Ende des Lebens (V 315-316)

Das Bewusstsein der Tugend verbreitet, wenn man sich auch nur in Gedanken an die Stelle eines Tugendhaften versetzt, im Gemüt eine Menge erhabener und beruhigender Gefühle und eine grenzenlose Aussicht auf eine große Zukunft (V 316)

Vielleicht ist nie etwas Erhabeneres gesagt oder ein Gedanke erhabener ausgedrückt worden, als in der Inschrift über dem Tempel der Isis (der Mutter Natur): „Ich bin alles, was da ist, was da war und was da sein wird, und meinen Schleier hat kein Sterblicher aufgedeckt" (V 316)

Die Art des Ausdrucks, dessen sich Menschen im Sprechen bedienen, um sich so vollkommen wie möglich, d. h. nicht nur ihren Begriffen, sondern auch ihren Empfindungen nach, mitzuteilen, besteht in dem Wort, der Gebärde und dem Ton (Artikulation, Gestikulation und Modulation). Nur die Verbindung dieser drei Arten des Ausdrucks macht die vollständige Mitteilung des Sprechenden aus. Denn Gedanke, Anschauung und Empfindung werden dadurch zugleich und vereinigt auf den anderen übertragen (V 320)

Unter allen Künsten behauptet die Dichtkunst (die fast gänzlich dem Genie ihren Ursprung verdankt und am wenigsten durch Vorschrift oder Beispiele geleitet sein will) den obersten Rang (V 326)

Nach der Dichtkunst würde ich, wenn es um Reiz und Bewegung des Gemüts geht, diejenige einstufen, die ihr unter den redenden am nächsten kommt und sich mit ihr auch sehr natürlich vereinigen lässt, nämlich die Tonkunst. Denn obwohl sie durch lauter Empfindungen ohne Begriffe spricht, mithin nicht wie die Poesie etwas zum Nachdenken hinterlässt, bewegt sie doch das Gemüt mannigfaltiger und, obgleich nur vorübergehend, doch inniglicher; ist aber freilich mehr Genuss als Kultur ... und hat, durch Vernunft beurteilt, weniger Wert als jede andere der schönen Künste. Daher verlangt sie wie jeder Genuss öfteren Wechsel und hält die mehrmalige Wiederholung nicht aus, ohne Überdruss zu erzeugen (V 328)

An dem Reiz und der Gemütsbewegung, die die Musik hervorbringt, hat die Mathematik sicherlich nicht den mindesten Anteil, sondern sie ist nur die unumgängliche Bedingung der Proportion der Eindrücke in ihrer Verbindung und ihrem Wechsel, wodurch es möglich wird, sie zusammenzufassen und zu verhindern, dass diese Eindrücke einander zerstören; vielmehr stimmen sie zu einer kontinuierlichen Bewegung und Belebung des Gemüts ... und hiermit zu einem behaglichen Selbstgenuss zusammen (V 329)

Über Geschmack lässt sich nicht streiten. Das heißt soviel wie: der Bestimmungsgrund eines Geschmacksurteils mag zwar auch objektiv sein, aber er lässt sich nicht auf bestimmte Begriffe bringen; mithin kann über das Urteil selbst durch Beweise nichts entschieden werden, obgleich darüber sehr wohl und mit Recht gestritten werden kann (V 338)

Es kommt bei der Auflösung einer Antinomie[87] nur auf die Möglichkeit an, dass zwei einander dem Schein nach widerstreitende Sätze einander in der Tat nicht widersprechen, sondern nebeneinander bestehen können, obgleich die Erklärung der Möglichkeit ihres Begriffs unser Erkenntnisvermögen übersteigt (V 340)

Dass es drei Arten der Antinomie gibt, hat seinen Grund darin, dass es drei Erkenntnisvermögen – Verstand, Urteilskraft und Vernunft – gibt, deren jedes (als oberes Erkenntnisvermögen) seine Prinzipien a priori haben muss (V 345)

Das Flüssige ist überhaupt älter als das Feste, und sowohl die Pflanzen als auch tierische Körper werden aus flüssiger Nahrungsmaterie gebildet, sofern sie sich in Ruhe formt (V 349)

Das Schöne ist das Symbol des sittlich Guten (V 353)

---

[87] Bedeutet Widergesetzlichkeit, Widerspruch zwischen zwei Rechtssätzen in einem Gesetz oder Widerstreit zweier entgegengesetzter Urteile, die beide beweisbar sind.

Es kann keine Wissenschaft des Schönen geben, und das Urteil des Geschmacks ist nicht durch Prinzipien bestimmbar (V 355)

Die wahre Propädeutik zur Gründung des Geschmacks ist die Entwicklung sittlicher Ideen und die Kultur des moralischen Gefühls (V 356)

Plato, selbst Meister in dieser Wissenschaft[88], geriet über eine solche ursprüngliche Beschaffenheit der Dinge, deren Entdeckung keiner Erfahrung bedarf, ... in die Begeisterung, die ihn über die Erfahrungsbegriffe zu Ideen erhob, die ihm nur durch eine intellektuelle Gemeinschaft mit dem Ursprung aller Wesen erklärlich zu sein schienen. Kein Wunder, dass er den der Messkunst Unkundigen aus seiner Schule verwies (V 363)

Man könnte z. B. sagen: das Ungeziefer, das die Menschen in ihren Kleidern, Haaren oder Bettstellen plagt, ist nach einer weisen Naturfügung ein Antrieb zur Reinlichkeit, die für sich schon ein wichtiges Mittel zur Erhaltung der Gesundheit ist. Oder die Moskitomücken und andere stechende Insekten, die einige Gegenden von Amerika den Bewohnern so beschwerlich machen, sind Anregungen zur Tätigkeit für diese Menschen, um die Moräste abzuleiten und die dichten, den Luftzug abhaltenden Wälder zu lichten und dadurch sowie durch den Anbau des Bodens ihren Aufenthalt zugleich gesünder zu machen (V 379)

Es ist nicht zu hoffen, dass noch einmal ein *Newton* aufsteht, der auch nur die Erzeugung eines Grashalms nach Naturgesetzen, die keine Absicht geordnet hat, begreiflich machen wird; sondern man muss diese Einsicht den Menschen schlechterdings absprechen (V 400)

Es ist für den menschlichen Verstand unumgänglich notwendig, Möglichkeit und Wirklichkeit der Dinge zu unterscheiden. Der Grund dafür liegt im Subjekt und der Natur seiner Erkenntnisvermögen. Denn wären zu ihrer Ausübung nicht zwei ganz heterogene Voraussetzungen – Verstand für Begriffe und sinnliche Anschauung für ihnen korrespondierende Objekte – zu erfüllen, so würde es keine solche Unterscheidung (zwischen dem Möglichen und Wirklichen) geben (V 401-402)

Die Sätze, dass Dinge möglich sein können, ohne wirklich zu sein, dass also aus der bloßen Möglichkeit auf die Wirklichkeit gar nicht geschlossen

---

[88] Hier: Messkunst = Geometrie.

werden kann, gelten ganz richtig für die menschliche Vernunft, ohne zu beweisen, dass dieser Unterschied in den Dingen selbst liegt (V 402)

Es liegt der Vernunft unendlich viel daran, den Mechanismus der Natur in ihren Erzeugungen nicht zu vergessen und an der Erklärung derselben nicht vorbeizugehen, weil ohne diesen keine Einsicht in die Natur der Dinge erlangt werden kann (V 410)

Wenn man fragt, wozu ein Ding da ist, so ist die Antwort entweder „Sein Dasein und seine Erzeugung haben gar keine Beziehung auf eine nach Absichten wirkende Ursache", und dann versteht man ihren Ursprung immer aus dem Mechanismus der Natur; oder „Es ist irgendein absichtlicher Grund seines Daseins (als eines zufälligen Naturwesens)", und diesen Gedanken kann man schwerlich von dem Begriff eines organisierten Dinges trennen (V 425-426)

Land und Meer enthalten nicht allein Denkmäler von alten mächtigen Verwüstungen in sich, die sie und alle Geschöpfe auf bzw. in demselben betroffen haben, sondern ihr ganzes Bauwerk, die Erdlager des Landes und die Grenzen des Meeres sind ganz das Produkt wilder, allgewaltiger Kräfte einer im chaotischen Zustand arbeitenden Natur (V 427)

Die Übel, womit uns teils die Natur, teils die unerträgliche Selbstsucht der Menschen heimsucht, aktivieren zugleich die Kräfte der Seele, steigern und stählen sie, um ihnen nicht zu unterliegen, und lassen uns so eine in uns verborgene Tauglichkeit zu höheren Zwecken fühlen (V 433-434)

Endzweck ist derjenige, der keines anderen als Bedingung seiner Möglichkeit bedarf (V 434)

Welchen Wert das Leben für uns hat, wenn dieser nur nach dem geschätzt würde, ... ist leicht zu entscheiden. Er sinkt unter Null; denn wer wollte wohl das Leben unter denselben Bedingungen oder auch nach einem neuen ... Plan, der aber auch nur auf Genuss ausgerichtet wäre, aufs neue antreten? (V 434)

Vom Menschen (und so von jedem vernünftigen Wesen in der Welt) als einem moralischen Wesen kann nicht weiter gefragt werden, wozu er existiert. Sein Dasein hat den höchsten Zweck in sich selbst, dem er, soviel er vermag, die ganze Natur unterwerfen kann, gegen den er sich zumindest keinem Einfluss der Natur unterwerfen muss. Wenn nun Dinge der Welt als ihrer Existenz nach abhängige Wesen einer nach Zwecken handelnden obersten Ursache bedürfen, so ist der Mensch der Schöpfung Endzweck; denn ohne diesen wäre die Kette der einander untergeordneten Zwecke nicht vollständig (V 435)

Bringt einen Menschen in den Augenblicken der Stimmung seines Gemüts zur moralischen Empfindung! Wenn er sich, umgeben von einer schönen Natur, in einem ruhigen, heiteren Genuss seines Daseins befindet, so fühlt er in sich ein Bedürfnis, irgendjemand dafür dankbar zu sein (V 445)

Die Furcht hat zuerst Götter (Dämonen), aber die Vernunft hat durch ihre moralischen Prinzipien zuerst den Begriff von Gott hervorbringen können (V 447)

Zuerst wird zu jedem Beweis – mag er nun (wie bei dem Beweis durch Beobachtung des Gegenstandes oder Experiments) durch unmittelbare empirische Darstellung des zu Beweisenden oder durch Vernunft a priori aus Prinzipien geführt werden – gefordert, dass er nicht überredet, sondern überzeugt oder wenigstens auf Überzeugung hinwirkt; d. h. dass der Beweisgrund oder der Schluss nicht nur ein subjektiver Bestimmungsgrund des Beifalls (bloßer Schein), sondern auch objektiv gültig und ein logischer Grund der Erkenntnis ist, denn sonst wird der Verstand berückt, aber nicht überzeugt (V 461)

Alle theoretischen Beweisgründe reichen entweder zum Beweis durch logisch strenge Vernunftschlüsse oder, wo dieses nicht ist, zum Schluss nach der Analogie oder, findet auch dieses etwa nicht statt, doch noch zur wahrscheinlichen Meinung oder endlich, was das Mindeste ist, zur Annahme eines nur möglichen Erklärungsgrundes als Hypothese (V 463)

A priori zu meinen, ist schon an sich ungereimt und der gerade Weg zu lauter Hirngespinsten. Entweder unser Satz a priori ist also gewiss oder er enthält gar nichts zum Fürwahrhalten (V 467)

Vernünftige Bewohner anderer Planeten anzunehmen, ist eine Sache der Meinung; denn wenn wir diesen näher kommen könnten, was an sich möglich ist, würden wir durch Erfahrung ergründen, ob sie sind oder nicht sind, aber wir werden ihnen niemals so nahe kommen, und so bleibt es beim Meinen (V 467)

Meinen, dass es reine körperlose denkende Geister im materiellen Universum gibt (wenn man nämlich gewisse dafür ausgegebene wirkliche Erscheinungen einfach von der Hand weist), heißt dichten und ist gar keine Sache der Meinung, sondern eine bloße Idee, die übrig bleibt, wenn man von einem denkende Wesen alles Materielle wegnimmt und ihm doch das Denken übrig lässt (V 467-468)

Glaube ist die moralische Denkart der Vernunft im Fürwahrhalten dessen, was für die theoretische Erkenntnis unzugänglich ist. ... Er ist ein Vertrauen auf die Verheißung des moralischen Gesetzes (V 471)

Gott, Freiheit und Seelenunsterblichkeit sind die Aufgaben, auf deren Lösung alle Metaphysik als ihren letzten und alleinigen Zweck abzielt (V 473)

Es bleibt immer sehr merkwürdig, dass unter den drei reinen Vernunftideen – Gott, Freiheit und Unsterblichkeit – die der Freiheit der einzige Begriff des Übersinnlichen ist, ... mithin der Freiheitsbegriff (als Grundbegriff aller unbedingt praktischen Gesetze) die Vernunft über die Grenzen erweitern kann, innerhalb derer jeder theoretische Naturbegriff ohne Hoffnung eingeschränkt bleiben müsste (V 474)

Wenn man fragt, warum uns denn etwas daran gelegen ist, überhaupt eine Theologie zu haben, so leuchtet klar ein, dass sie nicht zur Erweiterung oder Berichtigung unserer Naturkenntnis und überhaupt irgendeiner Theorie, sondern lediglich zur Religion, d. h. dem praktischen, namentlich dem moralischen Gebrauch der Vernunft, in subjektiver Absicht nötig ist (V 482)

Wenn ich mir ein übersinnliches Wesen als den ersten Beweger ... (der Materie) denke, so muss ich es nicht an irgendeinem Ort im Raum und ebenso wenig als ausgedehnt, ja ich darf es nicht einmal als in der Zeit und mit anderen zugleich existierend denken (V 483)

Religion innerhalb der Grenzen der bloßen Vernunft

Abb. 27: Titelseite der Zweitauflage.
(Aus Katalog, Seite 155.)
Zum Vorwurf der angeblichen Abwürdigung
des Christentums vgl. VII 8.

Was brauchen Menschen den Ausgang ihres moralischen Tuns und Lassens zu wissen, den der Weltlauf herbeiführen wird? Für sie ist es genug, dass sie ihre Pflicht tun, mag es nun auch mit dem irdischen Leben alles aus sein und wohl gar selbst in diesem Glückseligkeit und Würdigkeit vielleicht niemals zusammentreffen (VI 7)

Es steht der biblischen Theologie im Felde der Wissenschaften eine philosophische Theologie gegenüber, die das anvertraute Gut einer anderen Fakultät ist. Diese muss volle Freiheit haben, sich so weit auszubreiten, wie ihre Wissenschaft reicht, wenn sie nur innerhalb der Grenzen der bloßen Vernunft bleibt und zur Bestätigung und Erläuterung ihrer Sätze die Geschichte, Sprachen, Bücher aller Völker, selbst die Bibel benutzt, aber nur für sich, ohne diese Sätze in die biblische Theologie hineinzutragen und dieser ihre öffentlichen Lehren, für die der Geistliche privilegiert ist, abändern zu wollen (VI 9)

Eine Religion, die der Vernunft unbedenklich den Krieg ankündigt, wird es auf die Dauer gegen sie nicht aushalten. Ich wage sogar den Vorschlag, nach Vollendung der akademischen Unterweisung in der biblischen Theologie jederzeit noch eine besondere Vorlesung über die rein philosophische Religionslehre (die sich alles, auch die Bibel, zunutze macht) nach einem Leitfaden wie etwa diesem Buch (oder auch einem anderen, wenn man ein besseres dieser Art haben kann), als zur vollständigen Ausrüstung des Kandidaten erforderlich hinzuzufügen (VI 10)

Diese Schrift ist nichts anderes als Beantwortung der mir von mir selbst vorgelegten Frage „Wie ist das kirchliche System der Dogmatik in seinen Begriffen und Lehrsätzen nach reiner (theoretischer und praktischer) Vernunft möglich?" (VI 13)

Um diese Schrift ihrem wesentlichen Inhalt nach zu verstehen, bedarf es nur der allgemeinen Moral, ohne sich auf die Kritik der praktischen, noch weniger aber der theoretischen Vernunft einzulassen (VI 14)

Dass die Welt im Argen liegt, ist eine Klage, die so alt ist wie die Geschichte, selbst wie die noch ältere Dichtkunst, ja gleich alt mit der ältesten unter allen Dichtungen, der Priesterreligion. Alle lassen gleichwohl die Welt vom Guten anfangen: vom Goldenen Zeitalter, vom Leben im Paradies oder von einem noch glücklicheren in Gemeinschaft mit himmlischen Wesen. Neuer, aber weit weniger verbreitet ist die entgegengesetzte heroische Meinung, die wohl allein unter Philosophen und in unseren Zeiten vornehmlich unter Pädagogen Platz gefunden hat: dass die Welt gerade in umgekehrter Richtung, nämlich vom Schlechten zum Besseren unaufhörlich (obgleich kaum merklich) fortrückt, dass wenigstens die Anlage dazu in der menschlichen Natur anzutreffen ist (VI 19-20)

Man nennt einen Menschen böse, nicht weil er böse (gesetzwidrige) Handlungen ausübt, sondern weil diese auf böse Maximen in ihm schließen lassen. Nun kann man zwar gesetzwidrige Handlungen durch Erfahrung bemerken, auch (wenigstens an sich selbst) dass sie mit Bewusstsein gesetzwidrig sind; aber die Maximen kann man nicht erkennen, nicht einmal in sich selbst, also kann man das Urteil, dass der Täter ein böser Mensch ist, nicht mit Sicherheit auf Erfahrung gründen (VI 20)

Der Sittenlehre liegt viel daran, solange wie möglich keine moralischen Mitteldinge in Handlungen ebenso wie in menschlichen Charakteren zuzulassen weil bei einer solchen Doppelsinnigkeit alle Maximen Gefahr laufen, ihre Bestimmtheit und Festigkeit einzubüßen. Man nennt gewöhnlich die Befürworter dieser strengen Denkart Rigoristen (ein Name, der einen Tadel in sich fassen soll, in der Tat aber Lob ist) (VI 22)

Die Tugend, d. h. die fest gegründete Gesinnung, seine Pflicht genau zu erfüllen, ist in ihren Folgen auch wohltätig, und zwar mehr als alles, was Natur oder Kunst in der Welt leisten können (VI 23)

Dass der Mensch etwas haben und sich zum Zweck machen kann, was er noch höher schätzt als sein Leben (die Ehre), wobei er allem Eigennutz entsagt, beweist doch eine gewisse Erhabenheit in seiner Anlage (VI 33)

Ein Mitglied des englischen Parlaments[89] stieß in der Hitze der Debatte die Behauptung aus: „Ein jeder Mensch hat seinen Preis, für den er sich weggibt". Wenn dies wahr ist (was dann jeder für sich klären mag), wenn es überall keine Tugend gibt, für die nicht ein Grad der Versuchung gefunden werden kann, der sie zu stürzen vermag, wenn es bei der Entscheidung, ob der böse oder der gute Geist uns für seine Partei gewinnt, nur darauf ankommt, wer das meiste bietet und die prompteste Zahlung leistet, so dürfte wohl wahr sein, was der Apostel[90] von den Menschen sagt: „Es ist hier kein Unterschied, sie sind allzumal Sünder – es ist keiner, der Gutes tue (nach dem Geist des Gesetzes), auch nicht einer" (VI 38-39)

Wie der Ursprung des moralisch Bösen im Menschen auch immer beschaffen sein mag, so ist doch unter allen Vorstellungsarten von der Verbreitung und Fortsetzung desselben durch alle Glieder unserer Gattung und in allen Zeugungen die unschicklichste, ihn sich als Vererbung von den ersten Eltern auf uns vorzustellen (VI 40)

Jede böse Handlung muss, wenn man ihren Vernunftursprung sucht, so betrachtet werden, als ob der Mensch unmittelbar aus dem Stand der

---

[89] Sir Robert Walpole.
[90] Paulus: Der Brief an die Römer 3, 12.

Unschuld in sie geraten wäre. Denn wie auch sein voriges Verhalten gewesen sein mag und welcher Art auch die auf ihn innerlich und äußerlich einfließenden Naturursachen sein mögen, so ist seine Handlung doch frei und durch keine dieser Ursachen bestimmt, kann also und muss immer als ein ursprünglicher Gebrauch seiner Willkür beurteilt werden. Er sollte sie unterlassen haben, in welchen Zeitumständen und Verbindungen er auch immer gewesen sein mag; denn durch keine Ursache in der Welt kann er aufhören, ein frei handelndes Wesen zu sein (VI 41)

Für uns ist kein begreiflicher Grund da, woher das moralisch Böse in uns zuerst gekommen sein kann. Diese Unbegreiflichkeit und die nähere Bestimmung der Bösartigkeit unserer Gattung drückt die Bibel[91] in der Geschichtserzählung dadurch aus, dass sie das Böse zwar im Weltanfang, doch noch nicht im Menschen, sondern in einem Geist von ursprünglich erhabenerer Bestimmung voranschickt. Das macht den Anfang alles Bösen überhaupt für uns unbegreiflich (denn woher stammt bei jenem Geist das Böse?). Der Mensch aber wird nur als durch Verführung ins Böse gefallen, also nicht von Grund auf (selbst der ersten Anlage zum Guten nach) verdorben ... übrig gelassen (VI 43-44)

Was der Mensch im moralischen Sinne ist oder werden soll, gut oder böse, dazu muss er sich selbst machen oder gemacht haben (VI 44)

Wie es möglich ist, dass ein natürlicherweise böser Mensch sich selbst zum guten Menschen macht, das zu ermessen übersteigt alle unsere Begriffe; denn wie kann ein böser Baum gute Früchte bringen? (VI 44-45)

Wir sollen bessere Menschen werden, folglich müssen wir es auch können, sollte auch das, was wir tun können, für sich allein unzureichend sein und wir uns dadurch nur eines für uns unerforschlichen höheren Beistandes empfänglich machen. Freilich muss hierbei vorausgesetzt werden, dass ein Keim des Guten in seiner ganzen Reinheit übrig blieb und nicht vertilgt oder verdorben werden konnte (VI 45)

Die Selbstliebe ... als Prinzip aller unserer Maximen ist gerade die Quelle alles Bösen (VI 45)

Dass jemand nicht nur ein gesetzlich, sondern ein moralisch guter

---

[91] Vgl. VI 143-144, 431, IX 448.

(Gott wohlgefälliger) Mensch ... wird, der, wenn er etwas als Pflicht erkennt, keiner anderen Triebfeder als dieser Vorstellung der Pflicht selbst bedarf, das kann nicht durch allmähliche Reform ..., sondern muss durch eine Revolution in der Gesinnung des Menschen (einen Übergang zur Maxime ihrer Heiligkeit) bewirkt werden. Er kann ein neuer Mensch nur durch eine Art von Wiedergeburt wie durch eine neue Schöpfung und durch Änderung des Herzens werden (VI 47)

Die moralische Bildung des Menschen muss nicht mit der Besserung der Sitten, sondern mit der Umwandlung der Denkart und mit Gründung eines Charakters anfangen (VI 48)

So tugendhaft jemand auch sei, so ist doch alles, was er immer Gutes tun kann, nur Pflicht; seine Pflicht tun ist aber nicht mehr als das tun, was in der gewöhnlichen sittlichen Ordnung ist, mithin verdient es nicht, bewundert zu werden (VI 48-49)

Eines in unserer Seele können wir, wenn wir es gehörig ins Auge fassen, unaufhörlich nur mit der höchsten Bewunderung betrachten, die, wenn sie rechtmäßig geschieht, zugleich auch seelenerhebend ist, und das ist die ursprüngliche moralische Anlage in uns überhaupt (VI 49)

Wenn das moralische Gesetz gebietet, wir sollen jetzt bessere Menschen sein, so folgt unumgänglich, dass wir es auch können müssen (VI 50)

Man kann alle Religionen in die der Gunstbewerbung (des bloßen Kults) und die moralische, d. h. die Religion des guten Lebenswandels, einteilen. Nach der Kultreligion schmeichelt sich der Mensch, Gott werde ihn entweder ewig glücklich machen, ohne dass er nötig habe, ein besserer Mensch zu werden (durch Erlass seiner Verschuldungen); oder ihn, wenn ihm dies nicht möglich zu sein scheint, wohl zum besseren Menschen machen, ohne dass er selbst etwas mehr dabei zu tun habe als darum zu bitten (VI 51)

Nach der moralischen Religion (unter allen öffentlichen Religionen, die es je gegeben hat, ist das allein die christliche) ist es ein Grundsatz, dass jeder das nach seinen Kräften Mögliche tun muss, um ein besserer Mensch zu werden; und nur dann, wenn er sein angeborenes Pfund nicht vergraben (Lukas 19, 12-16), wenn er die ursprüngliche Anlage zum Guten genutzt hat, um ein besserer Mensch zu werden, kann er hoffen, dass das, was nicht in seiner Fähigkeit ist, durch höhere Mitwirkung ergänzt wird (VI 51-52)

Neben dem Grundsatz „Es ist nicht wesentlich und also nicht für jedermann notwendig zu wissen, was Gott zu seiner Seligkeit tue oder getan habe" gilt es aber zu wissen, was er selbst zu tun hat, um dieses Beistandes würdig zu werden (VI 52)

Um ein moralisch guter Mensch zu werden, ist es nicht genug, den Keim des Guten, der in unserer Gattung liegt, sich nur ungehindert entwickeln zu lassen, sondern ist es auch nötig, eine in uns befindliche entgegenwirkende Ursache des Bösen zu bekämpfen. Das haben unter allen alten Moralisten vornehmlich die Stoiker durch ihr Losungswort Tugend zu erkennen gegeben, das (sowohl im Griechischen als auch im Lateinischen) Mut und Tapferkeit bezeichnet und also einen Feind voraussetzt. In diesem Sinne ist der Name Tugend ein herrlicher Name (VI 57)

Nur das Moralisch-Gesetzwidrige ist an sich selbst böse, ja schlechterdings verwerflich, und muss ausgerottet werden; die Vernunft, die das lehrt, noch mehr aber wenn sie es auch ins Werk setzt, verdient allein den Namen der Weisheit (VI 58)

Das erste wahre Gute, was der Mensch tun kann, ist, das Böse zu bekämpfen, das nicht in den Neigungen, sondern in der verkehrten Maxime und also in der Freiheit selbst zu suchen ist. Die Neigungen erschweren nur die Ausführung der entgegengesetzten guten Maxime; das eigentlich Böse aber besteht darin, dass man jenen Neigungen, wenn sie zur Übertretung reizen, nicht widerstehen will, und diese Gesinnung ist eigentlich der wahre Feind (VI 58)

Es darf nicht befremden, wenn sich ein Apostel[92] den unsichtbaren, nur durch seine Wirkungen auf uns erkennbaren und die Grundsätze verderbenden Feind als außerhalb von uns, und zwar als bösen Geist vorstellt: „Wir haben nicht mit Fleisch und Blut (den natürlichen Neigungen), sondern mit Fürsten und Gewaltigen – mit bösen Geistern zu kämpfen" (VI 59)

Was allein eine Welt zum Gegenstand des göttlichen Ratschlusses und zum Zweck der Schöpfung machen kann, ist die Menschheit (das vernünf-

---

[92] Paulus: Der Brief an die Epheser 6, 12.

tige Weltwesen überhaupt) in ihrer ganzen moralischen Vollkommenheit, in der als oberste Bedingung die Glückseligkeit die unmittelbare Folge im Willen des höchsten Wesens ist. Dieser Gott allein wohlgefällige Mensch „ist in ihm von Ewigkeit her"; die Idee desselben geht von seinem Wesen aus; er ist insofern kein erschaffenes Ding, sondern sein eingeborener Sohn, „das Wort (das Werde!), durch das alle anderen Dinge sind und ohne das nichts existiert, was gemacht ist" (VI 60)

Es ist eine Eigentümlichkeit der christlichen Moral, das Sittlich-Gute vom Sittlich-Bösen nicht wie den Himmel von der Erde, sondern wie den Himmel von der Hölle zu unterscheiden, eine Vorstellung, die zwar bildlich und als solche empörend, aber ihrem Sinn nach philosophisch richtig ist.[93] Sie verhütet nämlich die Vorstellung, dass das Gute und das Böse, das Reich des Lichtes und das Reich der Finsternis aneinander grenzen und sich durch allmähliche Stufen (der größeren und minderen Helligkeit) ineinander verlieren; vielmehr verdeutlicht sie, dass Gut und Böse durch eine unermessliche Kluft voneinander getrennt sind (VI 60)

Das Ideal der Gott wohlgefälligen Menschheit (mithin einer moralischen Vollkommenheit, soweit sie an einem von Bedürfnissen und Neigungen abhängigen Weltwesen möglich ist) können wir uns nicht anders denken als unter der Idee eines Menschen, der nicht allein bereit ist, alle Menschenpflicht selbst auszuüben und zugleich durch Lehre und Beispiel das Gute in größtmöglichem Umfang um sich auszubreiten, sondern darüber hinaus trotz aller Versuchungen alle Leiden bis zum schmählichsten Tod um des Weltbesten willen und selbst für seine Feinde zu übernehmen (VI 61)

Im praktischen Glauben an den Sohn Gottes (so als habe er die menschliche Natur angenommen) kann nun der Mensch hoffen, Gott wohlgefällig (dadurch auch selig) zu werden; ... ein solcher Mensch und auch nur der allein ist befugt, sich für einen des göttlichen Wohlgefallens nicht Unwürdigen zu halten (VI 62)

Selbst die innere Erfahrung des Menschen an ihm selbst lässt ihn die Tiefen seines Herzens nicht so durchschauen, dass er von dem Grund

---

[93] Vgl. Platon: „Staat" 514a – 517a (Höhlengleichnis).

seiner Maximen, zu denen er sich bekennt, und von ihrer Lauterkeit und Festigkeit durch Selbstbeobachtung ganz sichere Kenntnis erlangen kann (VI 63)

Wäre ein wahrhaft göttlich gesinnter Mensch zu einer gewissen Zeit gleichsam vom Himmel auf die Erde herabgekommen, der durch Lehre, Lebenswandel und Leiden das Beispiel eines Gott wohlgefälligen Menschen an sich gegeben hätte, und ... hätte er durch all dieses ein unabsehbar großes moralisches Gutes in der Welt durch eine Revolution im Menschengeschlecht hervorgebracht, so würden wir doch nicht Ursache haben, ihn als etwas anderes als einen natürlich gezeugten Menschen anzunehmen (weil dieser sich doch auch verpflichtet fühlt, selbst ein solches Beispiel an sich abzugeben); allerdings wird dadurch nicht schlechthin verneint, dass er auch wohl ein übernatürlich erzeugter Mensch sein könne (VI 63)

„Die Welt mit ihren Mängeln ist besser als ein Reich von willenlosen Engeln"[94] (VI 65)

Man täuscht sich nirgends leichter als in dem, was die gute Meinung von sich selbst begünstigt (VI 68)

Ohne alles Vertrauen in die einmal angenommene Gesinnung würde kaum eine Beharrlichkeit, in dieser fortzufahren, möglich sein (VI 68)

Der Mensch, der ab dem Zeitpunkt der angenommenen Grundsätze des Guten ein genügend langes Leben hindurch ihre Wirkung auf seinen zum immer Besseren fortschreitenden Lebenswandel wahrgenommen hat und Anlass findet, daraus auf eine gründliche Besserung in seiner Gesinnung nur vermutungsweise zu schließen, kann doch auch vernünftigerweise hoffen, dass ... er in seinem Erdenleben diese Bahn nicht mehr verlassen, sondern immer nur mutiger darauf fortrücken wird. Er kann ferner hoffen, dass er, wenn nach diesem ihm noch ein anderes Leben bevorsteht, unter anderen Umständen nach demselben Prinzip auf seiner Bahn fortfahren und sich dem wenn auch unerreichbaren Ziel der Vollkommenheit immer noch nähern wird, weil er nach dem, was er bisher an sich wahrgenommen hat, seine Gesinnung für von Grund auf gebessert halten darf (VI 68)

---

[94] Albrecht von Haller. Vgl. auch VI 397.

Zu den Fragen, aus denen der Frager, wenn sie ihm auch beantwortet werden könnten, doch nichts Kluges machen kann (und die man deshalb Kinderfragen nennen könnte), gehört auch die, ob die Höllenstrafen endliche oder ewige Strafen sein werden. Würde das erste gelehrt, so ist zu befürchten, dass manche (so wie alle, die an das Fegefeuer glauben, oder jener Matrose in *Moore*'s Reisen) sagen würden: „So hoffe ich, ich werde es aushalten können." Würde aber das andere behauptet und zum Glaubenssymbol erklärt, so dürfte gegen die damit verfolgte Absicht doch die Hoffnung einer völligen Straflosigkeit nach dem ruchlosesten Leben herauskommen. Denn da in den Augenblicken der späten Reue am Ende des Lebens der um Rat und Trost gebetene Geistliche es doch grausam und unmenschlich finden muss, dem Sterbenden seine ewige Verwerfung anzukündigen, und da es zwischen dieser und der völligen Lossprechung keinen Mittelweg gibt (entweder ewig oder gar nicht gestraft), so muss er ihm Hoffnung auf Vergebung machen (VI 69)

Mit der Lehre von der Dauer der Strafen in einer anderen Welt ist auch noch eine andere Lehre nahe verwandt, obgleich nicht dieselbe, nämlich: „dass alle Sünden hier vergeben werden müssen", dass die Rechnung mit dem Ende des Lebens völlig abgeschlossen sein muss und niemand hoffen kann, das hier Versäumte etwa dort noch nachzuholen (VI 70-71)

Nur unter der Voraussetzung der gänzlichen Herzensänderung lässt sich für den mit Schuld belasteten Menschen vor der himmlischen Gerechtigkeit Lossprechung denken, mithin können alle Sühneversuche, sie mögen von der büßenden oder der feierlichen Art sein, alle Anrufungen und Hochpreisungen (selbst die des stellvertretenden Ideals des Sohnes Gottes) den Mangel der ersteren nicht ersetzen (VI 76)

Die Absicht derer, die am Ende des Lebens einen Geistlichen rufen lassen, ist gewöhnlich die, dass sie an ihm einen Tröster haben wollen, nicht wegen der physischen Leiden, die die letzte Krankheit, ja auch nur die natürliche Furcht vor dem Tod auslöst (denn darüber kann der Tod selber, der sie beendet, Tröster sein), sondern wegen der moralischen, nämlich der Vorwürfe des Gewissens (VI 78)

Die Beherrschung und Regierung der höchsten Weisheit über vernünftige Wesen verfährt mit ihnen nach dem Prinzip ihrer Freiheit, und sie sollen sich selbst zuzuschreiben haben, was sie Gutes oder Böses treffen soll (VI 79)

Man darf zwar auf die Gefahr des Verlustes seines Lebens etwas wagen oder auch den Tod von den Händen eines anderen erdulden, wenn man ihm nicht ausweichen kann, ohne einer unnachlässlichen Pflicht untreu zu werden, aber nicht über sich und sein Leben als Mittel, zu welchem Zweck es auch sei, disponieren und so Urheber seines Todes sein (VI 81)

Es verrät einen sträflichen Grad moralischen Unglaubens, wenn man den Vorschriften der Pflicht, wie sie ursprünglich durch die Vernunft ins Herz des Menschen geschrieben wurden, nicht anders Autorität zugestehen will, als wenn sie – noch dazu durch Wunder – beglaubigt werden: „Wenn ihr nicht Zeichen und Wunder sehet, so glaubt ihr nicht"[95] (VI 84)

Dass das bloße Glauben und Nachsagen unbegreiflicher Dinge (was ein jeder kann, ohne darum ein besserer Mensch zu sein oder jemals zu werden) eine Art und gar die einzige sei, Gott zu gefallen, dagegen muss mit aller Macht gestritten werden (VI 84)

Wenn man fragt: was unter Wundern zu verstehen ist, so kann man (da uns eigentlich nur daran gelegen ist, zu wissen, was sie für uns, d. h. zu unserem praktischen Vernunftgebrauch sind) sie dadurch erklären, dass sie Begebenheiten in der Welt sind, von deren Ursache uns die Wirkungsgesetze unbekannt sind und bleiben müssen (VI 86)

Nehmen wir an, dass Gott die Natur auch bisweilen und in besonderen Fällen von deren Gesetzen abweichen lässt, so haben wir nicht den mindesten Begriff und können auch nie hoffen, einen solchen von dem Gesetz zu bekommen, nach dem Gott bei einer solchen Begebenheit verfährt (außer dem allgemeinen moralischen, dass das, was er tut, alles gut ist, wodurch aber in Bezug auf diesen besonderen Vorfall nichts bestimmt wird). Hier ist nun die Vernunft wie gelähmt, indem sie dadurch in ihrem Bemühen nach bekannten Gesetzen aufgehalten, durch kein neues aber belehrt wird, auch nie in der Welt davon belehrt zu werden hoffen kann (VI 86-87)

Soll das allgemeine Wesen ein ethisches sein, so kann das Volk als ein solches nicht selbst für gesetzgebend angesehen werden. ... Es muss also

---

[95] Johannes 4, 48.

ein anderer als das Volk sein, der für ein ethisches allgemeines Wesen als öffentlich gesetzgebend angegeben werden kann (VI 98-99)

Die statutarischen bürgerlichen Gesetze kann man zwar nicht göttliche Gebote nennen, wenn sie aber rechtmäßig sind, so ist ihre Beachtung zugleich göttliches Gebot. Der Satz „Man muss Gott mehr gehorchen als den Menschen"[96] bedeutet nur, dass, wenn die letzteren etwas gebieten, was an sich böse (dem Sittengesetz unmittelbar zuwider) ist, ihnen nicht gehorcht werden darf und soll (VI 99)

Ein moralisches Volk Gottes zu stiften, ist ein Werk, dessen Ausführung nicht von Menschen, sondern nur von Gott selbst erwartet werden kann. Deswegen ist aber doch dem Menschen nicht erlaubt, in Erreichung dieses Zieles untätig zu sein und die Vorsehung walten zu lassen, als ob jeder nur seiner moralischen Privatangelegenheit nachgehen, die gesamte Angelegenheit des menschlichen Geschlechts aber (seiner moralischen Bestimmung nach) einer höheren Weisheit überlassen darf (VI 100)

Der Wunsch aller Wohlgesinnten ist, „dass das Reich Gottes komme, dass sein Wille auf Erden geschehe"[97]; aber was haben sie nun zu tun, damit dieses mit ihnen geschehe? (VI 101)

Die sich ihres Unvermögens in Erkenntnis übersinnlicher Dinge bewussten Menschen ... sind doch nicht leicht davon zu überzeugen, dass die standhafte Beflissenheit zu einem moralisch guten Lebenswandel alles ist, was Gott von Menschen fordert, um ihm wohlgefällige Untertanen in seinem Reich zu sein. ... Dass sie, wenn sie ihre Pflichten gegen Menschen (sich selbst und andere) erfüllen, eben dadurch auch göttliche Gebote befolgen und so in all ihrem Tun und Lassen, sofern es Beziehung und Sittlichkeit hat, beständig im Dienste Gottes sind, und dass es einfach unmöglich ist, Gott auf andere Weise zu dienen, will ihnen nicht in den Kopf (weil sie doch auf keine anderen als nur auf Weltwesen, nicht aber auf Gott wirken und Einfluss haben können) (VI 103)

Da alle Religion darin besteht, dass wir Gott für alle unsere Pflichten als den allgemein zu verehrenden Gesetzgeber ansehen, kommt es bei

---

[96] Apostelgeschichte 5, 29. Vgl. auch VI 154.
[97] Matthäus 6, 10.

der Bestimmung der Religion in Absicht auf unser ihr gemäßes Verhalten darauf an, zu wissen, wie Gott verehrt (und respektiert) sein soll (VI 103-104)

Wenn die Frage, wie Gott verehrt sein soll, für jeden Menschen, nur als Mensch betrachtet, allgemeingültig beantwortet werden soll, so gibt es keine Bedenken darüber, dass die Gesetzgebung seines Willens nicht nur moralisch sein sollte. Die Menschen, die ihm durch den guten Lebenswandel ... wohlgefällig zu werden versuchen, werden diejenigen sein, die ihm die wahre Verehrung leisten, die er verlangt (VI 104-105)

Die Geschichte beweist, dass kein auf die Bibel gegründeter Glaube selbst durch verwüstende Staatsrevolutionen hat vertilgt werden können, während der, der sich auf Tradition und alte öffentliche Gewohnheiten gründete, in der Zerrüttung des Staates zugleich seinen Untergang fand (VI 107)

Es gibt nur eine (wahre) Religion; aber es kann vielerlei Arten des Glaubens geben (VI 107)

Es ist schicklicher (wie es auch wirklich gebräuchlicher ist), zu sagen „dieser Mensch ist von diesem oder jenem (jüdischem, mohammedanischem, christlichem, katholischem, lutherischem) Glauben" als „er ist von dieser oder jener Religion" (VI 108)

Die sogenannten Religionsstreitigkeiten, die die Welt so oft erschüttert und mit Blut besprizt haben, sind nie etwas anderes als Zänkereien um den Kirchenglauben gewesen, und der Unterdrückte klagte nicht eigentlich darüber, dass man ihn hinderte, seiner Religion anzuhängen (denn das kann keine äußere Gewalt), sondern dass man ihm nicht erlaubte, seinen Kirchenglauben öffentlich zu befolgen (VI 108)

Wenn eine Kirche, die ihren Kirchenglauben für allgemein verbindlich ausgibt, eine katholische, diejenige aber, die sich gegen diese Ansprüche anderer verwahrt (obgleich sie diese oft selbst gerne ausüben möchte, wenn sie könnte), eine protestantische Kirche genannt werden soll, so wird ein aufmerksamer Beobachter manche rühmlichen Beispiele von protestantischen Katholiken und dagegen noch mehr anstößige von erzkatholischen Protestanten antreffen (VI 109)

Ich frage, ob die Moral nach der Bibel oder die Bibel vielmehr nach der Moral ausgelegt werden muss (VI 110)

Nicht nur die Beurkundung, sondern auch die Auslegung der Heiligen Schrift bedarf der Gelehrsamkeit. Denn wie will der Ungelehrte, der sie nur in Übersetzungen lesen kann, ihren Sinn sicher verstehen? (VI 113)

Vernunftreligion und Schriftgelehrsamkeit sind die eigentlichen berufenen Ausleger und Bewahrer einer heiligen Urkunde (VI 113)

So wenig wie aus irgendeinem Gefühl Erkenntnis der Gesetze und deren moralischen Gehalts geschlossen werden kann, ebenso wenig und noch weniger kann durch ein Gefühl das sichere Merkmal eines unmittelbaren göttlichen Einflusses gefolgert und ermittelt werden (VI 114)

Nur der reine Religionsglaube, der sich gänzlich auf Vernunft gründet, kann als notwendig, mithin für den einzigen erachtet werden, der die wahre Kirche auszeichnet (VI 115)

Kein Mensch kann mit Gewissheit sagen, warum dieser ein guter, jener ein böser Mensch (beide vergleichend) wird, da oftmals die Anlage zu diesem Unterschied schon in der Geburt anzutreffen zu sein scheint, bisweilen auch Zufälligkeiten des Lebens, für die niemand kann, hierzu einen Ausschlag geben. Ebenso wenig weiß man auch, was aus ihm werden kann. Hierüber müssen wir also das Urteil dem Allsehenden überlassen, das hier so zu verstehen ist, dass sein vor der Geburt ausgesprochener Ratschluss einem jeden seine Rolle vorgezeichnet hat, die er einst spielen soll[98] (VI 121)

Im Prinzip der reinen Vernunftreligion als einer an allen Menschen beständig geschehenden göttlichen (obzwar nicht empirischen) Offenbarung muss der Grund zu jenem Schritt zur neuen Ordnung der Dinge liegen, der, einmal aus reifer Überlegung beschlossen, durch allmählich fortschreitende Reform zur Ausführung gebracht wird, sofern sie ein menschliches Werk sein soll (VI 122)

Jede Kirche hegt den stolzen Anspruch eine allgemeine zu werden; sowie sie sich aber ausgebreitet hat und herrschend wird, zeigt sich bald ein Prinzip der Auflösung und Trennung in verschiedene Sekten (VI 123)

Das zu frühe und dadurch (dass es eher kommt, als die Menschen

---

[98] Vgl. Platon: „Staat", 614a – 621b (Lohn für ein Leben in Gerechtigkeit nach dem Tode und Wahl der neuen Lebensform).

moralisch besser geworden sind) schädliche Zusammenschmelzen der Staaten wird – wenn es uns erlaubt ist, hierin eine Absicht der Vorsehung anzunehmen – vornehmlich durch zwei mächtig wirkende Ursachen verhindert, nämlich Verschiedenheit der Sprachen und Verschiedenheit der Religionen (VI 123)

Von der Religion auf Erden (in der engsten Bedeutung des Wortes) kann man keine Universalhistorie des menschlichen Geschlechts verlangen; denn die ist, als auf dem reinen moralischen Glauben gegründet, kein öffentlicher Zustand, sondern jeder kann sich seiner Fortschritte nur für sich selbst bewusst sein. ... Man kann voraussehen, dass die Geschichte nichts als die Erzählung vom ständigen Kampf zwischen dem gottesdienstlichen und dem moralischen Religionsglauben sein wird. Während der Mensch beständig geneigt ist, den ersteren als Geschichtsglauben oben anzusetzen, hat der letztere seinen Anspruch auf den Vorzug, der ihm als allein seelenbesserndem Glauben zukommt, nie aufgegeben und wird ihn endlich gewiss behaupten (VI 124)

Der jüdische Glaube steht mit dem Kirchenglauben ... in ganz und gar keiner wesentlichen Verbindung, d. h. in keiner Einheit nach Begriffen, obgleich jener unmittelbar vorhergegangen ist und zur Gründung dieser (der christlichen) Kirche die physische Veranlassung gab (VI 125)

Der jüdische Glaube ist seiner ursprünglichen Einrichtung nach ein Inbegriff nur statutarischer Gesetze, auf den eine Staatsverfassung gegründet war; denn die moralischen Zusätze, die ihm entweder damals schon oder auch in der Folge angehängt worden sind, gehören schlechterdings nicht zum Judentum als einem solchen (VI 125)

Da ohne Glauben an ein künftiges Leben gar keine Religion gedacht werden kann, enthält das Judentum als solches und in seiner Reinheit genommen gar keinen Religionsglauben (VI 126)

Wir können die allgemeine Kirchengeschichte, sofern sie ein System sein soll, nicht anders als vom Ursprung des Christentums anfangen, das als eine völlige Absage an das Judentum, aus dem es entsprang, auf einem ganz neuen Prinzip gegründet eine gänzliche Revolution in Glaubenslehren bewirkte (VI 127)

Aller Glaube, der sich als Geschichtsglaube auf Bücher gründet, braucht zu seiner Gewährleistung ein gelehrtes Publikum, in dem ihn Schriftsteller als Zeitgenossen, die in keinem Verdacht einer besonderen Verabredung stehen und deren Zusammenhang mit unserer jetzigen Schriftstellerei sich ununterbrochen erhalten hat, gleichsam kontrollieren. Der reine Vernunftglaube dagegen bedarf einer solchen Beurkundung nicht, sondern er beweist sich selbst (VI 129)

Die Fehler einer Religion, in der ich geboren und erzogen bin[99], deren Belehrung nicht von meiner Wahl abhing und in der ich durch eigenes Vernünfteln nichts verändert habe, gehen nicht auf meine Rechnung, sondern auf die meiner Erzieher oder öffentlich dazu eingesetzter Lehrer; das ist mit ein Grund, warum man der öffentlichen Religionsveränderung eines Menschen nicht leicht Beifall spendet. Ein anderer (tiefer liegender) Grund für diese Einschätzung ist, dass man es bei der jeden betreffenden Ungewissheit, welcher Glaube (unter den historischen) der richtige ist, – was immer dem moralischen zukommt – sehr unnötig findet, hierüber Aufsehen zu erregen (VI 132)

Was die weltliche oberste Macht nicht kann, das kann doch die geistliche: selbst das Denken verbieten und wirklich auch verhindern; sie vermag sogar einen solchen Zwang, nämlich das Verbot, anders als nach ihren Vorschriften zu denken, selbst ihren mächtigen Oberen aufzuerlegen (VI 133)

Die Ursache der allgemeinen Schwere aller Materie der Welt ist uns dermaßen unbekannt, dass man weiß, sie kann von uns nie erkannt werden, weil schon der Begriff von ihr eine erste und unbedingt ihr selbst innewohnende Bewegungskraft voraussetzt. Aber sie ist dennoch kein Geheimnis, sondern kann jedem offenbar gemacht werden, weil ihr Gesetz hinreichend erkannt ist. Wenn Newton sie gleichsam wie die göttliche Allgegenwart in der Erscheinung vorstellt, so ist das kein Versuch, sie zu erklären (denn das Dasein Gottes im Raum enthält einen Widerspruch), aber doch eine erhabene Analogie, in der es nur auf die Vereinigung körperlicher Wesen zu einem Weltganzen ankommt, indem man ihr eine unkörperliche Ursache unterlegt (VI 138)

---

[99] Pietismus (religiöse Bewegung im Protestantismus).

Es liegt uns nicht daran, zu wissen, was Gott an sich selbst (seine Natur), sondern was er für uns als moralisches Wesen ist (VI 139)

Man soll sich den höchsten Gesetzgeber als einen solchen an sich weder als gnädig, also nachsichtig für die Schwäche der Menschen, noch als despotisch und nur nach seinem unbeschränkten Recht gebietend sowie seine Gesetze nicht als willkürliche, mit unseren Begriffen der Sittlichkeit gar nicht verwandte, sondern als auf Heiligkeit des Menschen bezogene Gesetze vorstellen (VI 141)

Man muss Gottes Güte nicht in einem unbedingten Wohlwollen gegen seine Geschöpfe, sondern darin sehen, dass er auf deren moralische Beschaffenheit, durch die sie ihm wohlgefallen können, zuerst sieht und ihr Unvermögen, dieser Bedingung von selbst Genüge zu tun, dann nur ergänzt (VI 141)

Gottes Gerechtigkeit ist nicht als gütig und abbittlich (was einen Widerspruch enthält) ausgeübt vorstellbar, noch weniger als in der Qualität der Heiligkeit des Gesetzgebers (vor der kein Mensch gerecht ist) (VI 141)

In der Anklage der Pharisäer, dass *Christus* sich den Sohn Gottes genannt hat, scheinen die Juden auf die Lehre, dass Gott einen Sohn habe, kein besonderes Gewicht der Beschuldigung zu legen, sondern nur darauf, dass Jesus dieser Sohn Gottes hat sein sollen (VI 141)

Wir können uns die allgemeine unbedingte Unterwerfung des Menschen unter die göttliche Gesetzgebung nicht anders denken, als dass wir uns zugleich als seine Geschöpfe ansehen; ebenso wie Gott nur darum als Urheber aller Naturgesetze angesehen werden kann, weil er der Schöpfer der Naturdinge ist. Es ist aber für unsere Vernunft unbegreiflich, wie Wesen zum freien Gebrauch ihrer Kräfte erschaffen sein sollen, weil wir nach dem Prinzip der Kausalität einem Wesen, das als hervorgebracht angenommen wird, keinen anderen inneren Grund seiner Handlungen beilegen können als denjenigen, den die hervorbringende Ursache in das Wesen gelegt hat und durch den (also durch eine äußere Ursache) dann auch jede seiner Handlungen bestimmt wird, so dass dieses Wesen selbst nicht frei ist (VI 142)

Der Mensch, so wie wir ihn kennen, ist verdorben und keineswegs dem heiligen Gesetz von selbst angemessen. Gleichwohl, wenn ihn die Güte

Gottes gleichsam ins Dasein gerufen, d. h. zu einer besonderen Art zu existieren (zum Gliede des Himmelreichs) eingeladen hat, so muss er auch ein Mittel haben, den Mangel seiner hierzu erforderlichen Tauglichkeit aus der Fülle seiner eigenen Heiligkeit auszugleichen (VI 143)

Über die Geheimnisse ..., wie es nämlich zugeht, dass ein sittlich Gutes oder Böses überhaupt in der Welt ist, und ... wie aus dem letzteren doch das erstere entspringt und in irgendeinem Menschen hergestellt wird, oder warum, wenn dieses bei einigen geschieht und andere doch davon ausgeschlossen bleiben, hat uns Gott nichts offenbart und kann uns auch nichts offenbaren, weil wir es doch nicht verstehen würden (VI 143-144)

Man trägt gewöhnlich keine Bedenken, den Schülern der Religion den Glauben an Geheimnisse zuzumuten ... wie etwa das Fortpflanzungsvermögen organischer Materien, was auch kein Mensch begreift und darum doch nicht abgelehnt werden kann, obgleich es ein Geheimnis für uns ist und bleiben wird (VI 144)

Wir verstehen, was Freiheit ist, in praktischer Beziehung (wenn von Pflicht die Rede ist) gar wohl, in theoretischer Absicht aber ... können wir ohne Widerspruch nicht einmal daran denken, sie verstehen zu wollen (VI 144)

Das höchste für Menschen nie völlig erreichbare Ziel der moralischen Vollkommenheit endlicher Geschöpfe ist die Liebe zum Gesetz (VI 145)

Unter einem Afterdienst wird die Überredung verstanden, jemandem durch solche Handlungen zu dienen, die in der Tat seine Absicht rückgängig machen (VI 153)

Religion ist (subjektiv betrachtet) die Erkenntnis aller unserer Pflichten als göttlicher Gebote. Durch diese Definition wird mancher fehlerhaften Deutung des Begriffs einer Religion überhaupt vorgebeugt. ... Diejenige, in der ich vorher wissen muss, dass etwas ein göttliches Gebot ist, um es als meine Pflicht anzuerkennen, ist die offenbarte (oder eine Offenbarung benötigende) Religion, dagegen diejenige, in der ich zuvor wissen muss, dass etwas Pflicht ist, ehe ich es für ein göttliches Gebot anerkennen kann, ist die natürliche Religion (VI 153-154)

Wenn es auch heißt „Man muss Gott mehr gehorchen als den Menschen", so bedeutet das nichts anderes als wenn statutarische Gebote, nach denen Menschen Gesetzgeber und Richter sein können, mit Pflichten, die die Vernunft unbedingt vorschreibt und über deren Befolgung oder Übertretung Gott allein Richter sein kann, in Konflikt geraten, so muss das Ansehen der Gebote dem der Pflichten weichen (VI 154)

Im Gleichnis *Christi*[100] sind die enge Pforte und der schmale Weg, der zum Leben führt, der gute Lebenswandel; die weite Pforte und der breite Weg, den viele wandeln, sind die Kirche. Nicht an ihr und ihren Satzungen liegt es, dass Menschen verloren werden, sondern daran, dass der Kirchgang und das Bekenntnis ihrer Statute oder die Zelebrierung ihrer Gebräuche für die Art gehalten wird, durch die man Gott eigentlich dient (VI 160)

Die Annahme der Grundsätze einer Religion heißt vorzüglicherweise Glaube. Wir werden also den christlichen Glauben einerseits als einen reinen Vernunftglauben, anderseits als einen Offenbarungsglauben zu betrachten haben (VI 163)

Von dem Bösen, das im menschlichen Herzen liegt, und von dem niemand frei ist, von der Unmöglichkeit, durch seinen Lebenswandel sich jemals vor Gott für gerechtfertigt zu halten ..., kann sich jeder durch seine Vernunft überzeugen, und es gehört zur Religion, sich davon zu überzeugen (VI 163)

Seit die christliche Lehre auf Fakten, nicht auf bloße Vernunftbegriffe gebaut ist, heißt sie nicht mehr nur christliche Religion, sondern christlicher Glaube, der einer Kirche zu Grunde gelegt worden ist (VI 164)

Afterdienst ist eine Verehrung Gottes, durch die dem wahren, von ihm selbst geforderten Dienst gerade entgegengehandelt wird (VI 168)

Ich nehme folgenden Satz als einen keines Beweises bedürftigen Grundsatz an: Alles, was der Mensch außer dem guten Lebenswandel noch tun zu können meint, um Gott wohlgefällig zu werden, ist bloßer Religionswahn und Afterdienst Gottes. Ich sage, was der Mensch tun zu können glaubt; denn dass nicht über allem, was wir tun können, noch in den Geheimnissen der höchsten Weisheit etwas sein mag, was nur Gott tun kann, um uns zu ihm wohlgefälligen Menschen zu machen, wird hierdurch nicht verneint (VI 170-171)

---

[100] Matthäus 7, 13.

Himmlische Einflüsse in sich wahrnehmen zu wollen, ist eine Art Wahnsinn, in dem wohl gar auch Methode sein kann (weil sich jene eingebildete innere Offenbarung doch immer an moralische, also an Vernunftideen anschließen muss), der aber immer doch eine der Religion nachteilige Selbsttäuschung bleibt (VI 174)

Der schwärmerische Religionswahn ist der moralische Tod der Vernunft, ohne die jedoch gar keine Religion, die wie alle Moralität überhaupt auf Grundsätze gegründet werden muss, stattfinden kann (VI 175)

Es ist ein moralischer Grundsatz, der keines Beweises bedarf: Man soll nichts auf die Gefahr hin wagen, dass es unrecht ist. Das Bewusstsein also, dass eine Handlung, die ich unternehmen will, recht ist, ist unbedingt Pflicht (VI 185-186)

Ob eine Handlung überhaupt recht oder unrecht ist, darüber urteilt der Verstand, nicht das Gewissen (VI 186)

Derselbe Mann, der so dreist ist zu sagen „Wer an diese oder jene Geschichtslehre als eine teure Wahrheit nicht glaubt, der ist verdammt", der müsste doch auch sagen „Wenn das, was ich euch hier erzähle, nicht wahr ist, so will ich verdammt sein"! – Wenn es jemand gäbe, der einen solchen schrecklichen Ausspruch täte, so würde ich raten, sich in Bezug auf ihn nach dem persischen Sprichwort ... zu richten „Ist jemand einmal (als Pilger) in Mekka gewesen, so ziehe aus dem Hause, worin er mit dir wohnt; ist er zweimal da gewesen, so ziehe aus derselben Straße, wo er sich befindet; ist er aber dreimal da gewesen, so verlasse die Stadt oder gar das Land, wo er sich aufhält"! (VI 189)

Oh Aufrichtigkeit ..., die du von der Erde zum Himmel entflohen bist, wie zieht man dich (die Grundlage des Gewissens, somit aller inneren Religion) von da zu uns wieder herab? Ich gebe zu, obwohl es sehr zu bedauern ist, dass Offenherzigkeit (die ganze Wahrheit zu sagen, die man weiß,) in der menschlichen Natur nicht angetroffen wird. Aber Aufrichtigkeit (alles, was man sagt, mit Wahrhaftigkeit zu sagen) muss man von jedem Menschen fordern können; und wenn auch dazu keine Anlage in unserer Natur wäre, deren Kultur nur vernachlässigt wird, so würde die Menschenrasse in ihren eigenen Augen ein Gegenstand der tiefsten Verachtung sein müssen (VI 190)

Ein herzlicher Wunsch, Gott in allem unserem Tun und Lassen wohlgefällig zu sein, d. h. die alle unsere Handlungen begleitende Gesinnung, sie so zu betreiben, als ob sie im Dienste Gottes geschehen, ist der Geist des Gebetes, der „ohne Unterlass" in uns stattfinden kann und soll (VI 194-195)

Der Kirchgang, als feierlicher äußerer Gottesdienst überhaupt in einer Kirche gedacht, ist in Anbetracht dessen, dass er eine sinnliche Darstellung der Gemeinschaft der Gläubigen ist, nicht allein ein für jeden Einzelnen zu seiner Erbauung anzupreisendes Mittel, sondern auch eine ihnen als Bürgern eines hier auf Erden vorzustellenden göttlichen Staates für das Ganze unmittelbar obliegende Pflicht; vorausgesetzt, dass diese Kirche nicht Förmlichkeiten enthält, die zu Bilderanbetung führen und so das Gewissen belästigen können, z. B. gewisse Anbetungen Gottes in der Persönlichkeit seiner unendlichen Güte unter dem Namen eines Menschen, da die sinnliche Darstellung desselben dem Vernunftverbot „Du sollst dir kein Bildnis machen", zuwider ist (VI 198-199)

Metaphysik der Sitten

Abb. 28: Immanuel Kant.
Gemälde von Döbler, 1791.
(Aus Ikonographie, Nr. 16.)

Es kommt auf die Frage an, ob es wohl mehr als eine Philosophie geben kann. Verschiedene Arten zu philosophieren und zu den ersten Vernunftprinzipien zurückzugehen, reichten nicht aus, um darauf mit mehr oder weniger Glück ein System zu gründen, sondern es musste viele Versuche dieser Art geben, deren jeder sich um die gegenwärtige Philosophie verdient gemacht hat. Da es aber objektiv betrachtet nur eine menschliche Vernunft geben kann, so kann es auch nicht viele Philosophien geben, d. h. es ist nur ein wahres System aus Prinzipien möglich, wie mannigfaltig und oft widerstreitend man auch über denselben Satz philosophiert haben mag (VI 207)

Nur die Erfahrung kann lehren, was uns Freude bringt. Die natürlichen Triebe zur Nahrung, zum anderen Geschlecht, zur Ruhe, zur Bewegung und (bei der Entwicklung unserer Naturanlagen) die Triebe zur Ehre, zur Erweiterung unserer Erkenntnis u. dgl. können nur und jedem auf seine besondere Art zu erkennen geben, worin er seine Freuden findet und mit welchen Mitteln er sie zu suchen hat. Alles scheinbare Vernünfteln a priori ist hier im Grunde nichts (VI 215)

Es ist keine Tugendpflicht, sein Versprechen zu halten, sondern eine Rechtspflicht, zu deren Erfüllung man gezwungen werden kann. Aber es ist doch eine tugendhafte Handlung (Beweis der Tugend), es auch da zu tun, wo kein Zwang herrschen darf (VI 220)

Der kategorische Imperativ, der überhaupt nur aussagt, was Verbindlichkeit ist, lautet „Handle nach einer Maxime, die zugleich als ein allgemeines Gesetz gelten kann!" (VI 225)

Der oberste Grundsatz der Sittenlehre ist „Handle nach einer Maxime, die zugleich als allgemeines Gesetz gelten kann" (VI 226)

Was jemand pflichtgemäß über das Maß hinaus tut, wozu er nach dem Gesetz gezwungen werden kann, ist verdienstlich; was er nur gerade dem letzteren angemessen tut, ist Schuldigkeit; was er schließlich unter dem gesetzlichen Maß tut, ist moralische Verschuldung (VI 227)

Das Recht ist der Inbegriff der Bedingungen, unter denen die Willkür des einen mit der Willkür des anderen nach einem allgemeinen Gesetz der Freiheit vereinigt werden kann (VI 230)

Es kann kein Strafgesetz geben, das demjenigen den Tod zuerkennt, der im Schiffbruch, mit einem anderen in Lebensgefahr schwebend, diesen von dem rettenden Brett wegstieß, um sich selbst zu retten. Denn die durch dieses Gesetz angedrohte Strafe könnte doch nicht größer sein als die des Todes des ersteren (VI 235)

Der Sinnspruch des Notrechts heißt „Not hat kein Gebot"; und gleichwohl kann es keine Not geben, die gesetzmäßig machte, was unrecht ist (VI 236)

Alle Pflichten sind entweder Rechtspflichten, d. h. für die eine äußere Gesetzgebung möglich ist, oder Tugendpflichten, für die eine solche nicht möglich ist (VI 239)

Der Ehevertrag ist auch unter Voraussetzung der Lust zum wechselseitigen Gebrauch der Geschlechtseigenschaften kein beliebiger, sondern ein durch das Gesetz der Menschheit notwendiger Vertrag; d. h. wenn Mann und Frau einander ihren Geschlechtseigenschaften nach wechselseitig genießen wollen, so müssen sie sich zwingend verehelichen, und dies ist nach Rechtsgesetzen der reinen Vernunft notwendig (VI 277-278)

Es ist eine in praktischer Hinsicht ganz richtige und auch notwendige

Idee, den Akt der Zeugung als einen solchen anzusehen, wodurch wir eine Person ohne ihre Einwilligung in die Welt gesetzt und eigenmächtig in sie herübergebracht haben; dafür haftet auf den Eltern nun auch eine Verbindlichkeit, sie nach Kräften mit diesem ihrem Zustand zufrieden zu machen (VI 280-281)

Kinder können nie als Eigentum der Eltern angesehen werden (VI 282)

Die Kinder, die mit den Eltern zusammen eine Familie ausmachen …, sind den Eltern für ihre Erziehung nichts schuldig (VI 282)

Frei geboren ist jeder Mensch, weil er noch nichts verbrochen hat, und die Kosten der Erziehung bis zu seiner Volljährigkeit können ihm auch nicht als eine Schuld angerechnet werden, die er zu tilgen hat (VI 283)

Geld ist eine Sache, deren Gebrauch nur dadurch möglich ist, dass man sie veräußert (VI 286)

Ein Scheffel Getreide hat den größten direkten Wert als Mittel zur Stillung menschlicher Bedürfnisse. … Der Wert des Geldes ist dagegen nur indirekt. Man kann es selbst nicht genießen oder zu irgendetwas unmittelbar gebrauchen, und doch ist es ein Mittel, das unter allen Sachen von der höchsten Brauchbarkeit ist (VI 287)

Geld ist das allgemeine Mittel, den Fleiß der Menschen untereinander in Gang zu halten, so dass der durch Geld erworbene Nationalreichtum eigentlich nur die Summe des Fleißes ist, mit dem Menschen sich untereinander entlohnen und der durch das im Volk umlaufende Geld repräsentiert wird (VI 287)

„Geld ist derjenige Körper, dessen Veräußerung das Mittel und zugleich der Maßstab des Fleißes ist, mit dem Menschen und Völker untereinander Verkehr treiben"[101] (VI 289)

Das Beschwören des Glaubens kann gar nicht von einem Gericht verlangt werden. Denn es enthält in sich selbst einen Widerspruch als Mittelding zwischen Meinen und Wissen, weil der Glaube etwas ist, worauf man wohl zu wetten, keineswegs aber zu schwören wagt (VI 305)

---

[101] Adam Smith.

Wenn die Gerechtigkeit untergeht, hat es keinen Wert mehr, dass Menschen auf Erden leben (VI 332)

Alle Mörder, die den Mord verübt, befohlen oder daran mitgewirkt haben, müssen auch den Tod leiden; so will es die Gerechtigkeit als Idee der richterlichen Gewalt nach allgemeinen, a priori begründeten Gesetzen (VI 334)

Es gibt zwei todesträchtige Verbrechen, in deren Beurteilung es zweifelhaft bleibt, ob die Gesetzgebung befugt ist, sie mit der Todesstrafe zu belegen. Zu beiden verleitet das Ehrgefühl. ... Das eine Verbrechen ist der mütterliche Kindesmord; das andere das Duell (VI 335-336)

Der kategorische Imperativ der Strafgerechtigkeit (die gesetzwidrige Tötung eines anderen muss mit dem Tode bestraft werden) bleibt (VI 336-337)

Wenn jemand nicht beweisen kann, dass ein Ding ist, so mag er zu beweisen versuchen, dass es nicht ist. Will es ihm mit keinem von beiden gelingen (ein Fall, der oft eintritt), so kann er noch fragen, ob es ihn interessiert, das eine oder das andere (durch eine Hypothese) anzunehmen (VI 354)

Die Idee einer Staatsverfassung überhaupt, die zugleich absolutes Gebot der nach Rechtsbegriffen urteilenden praktischen Vernunft für ein jedes Volk ist, ist heilig und unwiderstehlich. Wenn auch die Organisation des Staates durch sich selbst fehlerhaft ist, so kann denn doch keine subalterne Gewalt dem gesetzgebenden Oberhaupt tätlichen Widerstand entgegensetzen, sondern die ihm anhängenden Gebrechen müssen durch innerstaatliche Reformen allmählich behoben werden, weil sonst bei einer entgegengesetzten Maxime des Untertans (nach eigenmächtiger Willkür zu verfahren) eine gute Verfassung nur durch blinden Zufall zustande kommen kann (VI 372)

Wenn es über irgendeinen Gegenstand eine Philosophie (System der Vernunfterkenntnis aus Begriffen) gibt, so muss es für diese Philosophie auch ein System reiner, von aller Anschauungsbedingung unabhängiger Vernunftbegriffe, d. h. eine Metaphysik geben (VI 375)

Wenn der denkende Mensch über die Anreize zum Laster gesiegt und seine oft saure Pflicht getan hat, befindet er sich in einem Zustand der

Seelenruhe und Zufriedenheit, den man gar wohl Glückseligkeit nennen kann, in dem die Tugend ihr eigener Lohn ist (VI 377)

Ein anderer kann mich zwar zwingen, etwas zu tun, was nicht mein Zweck (sondern nur Mittel zum Zweck eines anderen) ist, aber nicht dazu, dass ich es mir zum Zweck mache (VI 381)

Je weniger der Mensch physisch, je mehr er dagegen moralisch (durch die bloße Vorstellung der Pflicht) gezwungen werden kann, desto freier ist er (VI 382)

Die Tugendpflicht unterscheidet sich von der Rechtspflicht wesentlich dadurch, dass zu ihr ein äußerer Zwang moralisch möglich ist, die Rechtspflicht aber ausschließlich auf dem freien Selbstzwang beruht (VI 383)

Die Fähigkeit, sich überhaupt irgendeinen Zweck zu setzen, ist das Charakteristische der Menschheit (im Unterschied zur Tierwelt) (VI 392)

Es ist dem Menschen nicht möglich, so in die Tiefe seines eigenen Herzens zu schauen, dass er jemals von der Reinheit seiner moralischen Absicht und der Lauterkeit seiner Gesinnung in auch nur einer Handlung völlig gewiss sein kann (VI 392)

„Der Mensch mit seinen Mängeln ist besser als das Heer von willenlosen Engeln"[102] (VI 397)

Das Gewissen ist nicht etwas Erwerbbares, und es gibt keine Pflicht, sich eines anzuschaffen, sondern jeder Mensch hat als sittliches Wesen ein solches ursprünglich in sich. ... Wenn man daher sagt, dieser Mensch hat kein Gewissen, so meint man damit, er kehrt sich nicht an den Appell desselben (VI 400)

Gewissenlosigkeit ist nicht Mangel des Gewissens, sondern der Hang, sich an dessen Urteil nicht zu halten. Wenn aber jemand sich bewusst ist, nach seinem Gewissen gehandelt zu haben, so kann er in Bezug auf Schuld oder Unschuld nicht weiter gefordert werden. Es obliegt ihm nur, seinen Verstand über das, was Pflicht ist oder nicht, aufzuklären; wenn es aber zur Tat kommt oder gekommen ist, so spricht das Gewissen unwillkürlich und unvermeidlich. Nach Gewissen zu handeln, kann also selbst nicht Pflicht sein (VI 401)

---

[102] Albrecht von Haller.

Liebe ist eine Sache der Empfindung, nicht des Wollens, und ich kann nicht lieben, weil ich will, noch weniger aber weil ich soll (zur Liebe genötigt werden); mithin ist eine Pflicht zu lieben ein Unding (VI 401)

Wenn es heißt, du sollst deinen Nächsten lieben wie dich selbst, so heißt das nicht, du sollst unmittelbar (zuerst) lieben und mittels dieser Liebe (nachher) wohltun, sondern tu deinem Nebenmenschen wohl, und dieses Wohltun wird Menschenliebe (als Fertigkeit der Neigung zum Wohltun überhaupt) in dir bewirken! (VI 402)

Der gelobte Grundsatz (des *Aristoteles*), die Tugend in der Mitte zwischen zwei Lastern zu sehen, ist falsch ...; wer will mir dieses Mittlere zwischen zwei äußeren Enden angeben? Der Geiz (als Laster) ist von der Sparsamkeit (als Tugend) nicht dadurch unterschieden, dass diese zu weit getrieben wird, sondern sein Prinzip (Maxime) ist es, den Zweck der Haushaltung nicht im Genuss seines Vermögens, sondern nur im Besitz desselben zu sehen, so wie das Laster der Verschwendung nicht im Übermaß des Genusses eines Vermögens, sondern in der schlechten Maxime zu suchen ist, die den Gebrauch, ohne auf die Erhaltung desselben zu sehen, zum alleinigen Zweck macht (VI 404)

Die Laster als die Brut gesetzwidriger Gesinnungen sind die Ungeheuer, die der Mensch zu bekämpfen hat, weshalb diese sittliche Stärke auch als Tapferkeit die größte und einzige wahre Kriegsehre des Menschen ausmacht; sie wird auch die eigentliche, nämlich praktische Weisheit genannt, weil sie den Endzweck des Daseins der Menschen auf Erden zu dem ihrigen macht. Nur in ihrem Besitz ist der Mensch frei, gesund, reich, ein König usw. und kann weder durch Zufall noch durch Schicksal Schaden nehmen, weil er sich selbst besitzt und der Tugendhafte seine Tugend nicht verlieren kann (VI 405)

Zur inneren Freiheit sind zwei Fähigkeiten erforderlich: seiner selbst in einem gegebenen Fall Meister und über sich selbst Herr zu sein, d. h. seine Affekte zu zähmen und seine Leidenschaften zu beherrschen (VI 407)

Die wahre Stärke der Tugend ist das Gemüt, ihr Gesetz in Ruhe und mit einer überlegten und festen Entschließung auszuüben (VI 409)

Phantastisch tugendhaft kann doch der genannt werden, der keine moralische Gleichgültigkeit einräumt und sich alle seine Schritte und Tritte mit Pflichten wie mit Fußangeln beschwert und es nicht gleichgültig findet, ob ich mich mit Fleisch oder Fisch, mit Bier oder Wein nähre, wenn mir beides bekommt (VI 409)

Die Tugend ist immer im Fortschreiten und fängt doch auch immer von vorne an (VI 409)

Die erste Pflicht des Menschen gegen sich selbst, obgleich nicht die vornehmste, ist die Selbsterhaltung in seiner animalischen Natur (VI 421)

Die Selbsttötung ist ein Verbrechen (Mord) (VI 422)

Sich eines integrierten Teils als Organ berauben (verstümmeln), z. B. einen Zahn zu verschenken oder zu verkaufen, um ihn in die Kinnlade eines anderen zu pflanzen, oder die Kastration an sich vornehmen zu lassen, um als Sänger bequemer leben zu können, u. dgl. gehört zum teilweisen Selbstmord. Ein abgestorbenes oder mit Absterben bedrohtes und hiermit dem Leben nachteiliges Organ durch Amputation oder ein Teil, aber kein Organ des Körpers (z. B. die Haare) abnehmen zu lassen, kann nicht zum Verbrechen an der eigenen Person gerechnet werden; obwohl der letztere Fall nicht ganz schuldfrei ist, wenn er zum äußeren Erwerb beabsichtigt wird (VI 423)

Ist es Selbstmord, sich ... in den gewissen Tod zu stürzen, um das Vaterland zu retten? Oder ist das vorsätzliche Martyrium, sich für das Heil des Menschengeschlechts überhaupt zum Opfer hinzugeben, auch wie jenes als Heldentat anzusehen? (VI 423)

Die Geschlechtsneigung wird auch Liebe (in der engsten Bedeutung des Wortes) genannt und ist in der Tat die größte Sinnenlust, die möglich ist (VI 426)

Das Brünstigsein hat mit der moralischen Liebe streng genommen nichts gemein (VI 426)

Im betrunkenen Zustand ist der Mensch nur wie ein Tier, nicht als Mensch zu behandeln; nach der Überladung mit Speisen ist er für Handlungen, zu denen Gewandtheit und Überlegung im Gebrauch seiner Kräfte erforderlich sind, für eine gewisse Zeit gelähmt. Dass es die Verpflichtung sich selbst gegenüber verletzt, sich in einen solchen Zustand zu versetzen, versteht sich von selbst. ... Gefräßigkeit liegt noch unter der tierischen Sinnenbelustigung der Trunksucht (VI 427)

Kann man dem Wein ... doch wenigstens als Apologet[103] einen Gebrauch gestatten, der bis nahe an die Berauschung reicht, weil er die Gesellschaft zur Gesprächigkeit belebt und damit Offenherzigkeit verbindet? Oder kann man ihm wohl gar das Verdienst zugestehen, das zu vermitteln, was *Seneca* vom *Cato* rühmt: virtus eius incaluit mero[104]? (VI 428)

Opium und Branntwein sind als Genussmittel der Niederträchtigkeit näher als Wein, weil sie beim geträumten Wohlbefinden stumm, zurückhaltend und unmitteilsam machen und daher auch nur als Arzneimittel erlaubt sind. ... Der Islam, der den Wein ganz verbietet, hat also sehr schlecht gewählt, dafür das Opium zu erlauben (VI 428)

Der Schmaus als förmliche Einladung zur Unmäßigkeit in beiderlei Art des Genusses (Essen und Trinken) hat doch außer dem nur physischen Wohlbefinden noch etwas zum sittlichen Zweck Zielendes an sich, nämlich viele Menschen lange zu wechselseitiger Mitteilung zusammenzuhalten. Da aber die Menge (wenn sie, wie *Chesterfield* sagt, über die Zahl der Musen[105] hinausgeht) nur Belanglosigkeiten (mit den nächsten Tischnachbarn) erlaubt, die Veranstaltung also jenem Zweck widerspricht, dann bleibt sie immer Verleitung zum Unsittlichen, nämlich zur Unmäßigkeit, zur Übertretung der Pflicht gegen sich selbst, auch ohne die physischen Nachteile der Überladung, die vielleicht vom Arzt behoben werden können, zu berücksichtigen. Wie weit geht die sittliche Befugnis, diesen Einladungen zur Unmäßigkeit Gehör zu schenken? (VI 428)

Ein Mensch, der selbst nicht glaubt, was er einem anderen ... sagt, hat einen noch geringeren Wert, als wenn er nur eine Sache wäre (VI 429)

Die Wahrhaftigkeit in Erklärungen wird auch Ehrlichkeit und, wenn sie zugleich Versprechen sind, Redlichkeit, überhaupt aber Aufrichtigkeit genannt (VI 429)

Es ist merkwürdig, dass die Bibel[106] das erste Verbrechen, wodurch das Böse in die Welt gekommen ist, nicht vom Brudermord (Kains), sondern

---

[103] Verteidiger eines Bekenntnisses oder einer Wahrheit.
[104] Seine Tugend stärkte sich durch Wein (vgl. VII 171).
[105] Neun Musen, vgl. VII 278
[106] Genesis 3, 4-5.

von der ersten Lüge datiert (weil gegen jenen sich doch die Natur empört) und als den Urheber alles Bösen den Lügner von Anfang an den Vater der Lügen nennt (VI 431)

Das eigentümliche Merkmal des Geizes ist der Grundsatz des Besitzes der Mittel zu allerlei Zwecken, doch mit dem Vorbehalt, keines derselben für sich gebrauchen zu wollen und sich so des Lebensgenusses zu berauben, was der Pflicht gegen sich selbst im Hinblick auf den Zweck gerade entgegengesetzt ist. Verschwendung und Kargheit sind also nicht durch den Grad, sondern spezifisch durch die entgegengesetzten Maximen unterschiedlich (VI 432-433)

Der Satz „Man soll keiner Sache zu viel oder zu wenig tun" sagt so viel wie nichts; denn er ist tautologisch. Was heißt zu viel tun? Antwort: Mehr tun, als gut ist. Was heißt zu wenig tun? Antwort: Weniger tun, als gut ist. Was heißt ich soll etwas tun oder unterlassen? Antwort: Es ist nicht gut (wider die Pflicht), mehr oder auch weniger zu tun, als gut ist. Wenn das die Weisheit ist, die zu erforschen wir zu *Aristoteles*, der der Quelle näher war, zurückkehren sollen, so haben wir schlecht gewählt, uns an sein Orakel zu wenden (VI 433)

Es gibt zwischen Wahrhaftigkeit und Lüge kein Mittleres, aber wohl zwischen Offenherzigkeit und Zurückhaltung, da an dem, der seine Meinung sagt, alles wahr ist, was er sagt, er aber nicht die ganze Wahrheit sagt (VI 433)

Gar zu tugendhaft, d. h. gar zu pflichtbewusst zu sein, würde ungefähr so viel sagen wie einen Kreis gar zu rund oder eine gerade Linie gar zu gerade zu machen (VI 433)

Werdet nicht der Menschen Knechte; lasst euer Recht nicht ungeahndet von anderen mit Füßen treten. Macht keine Schulden, für die ihr nicht volle Sicherheit leistet. Nehmt nicht Wohltaten an, die ihr entbehren könnt, und seid nicht Schmarotzer oder Schmeichler oder gar Bettler (was freilich nur im Grad vom Vorigen unterschieden ist). Daher seid wirtschaftlich, damit ihr nicht bettelarm werdet (VI 436)

Das Hinknien oder Hinwerfen zur Erde, selbst um die Verehrung himmlischer Wesen dadurch zu versinnbildlichen, ist der Menschenwürde ebenso zuwider wie die Anrufung derselben in gegenwärtigen Bildern;

denn ihr demütigt euch alsdann nicht nur unter einem Ideal, das euch eure eigene Vernunft vorstellt, sondern unter einem Idol, das euer eigenes Machwerk ist (VI 436-437)

Das Bücken und Dienern vor einem Menschen scheint in jedem Fall eines Menschen unwürdig zu sein (VI 437)

Wer sich zum Wurm macht, kann nachher nicht klagen, dass er mit Füßen getreten wird (VI 437)

Das Gewissen ist das Bewusstsein eines inneren Gerichtshofes im Menschen, vor dem seine Gedanken einander verklagen oder entschuldigen (VI 438)

Jeder Mensch hat ein Gewissen und findet sich durch einen inneren Richter beobachtet, bedroht und überhaupt im Respekt (mit Furcht verbundener Achtung) gehalten. Diese über die Gesetze in ihm wachende Gewalt ist nicht etwas, was er sich selbst (willkürlich) macht, sondern es ist seinem Wesen einverleibt. Es folgt ihm wie sein Schatten, wenn er zu entfliehen gedenkt. Er kann sich zwar durch Lüste und Zerstreuung betäuben oder in Schlaf bringen, aber nicht vermeiden, dann und wann zu sich selbst zu kommen oder zu erwachen, wo er alsbald die furchtbare Stimme des Gewissens vernimmt. Er kann es in seiner äußersten Verworfenheit allenfalls dahin bringen, sich darum gar nicht mehr zu kümmern, aber die Stimme zu hören, kann er doch nicht vermeiden (VI 438)

Die zweifache Persönlichkeit des Menschen, der sich im Gewissen anklagt und richtet, dieses doppelte Selbst – einerseits vor den Schranken eines Gerichtshofes, der doch ihm selbst anvertraut ist, zitternd stehen zu müssen, anderseits aber das Richteramt aus angeborener Autorität selbst in Händen zu haben – bedarf einer Erläuterung, damit nicht die Vernunft mit sich selbst gar in Widerspruch gerät (VI 439)

Das erste Gebot aller Pflichten gegen sich selbst ist: Erkenne (erforsche, ergründe) dich selbst nicht nach deiner physischen Vollkommenheit (der Tauglichkeit oder Untauglichkeit zu allerlei dir beliebigen oder auch gebotenen Zwecken), sondern nach der moralischen in Bezug auf deine Pflicht (VI 441)

Die moralische Selbsterkenntnis, die in die schwerer zu ergründenden Tiefen (Abgründe) des Herzens zu dringen verlangt, ist aller menschlichen

Weisheit Anfang ..., nur die Höllenfahrt der Selbsterkenntnis bahnt den Weg (VI 441)

Religion zu haben, ist Pflicht des Menschen gegen sich selbst (VI 444)

Es ist Pflicht des Menschen gegen sich selbst, ein der Welt nützliches Glied zu sein, weil dieses auch zum Wert der Menschheit in seiner eigenen Person gehört, die er also nicht abwürdigen soll (VI 446)

Die Tiefen des menschlichen Herzens sind unergründlich (VI 447)

Wir wissen uns verpflichtet, gegen einen Armen wohltätig zu sein, aber weil diese Gunst doch auch Abhängigkeit seines Wohls von meiner Großmut enthält und ihn erniedrigt, so ist es Pflicht, dem Empfänger durch ein Betragen, das diese Wohltätigkeit entweder als bloße Schuldigkeit oder als geringen Liebesdienst vorstellt, die Demütigung zu ersparen und ihm seine Achtung für sich selbst zu erhalten (VI 448-449)

Wer am Wohlsein der Menschen, sofern er sie nur als solche betrachtet, Vergnügen findet, dem wohl ist, wenn es jedem anderen wohl ergeht, ist ein Menschenfreund (Philanthrop). Der, dem nur wohl ist, wenn es anderen übel ergeht, ist ein Menschenfeind (Misanthrop in praktischem Sinne). Der, dem es gleichgültig ist, wie es anderen ergehen mag, wenn es ihm nur selbst wohl ergeht, ist ein Selbstsüchtiger. Derjenige aber, der Menschen flieht, weil er kein Wohlgefallen an ihnen finden kann, obgleich er allen wohl will, könnte menschenscheu (ästhetischer Misanthrop) ... genannt werden (VI 450)

Einer ist mir doch näher als der andere, und ich bin im Wohlwollen mir selbst der Nächste. Wie stimmt das nun mit der Formel „Liebe deinen Nächsten (deinen Mitmenschen) wie dich selbst" überein? Wenn einer mir näher ist (in der Pflicht des Wohlwollens) als der andere, ich also zum größeren Wohlwollen gegen einen als gegen den anderen bereit, mir selber aber am nächsten (selbst der Pflicht nach) bin, so kann ich, wie es scheint, ohne mir selbst zu widersprechen, nicht sagen, ich soll jeden Menschen lieben wie mich selbst; denn der Maßstab der Selbstliebe würde keinen Unterschied in Graden zulassen (VI 451)

Wenn ein anderer leidet und ich mich durch seinen Schmerz, dem ich doch nicht abhelfen kann, auch (mittels der Einbildungskraft) anstecken lasse, so leiden ihrer zwei, obwohl das Übel eigentlich nur einen trifft (VI 457)

Es ist Pflicht, die Stellen, an denen sich Arme befinden, denen das Notwendigste fehlt, nicht zu umgehen, sondern sie aufzusuchen, die Krankenstuben oder die Gefängnisse u. dergl. nicht zu meiden, um dem unabwendbaren schmerzhaften Mitgefühl auszuweichen, weil dieses doch einer der von der Natur in uns gelegten Antriebe ist, dasjenige zu tun, was die Pflichtvorstellung für sich allein nicht ausrichten würde (VI 457)

Es kann schimpfliche, die Menschheit selbst entehrende Strafen geben (wie das Vierteilen, von Hunden zerreißen lassen, Nasen und Ohren abschneiden), die nicht nur dem Ehrliebenden (der auf Achtung anderer Anspruch erhebt, was jeder tun muss) schmerzhafter sind als der Verlust der Güter und des Lebens, sondern auch im Zuschauer Scham darüber hervorrufen, zu einer Gattung zu gehören, mit der man so verfahren darf (VI 463)

Die üble Nachrede oder das Afterreden, worunter ich nicht die Verleumdung, also eine falsche und anzuklagende Nachrede, sondern nur die unmittelbare, auf keine besondere Absicht angelegte Neigung verstehe, etwas der Achtung anderer Nachteiliges ins Gerücht zu bringen, ist der schuldigen Achtung gegenüber der Menschheit überhaupt zuwider (VI 466)

Freundschaft (in ihrer Vollkommenheit betrachtet) ist die Vereinigung zweier Personen durch gleiche wechselseitige Liebe und Achtung (VI 469)

Freundschaft in ihrer Reinheit oder Vollständigkeit, als erreichbar ... gedacht, ist das Steckenpferd der Romanschreiber (VI 470)

Moralische Freundschaft (im Unterschied zur ästhetischen) ist das völlige Vertrauen zweier Personen in wechselseitiger Eröffnung ihrer geheimen Urteile und Empfindungen, soweit sie mit beiderseitiger Achtung gegeneinander bestehen kann (VI 471)

Jeder Mensch hat Geheimnisse und darf sich nicht blindlings anderen anvertrauen teils wegen der unedlen Denkart der meisten, davon einen ihm nachteiligen Gebrauch zu machen, teils wegen des Unverstandes mancher in der Beurteilung und Unterscheidung dessen, was sich nachsagen lässt oder nicht (der Indiskretion) (VI 472)

Es fragt sich, ob man auch mit Lasterhaften Umgang pflegen darf. Die Zusammenkunft mit ihnen kann man nicht vermeiden, es sei denn, man ginge aus der Welt, und selbst unser Urteil über sie ist nicht kompetent. Wo aber das Laster ein Skandal ist, d. h. ein öffentlich gegebenes Beispiel der Verachtung strenger Pflichtgesetze, mithin Ehrlosigkeit, da muss, obgleich das Landesgesetz es nicht bestraft, der bisherige Umgang abgebrochen oder so weit wie möglich vermieden werden, weil seine Fortsetzung die Tugend um alle Ehre bringt und sie jedem anbietet, der reich genug ist, um den Schmarotzer durch die Vergnügungen der Üppigkeit zu bestechen (VI 474)

Dass Tugend erworben werden muss und nicht angeboren ist, liegt, ohne sich deshalb auf anthropologische Kenntnisse aus der Erfahrung berufen zu dürfen, schon in ihrem Begriff... . Dass sie gelehrt werden kann und muss, folgt schon daraus, dass sie nicht angeboren ist; die Tugendlehre ist also eine Doktrin (VI 477)

Ein rein moralischer Katechismus als Grundlehre der Tugendpflichten hat keine Bedenklichkeit oder Schwierigkeit, weil er seinem Inhalt nach aus der allgemeinen Menschenvernunft entwickelt werden kann und der Form nach nur den didaktischen Regeln der ersten Unterweisung angemessen werden darf. Das formale Prinzip eines solchen Unterrichts aber gestattet zu diesem Zweck nicht die sokratisch-dialogische Lehrart, weil der Schüler nicht einmal weiß, wie er fragen soll; der Lehrer ist also allein der Fragende. Die Antwort aber, die er aus der Vernunft des Lehrlings methodisch herauslockt, muss in bestimmten, nicht leicht zu verändernden Ausdrücken abgefasst und gespeichert, also seinem Gedächtnis anvertraut werden. Darin unterscheidet sich die katechetische Lehrart sowohl von der dogmatischen (da der Lehrer allein spricht) als auch der dialogischen (da beide Teile einander fragen und antworten) (VI 479)

Das experimentale (technische) Mittel der Bildung zur Tugend ist das gute Beispiel am Lehrer selbst (von exemplarischer Führung zu sein) und das warnende an anderen; denn Nachahmung ist dem noch ungebildeten Menschen die erste Willensbestimmung zur Annahme von Maximen, die er sich in der Folge bildet (VI 479)

Der Erzieher soll seinem Lehrling nicht sagen „Nimm ein Beispiel an jenem guten (ordentlichen, fleißigen) Knaben", denn das wird jenem nur zur Ursache dienen, diesen zu hassen, weil er durch ihn in ein nachteiliges Licht gestellt wird. Das gute Beispiel soll nicht als Muster, sondern nur zum Beweis der Tunlichkeit des Pflichtmäßigen dienen. Also nicht der Vergleich mit irgendeinem anderen Menschen (wie er ist), sondern mit der Idee (der Menschheit), wie er sein soll, also mit dem Gesetz, muss dem Lehrer das nie fehlende Richtmaß seiner Erziehung an die Hand geben (VI 480)

Von größter Wichtigkeit in der Erziehung ist es, den moralischen Katechismus nicht mit dem Religionskatechismus vermischt vorzutragen (zu amalgamieren) oder ihn gar auf den letzteren folgen zu lassen, sondern jederzeit den ersteren, und zwar mit dem größten Fleiß und optimaler Ausführlichkeit zur klarsten Einsicht zu bringen. Denn ohne dieses Vorgehen wird nachher aus der Religion nichts als Heuchelei, sich aus Furcht zu Pflichten zu bekennen, und eine Teilnahme an ihr, die nicht im Herzen ist, zu lügen (VI 484)

„Gewöhne dich daran, die zufälligen Lebensübel zu ertragen und die ebenso überflüssigen Ergötzlichkeiten zu entbehren"[107] (VI 484)

Es ist eine Art von Diätetik für den Menschen, sich moralisch gesund zu erhalten. Gesundheit ist aber nur ein indirektes Wohlbefinden, sie selber kann nicht gefühlt werden. Es muss etwas dazukommen, was einen angenehmen Lebensgenuss gewährt und doch nur moralisch ist. Das ist das jederzeit fröhliche Herz in der Idee des tugendhaften *Epikurs*. Denn wer sollte wohl mehr Ursache haben, frohen Mutes zu sein, und nicht selbst darin eine Pflicht sehen, sich in eine fröhliche Gemütsstimmung zu versetzen und sie sich zur Gewohnheit zu machen, als der, der sich keiner vorsätzlichen Übertretung bewusst und wegen des Verfalls in eine solche gesichert ist (VI 484-485)

Die Zucht (Disziplin), die der Mensch an sich selbst verübt, kann nur durch den Frohsinn, der sie begleitet, verdienstlich und exemplarisch werden (VI 485)

Protagoras von Abdera fing ein Buch mit den Worten an: „Ob Götter sind oder nicht sind, davon weiß ich nichts zu sagen". Er wurde deshalb von den Athenern aus der Stadt und von seinem Landbesitz verjagt, und

---

[107] Wahlspruch der Stoiker.

seine Bücher wurden vor der öffentlichen Versammlung verbrannt. Hierin taten ihm die Richter von Athen als Menschen zwar sehr unrecht, aber als Staatsbeamte und Richter verfuhren sie ganz rechtlich und konsequent[108]; denn wie hätte man einen Eid schwören können, dass es Götter gibt, wenn es nicht öffentlich und gesetzlich von hoher Obrigkeit wegen befohlen wäre (VI 486)

Ein großer moralisch-gesetzgebender Weiser hat das Schwören als ungereimt und zugleich beinahe an Gotteslästerung grenzend ganz und gar verboten; jedoch in politischer Hinsicht glaubt man noch immer, dieses mechanische, zur Verwaltung der öffentlichen Gerechtigkeit dienliche Mittel schlechterdings nicht entbehren zu können, und hat milde Auslegungen erdacht, jenem Verbot auszuweichen (VI 486)

Den göttlichen Zweck im Hinblick auf das menschliche Geschlecht (dessen Schöpfung und Leitung) kann man sich nur als Liebe denken, d. h. dass er die Glückseligkeit der Menschen ist. Das Prinzip des Willens Gottes aber mit Blick auf die schuldige Achtung (Ehrfurcht), die die Wirkungen der ersteren einschränkt, d. h. des göttlichen Rechts, kann kein anderes sein als das der Gerechtigkeit. Man könnte sich (nach Menschenart) auch so ausdrücken: Gott hat vernünftige Wesen gleichsam aus dem Bedürfnis erschaffen, etwas zu haben, was er lieben könne oder auch von dem er geliebt werde (VI 488)

Das Verbrechen kann nicht ungerächt bleiben. Trifft die Strafe nicht den Verbrecher, so werden es seine Nachkommen entgelten müssen; oder geschieht es nicht in seinem Leben, so muss es in einem Leben nach dem Tode geschehen. Dies wird ausdrücklich auch darum angenommen und gern geglaubt, weil damit der Anspruch der ewigen Gerechtigkeit ausgeglichen wird (VI 489-490)

In der Ethik als reiner praktischer Philosophie der inneren Gesetzgebung sind nur die moralischen Verhältnisse des Menschen gegenüber den Menschen für uns begreiflich, was für ein Verhältnis aber zwischen Gott und den Menschen obwaltet, übersteigt die Grenzen der Ethik gänzlich und ist uns schlechterdings unbegreiflich (VI 491)

---

[108] Zur Zeit des Protagoras war es gesetzlich verboten, die Existenz der Götter zu leugnen.

Streit der Fakultäten

Abb. 29: Die Philosophie.
Fresko-Gemälde. Peter von Cornelius (künstlerischer Leiter), 1825-1836. (Stadthistorische Bibliothek, Bonn, Signatur I f 395).
Zur Bedeutung der Fakultäten (Theologie, Jurisprudenz, Medizin, Philosophie) vgl. VII 28.

Um keiner Schleichwege beschuldigt zu werden, setze ich allen meinen Schriften meinen Namen vor (VII 6)

Jenes Buch[109] ... stellt für das Publikum ein unverständliches, verschlossenes Buch und nur eine Verhandlung zwischen Fakultätsgelehrten vor, wovon das Volk keine Notiz nimmt ...; weil es gar keine Würdigung des Christentums enthält, habe ich mir auch keine Abwürdigung desselben zuschulden kommen lassen, denn eigentlich enthält es nur die Würdigung der natürlichen Religion. Nur die Anführung einiger biblischer Schriftstellen zur Bestätigung gewisser reiner Vernunftlehren der Religion kann zum Missverstand Veranlassung gegeben haben (VII 8)

Ich habe meine große Hochachtung für die biblische Glaubenslehre im Christentum unter anderem auch durch die Erklärung in demselben

---

[109] Religion innerhalb der Grenzen der bloßen Vernunft.

oben genannten Buch bewiesen, dass die Bibel von mir darin als das beste vorhandene zur Gründung und Erhaltung einer wahrhaft seelenbessernden Landesreligion auf unabsehbare Zeiten taugliche Leitmittel der öffentlichen Religionsunterweisung angepriesen wird (VII 9)

Von den eigentlichen Gelehrten sind die Literaten (Studierten) zu unterscheiden, die als Instrumente der Regierung, von dieser zu ihrem eigenen Zweck (nicht eben zum Besten der Wissenschaften) mit einem Amt bekleidet, zwar auf der Universität ihre Schule gemacht haben müssen, aber viel Theoretisches auch vergessen haben können, wenn sie nur so viel wie zur Führung eines bürgerlichen Amtes ... erforderlich ist, nämlich empirische Kenntnis, übrig behalten haben; sie kann man also Geschäftsleute[110] oder Werkkundige der Gelehrsamkeit nennen. Weil diese (Geistliche, Justizbeamte, Ärzte) als Werkzeuge der Regierung aufs Publikum gesetzlichen Einfluss haben und eine besondere Klasse von Literaten ausmachen, die nicht frei sind, aus eigener Weisheit, sondern nur unter der Zensur der Fakultäten von der Gelehrsamkeit öffentlichen Gebrauch zu machen, müssen sie ... in ihrem Fach zwar nicht die gesetzgebende, doch zum Teil die ausübende Gewalt haben ..., damit sie sich nicht über die richtende, die den Fakultäten zukommt, hinwegsetzen (VII 18)

Es muss zum gelehrten Allgemeinwesen auf der Universität durchaus noch eine Fakultät geben, die in Bezug auf ihre Lehren von der Regierung unabhängig ist und keine Befehle zu geben, aber doch die Freiheit hat, alle zu beurteilen, die darüber hinaus mit dem wissenschaftlichen Interesse, d. h. mit dem der Wahrheit zu tun hat und in der die Vernunft berechtigt sein muss, öffentlich zu sprechen. Ohne eine solche würde die Wahrheit (zum Schaden der Regierung selbst) nicht an den Tag kommen, die Vernunft aber ist ihrer Natur nach frei und nimmt keine Befehle an, etwas für wahr zu halten. ... Dass aber eine solche Fakultät dieses großen Vorzugs (der Freiheit) ungeachtet dennoch die untere genannt wird, liegt in der Natur des Menschen; denn der, der befehlen kann, obgleich er ein demütiger Diener eines anderen ist, dünkt sich doch vornehmer als ein anderer, der zwar frei ist, aber niemandem zu befehlen hat (VII 19-20)

---

[110] Vgl. VII 28 und VII 31.

Ein französischer Minister[111] berief einige der angesehensten Kaufleute zu sich und verlangte von ihnen Vorschläge, wie dem Handel aufzuhelfen sei, so als ob er die besten zu wählen verstände. Nachdem einer dies, der andere das vorgeschlagen hatte, sagte ein alter Kaufmann, der so lange geschwiegen hatte: „Schafft gute Wege, schlagt gut Geld, gebt ein promptes Wechselrecht" u. dgl., im übrigen aber „lasst uns machen"! Dies wäre ungefähr die Antwort der philosophischen Fakultät, wenn die Regierung sie um die Lehren befragte, die sie den Gelehrten überhaupt vorzuschreiben habe: den Fortschritt der Einsichten und Wissenschaften nur nicht zu hindern (VII 19-20)

Nach der Vernunft wäre die gewöhnlich angenommene Rangordnung unter den oberen Fakultäten: zuerst die theologische, darauf die der Juristen und zuletzt die medizinische Fakultät (VII 22)

Die oberen Fakultäten müssen am meisten darauf bedacht sein, sich mit der unteren[112] ja nicht in eine Missheirat einzulassen, sondern sie fein weit in ehrerbietiger Entfernung von sich zu halten, damit das Ansehen ihrer Statute nicht durch die freien Vernünfteleien der letzteren Abbruch leidet (VII 23)

Man nennt das Vermögen, nach der Autonomie, d. h. frei (gemäß den Prinzipien des Denkens überhaupt) zu urteilen, die Vernunft. Also wird die philosophische Fakultät, weil sie für die Wahrheit der Lehren stehen muss, die sie aufnehmen oder auch nur einräumen soll, insofern als frei und nur unter der Gesetzgebung der Vernunft, nicht der der Regierung stehend gedacht (VII 27)

Auf einer Universität muss ... eine philosophische Fakultät sein. Für die drei oberen[113] dient sie dazu, sie zu kontrollieren und ihnen eben dadurch nützlich zu werden, weil alles auf Wahrheit (die wesentliche und erste Bedingung der Gelehrsamkeit überhaupt) ankommt. Die Nützlichkeit, die die oberen Fakultäten im Interesse der Regierung versprechen, ist nur zweitrangig. Allenfalls der theologischen Fakultät kann man den stolzen Anspruch einräumen, dass die philosophische ihre Magd ist, (wobei noch

---

[111] Jean Baptiste Colbert.
[112] Philosophie.
[113] Theologie, Jurisprudenz, Medizin.

immer die Frage bleibt, ob diese ihrer gnädigen Frau die Fackel vor- oder die Schleppe nachträgt) (VII 28)

Den Gelehrten der oberen Fakultäten (den Geistlichen, Rechtsbeamten und Ärzten) kann es verwehrt werden, dass sie den ihnen in Führung ihres respektiven Amts von der Regierung zum Vortrag anvertrauten Lehren öffentlich widersprechen und sich erkühnen, den Philosophen zu spielen, denn das kann nur den Fakultäten, nicht den von der Regierung bestellten Beamten erlaubt sein, weil die ihr Wissen von den Fakultäten haben (VII 28-29)

Das Volk sieht sein oberstes Heil nicht in der Freiheit, sondern in seinen natürlichen Zwecken, also in diesen drei Dingen: nach dem Tode selig, im Leben unter anderen Mitmenschen durch öffentliche Gesetze gesichert, schließlich des physischen Genusses des Lebens an sich selbst (d. h. der Gesundheit und eines langen Lebens) gewärtig zu sein. Die philosophische Fakultät aber, die sich auf alle diese Wünsche nur durch aus der Vernunft entlehnte Vorschriften einlassen kann, also das Prinzip der Freiheit verfolgt, hält sich nur an das, was der Mensch selbst hinzutun kann und soll: rechtschaffen zu leben, keinem Unrecht zu tun, sich mäßig im Genuss und duldend in Krankheiten und dabei vornehmlich auf die Selbsthilfe der Natur rechnend zu verhalten (VII 30)

Das Volk will geleitet, d. h. (in der Sprache der Demagogen) es will betrogen sein. Es will aber nicht von den Fakultätsgelehrten (denn deren Weisheit ist ihm zu hoch), sondern von den Gelehrten der Fakultäten, die das Machwerk verstehen, von den Geistlichen, Justizbeamten und Ärzten geleitet sein (VII 31)

Die philosophische Fakultät kann ihre Rüstung gegen die Gefahr, mit der die Wahrheit, deren Schutz ihr aufgetragen ist, bedroht wird, nie ablegen, weil die oberen Fakultäten ihre Begierde zu herrschen nie ablegen werden (VII 33)

Es könnte wohl einmal dazu kommen, dass die Letzten die Ersten (die untere Fakultät die obere) würden, zwar nicht in der Machthabung, aber doch in der Beratung des Machthabenden (der Regierung) (VII 35)

Es gibt keine verschiedenen Religionen, aber wohl verschiedene Glaubensarten an göttliche Offenbarung und deren statutarische Lehren, die nicht aus der Vernunft entspringen können, d. h. verschiedene Formen der sinnlichen Vorstellungsart des göttlichen Willens, um ihm Einfluss auf die Gemüter zu verschaffen; das Christentum ist, soviel wir wissen, die schicklichste Form (VII 36)

Ob wir in der Gottheit drei oder zehn Personen zu verehren haben, ist dem Schüler gleichgültig, weil er von einem Gott in mehreren Personen[114] gar keinen Begriff hat, noch mehr aber weil er aus der Anzahl für seinen Lebenswandel keine unterschiedlichen Regeln ziehen kann (VII 39)

Ebenso wie mit der schwer zu begreifenden Dreifaltigkeit ist es mit der Lehre der Menschwerdung einer Person der Gottheit bewandt. Denn wenn dieser Gottmensch nicht als die in Gott von Ewigkeit her liegende Idee der Menschheit in ihrer ganzen ihm wohlgefälligen moralischen Vollkommenheit, sondern als die in einem wirklichen Menschen „leibhaftig wohnende" und als zweite Natur in ihm wirkende Gottheit vorgestellt wird, so ist aus diesem Geheimnis nichts Praktisches für uns zu machen, weil wir doch von uns nicht verlangen können, dass wir es einem Gott gleich tun sollen, er also insofern kein Beispiel für uns werden kann. ... Ähnliches kann von der Auferstehungs- und Himmelfahrtsgeschichte Christi gesagt werden (VII 39)

Ob wir künftig nur der Seele nach leben oder ob die Materie unseres Körpers zur Identität unserer Person in der anderen Welt erforderlich, die Seele also keine besondere Substanz ist und unser Körper selbst auferweckt werden muss, das kann uns aus praktischer Sicht ganz gleichgültig sein; denn wem ist wohl sein Körper so lieb, dass er ihn gern in Ewigkeit mit sich schleppen möchte, wenn er seiner entledigt sein kann? (VII 40)

In der Religion kommt alles aufs Tun an (VII 41)

Was der Mensch nach seiner Bestimmung sein soll (nämlich dem heiligen Gesetz angemessen), das muss er auch werden können, und ist es nicht durch eigene Kräfte natürlicherweise möglich, so darf er hoffen, dass es durch äußere göttliche Mitwirkung geschehen wird (auf welche Art es auch sei). Man kann noch hinzusetzen, dass der Glaube an diese Ergänzung seligmachend sei, weil der Mensch dadurch allein zum gottwohlgefälligen

---

[114] Dreifaltigkeit: Vater, Sohn und Heiliger Geist.

Lebenswandel (als der einzigen Bedingung der Hoffnung der Seligkeit) Mut und feste Gesinnung fassen kann und am Gelingen seiner Endabsicht (Gott wohlgefällig zu werden) nicht verzweifelt (VII 43-44)

Wenn bei der Schriftauslegung Streit zwischen der theologischen und der philosophischen Fakultät besteht, so weiß ich keine andere Einigung als diese: Wenn der biblische Theologe aufhören wird, sich der Vernunft zu seinen Zwecken zu bedienen, so wird der philosophische aufhören, zur Bestätigung seiner Sätze die Bibel zu gebrauchen. Ich bezweifle aber sehr, dass der erstere sich auf diesen Vertrag einlassen wird (VII 45)

Phantasie verläuft sich bei Religionsdingen unvermeidlich ins Überschwängliche, wenn sie das Übersinnliche (was in allem, was Religion heißt, gedacht werden muss) nicht an die moralischen Begriffe der Vernunft knüpft, und führt zu einer Illuminierung[115] innerer Offenbarungen, von denen jeder alsdann seine eigene hat, so dass kein öffentlicher Probierstein der Wahrheit mehr vorhanden ist (VII 46)

Alle die Religion betreffenden Schriftauslegungen müssen nach dem Prinzip der in der Offenbarung bezweckten Sittlichkeit gemacht werden und sind ohne das entweder praktisch leer oder gar Hindernisse des Guten. Auch sind sie alsdann nur eigentlich authentisch, d. h. der Gott in uns ist selbst der Ausleger, weil wir nur den verstehen, der durch unseren eigenen Verstand und unsere eigene Vernunft mit uns redet, die Göttlichkeit einer an uns ergangenen Lehre also nur durch Begriffe unserer Vernunft erkannt werden kann, sofern sie rein moralisch und hiermit untrüglich sind (VII 48)

In Glaubenssachen ist das Prinzip der Einteilung nach der angenommenen Denkart entweder Religion oder Heidentum. ... Die Bekenner der ersteren werden gewöhnlich Gläubige, die des zweiten Ungläubige genannt. Religion ist der Glaube, der das Wesentliche aller Verehrung Gottes in die Moralität des Menschen setzt, Heidentum ist derjenige, der es nicht darin setzt (VII 49)

---

[115] Illumination (lat. Erleuchtung) ist die von Augustinus und der franziskanischen Scholastik vertretene Zurückführung der Erkenntnis, besonders der Gotteserkenntnis, auf ein „inneres Licht", eine Erleuchtung, die über die natürliche Vernunft hinausreicht.

Heidentum ist der Worterklärung nach der religiöse Aberglaube des Volkes in Wäldern (Heiden), d. h. einer Menge, deren Religionsglaube noch ohne alle kirchliche Verfassung, mithin ohne öffentliches Gesetz ist. Juden aber, Mohammedaner und Inder erkennen das Gesetz nicht als das ihrige an und benennen andere Völker, die nicht dieselben kirchlichen Leitlinien haben, mit dem Titel der Verwerfung ... nämlich der Ungläubigen (VII 50)

Jedes Problem besteht erstens aus der Aufgabe, zweitens der Auflösung und drittens dem Beweis, dass das Verlangte durch die zweite geleistet wird (VII 54)

Der Zweck aller Religion ist der Gott gefällige Lebenswandel (VII 56)

Den unmittelbaren Einfluss der Gottheit als einer solchen fühlen wollen ist eine sich selbst widersprechende Anmaßung, weil die Idee von dieser nur in der Vernunft liegt (VII 57-58)

Es ist etwas in uns, was zu bewundern wir niemals aufhören können, wenn wir es einmal ins Auge gefasst haben, und dieses ist zugleich dasjenige, was die Menschheit in der Idee zu einer Würde erhebt, die man am Menschen als Gegenstand der Erfahrung nicht vermuten sollte. Dass wir den moralischen Gesetzen unterworfene Wesen sind, liegt in der natürlichen Ordnung der Dinge. ... Dass wir aber auch die Fähigkeit haben, der Moral mit unserer sinnlichen Natur so große Opfer zu bringen, dass wir das auch können, was wir tun sollen – diese Überlegenheit des übersinnlichen Menschen in uns gegenüber dem sinnlichen ..., diese moralische von der Menschheit unzertrennliche Anlage in uns ist ein Gegenstand der höchsten Bewunderung (VII 58)

Zwischen dem seelenlosen Orthodoxismus und dem vernunfttötenden Mystizismus ist die biblische Glaubenslehre, so wie sie mittels der Vernunft aus uns selbst entwickelt werden kann, die mit göttlicher Kraft auf aller Menschen Herzen zur gründlichen Besserung hinwirkende und sie in einer allgemeinen (obzwar unsichtbaren) Kirche vereinigende, auf dem Kritizismus der praktischen Vernunft gegründete wahre Religionslehre (VII 59)

Was den Staat in Religionsdingen allein interessieren darf, ist, wozu die Religionslehrer anzuhalten sind, damit er nützliche Bürger, gute Soldaten und überhaupt getreue Untertanen hat (VII 60)

In Streitigkeiten, die nur die reine, aber praktische Vernunft angehen, hat die philosophische Fakultät ohne Widerrede das Vortrags-Vorrecht und im Formalen dasjenige, den Prozess zu instruieren; was aber das Inhaltliche anlangt, so hat die theologische Fakultät den Vorrang, nicht weil sie etwa in Sachen der Vernunft auf mehr Einsicht Anspruch erheben kann als die übrigen, sondern weil es die wichtigste menschliche Angelegenheit betrifft; sie führt daher hier den Titel der obersten Fakultät (doch nur als prima inter pares) (VII 61)

Die theologische Fakultät spricht ... mehr von der Wirkung, die das Lesen der Bibel auf das Herz der Menschen tun mag, als davon, was bei kritischer Prüfung der darin enthaltenen Lehren und Erzählungen an aufgestellten Beweisen erwartet werden darf, deren Auslegung auch nicht der natürlichen Vernunft der Laien, sondern nur der Scharfsinnigkeit der Schriftgelehrten überlassen wird (VII 61)

Im römisch-katholischen System des Kirchenglaubens ist im Bibellesen mehr Konsequenz als im protestantischen. Der reformierte Prediger *La Coste* sagt zu seinen Glaubensgenossen: „Schöpft das göttliche Wort aus der Quelle (der Bibel) selbst, wo ihr es dann lauter und unverfälscht einnehmen könnt; aber ihr müsst ja nichts anderes in der Bibel finden, als was wir darin finden. Nun, liebe Freunde, sagt uns lieber, was ihr in der Bibel findet, damit wir nicht unnötigerweise darin selbst suchen und am Ende das, was wir darin gefunden zu haben vermeinten, von euch für unrichtige Auslegung derselben erklärt wird." Auch spricht die katholische Kirche ... konsequenter als die protestantische, wenn sie sagt, dass man auch als Katholik selig werden kann. Denn wenn das so ist, ... wählt man ja am sichersten, sich zur ersteren zu schlagen (VII 61)

Ein Gesetzbuch des nicht aus der menschlichen Vernunft gezogenen, aber doch mit ihr, als moralisch-praktischer Vernunft, dem Endzweck nach vollkommen einstimmigen statutarischen (mithin aus einer Offenbarung hervorgehenden) göttlichen Willens, die Bibel, würde das kräftigste Organ der Leitung des Menschen zum zeitlichen und ewigen Wohl sein, wenn sie nur als Gottes Wort beglaubigt und ihre Authentizität dokumentiert werden könnte. Diesem Umstand aber stehen viele Schwierigkeiten entgegen (VII 63)

Wenn Gott wirklich zum Menschen spräche, so kann dieser doch niemals wissen, dass es Gott ist, der zu ihm spricht. Es ist schlechterdings unmöglich, dass der Mensch durch seine Sinne den Unendlichen fassen, ihn von Sinnenwesen unterscheiden und ihn an irgendetwas erkennen kann. Dass es aber nicht Gott sein kann, dessen Stimme er zu hören glaubt, davon kann er sich wohl in einigen Fällen überzeugen; denn wenn das, was ihm durch sie geboten wird, dem moralischen Gesetz widerspricht, so mag die Erscheinung ihm noch so majestätisch und die ganze Natur überschreitend dünken, er muss sie doch für Täuschung halten. Als Beispiel kann der Mythos von dem Opfer dienen, das auf göttlichen Befehl durch Abschlachtung und Verbrennung seines einzigen Sohnes bringen wollte (das arme Kind trug unwissend noch das Holz hinzu). *Abraham* hätte auf diese vermeintlich göttliche Stimme, wenn sie auch vom (sichtbaren) Himmel herabschallte, antworten müssen: „Dass ich meinen guten Sohn nicht töten soll, ist ganz gewiss; dass aber du, der du mir erscheinst, Gott bist, davon bin ich nicht überzeugt und kann es auch nicht werden" (VII 63)

Aberglaube ist der Hang in das, was als nicht natürlicherweise zugehend angenommen wird, ein größeres Vertrauen zu setzen als in das, was sich nach Naturgesetzen erklären lässt, sei es im Physischen oder im Moralischen (VII 65)

Von der biblischen Auslegungskunst darf, da sie nicht den Laien überlassen werden kann (denn sie betrifft ein wissenschaftliches System), lediglich im Hinblick auf das, was in der Religion statutarisch ist, verlangt werden, dass der Ausleger erklärt, ob sein Ausspruch als authentisch oder als doktrinär verstanden werden soll. Im ersteren Fall muss die Auslegung dem Sinn des Verfassers buchstäblich (philologisch) angemessen sein; im zweiten aber hat der Schriftsteller die Freiheit, der Schriftstelle (philosophisch) denjenigen Sinn zu geben, den sie in moralisch-praktischer Absicht (zur Erbauung des Schülers) in der Deutung annimmt; denn der Glaube an einen bloßen Geschichtssatz ist tot an ihm selber (VII 66)

Der Gott, der durch unsere eigene (moralisch-praktische) Vernunft spricht, ist ein untrüglicher, allgemein verständlicher Ausleger dieses seines Wortes, und es kann auch schlechterdings keinen anderen (etwa auf historische Art) beglaubigten Ausleger seines Wortes geben, weil Religion eine reine Vernunftsache ist (VII 67)

Die Theologen haben die Pflicht und somit auch die Befugnis, den Bibelglauben aufrecht zu erhalten, doch unbeschadet der Freiheit der Philosophen, ihn jederzeit der Kritik der Vernunft zu unterwerfen (VII 67)

Dass die Bibel bei allem Wechsel der Meinungen noch lange Zeit im Ansehen bleiben wird, dafür bürgt die Weisheit der Regierung, deren Interesse mit Blick auf die Eintracht und Ruhe des Volkes in einem Staat hiermit in enger Verbindung steht. Aber ihr die Ewigkeit zu verbürgen oder auch sie chiliastisch[116] in ein neues Reich Gottes auf Erden übergehen zu lassen, das übersteigt unser ganzes Vermögen der Weissagung. Was würde also geschehen, wenn der Kirchenglaube dieses große Mittel der Volksleitung einmal entbehren müsste? Wer ist der Redakteur der biblischen Bücher (des alten und neuen Testaments), und zu welcher Zeit ist der Kanon zustande gekommen? Werden philologisch-antiquarische Kenntnisse immer zur Erhaltung der einmal angenommenen Glaubensnorm nötig oder wird die Vernunft imstande sein, den Gebrauch derselben zur Religion von selbst und mit allgemeiner Zustimmung anzuordnen? Hat man hinreichende Dokumente der Authentizität der Bibel nach den sogenannten 70 Dolmetschern[117], und in welche Zeit kann man sie mit Sicherheit datieren? (VII 68)

Nicht die Schriftgelehrtheit und was man mittels dieser durch philosophische Kenntnisse, die oft nur verunglückte Vermutungen sind, aus der Bibel herauszieht, sondern das, was man mit moralischer Denkart (also nach dem Geiste Gottes) in sie hineinträgt, und Lehren, die nie trügen und nie ohne heilsame Wirkung sein können, das muss dem Vortrag ans Volk die Leitung geben (VII 68-69)

Geschäftige Torheit ist der Charakter unserer Gattung (VII 82)

Wir haben es bei Menschen mit frei handelnden Wesen zu tun, denen man zwar vorher diktieren kann, was sie tun sollen, aber es lässt sich

---

[116] Chiliasmus = Glaube an ein tausendjähriges Gottesreich nach dem Weltende.
[117] Septuaginta (lat. die Siebzig), erste Übersetzung des Alten Testaments ins Griechische, 3. Jh. vor Christus.

nicht vorhersagen, was sie tun werden, die ferner aus dem Gefühl der selbst verschuldeten Übel, eine verstärkte Triebfeder zu nehmen wissen, es nun doch besser zu machen, als es vor jenem Zustand war. Aber „arme Sterbliche" (sagt der Abt *Coyer*), „unter euch ist nichts beständig, nur die Unbeständigkeit!" (VII 83)

Autokratisch herrschen und dabei doch republikanisch, d. h. im Geiste des Republikanismus und nach einer Analogie mit demselben regieren, ist das, was ein Volk mit seiner Verfassung zufrieden macht (VII 87)

Es ist ein nicht nur gutgemeinter und in praktischer Absicht empfehlungswürdiger, sondern ein allen Ungläubigen zum Trotz auch für die strengste Theorie haltbarer Satz, dass das menschliche Geschlecht sich immer im Fortschreiten zum Besseren befunden hat und weiterhin befinden wird. Das eröffnet, wenn man nicht nur auf das sieht, was in irgendeinem Volk geschehen kann, sondern auch auf die Verbreitung über alle Völker der Erde, die nach und nach daran teilnehmen dürften, die Aussicht in eine unabsehbare Zeit (VII 88-89)

Eine Ursache, deren Beschaffenheit man nicht unmittelbar einsieht, entdeckt sich durch die Wirkung, die ihr unausbleiblich anhängt (VII 90)

Die Idee einer mit dem natürlichen Recht der Menschen übereinstimmenden Verfassung, dass nämlich die dem Gesetz Gehorchenden gleichzeitig auch gesetzgebend sein sollen, liegt allen Staatsformen zu Grunde; und das dieser Idee gemäß durch reine Vernunftbegriffe gedachte Gemeinwesen heißt platonisches Ideal und ist kein leeres Hirngespinst, sondern die ewige Norm für alle bürgerliche Verfassung überhaupt und entfernt allen Krieg (VII 90-91)

Wir müssen uns von Menschen in ihren Fortschritten zum Besseren nicht zu viel versprechen, um nicht in den Spott des Politikers zu verfallen, der solche Hoffnung gern für Träumerei eines überspannten Kopfes halten möchte (VII 92)

Es ist doch süß, sich Staatsverfassungen auszudenken, die den Forderungen der Vernunft (vornehmlich in rechtlicher Absicht) entsprechen, aber vermessen, sie vorzuschlagen, und strafbar, das Volk zur Abschaffung der jetzt bestehenden aufzuwiegeln. *Plato*s Atlantis, *Morus'* Utopia ... sind nach und nach auf die Bühne gebracht, aber nie (*Cromwell*s verunglückte

Missgeburt einer despotischen Republik ausgenommen) auch nur versucht worden. Es ist mit diesen Staatsschöpfungen wie mit der Weltschöpfung zugegangen: kein Mensch war dabei zugegen und konnte bei einer solchen nicht gegenwärtig sein, weil er sonst sein eigener Schöpfer hätte sein müssen. Ein wie hier gedachtes Staatsprodukt als künftig, so spät es auch sei, vollendet zu erhoffen, ist ein süßer Traum; aber sich ihm immer zu nähern, ist nicht nur denkbar, sondern, soweit es mit dem moralischen Gesetz zusammen bestehen kann, Pflicht nicht der Staatsbürger, sondern des Staatsoberhauptes (VII 92)

In welcher Ordnung kann der Fortschritt zum Besseren erwartet werden? Die Antwort ist: nicht durch den Gang der Dinge von unten hinauf, sondern durch den von oben herab. Zu erwarten, dass es durch Bildung der Jugend in häuslicher Unterweisung und weiterhin in allen Schulen, in Geistes- und moralischer durch Religionslehre verstärkter Kultur endlich dahin kommen wird, nicht nur zu guten Staatsbürgern zu erziehen, sondern zum Guten, was immer weiter fortschreiten und sich erhalten kann – das ist ein Plan, der den erwünschten Erfolg schwerlich erhoffen lässt (VII 92)

Abgesehen davon, dass das Volk die Kosten der Erziehung seiner Jugend dem Staat auflasten will, der Staat aber dagegen seinerseits zur Besoldung tüchtiger und mit Lust ihrem Amt nachgehender Lehrer kein Geld übrig hat ..., weil er alles zum Krieg braucht, hat die ganze Maschinerie dieser Bildung keinen Zusammenhang, wenn sie nicht nach einem überlegten Plan der obersten Staatsmacht und nach deren Absicht entworfen, in Gang gesetzt und darin auch immer gleichförmig erhalten wird. Dazu gehört, dass der Staat sich von Zeit zu Zeit auch selbst reformiert und, anstatt Revolution Evolution versuchend, beständig zum Besseren fortschreitet (VII 92-93)

Ein Arzt, der seine Patienten von Tag zu Tag auf baldige Genesung vertröstete – den einen, dass der Puls besser schlüge, den anderen, dass der Auswurf, den dritten, dass der Schweiß Besserung verspräche –, bekam Besuch von einem seiner Freunde. „Wie geht's, Freund, mit eurer Krankheit?" war die erste Frage. „Wie wird's gehen? Ich sterbe vor lauter Besserung!" war die Antwort. Ich verdenke es keinem, wenn er hinsichtlich der Staatsübel am Heil des Menschengeschlechts und am Fortschreiten desselben zum Besseren verzagt, jedoch verlasse ich mich auf das heroische Arzneimittel, das *Hume* anführt und das eine schnelle Kur bewirken dürfte. „Wenn ich jetzt" (sagt er) „die Nationen im Krieg gegeneinander begriffen sehe, so ist es, als ob ich zwei besoffene Kerle sähe, die sich in einem Porzellanladen mit Prügeln herumschlagen. Denn nicht genug, dass sie an den Beulen, die sie sich wechselseitig geben, lange zu heilen haben, so müssen sie hinterher noch allen Schaden bezahlen, den sie anrichteten" (VII 93-94)

Das Altgewordensein führt die häufige Vertagung wichtiger Beschlüsse mit sich, von denen doch wohl der des Todes einer ist, der sich immer zu früh für uns anmeldet und den warten zu lassen man an Ausreden unerschöpflich ist (VII 97)

Moralisch-praktische Philosophie stellt zugleich eine Universalmedizin dar, die zwar nicht allen für alles hilft, aber doch in keinem Rezept fehlen sollte. Dieses Universalmittel betrifft aber nur die Diätetik, d. h. es wirkt nur negativ als Kunst, Krankheiten abzuhalten (VII 98)

Ich sehe mich genötigt, mein Ich laut werden zu lassen, was im dogmatischen Vortrag Unbescheidenheit verrät, aber Verzeihung verdient (VII 98)

Im dogmatisch-praktischen Vortrag, z. B. derjenigen Beobachtung seiner selbst, die auf Pflichten abzielt, die jeden angehen, spricht der Kanzelredner nicht als Ich, sondern als Wir. In dem erzählenden der Privatempfindung (der Beichte, die der Patient seinem Arzt ablegt) oder eigener Erfahrung an sich selbst muss er als Ich reden (VII 98)

Die Pflicht, das Alter zu ehren, gründet sich eigentlich nicht auf die selbstverständliche Schonung, die man den Jüngeren gegen die Schwachheit der Alten zumutet, denn die ist kein Grund zu einer ihnen schuldigen Achtung. Das Alter will noch für etwas Verdienstliches angesehen werden, für das ihm eine Verehrung zugestanden wird (VII 99)

Man kann sich gesund fühlen (aus dem behaglichen Gefühl seines Lebens urteilen), nie aber wissen, dass man gesund ist. Jede Ursache des natürlichen Todes ist Krankheit, mag man sie fühlen oder nicht (VII 100)

Die Diätetik wird vor allem in der Kunst, das Leben zu verlängern (nicht es zu genießen), ihre Geschicklichkeit oder Wissenschaft zu beweisen haben (VII 100)

Heilkunde ist dann philosophisch, wenn nur die Macht der Vernunft im Menschen, über seine sinnlichen Gefühle durch einen sich selbst gegebenen Grundsatz Meister zu sein, die Lebensweise bestimmt. Dagegen ist sie, wenn sie diese Empfindungen zu erregen oder abzuwehren fremde Hilfe in körperlichen Mitteln (der Apotheke oder der Chirurgie) sucht, nur empirisch und mechanisch (VII 100-101)

Lange oder (regelmäßig durch Mittagsruhe) viel schlafen ist ebenso viel Ersparnis an Ungemach, was überhaupt das Leben im Wachen unvermeidlich mit sich führt, und es ist wunderlich genug, sich ein langes Leben zu wünschen, um es größtenteils zu verschlafen. Aber das, worauf es hier eigentlich ankommt, dieses vermeintliche Mittel des langen Lebens, die Gemächlichkeit, widerspricht sich in seiner Absicht selbst. Denn das wechselnde Erwachen und wieder Einschlummern in langen Winternächten ist für das ganze Nervensystem lähmend, zermalmend und in täuschender Ruhe kraftraubend, mithin ist die Gemächlichkeit hier eine Ursache der Verkürzung des Lebens (VII 101)

Das Bett ist das Nest einer Menge von Krankheiten (VII 101)

Im Alter sich zu pflegen oder pflegen zu lassen, nur um seine Kräfte durch die Vermeidung der Ungemächlichkeit (z. B. des Ausgehens in schlimmem Wetter) oder überhaupt durch die Übertragung der eigenen Arbeit an andere zu schonen und so das Leben zu verlängern, diese Sorgfalt bewirkt gerade das Gegenteil, nämlich das frühe Altwerden und die Verkürzung des Lebens (VII 101-102)

Das unprofessionelle Philosophieren ist ein Mittel der Abwehr manch unangenehmer Gefühle und doch zugleich Reizung des Gemüts, das in seine Beschäftigung ein Interesse bringt, das von äußeren Zufälligkeiten unabhängig und eben darum, obgleich nur als Spiel, kräftig und inniglich ist und die Lebenskraft nicht stocken lässt. ... Aber auch bloße Tändeleien in einem sorgenfreien Zustand leisten als Ersatzhandlungen bei eingeschränkten Köpfen fast dasselbe, und die mit Nichtstun immer vollauf zu tun haben, werden gewöhnlich auch alt (VII 102)

Ich will der Sprachseligkeit, die man als einen Fehler des Alters zu belächeln, allerdings nicht zu schelten pflegt, Grenzen setzen (VII 103)

Die Schwäche, sich seinen krankhaften Gefühlen ohne bestimmten Grund mutlos zu überlassen (also ohne den Versuch zu machen, über sie durch die Vernunft Meister zu werden) – die Grillenkrankheit, die keinen bestimmten Sitz im Körper hat und ein Geschöpf der Einbildungskraft ist und daher auch die erdichtende heißen könnte –, wo der Patient alle Krankheiten, von denen er in Büchern liest, an sich zu bemerken glaubt, ist das gerade Gegenteil jenes Vermögens des Gemütes, über seine krankhaften Gefühle Meister zu sein; sie führt zu Verzagtheit, über eventuelle Übel zu brüten, ohne ihnen widerstehen zu können, wenn sie kämen. ... Dann sucht der Selbstquäler, statt sich zusammenzureißen, vergeblich die Hilfe des Arztes, denn nur er selbst kann durch die Diätetik seines Gedankenspiels belästigende Vorstellungen aufheben, die sich unwillkürlich einfinden, und zwar von Übeln, gegen die doch nichts zu unternehmen wäre, wenn sie sich wirklich einstellten. ... Von dem, der mit dieser Krankheit behaftet ist, kann man nicht verlangen, er solle seiner krankhaften Gefühle durch den bloßen Vorsatz Meister werden (VII 103)

Ich habe wegen meiner flachen und engen Brust, die für die Bewegung des Herzens und der Lunge wenig Spielraum lässt, eine natürliche Anlage zur Hypochondrie, die in früheren Jahren an den Überdruss des Lebens grenzte. Aber die Überlegung, dass die Ursache dieser Herzbeklemmung vielleicht nur mechanisch und nicht zu beheben ist, brachte es bald dahin, dass ich mich um sie gar nicht kümmerte. Während ich mich in der Brust beklommen fühlte, herrschte im Kopf doch Ruhe und Heiterkeit, die sich auch in der Gesellschaft nicht nach abwechselnden Launen (wie Hypochondrische pflegen), sondern absichtlich und natürlich mitteilte. ... Die Beklemmung ist mir geblieben, denn ihre Ursache liegt in meinem Körperbau. Aber über ihren Einfluss auf meine Gedanken und Handlungen bin ich Meister geworden durch Abkehrung der Aufmerksamkeit von diesem Gefühl, als ob es mich gar nichts anginge (VII 104)

Wer dem Schlaf als süßem Genuss im Schlummern (der Siesta der Spanier) oder als Zeitkürzung (in langen Winternächten) viel mehr als ein Drittel seiner Lebenszeit einräumt oder ihn sich auch teilweise (mit Unterbrechungen) und nicht in einem Stück für jeden Tag zumisst, verrechnet sich sehr hinsichtlich seines Lebensquantums teils dem Grade, teils der Länge nach. Schwerlich wird ein Mensch wünschen, dass der Schlaf überhaupt kein Bedürfnis für ihn wäre (woraus doch wohl erhellt, dass er das lange Leben als eine lange Plage fühlt, von dem er sich ebenso viel Mühseligkeit zu tragen erspart, soviel er verschlafen hat), deshalb ist es geratener fürs Gefühl und für die Vernunft, dieses genuss- und tatleere Drittel ganz auf eine Seite zu bringen und es der unentbehrlichen Naturrestauration zu überlassen, doch mit einer genauen Abmessung der Zeit, von wo an und wie lange sie dauern soll (VII 105)

Im gesunden Zustand und in der Jugend ist es das Geratenste hinsichtlich des Genusses, der Zeit und der Menge nach nur den Appetit (Hunger und Durst) zu befragen (VII 107)

Bei den mit dem Alter sich einfindenden Schwächen ist eine gewisse Angewohnheit einer geprüften und heilsam gefundenen Lebensart ein diätetischer Grundsatz, der dem langen Leben am günstigsten ist, jedoch unter der Bedingung, dass die Nahrungsaufnahme für den sich weigernden Appetit die gehörigen Ausnahmen macht. Dieser nämlich verweigert im Alter die Quantität des Flüssigen (Suppen oder viel Wasser zu trinken) vornehmlich dem männlichen Geschlecht (VII 107)

Einem Gelehrten ist das Denken ein Nahrungsmittel, ohne das er, wenn er wach und allein ist, nicht leben kann; jenes mag nun im Lernen (Bücherlesen) oder im Ausdenken (Nachsinnen und Erfinden) bestehen. Aber beim Essen oder Gehen sich zugleich angestrengt mit einem bestimmten Gedanken beschäftigen, Kopf und Magen oder Kopf und Füße mit zwei Arbeiten zugleich belästigen bringt entweder Hypochondrie oder Schwindel. Um also dieses krankhaften Zustandes durch Diätetik Meister zu sein, wird nichts weiter erfordert, als die mechanische Beschäftigung des Magens oder der Füße mit der geistigen des Denkens wechseln zu lassen und während dieser (der Restauration gewidmeten) Zeit das absichtliche Denken zu hemmen und dem (dem mechanischen ähnlichen) freien Spiel der Einbildungskraft Lauf zu lassen (VII 109)

Es finden sich krankhafte Gefühle ein, wenn man sich während einer Mahlzeit ohne Gesellschaft zugleich mit Bücherlesen oder Nachdenken beschäftigt, weil die Lebenskraft durch Kopfarbeit vom Magen, den man belästigt, abgeleitet wird (VII 109)

Studierende können es schwerlich unterlassen, sich bei einsamen Spaziergängen mit Nachdenken selbst und allein zu unterhalten. Ich habe aber an mir und durch Aussagen anderer erfahren, dass das angestrengte

Denken im Gehen geschwind matt macht; dagegen ist, wenn man sich dem freien Spiel der Einbildungskraft überlässt, die Bewegung restaurierend. Noch mehr geschieht dies, wenn man sich bei dieser mit Nachdenken verbundenen Bewegung zugleich mit einem anderen unterhält, so dass man sich bald genötigt sieht, das Spiel seiner Gedanken sitzend fortzusetzen. Das Spazieren im Freien hat gerade die Absicht, durch den Wechsel der Gegenstände seine Aufmerksamkeit auf jeden einzelnen zu lenken (VII 109)

Ein Nebenvorteil der Angewohnheit des Atemzuges mit beständig geschlossenen Lippen, zumindest wenn man nicht im Selbstgespräch begriffen ist, ist der, dass der sich immer absondernde und den Schlund befeuchtende Speichel hierbei zugleich als Verdauungsmittel, vielleicht auch (verschluckt) als Abführmittel wirkt, wenn man fest genug entschlossen ist, ihn nicht durch Ausspucken zu verschwenden (VII 111)

Mit dem Mathematiker, der seine Begriffe oder deren Stellvertreter (Größen- und Zahlenzeichen) in der Anschauung vor sich hinstellen und sicher sein kann, dass so weit alles richtig ist, ist es anders bewandt als mit dem Arbeiter im Fach der vornehmlich reinen Philosophie (Logik und Metaphysik), der seinen Gegenstand in der Luft vor sich schwebend erhalten und ihn sich nicht nur teilweise, sondern jederzeit zugleich in einem Ganzen des Systems darstellen und prüfen muss (VII 113)

Ohne Metaphysik könnte es überhaupt gar keine Philosophie geben (VII 114)

Ich verspüre ... an meinem einen gesunden Auge (das linke hat das Sehen seit etwa 5 Jahren verloren) nicht den mindesten Verlust an Klarheit (VII 115)

Es ist seltsam, dass man ein Auge (innerhalb einer Zeit, die ich etwa auf 3 Jahre schätze) einbüßen kann, ohne es zu vermissen (VII 116)

Anthropologie in pragmatischer Hinsicht

Abb. 30: Immanuel Kant.
Lithographie von Lovis Corinth, 1916. (Aus Ikonographie, Nr. 36.)
Zur Erklärung, warum Königsberg als „schicklicher Platz" für die Abfassung der Schrift anzusehen war, vgl. VII 120-121.

Die Ausdrücke „die Welt kennen" und „Welt haben" sind in ihrer Bedeutung ziemlich weit auseinander: indem der eine nur das Spiel versteht, dem er zugesehen hat, der andere aber darin mitgespielt hat (VII 120)

Der Anthropologe befindet sich an einem sehr ungünstigen Standpunkt, will er die sogenannte große Welt, den Stand der Vornehmen beurteilen, weil diese sich untereinander zu nahe, von anderen aber zu weit entfernt sind (VII 120)

Zu den Mitteln der Umfangserweiterung der Anthropologie gehört das Reisen, sei es auch nur das Lesen der Reisebeschreibungen. Man muss sich aber doch vorher zu Hause durch Umgang mit seinen Stadt- oder Landesgenossen Menschenkenntnis erworben haben, wenn man wissen will, wonach man auswärts suchen soll, um sie in größerem Umfang zu erweitern. Ohne einen solchen Plan (der schon Menschenkenntnis voraussetzt) bleibt der Weltbürger hinsichtlich seiner Anthropologie immer sehr eingeschränkt (VII 120)

Eine große Stadt, der Mittelpunkt eines Reiches ..., die eine Universität (zur Kultur der Wissenschaften) und eine günstige Lage zum Seehandel hat, die sowohl durch Flüsse aus dem Inneren des Landes als auch mit angrenzenden Ländern von verschiedenen Sprachen und Sitten einen Verkehr begünstigt – eine solche Stadt, wie etwa Königsberg am Pregelfluss, kann schon als ein schicklicher Platz zur Erweiterung sowohl der Menschen- als auch der Weltkenntnis gelten, wo diese, auch ohne zu reisen, erworben werden kann (VII 120-121)

In meinem anfänglich frei übernommenen, später mir als Lehramt übertragenen Auftrag der reinen Philosophie habe ich etwa dreißig Jahre hindurch zwei auf Weltkenntnis abzielende Vorlesungen gehalten, nämlich (im Winter-) Anthropologie und (im Sommerhalbjahr) physische Geographie, denen als populären Vorträgen auch Studierende anderer Fakultäten beiwohnten (VII 122)

Dass der Mensch in seiner Vorstellung das Ich haben kann, erhebt ihn unendlich über alle anderen auf Erden lebenden Wesen (VII 127)

Das Vermögen zu denken ist der Verstand (VII 127)

Von dem Tag an, da der Mensch anfängt, durch Ich zu sprechen, bringt er, wo er nur kann, sein geliebtes Selbst zum Vorschein, und der Egoismus schreitet unaufhaltsam fort, wenn nicht offenbar (denn da widersteht ihm der Egoismus anderer), dann doch verdeckt, um mit scheinbarer Selbstverleugnung und vorgeblicher Bescheidenheit sich desto sicherer im Urteil anderer einen vorzüglichen Wert zu geben (VII 128)

Der logische Egoist hält es für unnötig, sein Urteil auch am Verstand anderer zu prüfen, so als ob er dieses Probiersteines gar nicht bedürfe. Es ist aber so gewiss, dass wir dieses Mittel, uns der Wahrheit unseres Urteils zu versichern, nicht entbehren können, dass es vielleicht der wichtigste Grund ist, warum das gelehrte Volk so dringend nach der Freiheit der Feder schreit. Wird uns diese verweigert, dann wird uns zugleich ein großes Mittel entzogen, die Richtigkeit unserer eigenen Urteile zu prüfen, und wir sind dem Irrtum preisgegeben (VII 128-129)

Dem Egoismus kann nur Pluralismus entgegengesetzt werden, d. h. die Denkart, sich nicht wie die ganze Welt in seinem Selbst umfassend, sondern wie einen bloßen Weltbürger zu betrachten und sich auch so zu verhalten (VII 130)

Viele Menschen sind unglücklich, weil sie nicht abstrahieren können. Der Freier könnte eine gute Heirat machen, wenn er nur über eine Warze im Gesicht oder eine Zahnlücke seiner Geliebten wegsehen könnte (VII 131-132)

Wenn das Hauptsächliche gut ist, so ist es nicht allein angemessen, sondern auch klug gehandelt, über das Üble an anderen, ja selbst unseres eigenen Glückszustandes hinwegzusehen; aber dieses Vermögen, zu abstrahieren, ist eine Gemütsstärke, die nur durch Übung erworben werden kann (VII 132)

Dass Kleider Leute machen, gilt in gewissem Maß auch für den Verständigen. Das russische Sprichwort sagt zwar „Man empfängt den Gast nach seinem Kleid und begleitet ihn nach seinem Verstand", aber der Verstand kann doch den Eindruck dunkler Vorstellungen von einer gewissen Wichtigkeit, den eine wohlgekleidete Person macht, nicht verhüten, sondern allenfalls den Vorsatz haben, das vorläufig über sie gefällte Urteil im nachhinein zu berichten (VII 137)

Ein gewisser Grad des Rätselhaften in einer Schrift ist dem Leser nicht unwillkommen, weil ihm dadurch sein eigener Scharfsinn fühlbar wird, das Dunkle in klare Begriffe aufzulösen (VII 137)

Was verworren ist, muss zusammengesetzt sein; denn im Einfachen gibt es weder Ordnung noch Verwirrung (VII 138)

Leibniz ..., der der platonischen Schule anhängig war, nahm angeborene reine Verstandesanschauungen, Ideen genannt, an (VII 141)

Die innere Vollkommenheit des Menschen besteht darin, den Gebrauch aller seiner Fähigkeiten in seiner Gewalt zu haben, um ihn seiner freien Willkür zu unterwerfen. Dazu aber muss der Verstand herrschen, ohne doch die Sinnlichkeit (die an sich Pöbel ist, weil sie nicht denkt) zu schwächen, weil es ohne sie keinen Stoff geben würde, der zum Gebrauch des gesetzgebenden Verstandes verarbeitet werden könnte (VII 144)

Es gibt Urteile, die man nicht förmlich vor den Richterstuhl des Verstandes zieht, um von ihm abgeurteilt zu werden; sie scheinen daher unmittelbar durch den Sinn diktiert zu sein. Dazu gehören die sogenannten Sinnsprüche oder orakelmäßigen Anwandlungen (wie diejenigen, deren Ausspruch *Sokrates* seinem Daimonion[118] zuschrieb) (VII 145)

Was ist leichter, als den Förmlichkeiten der Visiten, Gratulationen und Kondolenzen nachzukommen? Was ist aber auch einem beschäftigten Mann beschwerlicher? Es sind freundschaftliche Plackereien, die jeder herzlich gern los sein würde, während er doch auch Bedenken trägt, gegen den Brauch zu verstoßen (VII 147)

Die Angewohnheit ist eine physische innere Nötigung, nach derselben Weise ferner zu verfahren wie bisher. Sie nimmt selbst den guten Handlungen eben dadurch ihren moralischen Wert, weil sie der Freiheit des Gemüts Abbruch tut und überdies zu gedankenlosen Wiederholungen desselben Akts (Monotonie) führt und dadurch lächerlich wird (VII 149)

In der Regel ist jede Angewohnheit verwerflich (VII 149)

Mit Gewalt ist gegen die Sinnlichkeit in den Neigungen nichts auszurichten, man muss sie überlisten und, wie *Swift* sagt, dem Walfisch eine Tonne zum Spiel geben, um das Schiff zu retten (VII 152)

Alle menschliche Tugend im Verkehr ist Scheidemünze[119]; ein Kind ist der, der sie für echtes Gold nimmt. Es ist aber doch besser, Scheidemünzen im Umlauf zu haben, als gar kein solches Mittel, und endlich können sie doch, wenngleich mit ansehnlichem Verlust, in bares Gold umgesetzt werden (VII 152-153)

Einen *Sokrates* zu verleumden, um ja zu verhindern, dass irgendjemand an die Tugend glaubt, ist ein an der Menschheit verübter Hochverrat (VII 153)

Das Bewusstsein, den Genuss in seiner Gewalt zu haben, ist wie alles Ideale fruchtbarer und weiter umfassend als alles, was den Sinn dadurch befriedigt, dass es hiermit zugleich verzehrt wird und so von der Masse des Ganzen abgeht (VII 165)

Das Sterben kann kein Mensch an sich selbst erfahren (denn eine Erfahrung zu machen, dazu gehört Leben), sondern nur an anderen wahrnehmen. Ob es schmerzhaft ist, ist aus dem Röcheln oder den Zu-

---

[118] Die von Sokrates als göttlich empfundene innere Stimme, die ihn davor warnte, Unrechtes zu tun; keine Quelle der Erkenntnis.
[119] Münze, bei der der Metallwert unter dem Nennwert liegt, meist aus Legierungen unedler Metalle.

ckungen des Sterbenden nicht zu beurteilen; vielmehr scheint es eine nur mechanische Reaktion der Lebenskraft und vielleicht eine sanfte Empfindung des allmählichen Freiwerdens von allem Schmerz zu sein. Die allen Menschen, selbst dem unglücklichsten oder auch dem weisesten, natürliche Furcht vor dem Tod ist also nicht ein Grauen vor dem Sterben, sondern wie *Montaigne* richtig sagt, vor dem Gedanken, gestorben (d. h. tot) zu sein, den also der Kandidat des Todes nach dem Sterben noch zu haben meint, indem er den Kadaver, was nicht mehr er selbst ist, doch als sich selbst im düsteren Grabe oder irgendwo sonst denkt (VII 166-167)

Wenn die Einbildungskraft eine noch so große Künstlerin, ja Zauberin ist, so ist sie doch nicht schöpferisch, sondern muss den Stoff zu ihren Vorstellungen von den Sinnen nehmen (VII 168)

Mancher Mensch ... denkt selbst nichts bei dem, was er spricht, und andere verstehen ihn daher auch nicht, er spricht Unsinn. Dieser Fehler unterscheidet sich von dem Sinnleeren, in dem Gedanken so gepaart werden, dass ein anderer nicht weiß, was er daraus machen soll (VII 169)

Alle stumme Berauschung, d. h. diejenige, die die Geselligkeit und wechselseitige Gedankenmitteilung nicht belebt, hat etwas Schändliches an sich (VII 170)

Die Unmäßigkeit im gesellschaftlichen Trinken, die bis zur Benebelung der Sinne geht, ist eine Unart des Mannes nicht nur in Bezug auf die Gesellschaft, mit der man sich unterhält, sondern auch in Absicht auf die Selbstschätzung, wenn er aus ihr taumelnd, wenigstens nicht sicheren Tritts, oder nur lallend hinausgeht (VII 170)

Vom *Cato* sagt sein stoischer Verehrer: „Seine Tugend stärkte sich durch Wein"... . Der Trunk löst die Zunge. Er öffnet aber auch das Herz und ist ein materiales Vehikel einer moralischen Eigenschaft, nämlich der Offenherzigkeit (VII 171)

Das Zurückhalten seiner Gedanken ist für ein lauteres Herz ein beklemmender Zustand (VII 171)

Ob man beim Trinken auch wohl das Temperament des Menschen, der sich betrinkt, oder seinen Charakter erforschen kann? Ich glaube, nicht (VII 171)

Es ist merkwürdig, dass wir uns für ein vernünftiges Wesen keine andere schickliche Gestalt als die eines Menschen denken können. Jede andere würde allenfalls wohl ein Symbol von einer gewissen Eigenschaft des Menschen, z. B. die Schlange als Bild der boshaften Schlauigkeit, aber nicht das vernünftige Wesen selbst vorstellbar machen. So bevölkern wir alle anderen Weltkörper in unserer Einbildung mit lauter Menschengestalten, obwohl es wahrscheinlich ist, dass sie nach Verschiedenheit des Bodens, der sie trägt und ernährt, und der Elemente, aus denen sie bestehen, sehr verschieden gestaltet sein mögen (VII 172)

Wir können, um unseren Begriffen von vernünftigen Wesen Anschauung zu geben, nicht anders verfahren als sie zu vermenschlichen; unglücklich oder aber kindisch, wenn dabei die symbolische Vorstellung zum Begriff der Sache an sich selbst erhoben wird (VII 172)

Die Wirklichkeit ist immer beschränkter als die Idee, die ihrer Ausführung als Muster dient (VII 173)

Wenn man eine Schrift, ein Schauspiel oder sonst etwas, was zur schönen Beschäftigung gehört, mit übertriebener Lobpreisung ankündigt, kann es, wenn es zur Darstellung kommt, nicht anders als sinken. Selbst ein gutes Schauspiel nur gelesen zu haben, schwächt schon den Eindruck, wenn man es auf der Bühne sieht (VII 173)

Wir spielen oft und gern mit der Einbildungskraft; aber die Einbildungskraft (als Phantasie) spielt ebenso oft und bisweilen sehr ungelegen auch mit uns (VII 175)

Wer einen gesellschaftlichen Diskurs anhebt, muss mit dem, was ihm nahe und gegenwärtig ist, anfangen und so allmählich auf das Entferntere, so wie es interessieren kann, hinleiten. Das böse Wetter ist für den, der von der Straße in eine zur wechselseitigen Unterhaltung versammelte Gesellschaft tritt, hierzu ein guter und gebräuchlicher Behelf. Denn etwa mit den Nachrichten aus der Türkei anzufangen, die eben in den Zeitungen stehen, tut der Einbildungskraft anderer Gewalt an, da sie nicht sehen, was ihn darauf gebracht hat. Das Gemüt verlangt zu aller Mitteilung der Gedanken eine gewisse Ordnung, wobei es auf die einleitenden Vorstellungen und den Anfang sowohl im Diskurs als auch in einer Predigt sehr ankommt (VII 176-177)

Was mag wohl die Ursache davon sein, dass alle organischen Wesen, die wir kennen, ihre Art nur durch die Vereinigung zweier Geschlechter (die man dann das männliche und das weibliche nennt) fortpflanzen? Man kann doch nicht annehmen, dass der Schöpfer nur des Sonderbaren wegen und nur um auf unserer Erde eine Einrichtung zu schaffen, die ihm so gefällt, gleichsam nur gespielt hat. Vielmehr scheint es unmöglich zu sein, aus der Materie unseres Erdballs organische Geschöpfe durch Fortpflanzung anders entstehen zu lassen, ohne dass dazu zwei Geschlechter erforderlich wären. In welchem Dunkel verliert sich die menschliche Vernunft, wenn sie es hier ... unternehmen will, dies zu ergründen, ja auch nur zu erraten? (VII 178)

Wir können uns für ein vernünftiges Wesen keine andere Gestalt als schicklich denken als die des Menschen. Daher macht der Bildhauer oder der Maler, wenn er einen Engel oder einen Gott verfertigt, jederzeit einen Menschen (VII 178)

Die Täuschung durch die Stärke der Einbildungskraft des Menschen geht oft so weit, dass er dasjenige, was er nur im Kopf hat, auch zu sehen und zu fühlen glaubt (VII 178)

Das Heimweh der Schweizer (und wie ich es aus dem Mund eines erfahrenen Generals habe, auch der Westfalen und der Pommer in einigen Gegenden), das sie in anderen Ländern befällt, ist die Wirkung einer durch die Zurückrufung der Bilder der Sorgenfreiheit und nachbarlichen Gesellschaft in ihren Jugendjahren erregten Sehnsucht nach den Orten, wo sie die sehr einfachen Lebensfreuden genossen haben (VII 178)

Man will bemerkt haben, dass sich gut vertragende Eheleute nach und nach eine Ähnlichkeit in Gesichtszügen bekommen, und deutet es dahin aus, dass sie sich um dieser Ähnlichkeit willen geehelicht haben, was aber falsch ist. Denn die Natur treibt beim Instinkt der Geschlechter eher zur Verschiedenheit der Subjekte, die sich ineinander verlieben sollen, damit alle Mannigfaltigkeit, die sie in ihre Keime gelegt hat, entwickelt wird. Vielmehr bringt die Vertraulichkeit und Neigung, mit der sie einander in ihren einsamen Unterhaltungen dicht nebeneinander oft und lange in die Augen sehen, ähnliche Mienen hervor, die, wenn sie fixiert werden, schließlich in stehende Gesichtszüge übergehen (VII 179-180)

Einer der Alten[120] sagte: „Die Kunst zu schreiben hat das Gedächtnis zu Grunde gerichtet (zum Teil entbehrlich gemacht)". Etwas Wahres ist in diesem Satz, denn der einfache Mann kann das Mannigfaltige, was ihm aufgetragen wird, gewöhnlich besser der Reihe nach verrichten und sich darauf besinnen (VII 184)

Die Schreibkunst bleibt immer eine herrliche Kunst, weil sie, auch wenn sie nicht zur Mitteilung des Wissens an andere gebraucht würde, doch die Stelle des ausgedehntesten und treuesten Gedächtnisses vertritt, dessen Mangel sie ersetzen kann (VII 185)

Der Dichter verfertigt nicht so wie der Prosaredner bestellte Arbeit mit Muße, sondern muss den günstigen Augenblick seiner ihn anwandelnden inneren Sinnenstimmung haschen, in dem ihm lebendige und kräftige Bilder und Gefühle von selbst zuströmen und er sich hierbei gleichsam nur passiv verhält (VII 188)

Denken ist Reden mit sich selbst (VII 192)

Zu welchen Kindereien sinkt der Mensch selbst in seinem reifen Alter hinab, wenn er sich am Leitseil der Sinnlichkeit führen lässt! (VII 196)

Vornehmer ist freilich der Verstand als die Sinnlichkeit, mit der sich die verstandlosen Tiere nach eingepflanzten Instinkten schon notdürftig behelfen können, so wie ein Volk ohne Oberhaupt; stattdessen vermag ein Oberhaupt ohne Volk (Verstand ohne Sinnlichkeit) gar nichts. Es ist also zwischen beiden kein Rangstreit, obgleich der eine als Oberer und der andere als Unterer betitelt wird (VII 196)

Ein guter Verstand, geübte Urteilskraft und gründliche Vernunft machen den ganzen Umfang des intellektuellen Erkenntnisvermögens aus (VII 198)

Man kann den Treuherzigen nur einmal hintergehen, was dann der eigenen Absicht des Listigen in der Folge sehr nachteilig wird (VII 198)

Der unter angemessenen Befehlen stehende Haus- und Staatsdiener braucht nur Verstand zu haben; der Offizier, dem für das ihm aufgetragene

---

[120] Platon: „Diese Kunst (das Schreiben) wird Vergessenheit schaffen in den Seelen derer, die sie erlernen" (Phaidros 275 a).

Geschäft nur die allgemeine Regel vorgeschrieben und dann überlassen wird, selbst zu bestimmen, was im vorkommenden Fall zu tun ist, bedarf der Urteilskraft; der General, der die möglichen Fälle beurteilen und sich für sie die Regel selbst ausdenken soll, muss Vernunft besitzen. Die zu diesen verschiedenen Vorkehrungen erforderlichen Talente sind sehr unterschiedlich. Mancher glänzt auf der zweiten Stufe und wird auf der obersten unsichtbar (VII 198)

In Gesellschaft stumm sein und nur dann und wann ein ganz belangloses Urteil fallen lassen, sieht aus wie verständig sein (VII 199)

Das nach dem Verstand zweite intellektuelle Vermögen, nämlich das der Unterscheidung, ob etwas ein Fall der Regel ist oder nicht, die Urteilskraft, kann nicht gelehrt, sondern nur geübt werden; daher heißt ihr Wachstum Reife und bildet denjenigen Verstand, der nicht vor Jahren kommt (VII 199)

Wenn Verstand das Vermögen der Regeln, die Urteilskraft das Vermögen des Auffindens des Besonderen ist, sofern es ein Fall dieser Regel ist, so ist die Vernunft das Vermögen, vom Allgemeinen das Besondere abzuleiten und dieses letztere also nach Prinzipien und als notwendig zu erkennen. Man kann sie also auch durch das Vermögen erklären, nach Grundsätzen zu urteilen und (in praktischer Rücksicht) zu handeln (VII 199)

Ideen sind Vernunftbegriffe, denen kein Gegenstand in der Erfahrung adäquat gegeben werden kann. Sie sind weder Anschauungen (wie die von Raum und Zeit) noch Gefühle (wie die Glückseligkeitslehre sie sucht), die beide zur Sinnlichkeit gehören, sondern Begriffe von einer Vollkommenheit, der man sich zwar immer nähern, sie aber nie vollständig erreichen kann (VII 199-200)

Weisheit als die Idee vom gesetzmäßig-vollkommenen praktischen Gebrauch der Vernunft ist wohl zu viel, um von Menschen gefordert zu werden; aber auch selbst dem mindesten Grad nach kann sie ein anderer ihm nicht eingießen, sondern er muss sie aus sich selbst herausbringen. Die Vorschrift, dazu zu gelangen, enthält drei dahin führende Maximen: Selbstdenken, sich (in der Mitteilung mit Menschen) an die Stelle des anderen denken und jederzeit mit sich selbst einstimmig denken (VII 200)

Das Alter des Menschen, in dem er zum vollständigen Gebrauch seiner

Vernunft gelangt, kann hinsichtlich seiner Geschicklichkeit (Vermögen zu beliebiger Absicht) etwa ins zwanzigste, das im Hinblick auf die Klugheit (andere Menschen zu seinen Absichten zu gebrauchen) ins vierzigste, endlich das der Weisheit etwa im sechzigsten Lebensjahr anberaumt werden. In der letzteren Epoche ist sie aber mehr negativ, alle Torheiten der beiden ersteren einzusehen. Man kann sagen: „Es ist schade, alsdann sterben zu müssen, wenn man endlich gelernt hat, wie man recht gut hätte leben sollen" [121] (VII 201)

Es ist wahr und klug, dass ich dem, der mich einmal betrogen hat, niemals mehr traue, denn er ist in seinen Grundsätzen verdorben. Aber weil mich einer betrogen hat, keinem anderen Menschen zu trauen, ist Misanthropie (VII 205)

Der Selbstmord ist oft nur die Wirkung von einem Raptus. Denn wer sich in der Heftigkeit des Affekts die Gurgel durchschneidet, lässt sie sich bald darauf geduldig wieder zunähen (VII 213)

Es ist gefährlich, mit dem Gemüt Experimente und es in gewissem Grad krank zu machen, um es zu beobachten und durch Erscheinungen, die sich da vorfinden mögen, seine Natur zu erforschen (VII 216)

Wegen der Übertreibung des Fleißes junger Leute (wenn ihr Kopf sonst gesund ist) haben besorgte Eltern nichts zu fürchten. Die Natur verhütet solche Überladungen des Wissens schon von selbst dadurch, dass den Studierenden die Dinge anekeln, über die er kopfzerbrechend und doch vergeblich gebrütet hat (VII 217-218)

Was will ich? (fragt der Verstand). Worauf kommt es an? (fragt die Urteilskraft). Was kommt heraus? (fragt die Vernunft) (VII 227)

Der Verstand ist positiv und vertreibt die Finsternis der Unwissenheit, die Urteilskraft mehr negativ zur Verhütung der Irrtümer aus dem dämmernden Licht, in dem die Gegenstände erscheinen. Die Vernunft verstopft die Quelle der Irrtümer (die Vorurteile) (VII 228)

Die wichtigste Revolution im Innern des Menschen ist sein Ausstieg aus seiner selbst verschuldeten Unmündigkeit. Anstatt andere für sich denken zu lassen und selbst nur nachzuahmen oder sich am Gängelband leiten

---

[121] Vgl. VIII 117.

zu lassen, wagt er es, auf eigenen Füßen auf dem Boden der Erfahrung, wenngleich noch wackelnd, fortzuschreiten (VII 229)

Der Schmerz ist der Stachel der Tätigkeit, und in dieser fühlen wir zuallererst unser Leben; ohne ihn würde Leblosigkeit eintreten (VII 231)

Unsere Lesewelt von verfeinertem Geschmack wird durch vergängliche Schriften immer im Appetit, selbst im Heißhunger zur Leserei (eine Art von Nichtstun) erhalten, nicht um sich zu kultivieren, sondern um zu genießen. Dabei bleiben die Köpfe immer leer, und keine Übersättigung ist zu befürchten. Die Leser geben ihrem geschäftigen Müßiggang den Anstrich einer Arbeit und spiegeln sich in demselben einen würdigen Zeitaufwand vor, der doch um nichts besser ist als jener, den das Journal des Luxus und der Moden dem Publikum anbietet (VII 233)

Das Ausfüllen der Zeit durch planmäßig fortschreitende Beschäftigungen, die einen großen beabsichtigten Zweck zur Folge haben, ist das einzig sichere Mittel, seines Lebens froh und dabei doch auch lebenssatt zu werden. „Je mehr du gedacht, je mehr du getan hast, desto länger hast du (selbst in deiner eigenen Einbildung) gelebt." Ein solcher Beschluss des Lebens geschieht nun mit Zufriedenheit (VII 234)

Die Zufriedenheit während des Lebens ist dem Menschen unerreichbar, sowohl in moralischer (mit sich selbst im Wohlverhalten zufrieden zu sein) als auch in pragmatischer Hinsicht (mit seinem Wohlbefinden, das er sich durch Geschicklichkeit und Klugheit zu verschaffen denkt) (VII 234-235)

Es kann und sollte Frömmigkeit in guter Laune geben; so kann und soll man beschwerliche, aber notwendige Arbeit in guter Laune verrichten; ja selbst sterben soll man in guter Laune, denn alles dieses verliert seinen Wert dadurch, dass es in übler Laune und mürrischer Stimmung begangen oder erlitten wird (VII 236)

Dem, der ein Bein gebrochen hat, kann man sein Unglück doch erträglicher machen, wenn man ihm zeigt, dass es leicht hätte das Genick treffen können (VII 239)

Das gründlichste und leichteste Besänftigungsmittel aller Schmerzen ist der Gedanke, den man einem vernünftigen Menschen wohl zumuten kann, dass das Leben, was seinen von Glücksumständen abhängenden

Genuss betrifft, überhaupt gar keinen eigenen Wert hat; ... seinen Wert kann nicht das Glück, sondern allein die Weisheit dem Menschen verschaffen, er ist also in seiner Gewalt. Wer wegen des Verlustes desselben ängstlich bekümmert ist, wird des Lebens nie froh werden (VII 239)

Die Poesie gewinnt nicht nur den Preis vor der Beredsamkeit, sondern auch vor jeder anderen schönen Kunst, vor der Malerei (wozu die Bildhauerkunst gehört) und selbst vor der Musik. Denn die letztere ist nur darum schöne (nicht nur angenehme) Kunst, weil sie der Poesie als Vehikel dient (VII 247)

Ein gutes Gedicht ist das eindringlichste Mittel der Belebung des Gemüts (VII 247)

Üppigkeit ist das Übermaß des gesellschaftlichen Wohllebens mit Geschmack in einem einfachen Wesen (der also der Wohlfahrt desselben zuwider ist). Jenes Übermaß, aber ohne Geschmack, ist die öffentliche Schwelgerei (VII 249)

Nötigt einen, der im Zorn zu euch ins Zimmer tritt, um euch in heftiger Entrüstung harte Worte zu sagen, höflich, sich zu setzen; wenn euch das gelingt, so wird sein Schelten schon gelinder, weil die Gemächlichkeit des Sitzens eine Entspannung ist, die sich mit den drohenden Gebärden und dem Schreien im Stehen nicht vereinigen lässt (VII 252)

Der Affekt wirkt wie ein Wasser, das den Damm durchbricht, die Leidenschaft wie ein Strom, der sich in seinem Bett immer tiefer eingräbt (VII 252)

Lachen ist männlich, Weinen dagegen weiblich (beim Mann weibisch), und nur die Anwandlung zu Tränen aus großmütiger, aber ohnmächtiger Teilnahme am Leiden anderer kann dem Mann verziehen werden, dem die Träne im Auge glänzt; er soll aber vermeiden, sie in Tropfen fallen zu lassen, noch mehr, sie mit Schluchzen zu begleiten und so eine widerwärtige Musik zu machen (VII 255-256)

Beherzt ist der, der nicht erschrickt; Mut hat der, der mit Überlegung der Gefahr nicht weicht; tapfer ist der, dessen Mut in Gefahren anhaltend ist (VII 256)

Es gehört zur Entschlossenheit, etwas durch die Pflicht Gebotenes selbst auf die Gefahr der Verspottung hin zu wagen, sogar ein hoher Grad von Mut, weil Ehrliebe die ständige Begleiterin der Tugend ist und der sonst gegen Gewalt hinreichend Gewappnete sich doch der Verhöhnung selten gewachsen fühlt, wenn man ihm diesen Anspruch auf Ehre mit Hohnlachen verweigert (VII 257)

Leidenschaften sind Krebsschäden für die reine praktische Vernunft und größtenteils unheilbar, weil der Kranke nicht geheilt sein will und sich der Herrschaft des Grundsatzes entzieht, durch den dies allein geschehen könnte (VII 266)

Der größte Sinnengenuss, der gar keine Beimischung von Ekel mit sich führt, ist im gesunden Zustand Ruhe nach der Arbeit (VII 276)

Das Wohlleben, das zur wahren Humanität noch am besten zu passen scheint, ist eine gute Mahlzeit in guter (und wenn es sein kann, auch wechselnder) Gesellschaft, von der *Chesterfield* sagt, dass sie nicht unter der Zahl der Grazien und auch nicht über der der Musen[122] sein muss. (VII 278)

Bei einer vollen Tafel, wo die Menge der Gerichte nur auf das lange Zusammenhalten der Gäste ausgerichtet ist, geht die Unterredung gewöhnlich über drei Stufen: Erzählen, Räsonnieren und Scherzen (VII 280)

Was den Philosophen betrifft, so kann man ihn gar nicht als Arbeiter am Gebäude der Wissenschaften, d. h. nicht als Gelehrten, sondern muss ihn als Weisheitsforscher betrachten. Es ist die bloße Idee von einer Person, die sich den Endzweck allen Wissens praktisch und (zum Ziel desselben) auch theoretisch zum Gegenstand macht (VII 280)

Eine Tafelmusik bei einem festlichen Schmaus ist das geschmackloseste Unding, das die Schwelgerei immer ersonnen haben mag (VII 281)

Der Mann von Grundsätzen, von dem man sicher weiß, was man nicht etwa von seinem Instinkt, sondern von seinem Willen zu erwarten hat, hat einen Charakter (VII 285)

Dass wir dem, dem wir uns anvertrauen sollen, mag er uns auch noch so gut empfohlen sein, vorher ins Gesicht und vornehmlich in die Augen sehen, um uns einen Eindruck von ihm zu verschaffen, ist ein Naturantrieb, und das Abstoßende oder Anziehende in seinen Gebärden entscheidet über unsere Wahl oder macht uns auch bedenklich, noch ehe wir seine

---

[122] Drei Grazien und neun Musen.

Sitten erkundet haben, und so ist unstreitig, dass es eine physiognomische Charakteristik gibt (VII 296)

Die Physiognomik[123] als Ausspähungskunst des Inneren im Menschen mittels gewisser äußerer unwillkürlich gegebener Zeichen ist ganz aus der Nachfrage gekommen (VII 297)

Oft wiederholte, die Gemütsbewegung auch unwillkürlich begleitende Mienen werden nach und nach stehende Gesichtszüge (VII 301)

Der Mann ist leicht zu erforschen, die Frau verrät ihr Geheimnis nicht, obgleich die Geheimnisse anderer (wegen ihrer Redseligkeit) schlecht bei ihr verwahrt sind (VII 303-304)

Die zwei zivilisiertesten Völker auf Erden, die gegeneinander im Kontrast der Charaktere und vielleicht hauptsächlich darum miteinander in beständiger Fehde sind, sind England und Frankreich (VII 311-312)

Dass der Charakter eines Volkes von der Regierungsart abhängt, ist eine unbegründete, nichts erklärende Behauptung; denn woher hat denn die Regierung selbst ihren eigentümlichen Charakter? Auch Klima und Boden können nicht der Schlüssel hierzu sein, denn Wanderungen ganzer Völker haben bewiesen, dass sie ihren Charakter durch ihre neuen Wohnsitze nicht veränderten, sondern ihn diesen nur nach Umständen anpassten und doch dabei in Sprache, Gewerbeart, selbst in Kleidung die Spuren ihrer Abstammung und hiermit auch ihren Charakter noch immer hervorblicken lassen (VII 313)

Die Schmeichelei verdirbt, der Tadel dagegen bessert (VII 313)

Genie ist das Talent zur Erfindung dessen, was nicht gelehrt oder gelernt werden kann. Man kann gar wohl von anderen gelehrt werden, wie man gute Verse, aber nicht wie man ein gutes Gedicht machen soll, denn das muss aus der Natur des Verfassers von selbst hervorgehen (VII 318)

So viel ist wohl mit Wahrscheinlichkeit zu sagen: die Vermischung der Stämme (bei großen Eroberungen), die nach und nach die Charaktere auslöscht, ist dem Menschengeschlecht alles vorgeblichen Philanthropismus ungeachtet nicht zuträglich (VII 320)

---

[123] Die Deutung der Wesensart des Menschen aus seiner körperlichen Erscheinung, besonders aus den Gesichtszügen.

Dem Menschen ist durch seine Vernunft bestimmt, in einer Gesellschaft mit Menschen zu sein und in ihr sich durch Kunst und Wissenschaften zu kultivieren, zu zivilisieren und zu moralisieren (VII 324)

Rousseau wollte im Grunde nicht, dass der Mensch wieder in den Naturzustand zurückgehen, sondern von der Stufe, auf der er jetzt steht, dahin zurücksehen sollte. Er nahm an, der Mensch sei von Natur (wie sie sich vererben lässt) gut, aber auf negative Art, nämlich von selbst und absichtlich nicht böse zu sein, sondern nur in Gefahr, von bösen oder ungeschickten Führern und Beispielen angesteckt und verdorben zu werden (VII 326-327)

Was mag doch die Natur für eine Absicht haben, dass sie das Kind mit lautem Geschrei auf die Welt kommen lässt, was doch für dasselbe und die Mutter im Naturzustand von äußerster Gefahr ist? Denn ein Wolf, ein Schwein sogar würde ja dadurch angelockt, in Abwesenheit der Mutter oder bei ihrer Entkräftung nach der Niederkunft das Kind zu fressen. Kein Tier aber außer dem Menschen (wie er jetzt ist) wird beim Geborenwerden seine Existenz laut ankündigen, was von der Weisheit der Natur so angeordnet zu sein scheint, um die Art zu erhalten (VII 327)

Der Mensch ist nicht bestimmt, wie das Hausvieh zu einer Herde, sondern wie die Biene zu einem Stock zu gehören (VII 330)

Die Erhaltung der einmal bestehenden Staatsverfassung ist das höchste Gesetz einer bürgerlichen Gesellschaft überhaupt; denn diese besteht nur durch jene (VII 331)

Dass in unserer Rasse jeder es geraten findet, auf der Hut zu sein und sich nicht ganz durchschauen zu lassen, verrät schon den Hang unserer Gattung, übel gegeneinander gesinnt zu sein (VII 332)

Es gehört zur ursprünglichen Zusammensetzung eines menschlichen Geschöpfes und zu seinem Gattungsbegriff, zwar die Gedanken anderer zu erkunden, die seinigen aber zurückzuhalten; eine „saubere" Eigenschaft, die den allmählichen Fortschritt von der Verstellung zur vorsätzlichen Täuschung bis schließlich zur Lüge begünstigt (VII 332)

Idee zu einer allgemeinen Geschichte in weltbürgerlicher Absicht

Abb. 31: Immanuel Kant.
Stich von J. L. Raab. (Aus Ikonographie, Nr. 68.)

Da die Menschen in ihren Bestrebungen nicht nur instinktmäßig wie Tiere und doch auch nicht wie vernünftige Weltbürger im Ganzen nach einem verabredeten Plan verfahren, so scheint auch keine planmäßige Geschichte (wie etwa von den Bienen oder den Bibern) von ihnen möglich zu sein. Man kann sich eines gewissen Unwillens nicht erwehren, wenn man ihr Tun und Lassen auf der großen Weltbühne sieht und trotz anscheinender Weisheit im Einzelnen doch schließlich alles im Großen aus Torheit, kindischer Eitelkeit, oft auch aus Bosheit und Zerstörungssucht zusammengewebt findet; am Ende weiß man nicht, was man sich von unserer auf ihre Vorzüge so eingebildeten Gattung für einen Begriff machen soll (VIII 17-18)

Ein Organ, das nicht gebraucht werden soll, eine Anordnung, die ihren Zweck nicht erreicht, ist ein Widerspruch in der teleologischen Naturlehre[124] (VIII 18)

---

[124] Teleologie = Lehre vom Zweck und der Zweckmäßigkeit in der Natur.

Die Natur tut nichts überflüssig und ist im Gebrauch der Mittel zu ihren Zwecken nicht verschwenderisch (VIII 19)

Der Mensch hat eine Neigung sich zu vergesellschaften, weil er in einem solchen Zustand sich mehr als Mensch, d. h. die Entwicklung seiner Naturanlagen fühlt. Er hat aber auch einen großen Hang, sich zu vereinzeln (isolieren), weil er in sich zugleich die ungesellige Eigenschaft antrifft, alles nur nach seinem Sinn richten zu wollen, und daher allerwärts Widerstand erwartet so wie er von sich selbst weiß, dass er seinerseits zum Widerstand gegen andere geneigt ist (VIII 20-21)

Der Mensch will Eintracht; aber die Natur weiß besser, was für seine Gattung gut ist: sie will Zwietracht (VIII 21)

Der Mensch ist ein Tier, das, wenn es unter anderen seiner Gattung lebt, einen Herrn nötig hat ..., der ihm den eigenen Willen bricht und ihn nötigt, einem allgemeingültigen Willen, unter dem jeder frei sein kann, zu gehorchen (VIII 23)

Das höchste Oberhaupt soll gerecht für sich selbst und doch ein Mensch sein. Diese Aufgabe ist daher die schwerste unter allen, ja ihre vollkommene Lösung ist unmöglich, denn aus so krummem Holz, woraus der Mensch gemacht ist, kann nichts ganz Gerades gezimmert werden (VIII 23)

Wie es mit den Einwohnern anderer Planeten und ihrer Natur beschaffen ist, wissen wir nicht; wenn wir aber den Auftrag der Natur gut ausführen, so können wir uns wohl schmeicheln, dass wir unter unseren Nachbarn im Weltgebäude einen nicht geringen Rang einnehmen. Vielleicht mag bei diesen ein jedes Individuum seine Bestimmung in seinem Leben völlig erreichen. Bei uns ist es anders; nur die Gattung kann dieses hoffen (VIII 23)

Alle Kriege sind Versuche (zwar nicht in der Absicht der Menschen, aber doch in der Absicht der Natur), neue Verhältnisse der Staaten zustande zu bringen und durch Zerstörung, wenigstens Zerstückelung aller Staaten neue Körper zu bilden, die sich aber wieder entweder in sich selbst oder neben einander nicht erhalten können und daher neue, ähnliche Revolutionen erleiden müssen (VIII 24-25)

Wir sind in hohem Grade durch Kunst und Wissenschaft kultiviert. Wir sind bis zum Überdruss zivilisiert zu allerlei gesellschaftlicher Manier und Anständigkeit. Aber uns schon für moralisiert zu halten, dazu fehlt noch sehr viel (VIII 26)

Alles Gute, das nicht auf moralisch gute Gesinnung gepfropft ist, ist nichts als lauter Schein und schimmerndes Elend. In diesem Zustand wird wohl das menschliche Geschlecht verbleiben, bis es sich ... aus dem chaotischen Zustand seiner Staatsverhältnisse herausgearbeitet haben wird (VIII 26)

Man kann die Geschichte der Menschengattung im Großen als die Vollziehung eines verborgenen Plans der Natur ansehen, um eine innerlich und zu diesem Zweck auch äußerlich vollkommene Staatsverfassung zustande zu bringen als den einzigen Zustand, in dem sie alle ihre Anlagen in der Menschheit völlig entwickeln kann (VIII 27)

Was ist Aufklärung?

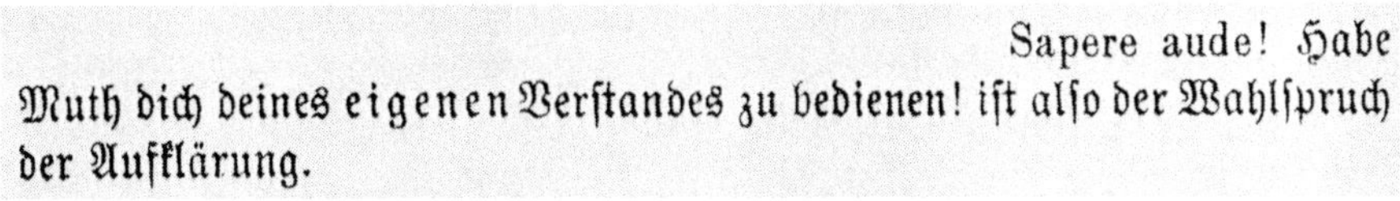

> Sapere aude! Habe Muth dich deines eigenen Verstandes zu bedienen! ist also der Wahlspruch der Aufklärung.

Abb. 32: „Sapere aude!...". Originalabdruck. Aus Akademie-Textausgabe VIII 35.

Aufklärung ist der Ausgang des Menschen aus seiner selbst verschuldeten Unmündigkeit. Unmündigkeit ist das Unvermögen, sich seines Verstandes ohne Leitung eines anderen zu bedienen. Selbstverschuldet ist diese Unmündigkeit, wenn die Ursache derselben nicht am Mangel des Verstandes, sondern dem der Entschließung und des Mutes liegt, sich seiner ohne Leitung eines anderen zu bedienen. „Sapere aude! Habe Mut, dich deines eigenen Verstandes zu bedienen" ist also der Wahlspruch der Aufklärung (VIII 35)

Faulheit und Feigheit sind die Ursachen, warum ein so großer Teil der Menschen, nachdem die Natur sie längst von fremder Leitung befreit hat, dennoch zeitlebens unmündig bleibt und warum es anderen so leicht wird, sich zu deren Vormündern aufzuwerfen. Es ist so bequem, unmündig zu sein (VIII 35)

Dass der bei weitem größte Teil der Menschen (darunter das ganze schöne Geschlecht) den Schritt zur Mündigkeit außer für beschwerlich auch für sehr gefährlich hält, dafür sorgen schon jene Vormünder, die die Oberaufsicht über sie gütigst auf sich genommen haben (VIII 35)

Es ist schädlich, Vorurteile zu pflanzen, weil sie sich zuletzt an denen rächen, die oder deren Vorgänger ihre Urheber gewesen sind (VIII 36)

Durch eine Revolution wird vielleicht wohl ein Abfall von persönlichem Despotismus und gewinnsüchtiger oder herrschsüchtiger Bedrückung, aber niemals wahre Reform der Denkart zustande kommen, sondern neue Vorurteile werden ebenso wie die alten zum Leitbild des gedankenlosen großen Haufens dienen (VIII 36)

Zur Aufklärung ist nichts anderes erforderlich als Freiheit, und zwar die unschädlichste unter allem, was nur Freiheit heißen mag, nämlich die, von seiner Vernunft umfassenden öffentlichen Gebrauch zu machen (VIII 36)

Welche Einschränkung ist der Aufklärung hinderlich, welche nicht, sondern ihr wohl gar förderlich? Ich antworte: der öffentliche Gebrauch der Vernunft muss jederzeit frei sein, und der allein kann Aufklärung unter Menschen zustande bringen (VIII 37)

Ich verstehe unter dem öffentlichen Gebrauch der eigenen Vernunft denjenigen, den ein Gelehrter vor dem Publikum der Lesewelt macht (VIII 37)

Ein Zeitalter kann sich nicht verbünden und darauf verschwören, das folgende in einen Zustand zu versetzen, in dem es unmöglich werden muss, seine ... Erkenntnisse zu erweitern, von Irrtümern zu reinigen und überhaupt in der Aufklärung fortzuschreiten. Das wäre ein Verbrechen wider die menschliche Natur, deren ursprüngliche Bestimmung gerade in diesem Fortschreiten besteht. Folglich sind die Nachkommen dazu berechtigt, jene unbefugten und frevelhaften Beschlüsse zu verwerfen (VIII 39)

Ein Mensch kann zwar für seine Person und auch nur auf einige Zeit die Aufklärung dessen aufschieben, was ihm zu wissen obliegt, aber auf sie zu verzichten, sei es nun für seine Person oder für die Nachkommenschaft, heißt die heiligen Rechte der Menschheit verletzen und mit Füßen treten (VIII 39)

Wenn gefragt wird: Leben wir jetzt in einem aufgeklärten Zeitalter?, so ist die Antwort: Nein, aber wohl in einem Zeitalter der Aufklärung (VIII 40)

Dass die Menschen nach dem gegenwärtigen Stand der Dinge schon fähig sind oder auch nur befähigt werden könnten, sich in Religionsdingen ihres eigenen Verstandes ohne Leitung eines anderen sicher und gut zu bedienen, daran fehlt noch sehr viel. Allein dass ihnen jetzt doch das Feld zur freien Entfaltung bereitet, und die Hindernisse der allgemeinen Aufklärung oder des Ausweges aus ihrer selbst verschuldeten Unmündigkeit allmählich weniger werden, dafür haben wir doch deutliche Anzeichen (VIII 40)

Die Menschen arbeiten sich von selbst nach und nach aus der Rohheit heraus, wenn man nur nicht absichtlich Maßnahmen erfindet, um sie darin zu erhalten (VIII 41)

Mutmaßlicher Anfang der Menschengeschichte

Abb. 33: Die Erschaffung Adams.
Auszug aus Fresko-Gemälde von Michelangelo Buonarotti. (Aus Verlag Naumann und Göbel [Hrsg.]: Die Bibel in Bildern, Köln 1987, Seiten 14-15.)

Der erste Mensch konnte stehen und gehen; er konnte sprechen (Gen 2, 20), ja reden, d. h. nach zusammenhängenden Begriffen sprechen (Gen 2, 23), mithin denken. Lauter Geschicklichkeiten, die er alle selbst erwerben musste (denn wären sie angeboren, so wären sie auch vererbbar, was aber der Erfahrung widerspricht) (VIII 110-111)

Der Instinkt, diese Stimme Gottes, der alle Tiere gehorchen, musste den Menschen anfänglich alleine leiten. Dieser erlaubte ihm einige Dinge zur Nahrung, andere verbot er ihm (Gen 3, 2-3) (VIII 111)

Das Vermögen, nicht nur den gegenwärtigen Lebensaugenblick zu genießen, sondern sich die kommende, oft sehr entfernte Zeit gegenwärtig zu machen, ist das entscheidendste Kennzeichen des menschlichen Vorzugs, sich seiner Bestimmung gemäß zu entfernten Zwecken vorzubereiten, aber zugleich der nie versiegende Quell von Sorgen und Bekümmernissen, die die ungewisse Zukunft erregt und die die Tiere nicht kennen (Gen 3, 13-19) (VIII 113)

Der griechische Philosoph klagte nicht ganz ohne Grund: „Es ist schade, dass man alsdann sterben muss, wenn man eben angefangen hat einzusehen, wie man eigentlich hätte leben sollen" (VIII 117)

Die Ungleichheit unter Menschen ist reiche Quelle so vieles Bösen, aber auch alles Guten (VIII 119)

Der denkende Mensch fühlt einen Kummer, der wohl gar Sittenverfall werden kann und von dem der Gedankenlose nichts weiß: Unzufriedenheit mit der den Weltlauf regierenden Vorsehung, wenn er die Übel überschlägt, die das menschliche Geschlecht so sehr und (wie es scheint) ohne Hoffnung auf ein Besseres drücken. Es ist aber von der größten Wichtigkeit, mit der Vorsehung zufrieden zu sein (obgleich sie uns auf unserer Erdenwelt eine so mühsame Bahn vorgezeichnet hat), teils um unter den Mühseligkeiten immer noch Mut zu fassen, teils um nicht, indem wir die Schuld daran aufs Schicksal schieben, unsere Schuld, die vielleicht die einzige Ursache aller dieser Übel sein mag, darüber aus den Augen zu verlieren und dagegen in der Selbstbesserung die Hilfe zu versäumen (VIII 120-121)

Auf der Stufe der Kultur, auf der das menschliche Geschlecht jetzt noch steht, ist der Krieg ein unentbehrliches Mittel, die Kultur noch weiterzubringen; und nur nach einer (Gott weiß wann) vollendeten Kultur würde ein immerwährender Friede[125] für uns heilsam und auch durch sie allein möglich sein (VIII 121)

Wenn die Menschen eine Lebensdauer von 800 und mehr Jahren hätten, würde der Vater vor seinem Sohn, ein Bruder vor dem anderen oder ein Freund neben dem anderen kaum seines Lebens mehr sicher sein. Die Laster eines so lange lebenden Menschengeschlechts würden eine Höhe erreichen, auf Grund derer die Menschen keines besseren Schicksals würdig wären, als in einer allgemeinen Überschwemmung von der Erde vertilgt zu werden (Gen 6, 12-13) (VIII 122)

---

[125] Vgl. VIII 343-386 (Zum ewigen Frieden).

Das Ende aller Dinge

> ⁵ Und der Engel, den ich auf dem Meer und auf dem Land stehen sah, *erhob seine rechte Hand zum Himmel.* ⁶ *Er schwor bei dem, der in* alle *Ewigkeit lebt, der den Himmel geschaffen hat* und was darin ist, *die Erde und was darauf ist, und das Meer und was darin ist:* Es wird keine Zeit mehr bleiben,

Abb. 34: Originalabdruck. (Aus Offenbarung des Johannes [Apokalypse] 10,5-6 nach der Einheitsübersetzung der Bibel, Freiburg 1995, Seite 1399.)
Zur Bedeutung, „dass keine Zeit mehr bleibt", vgl. VIII 333.

Es ist vornehmlich in der frommen Sprache ein üblicher Ausdruck, einen sterbenden Menschen sagen zu lassen, er gehe aus der Zeit in die Ewigkeit. ... Dieser Gedanke hat etwas Grausendes, weil er gleichsam an den Rand eines Abgrundes führt, aus dem für den Versinkenden keine Wiederkehr möglich ist, ... und doch auch etwas Anziehendes, denn man kann nicht aufhören, sein zurückgeschrecktes Auge immer wieder darauf zu richten. ... Er muss mit der allgemeinen Menschenvernunft auf wundersame Weise verwebt sein, weil er unter allen Völkern, zu allen Zeiten auf verschiedene Art ausgedrückt, angetroffen wird (VIII 327)

Tage sind gleichsam Kinder der Zeit, weil der folgende Tag mit dem, was er enthält, das Erzeugnis des vorigen ist. Wie nun das letzte Kind seiner Eltern jüngstes Kind genannt wird, so nennt unsere Sprache den letzten Tag (den Zeitpunkt, der alle Zeit beschließt) den jüngsten Tag. Der jüngste Tag gehört also noch zur Zeit, denn es geschieht an ihm noch irgendetwas (nicht zur Ewigkeit Gehöriges, in der nichts mehr geschieht, weil das Zeitfortsetzung sein würde): die Ablegung der Rechenschaft der Menschen über ihr Verhalten in ihrer ganzen Lebenszeit (VIII 328)

Wozu, könnte man fragen, wurden die wenigen Menschen, warum auch nur ein einziger geschaffen, wenn er nur da sein sollte, um ewig verworfen zu werden, was doch ärger ist als gar nicht sein? (VIII 329)

Die Vernunft lässt dem Menschen keine andere Aussicht in die Ewigkeit übrig als die, die ihm sein eigenes Gewissen aus seinem bisher geführten Lebenswandel am Ende des Lebens eröffnet (VIII 329)

Wir sehen doch nichts vor uns, das uns über unser Schicksal in einer künftigen Welt jetzt schon belehren könnte, als das Urteil unseres eigenen Gewissens, d. h. was unser gegenwärtiger moralischer Zustand, soweit wir ihn kennen, uns darüber vernünftigerweise urteilen lässt (VIII 330)

Warum erwarten die Menschen überhaupt ein Ende der Welt und, wenn dieses ihnen auch zugestanden wird, warum eben ein Ende mit Schrecken (für den größten Teil des menschlichen Geschlechts)? Der Grund des ersteren scheint darin zu liegen, dass die Vernunft ihnen sagt, dass die Dauer der Welt nur insofern einen Wert hat, als die vernünftigen Wesen in ihr dem Endzweck ihres Daseins gemäß sind; sollte dieser aber nicht erreicht werden, scheint die Schöpfung selbst ihnen ebenso zwecklos zu sein wie ein Schauspiel, das keinen Ausgang hat und keine vernünftige Absicht zu erkennen gibt. Das letztere gründet sich auf der Meinung von der bis zur Hoffnungslosigkeit verdorbenen Beschaffenheit des menschlichen Geschlechts, dem ein Ende, und zwar ein schreckliches Ende zu machen, die einzige der höchsten Weisheit und Gerechtigkeit (dem größten Teil der Menschen nach) anständige Maßregel ist (VIII 330-331)

Die Vorzeichen des jüngsten Tages sind ... alle von der schrecklichen Art. Einige sehen sie in der überhandnehmenden Ungerechtigkeit, der Unterdrückung der Armen durch übermütige Schwelgerei der Reichen und dem allgemeinen Verlust von Treu und Glauben oder in den an allen Erdenden sich entzündenden blutigen Kriegen, mit einem Wort: am moralischen Verfall und der schnellen Zunahme aller Laster samt den sie begleitenden Übeln, dergleichen, wie sie wähnen, die vorige Zeit nie sah. Andere dagegen sehen die Vorzeichen des jüngsten Tages in ungewöhnlichen Naturveränderungen, in den Erdbeben, Stürmen und Überschwemmungen oder Kometen (VIII 331-332)

Die Menschen fühlen nicht ohne Grund die Last ihrer Existenz, obgleich sie selbst die Ursache derselben sind (VIII 332)

Natürlicherweise eilt in den Fortschritten des menschlichen Geschlechts die Kultur der Talente, der Geschicklichkeit und des Geschmacks (mit ihrer Folge, der Üppigkeit) der Entwicklung der Moral voraus, und dieser Zustand ist gerade der lästigste und gefährlichste für Sittlichkeit ebenso wie für physisches Wohl, weil die Bedürfnisse viel stärker anwachsen als die Mittel, sie zu befriedigen (VIII 332)

Die sittliche Anlage der Menschheit, die ... ihr immer nachhinkt, wird sie, die in ihrem eilfertigen Lauf sich selbst verfängt und oft stolpert, (wie man unter einem weisen Weltregierer wohl hoffen darf) dereinst überholen; und so sollte man selbst nach den Erfahrungsbeweisen des Vorzugs der Sittlichkeit in unserem Zeitalter im Vergleich mit allen vorigen wohl die Hoffnung nähren können, dass der jüngste Tag eher mit einer Eliasfahrt[126] als mit einer Höllenfahrt eintreten und das Ende aller Dinge auf Erden herbeiführen dürfte (VIII 332)

In der Apokalypse[127] (Offb 10, 5-6) „hebt ein Engel seine Hand auf gen Himmel und schwört bei dem Lebendigen von Ewigkeit zu Ewigkeit, der den Himmel erschaffen hat, dass hinfort keine Zeit mehr sein soll". Wenn man nicht annimmt, dass dieser Engel „mit seiner Stimme von sieben Donnern" (Offb 10, 3) habe Unsinn schreien wollen, so muss er damit gemeint haben, dass künftig keine Veränderung sein soll; denn wäre in der Welt noch Veränderung, so wäre auch die Zeit da, weil Veränderung nur in der Zeit stattfinden kann und ohne ihre Voraussetzung gar nicht denkbar ist. Hier wird nun ein Ende aller Dinge als Gegenstand der Sinne vorgestellt, wovon wir uns gar keinen Begriff machen können, weil wir uns selbst unvermeidlich in Widersprüche verfangen, wenn wir einen einzigen Schritt aus der Sinnenwelt in die intelligible tun wollen (VIII 333)

Dass einmal ein Zeitpunkt eintreten wird, da alle Veränderung (und mit ihr die Zeit selbst) aufhört, ist eine die Einbildungskraft empörende Vorstellung. Dann wird nämlich die ganze Natur starr und gleichsam versteinert; der letzte Gedanke, das letzte Gefühl bleiben dann in dem denkenden Subjekt stehen und ohne Wechsel immer dieselben (VIII 334)

---

[126] Elias fuhr in einem Feuerwagen zum Himmel (vgl. 2 Kön 2).
[127] Die Offenbarung des Johannes.

Wenn auch der moralisch-physische Zustand des Menschen hier im Leben zum Besten steht, nämlich in einem beständigen Fortschreiten und Annähern zum höchsten (ihm zum Ziel ausgesteckten) Gut, so kann der Mensch doch (selbst im Bewusstsein der Unveränderlichkeit seiner Gesinnung) mit der Aussicht in eine ewig dauernde Veränderung seines Zustandes (des sittlichen sowohl als des physischen) nicht die Zufriedenheit verbinden (VIII 335)

Die Vernunft hat auch ihre Geheimnisse, weil sie sich nicht leicht mit ihrem immanenten, d. h. praktischen Gebrauch begnügt, sondern gern im Transzendenten etwas wagt (VIII 335)

Die Menschen möchten sich endlich doch einer ewigen Ruhe erfreuen, die ihr vermeintes seliges Ende aller Dinge ausmacht; eigentlich ein Begriff, mit dem ihnen zugleich der Verstand ausgeht und alles Denken selbst ein Ende hat (VIII 335-336)

Weisheit, d. h. praktische Vernunft in der Angemessenheit ihrer dem Endzweck aller Dinge, dem höchsten Gut, völlig entsprechenden Maßregeln, wohnt allein bei Gott. Ihrer Idee nur nicht entgegenzuhandeln, ist das, was man etwa menschliche Weisheit nennen könnte. ... Daher stammen auch die von Zeit zu Zeit veränderten, oft widersinnigen Entwürfe zu schicklichen Mitteln, um Religion in einem ganzen Volk lauter und zugleich kraftvoll zu machen, so dass man wohl ausrufen kann: Arme Sterbliche, bei Euch ist nichts beständig außer der Unbeständigkeit! (VIII 336)

Man mag so schwergläubig sein, wie man will, so muss man doch ... an eine Konkurrenz göttlicher Weisheit zum Lauf der Natur auf praktische Art glauben, wenn man seinen Endzweck nicht lieber aufgeben will (VIII 337)

Das Christentum hat außer der größten Achtung, die die Heiligkeit seiner Gesetze unwiderstehlich einflößt, noch etwas Liebenswürdiges an sich (VIII 337)

Die Achtung ist ohne Zweifel das Erste, weil ohne sie auch keine wahre Liebe stattfindet; allerdings kann man ohne Liebe doch große Achtung gegen jemanden hegen (VIII 337)

Was einer nicht gern tut, das tut er, auch wohl mit sophistischen Ausflüchten vom Gebot der Pflicht, so kärglich, dass auf Achtung als Triebfeder ohne Liebe nicht sehr viel zu rechnen ist (VIII 338)

Es ist ein Widerspruch, jemandem zu gebieten, dass er etwas nicht nur tun, sondern es auch gern tun soll (VIII 338)

Ohne Achtung gibt es keine wahre Liebe (VIII 339)

Zum ewigen Frieden

Abb. 35: Immanuel Kant. Zeichnung von Puttrich, um 1798. (Aus Ikonographie, Nr. 21.)

Ob diese satirische Überschrift ... dem Menschen überhaupt oder besonders den kriegsbesessenen Staatsoberhäuptern oder wohl gar nur den Philosophen gilt, die jenen süßen Traum träumen, mag dahin gestellt sein (VIII 343)

Es soll kein Friedensschluss für ein solches Kriegsende gelten, das mit dem geheimen Vorbehalt des Stoffes zu einem künftigen Krieg gemacht wurde (VIII 343)

Kein für sich bestehender Staat (klein oder groß, das gilt hier gleichviel) soll von einem anderen Staat durch Erbe, Tausch, Kauf oder Schenkung erworben werden können (VIII 344)

Stehende Heere sollen mit der Zeit ganz aufhören. Denn sie bedrohen andere Staaten unaufhörlich mit Krieg durch die Bereitschaft, immer dazu gerüstet zu sein. Reizen sie diese, einander in der Menge der Gerüsteten, die keine Grenzen kennt, zu übertreffen, und wird durch die darauf verwandten Kosten der Friede noch drückender als ein kurzer Krieg, so sind sie selbst Ursache von Angriffskriegen. ... Ganz anders ist es mit der freiwilligen periodisch vorgenommenen Übung der Staatsbürger in Waffen bewandt, um sich und ihr Vaterland dadurch gegen Angriffe von außen zu sichern (VIII 345)

Es sollen keine Staatsschulden in Beziehung auf äußere Staatshändel gemacht werden (VIII 345)

Kein Staat soll sich in die Verfassung und Regierung eines anderen Staates gewalttätig einmischen (VIII 346)

Solange innerer Streit noch nicht entschieden ist, würde Einmischung äußerer Mächte die Rechte eines nur mit seiner inneren Krankheit ringenden, aber von keinem anderen Staat abhängigen Volkes verletzen, also ein gegebener Skandal sein und die Autonomie aller Staaten unsicher machen (VIII 346)

Kein Staat soll sich im Krieg mit einem anderen solche Feindseligkeiten erlauben, die das wechselseitige Zutrauen im künftigen Frieden unmöglich machen müssen, als da sind Anstellung der Meuchelmörder, Giftmischer, Brechung der Kapitulation, Anstiftung zum Verrat in dem bekriegten Staat usw. (VIII 346)

Irgendein Vertrauen auf die Denkart des Feindes muss mitten im Krieg noch übrig bleiben, weil sonst auch kein Friede geschlossen werden könnte und die Feindseligkeit in einen Ausrottungskrieg ausschlagen würde (VIII 346)

Höllische an sich selbst niederträchtige Künste halten sich, wenn sie in Gebrauch gekommen sind, nicht lange innerhalb der Grenze des Krieges, wie etwa der Gebrauch der Spione, wo nur die Ehrlosigkeit anderer (die nun einmal nicht ausgerottet werden kann) benutzt wird, sondern sie gehen auch in den Friedenszustand über und vernichten so die Absicht desselben gänzlich (VIII 347)

Der Friedenszustand unter Menschen, die nebeneinander leben, ist kein Naturzustand, vielmehr ein Zustand des Krieges, d. h. obwohl es nicht immer zum Ausbruch der Feindseligkeiten kommt, herrscht doch immerwährende Bedrohung (VIII 348-349)

Die bürgerliche Verfassung in jedem Staat soll republikanisch sein (VIII 349)

Die republikanische Verfassung ist die erstens nach Prinzipien der

Freiheit der Glieder einer Gesellschaft (als Menschen), zweitens nach Grundsätzen der Abhängigkeit aller von einer einzigen gemeinsamen Gesetzgebung (als Untertanen) und drittens nach dem Gesetz der Gleichheit derselben (als Staatsbürger) gestiftete Verfassung. Sie ist die einzige, die aus der Idee des ursprünglichen Vertrages hervorgeht, auf der alle rechtliche Gesetzgebung eines Volkes gegründet sein muss (VIII 349-350)

Was hinsichtlich des erhabensten Weltwesens außer Gott, das ich mir etwa vorstelle wie einen großen Äon[128], das Prinzip der Gleichheit betrifft, so ist kein Grund da, warum mir, wenn ich auf meinem Posten wie jener Äon auf dem seinigen meine Pflicht tue, nur die Pflicht zu gehorchen, jenem aber das Recht zu befehlen zukommen soll (VIII 350)

Was den Amtsadel (wie man den Rang einer höheren Behörde nennen könnte, den man sich durch Verdienste erwerben muss) betrifft, so klebt der Rang da nicht als Eigentum an der Person, sondern am Posten, und die Gleichheit wird dadurch nicht verletzt, weil die Person mit der Amtsniederlegung zugleich den Rang ablegt und unter das Volk zurücktritt (VIII 351)

Die republikanische Verfassung hat außer der Lauterkeit ihres Ursprungs aus dem reinen Quell des Rechtsbegriffes noch die Aussicht in die gewünschte Folge, nämlich den ewigen Frieden (VIII 351)

Damit man die republikanische Verfassung nicht (wie es gewöhnlich geschieht) mit der demokratischen verwechsle, muss folgendes bemerkt werden: Die Formen eines Staates können entweder nach dem Unterschied der Personen, die die oberste Staatsgewalt innehaben, oder nach der Regierungsart des Volkes durch sein Oberhaupt eingeteilt werden (VIII 351-352)

Unter den Staatsformen ist die Demokratie im eigentlichen Wortsinn ein Despotismus, weil sie eine exekutive Gewalt gründet und alle über und allenfalls auch gegen einen (der also nicht mitstimmt), also alle, die doch nicht alle sind, beschließen; das ist ein Widerspruch des allgemeinen Willens mit sich selbst und mit der Freiheit (VIII 352)

---

[128] Zeitalter, ursprünglich personifiziert, im Sinne von Epoche, findet Verwendung in der griechischen Mythologie.

Je kleiner das Personale der Staatsgewalt (die Zahl der Herrscher) und je größer dagegen die Repräsentation derselben ist, desto mehr stimmt die Staatsverfassung zur Möglichkeit des Republikanismus, und sie kann hoffen, sich durch allmähliche Reformen schließlich dazu zu erheben. Aus diesem Grunde ist es in der Aristokratie schon schwerer als in der Monarchie, in der Demokratie aber unmöglich, anders als durch gewaltsame Revolution zu dieser einzigen vollkommen rechtlichen Verfassung zu gelangen (VIII 353)

Wenn das Glück es so fügt, dass ein mächtiges und aufgeklärtes Volk sich zu einer Republik (die ihrer Natur nach zum ewigen Frieden geneigt sein muss) bilden kann, so gibt diese einen Mittelpunkt der föderativen Vereinigung für andere Staaten ab, um sich an sie anzuschließen und so den Freiheitszustand der Staaten gemäß der Idee des Völkerrechts zu sichern und sich durch mehrere Verbindungen dieser Art nach und nach immer weiter auszubreiten (VIII 356)

Das erste Kriegswerkzeug unter allen Tieren, die der Mensch binnen der Zeit der Erdbevölkerung zu zähmen und häuslich zu machen gelernt hatte, ist das Pferd (VIII 363)

Unter allen Lebensweisen ist das Jagdleben ohne Zweifel der gesitteten Verfassung am meisten zuwider, weil die Familien, die sich da vereinzeln müssen, einander bald fremd und somit, in weitläufigen Wäldern zerstreut, auch bald feindselig werden, da jede zur Erwerbung ihrer Nahrung und Kleidung vielen Raumes bedarf (VIII 363-364)

Das *Noach*ische Blutverbot, (Gen 9, 4-6) ... scheint uranfänglich nichts anderes als das Verbot des Jägerlebens gewesen zu sein, weil in diesem der Fall oft eintreten muss, das Fleisch roh zu essen, mit dem letzteren also das erstere zugleich verboten wird (VIII 364)

Indem die Natur dafür gesorgt hat, dass Menschen überall auf Erden leben können, hat sie zugleich auch despotisch gewollt, dass sie überall leben sollen, auch gegen ihre Neigung und selbst ohne dass dieses Sollen zugleich einen Pflichtbegriff voraussetzt, der sie hierzu durch ein moralisches Gesetz verbindet, sondern sie hat zu diesem Zweck den Krieg gewählt (VIII 364)

Der Krieg selbst bedarf keines besonderen Beweggrundes, sondern scheint auf die menschliche Natur gepfropft zu sein und sogar als etwas

Edles ...; somit wird in den Krieg an sich selbst eine innere Würde gesetzt, und sogar Philosophen halten ihm als einer gewissen Veredelung der Menschheit eine Lobrede, ungeachtet des Ausspruchs jenes Griechen: „Der Krieg ist darin schlimm, dass er mehr böse Leute macht, als er deren wegnimmt" (VIII 365)

Die republikanische Verfassung ist die einzige, die dem Recht der Menschen vollkommen angemessen ist. Sie ist aber auch am schwersten zu stiften, vielmehr noch zu erhalten, weswegen viele behaupten, es müsse ein Staat von Engeln sein, weil Menschen mit ihren selbstsüchtigen Neigungen einer Verfassung von so erhabener Form nicht fähig sind (VIII 366)

Die Natur ... bedient sich zweier Mittel, um Völker von der Vermischung abzuhalten und sie abzusondern, der Verschiedenheit der Sprachen und der Religionen (VIII 367)

Es ist der Handelsgeist, der mit dem Krieg nicht zusammen bestehen kann und der früher oder später sich jedes Volkes bemächtigt. Weil nämlich unter allen der Staatsmacht untergeordneten Mächten (Mitteln) die Geldmacht wohl die zuverlässigste sein mag, sehen sich Staaten (freilich wohl nicht eben durch Triebfedern der Moralität) gedrängt, den edlen Frieden zu bewahren und, wo auch immer in der Welt Krieg auszubrechen droht, diesen durch Vermittlungen abzuwehren, so als ob sie deshalb im beständigen Bündnis ständen. ... Auf die Art garantiert die Natur durch den Mechanismus der menschlichen Neigungen selbst den ewigen Frieden, freilich mit einer Sicherheit, die nicht ausreichend ist, um die Zukunft desselben (theoretisch) zu weissagen, aber doch in praktischer Absicht genügt (VIII 368)

Dass Könige philosophieren oder Philosophen Könige würden, ist nicht zu erwarten, aber auch nicht zu wünschen, weil der Besitz der Gewalt das freie Urteil der Vernunft unvermeidlich verdirbt.[129] Dass aber Könige oder königliche (sich selbst nach Gleichheitsgesetzen beherrschende) Völker die Klasse der Philosophen nicht schwinden oder verstummen, sondern öffentlich sprechen lassen, ist beiden zum Ruhm ihres Handelns unentbehrlich (VIII 369)

---

[129] Kants Ablehnung der gegenteiligen Forderung Platons (vgl. „Staat" 473c).

Die Politik sagt: „Seid klug wie die Schlangen"; die Moral setzt (als einschränkende Bedingung) hinzu: „und ohne Falsch wie die Tauben". Wenn beides nicht in einem Gebot zusammen bestehen kann, so liegt wirklich ein Streit der Politik mit der Moral vor (VIII 370)

Wenn sich ein Weltteil einem anderen, der ihm übrigens nicht im Wege ist, überlegen fühlt, wird er das Mittel der Verstärkung seiner Macht durch Beraubung oder gar Beherrschung desselben nicht ungenutzt lassen; und so zerrinnen nun alle Pläne der Theorie für das Staats-, Völker- und Weltbürgerrecht in sachleere, unausführbare Ideale (VIII 371)

Ich kann mir zwar einen moralischen Politiker, d. h. einen, der die Prinzipien der Staatsklugheit so nimmt, dass sie mit der Moral zusammen bestehen können, aber nicht einen politischen Moralisten denken, der sich eine Moral so schmiedet, wie es dem Vorteil des Staatsmannes zuträglich ist (VIII 372)

Handle so, dass du wollen kannst, deine Maxime solle ein allgemeines Gesetz werden (der Zweck mag sein, welcher er will) (VIII 377)

Man hat von allen Regierungsarten (die einzige echt republikanische ausgenommen, die aber nur einem moralischen Politiker in den Sinn kommen kann) Beispiele des Gegenteils in der Geschichte (VIII 377)

Obwohl Politik für sich selbst eine schwere Kunst ist, so ist doch Vereinigung derselben mit der Moral gar keine Kunst; denn diese haut den Knoten entzwei, den jene nicht aufzulösen vermag, sobald beide einander widerstreiten (VIII 380)

Ist Aufruhr ein rechtmäßiges Mittel für ein Volk, die drückende Gewalt eines sogenannten Tyrannen abzuwerfen? Die Rechte des Volkes sind gekränkt, und dem Tyrannen geschieht kein Unrecht durch die Entthronung; daran besteht kein Zweifel. Nichtsdestoweniger ist es doch von den Untertanen im höchsten Grade unrecht, auf diese Art ihr Recht zu suchen, und sie können ebenso wenig über Ungerechtigkeit klagen, wenn sie in diesem Streit unterliegen und nachher deshalb die härteste Strafe ausstehen müssen (VIII 382)

Wenn es Pflicht und zugleich begründete Hoffnung ist, den Zustand eines öffentlichen Rechts, wenn auch nur in einer ins Unendliche fortschreitenden Annäherung wirklich zu machen, so ist der auf die bisher fälschlich so genannten Friedensschlüsse (eigentlich Waffenstillstände) folgende ewige Friede keine leere Idee, sondern eine Aufgabe, die, nach und nach aufgelöst, ihrem Ziel (weil die Zeiten, in denen gleiche Fortschritte geschehen, hoffentlich immer kürzer werden) beständig näher kommt (VIII 386)

Von einem neuerdings erhobenen vornehmen Ton in der Philosophie

Abb. 36: Johann Georg Schlosser.
Gemälde von Becker, 1788. (Aus Brockhaus Enzyklopädie, 18. Auflage 1992, Band 19, Seite 424.)
Die Schrift richtet sich vorwiegend gegen J. G. Schlosser (1730-1799), der mit Goethes Schwester Cornelia verheiratet war, jedoch sind in ihr auch andere Vertreter der mystischen Richtung Schlossers gestreift. Zu Kants ablehnender Haltung ihm gegenüber vgl. VIII 419.

Die Logen alter und neuer Zeiten sind Bewahrer eines Geheimnisses durch Tradition, von dem sie uns missgünstigerweise nichts sagen wollen. Schließlich sind die neuesten Besitzer desselben diejenigen, die es in sich haben, aber es unglücklicherweise nicht verraten und durch Sprache allgemein mitteilen können (VIII 389)

Es liegt nicht nur in der natürlichen Trägheit, sondern auch in der Eitelkeit der Menschen (einer missverstandenen Freiheit), dass die, die genug zum Leben haben, sei es reichlich oder kärglich, im Vergleich mit denen, die arbeiten müssen, um zu leben, sich für Vornehme halten (VIII 390)

Nichts ist die Sinne belebender als die Musik; das belebende Prinzip im Menschen aber ist die Seele (VIII 392)

Die Philosophie des *Aristoteles* ist Arbeit. Ich betrachte ihn aber hier nur (so wie *Pythagoras* und *Plato*) als Metaphysiker, d. h. Zergliederer aller Erkenntnis a priori in ihre Elemente, und als Vernunftkünstler, sie wieder (aus den Kategorien) zusammenzusetzen. Seine Bearbeitung hat, soweit sie reicht, ihre Brauchbarkeit behalten, obwohl sie in dem Bestreben verunglückte, dieselben Grundsätze, die im Sinnlichen gelten (ohne dass er den gefährlichen Sprung bemerkte, den er hier zu tun hatte), auch aufs Übersinnliche auszudehnen, bis wohin seine Kategorien nicht reichen (VIII 393-394)

Dass Leute, die Philosophen sein wollen, vornehm tun, kann ihnen auf keine Weise nachgesehen werden, weil sie sich über ihre Zunftgenossen erheben und deren unveräußerliches Recht der Freiheit und Gleichheit in Sachen der bloßen Vernunft verletzen. Das Prinzip, durch Einfluss eines höheren Gefühls philosophieren zu wollen, ist unter allen am meisten für den vornehmen Ton gemacht; denn wer will mir mein Gefühl bestreiten? (VIII 394-395)

Man bedient sich des Wortes Glauben im theoretischen Sinn auch bisweilen als gleichbedeutend mit „etwas für wahrscheinlich halten"; und dazu muss bemerkt werden, dass von dem über jede mögliche Erfahrungsgrenze Hinausgehenden weder gesagt werden kann, es sei wahrscheinlich, noch es sei unwahrscheinlich, so dass das Wort Glaube hinsichtlich eines solchen Gegenstandes in theoretischer Bedeutung gar nicht anwendbar ist. Unter dem Ausdruck „dieses oder jenes ist wahrscheinlich" versteht man ein Mittelding (des Fürwahrhaltens) zwischen Meinen und Wissen; und da geht es ihm so wie allen anderen Mitteldingen, dass man daraus machen kann, was man will (VIII 396)

In moralisch-praktischer Bedeutung ist ein Glaube an das Übersinnliche nicht nur möglich, sondern er ist sogar mit dieser unzertrennlich verbunden (VIII 397)

Jeder Mensch findet in seiner Vernunft die Idee der Pflicht und zittert beim Anhören ihrer ehernen Stimme, wenn sich in ihm Neigungen regen, die ihn zum Ungehorsam gegen sie versuchen (VIII 402)

Was ist das in mir, das macht, dass ich die innigsten Anlockungen meiner Triebe und alle Wünsche, die aus meiner Natur hervorgehen, einem Gesetz opfern kann, das mir keinen Vorteil als Ersatz verspricht und keinen Verlust bei Übertretung desselben androht, ja das ich nur um so inniglicher verehre, je strenger es gebietet und je weniger es dafür anbietet? Diese Frage regt durch das Erstaunen über die Größe und Erhabenheit der inneren Anlage in der Menschheit und zugleich die Undurchdringlichkeit ihres Geheimnisses die ganze Seele auf (die Antwort „es ist die Freiheit" wäre tautologisch, weil diese eben das Geheimnis selbst ausmacht). Man kann nicht satt werden, sein Augenmerk darauf zu richten und in sich selbst eine Macht zu bewundern, die keiner Macht der Natur weicht. Diese Bewunderung ist das aus Ideen erzeugte Gefühl, das tief in die Seele eindringt und nicht ermangeln würde, die Menschen moralisch besser zu machen, wenn über die Lehren der Moral von Schulen und Kanzeln noch die Darstellung dieses Geheimnisses eine besondere, oft wiederholte Beschäftigung der Lehrer ausmachte (VIII 402-403)

Das Geheimnis der Freiheit ist das, was *Archimedes* suchte, aber nicht fand: ein fester Punkt, woran die Vernunft ihren Hebel ansetzen kann, und zwar ohne ihn weder an die gegenwärtige noch an eine künftige Welt anzulegen, sondern nur an ihre innere Idee der Freiheit, die durch das unerschütterliche moralische Gesetz als sichere Grundlage daliegt, um den menschlichen Willen selbst gegen den Widerstand der ganzen Natur durch ihre Grundsätze zu bewegen. Das ist nun das Geheimnis, das nur nach langsamer Entwicklung der Begriffe des Verstandes und sorgfältig geprüften Grundsätzen, also nur durch Arbeit, fühlbar werden kann (VIII 403)

Das Lesen von *Plato* und den Klassikern, das nur zur Kultur des Geschmacks gehört, kann nicht berechtigen, einen Philosophen darzustellen. Die Rüge dieses Anspruchs schien mir gegenwärtig nicht überflüssig zu sein, wo Ausschmückung mit dem Titel der Philosophie eine Sache der Mode geworden ist und der visionäre Philosoph (wenn man einen solchen erlaubt) wegen der Gemächlichkeit, die Spitze der Einsicht durch einen kühnen Schwung ohne Mühe zu erreichen, unbemerkt einen großen Anhang um sich versammeln könnte (wie denn Kühnheit ansteckend ist); das kann die Polizei im Reich der Wissenschaft[130] nicht dulden (VIII 403-404)

Wozu aller Streit zwischen zwei Parteien, die im Grunde eine und dieselbe gute Absicht haben, nämlich die Menschen weise und rechtschaffen

---

[130] Die Philosophie, vgl. IX 23-24.

zu machen? Es ist ein Lärm um nichts, Veruneinigung aus Missverstand, bei der es keiner Aussöhnung, sondern nur einer wechselseitigen Erklärung bedarf, um einen Vertrag zu schließen, der die Eintracht fürs Künftige noch inniglicher macht (VIII 405)

Im Grunde ist wohl alle Philosophie prosaisch; und ein Vorschlag, jetzt wieder poetisch zu philosophieren, mag wohl so aufgenommen werden wie der für den Kaufmann, seine Handelsbücher künftig nicht in Prosa, sondern in Versen zu schreiben (VIII 406)

Verkündung des nahen Abschlusses eines ewigen Friedens in der Philosophie

Abb. 37: Kant und seine Tischgenossen.
Kolorierter Holzstich von Klose und Wollmerstädt. (Aus Katalog, Seite 147.)
Die hier dargestellte Tischgesellschaft geht auf ein Gemälde von Emil Doerstling aus dem Jahr 1892/93 zurück. Nach einer Schrift von Christian Friedrich Reusch „Kant und seine Tischgenossen" hat der Historienmaler versucht, einige bekannte Königsberger Gäste des Philosophen (2. von links) wiederzugeben. Wegen der Anzahl der Gäste vgl. VII 278. Im Hintergrund an der Wand hängt das Porträt Jean-Jacques Rousseaus, das einzige Bild in Kants Wohnhaus.

Die physische Wirkung der Philosophie ist die Gesundheit der Vernunft (VIII 414)

Ein Beispiel von der Kraft der Philosophie als Arzneimittel gab der stoische Philosoph *Posidonius* durch ein an seiner eigenen Person gemachtes Experiment ..., indem er durch lebhafte Bestreitung der epikureischen Schule einen heftigen Anfall der Gicht bewältigte, sie in die Füße herabdemonstrierte, nicht zu Herz und Kopf gelangen ließ und so von der unmittelbaren physischen Wirkung der Philosophie, die die Natur durch sie beabsichtigt (die leibliche Gesundheit), den Beweis gab, indem er über den Satz deklamierte, dass der Schmerz nichts Böses sei (VIII 414-415)

Der Dogmatismus (z. B. der *Wolff*ischen Schule) ist ein Polster zum Einschlafen und das Ende aller Belebung, die gerade das Wohltätige der Philosophie ist (VIII 415)

Hinsichtlich des Wohlseins und der Übel (der Schmerzen) steht der Mensch (so wie alle Sinnenwesen) unter dem Gesetz der Natur und ist nur leidend; in Bezug auf das Böse (und Gute) steht er unter dem Gesetz der Freiheit. Jenes enthält das, was der Mensch leidet, dieses das, was er freiwillig tut (VIII 415)

Es gibt doch etwas in der menschlichen Vernunft, was uns durch keine Erfahrung bekannt werden kann und doch seine Realität und Wahrheit in Wirkungen beweist, die in der Erfahrung dargestellt, also auch (und zwar nach einem Prinzip a priori) schlechterdings geboten werden können. Dieses ist der Begriff der Freiheit und das von dieser abstammende Gesetz des kategorischen, d. h. schlechthin gebietenden Imperativs (VIII 416)

„Auf ewig ist der Krieg vermieden,
Befolgt man, was der Weise spricht;
Dann halten alle Menschen Frieden,
Allein die Philosophen nicht"[131] (VIII 417)

Was ist Philosophie anderes als Lehre, die unter allen Wissenschaften das größte Bedürfnis der Menschen ausmacht? Sie ist das, was schon ihr Name anzeigt: Weisheitsforschung. Weisheit aber ist die Zusammenstimmung des Willens zum Endzweck (dem höchsten Gut) (VIII 417-418)

Die übersinnlichen Gegenstände unserer Erkenntnis sind Gott, Freiheit und Unsterblichkeit. Gott als das allverpflichtende Wesen; Freiheit als Vermögen des Menschen, die Befolgung seiner Pflichten (wie göttliche Gebote) gegen alle Macht der Natur zu behaupten; Unsterblichkeit als ein

---

[131] Abraham Gotthelf Kästner.

Zustand, in dem dem Menschen sein Wohl oder Weh im Verhältnis auf seinen moralischen Wert zuteil werden soll (VIII 418)

Herr *Schlosser*, ein Mann von großem Schriftstellertalent und einer (wie man zu glauben Ursache hat) für die Förderung des Guten gestimmten Denkart, tritt unerwartet auf den Kampfplatz der Metaphysik. Die kritische Philosophie, die er zu kennen glaubt ... und die er, weil er die dahin führenden Schritte nicht mit sorgfältigem Fleiß durchgegangen war, folglich missverstehen musste, empörte ihn; und so wurde er flugs Lehrer, ohne selbst vorher die Schule besucht zu haben (VIII 419)

Der Grundsatz, der als Probierstein aller Befugnis dienen kann: Handle nach einer Maxime, nach der du zugleich wollen kannst, sie solle ein allgemeines Gesetz werden (VIII 420)

Wenn auch Philosophie nur als Weisheitslehre (was auch ihre eigentliche Bedeutung ist) angesehen wird, so kann sie doch auch als Lehre des Wissens nicht übergangen werden (VIII 421)

Es kann sein, dass nicht alles wahr ist, was ein Mensch dafür hält (denn er kann irren); aber in allem, was er sagt, muss er wahrhaft sein (er soll nicht täuschen), egal ob sein Bekenntnis nur innerlich (vor Gott) oder auch ein äußeres ist (VIII 421)

Die Lüge („vom Vater der Lügen, durch den alles Böse in die Welt gekommen ist") ist der eigentliche faule Fleck in der menschlichen Natur, so sehr auch zugleich der Ton der Wahrhaftigkeit ... vornehmlich in dem, was das Übersinnliche betrifft, der gewöhnliche Ton ist. Das Gebot „du sollst nicht lügen" (und wenn es auch in der frömmsten Absicht wäre) würde, wenn es zum Grundsatz in die Philosophie als eine Weisheitslehre innigst aufgenommen werden würde, den ewigen Frieden in ihr nicht nur bewirken, sondern auch in alle Zukunft sichern können (VIII 422)

Logik

Abb. 38: Kants verworfene Gedanken. Ausschnitt. (Aus Katalog, Seite 141.) Man schreibe erst alle Gedanken, wie man sie hat, hin ohne alle Ordnung (XXIV 484).

Alles in der Natur, sowohl in der leblosen als auch in der belebten, geschieht nach Regeln, obgleich wir diese Regeln nicht immer kennen. Das Wasser fällt nach Gesetzen der Schwere, und bei den Tieren geschieht die Bewegung des Gehens auch nach Regeln. Der Fisch im Wasser, der Vogel in der Luft bewegen sich nach Regeln. Die ganze Natur überhaupt ist eigentlich nichts anderes als ein Zusammenhang von Erscheinungen nach Regeln; und es gibt überall keine Regellosigkeit. Wenn wir eine solche zu finden meinen, so können wir in diesem Fall nur sagen, dass uns die Regeln unbekannt sind (IX 11)

So wie alle unsere Kräfte insgesamt ist auch insbesondere der Verstand bei seinen Handlungen an Regeln gebunden, die wir untersuchen können. Ja, der Verstand ist als der Quell und das Vermögen anzusehen, Regeln überhaupt zu denken. Denn so wie die Sinnlichkeit das Vermögen der Anschauungen ist, so ist der Verstand das Vermögen zu denken, d. h. die Vorstellung der Sinne unter Regeln zu bringen (IX 11)

Es unterliegt keinem Zweifel, dass wir nicht denken oder unseren

Verstand nicht anders gebrauchen können als nach gewissen Regeln. ... Diese Regeln können auch a priori d. h. unabhängig von aller Erfahrung eingesehen werden (IX 12)

Die Wissenschaft von den notwendigen Gesetzen des Verstandes und der Vernunft überhaupt oder von der bloßen Form des Denkens überhaupt nennen wir Logik. Als eine Wissenschaft, die auf alles Denken überhaupt geht, einschließlich der Objekte als des Gegenstandes des Denkens, ist die Logik als Grundlage zu allen anderen Wissenschaften und als die Vorbereitung allen Verstandesgebrauchs anzusehen (IX 13)

Die Logik ist eine Vernunftwissenschaft nicht der bloßen Form, sondern der Materie nach eine Wissenschaft a priori von den notwendigen Gesetzen des Denkens, aber nicht in Ansehung besonderer Gegenstände, sondern aller Gegenstände überhaupt, also eine Wissenschaft des richtigen Verstandes- und Vernunftgebrauchs überhaupt, aber nicht subjektiv, d. h. nicht nach empirischen (psychologischen) Prinzipien, wie der Verstand denkt, sondern objektiv, d. h. nach Prinzipien a priori, wie er denken soll (IX 16)

Nur derjenige kann etwas auf eine populäre Weise vortragen, der es auch gründlicher vortragen könnte (IX 19)

Die jetzige Logik leitet sich her von *Aristoteles'* Analytik. Dieser Philosoph kann als der Vater der Logik angesehen werden. ... *Aristoteles* hat keinen Moment des Verstandes ausgelassen; ich bin darin nur genauer, methodischer und ordentlicher (IX 20)

Wer Philosoph werden will, muss sich üben, von seiner Vernunft einen freien und keinen nur nachahmenden und sozusagen mechanischen Gebrauch zu machen (IX 22)

Philosophie ist die Vernunfterkenntnis aus bloßen Begriffen (IX 23)

Philosophie ist das System der philosophischen Erkenntnisse oder der Vernunfterkenntnisse aus Begriffen. Das ist der Schulbegriff von dieser Wissenschaft. Nach dem Weltbegriff ist sie die Wissenschaft von den letzten Zwecken der menschlichen Vernunft. Dieser hohe Begriff gibt der Philosophie Würde, d. h. einen absoluten Wert. Und wirklich ist sie es auch, die allein nur inneren Wert hat und allen anderen Erkenntnissen erst einen Wert gibt (IX 23-24)

Der praktische Philosoph, der Lehrer der Weisheit durch Lehre und Beispiel, ist der eigentliche Philosoph. Denn Philosophie ist die Idee einer vollkommenen Weisheit, die uns die letzten Zwecke der menschlichen Vernunft zeigt (IX 24)

Philosophie ... ist die Wissenschaft der Beziehung allen Erkenntnisses und Vernunftgebrauchs auf den Endzweck der menschlichen Vernunft, dem als dem obersten alle anderen Zwecke untergeordnet sind und sich in ihm zur Einheit vereinigen müssen (IX 24)

Das Feld der Philosophie in weltbürgerlicher Bedeutung lässt sich auf folgende Fragen bringen: Was kann ich wissen? Was soll ich tun? Was darf ich hoffen? Was ist der Mensch? (IX 25)

Ohne Kenntnisse wird man nie ein Philosoph werden, aber nie werden auch Kenntnisse allein den Philosophen ausmachen... Es kann sich überhaupt keiner einen Philosophen nennen, der nicht philosophieren kann. Philosophieren lässt sich aber nur durch Übung und selbsteigenen Gebrauch der Vernunft lernen (IX 25)

Wie sollte sich Philosophie eigentlich lernen lassen? Jeder philosophische Denker baut sozusagen auf den Trümmern eines anderen sein eigenes Werk, nie aber ist eines zustande gekommen, das in allen seinen Teilen beständig gewesen wäre. Man kann daher schon aus dem Grunde Philosophie nicht lernen, weil sie noch nicht gegeben ist (IX 25)

Der wahre Philosoph muss als Selbstdenker einen freien und selbsteigenen, keinen sklavisch nachahmenden Gebrauch von seiner Vernunft machen (IX 26)

Wir werden zur Übung im Selbstdenken oder Philosophieren mehr auf die Methode unseres Vernunftgebrauchs zu sehen haben als auf die Sätze selbst, zu denen wir durch diese Methode gekommen sind (IX 26)

Unter allen Völkern haben die Griechen zuerst angefangen zu philosophieren. ... Bei den Persern und Arabern findet sich zwar einiger spekulativer Vernunftgebrauch, jedoch die Regeln dazu haben sie vom *Aristoteles*, also doch von den Griechen entlehnt. In *Zoroasters* Zendavesta[132] entdeckt man nicht die geringste Spur von Philosophie. Eben dies gilt auch von der

---

[132] Heiliges Buch der Parsen (indische Anhänger des Zarathustra).

gepriesenen ägyptischen Weisheit, die im Vergleich mit der griechischen Philosophie ein bloßes Kinderspiel gewesen ist (IX 27)

Der erste, der den Gebrauch der spekulativen Vernunft einführte und von dem man auch die ersten Schritte des menschlichen Verstandes zur wissenschaftlichen Kultur herleitet, ist *Thales*. ... Er führte den Beinamen Physiker, obwohl er auch Mathematiker war, so wie überhaupt Mathematik der Philosophie immer vorangegangen ist (IX 28)

Die wichtigste Epoche der griechischen Philosophie hebt mit dem *Sokrates* an. Denn er war es, der dem philosophischen Geist und allen spekulativen Köpfen eine ganz neue praktische Richtung gab. Auch ist er unter fast allen Menschen der einzige gewesen, dessen Verhalten der Idee eines Weisen am nächsten kommt (IX 29)

Die Schule des *Plato* hieß Akademie, die des Aristoteles Lyzeum (IX 30)

Plato trug viele seiner Lehren dialogisch vor, so dass Gründe pro und contra angeführt wurden, ohne dass er selbst darüber entschied, obgleich er sonst sehr dogmatisch war[133] (IX 30)

Als die Philosophie von den Griechen zu den Römern überging, hat sie sich nicht erweitert; denn die Römer blieben immer nur Schüler (IX 31)

Es ist ein ebenso unweiser wie ungerechter Vorwurf, der großen Männern, die mit mühsamem Fleiß die Wissenschaften bearbeiten, von schalen Köpfen gemacht wird, wenn diese fragen: wozu ist das nütze? Diese Frage muss man, wenn man sich mit Wissenschaften beschäftigen will, gar nicht einmal aufwerfen (IX 42)

Wer zu viel wissen will, weiß am Ende nichts, und wer umgekehrt von einigen Dingen glaubt, dass sie ihn nichts angehen, betrügt sich oft (IX 43)

Die formalen Kriterien der Wahrheit in der Logik sind der Satz des Widerspruchs und der Satz des zureichenden Grundes (IX 51)

---

[133] Man fragt sich, was Kant damit gemeint haben könnte, dass Platon „sonst sehr dogmatisch war", wo doch die gesamte Lehre Platons dialogisch vorgetragen ist. Zudem klingt es eher undogmatisch, wenn Platon im „Staat" sagt, dass man seinem Nachweis so lange folgen könne, „bis uns einer einen anderen, besseren zur Überzeugung macht" (388 e).

Um Irrtümer zu vermeiden, muss man deren Quelle, den Schein, zu entdecken und zu erklären versuchen. Das haben aber die wenigsten Philosophen getan. Sie haben nur die Irrtümer selbst zu widerlegen versucht, ohne den Schein anzugeben, aus dem sie entspringen. Diese Aufdeckung und Auflösung des Scheines ist aber ein weit größeres Verdienst um die Wahrheit als die direkte Widerlegung der Irrtümer selbst (IX 56)

Es gibt drei Arten oder Modi des Fürwahrhaltens: Meinen, Glauben und Wissen. ... Zwischen Meinen, Glauben und Wissen besteht ein wesentlicher Unterschied (IX 66)

Zuweilen haben wir ein dunkles Vorgefühl von der Wahrheit, eine Sache scheint uns Merkmale der Wahrheit zu enthalten, wir ahnen ihre Wahrheit schon, noch ehe wir sie mit bestimmter Gewissheit erkennen (IX 67)

Es könnte nichts lächerlicher sein, als z. B. in der Mathematik nur zu meinen (IX 67)

Zwischen der Erwerbung einer Erkenntnis durch Erfahrung (a posteriori) und durch die Vernunft (a priori) gibt es kein Mittleres (IX 68)

Man muss völlig gewiss sein, ob etwas recht oder unrecht, pflichtgemäß oder pflichtwidrig, erlaubt oder unerlaubt ist. Aufs Ungewisse kann man in moralischen Dingen nichts wagen, nichts auf die Gefahr des Verstoßes gegen das Gesetz beschließen (IX 70)

Die Hauptquellen der Vorurteile sind Nachahmung, Gewohnheit und Neigung. Die Nachahmung hat einen allgemeinen Einfluss auf unsere Urteile, denn es ist ein starker Grund, das für wahr zu halten, was andere dafür ausgegeben haben. Daher das Vorurteil „was alle Welt tut, ist recht". Aus der Gewohnheit entsprungene Vorurteile können nur durch die Länge der Zeit ausgerottet werden, in der der Verstand durch Gegengründe nach und nach im Urteilen aufgehalten und verzögert und dadurch allmählich zu einer entgegengesetzten Denkart gebracht wird. Ist aber ein Vorurteil der Gewohnheit zugleich durch Nachahmung entstanden, so ist der Mensch, der es besitzt, davon schwerlich zu heilen (IX 76)

Die Trägheit sehr vieler Menschen führt dazu, dass sie lieber in die Fußstapfen anderer treten als ihre eigenen Verstandeskräfte anstrengen. Solche Menschen können immer nur Kopien von anderen werden; und wären alle von der Art, so würde die Welt ewig auf derselben Stelle bleiben. Es ist daher höchst nötig und wichtig, die Jugend vom bloßen Nachahmen, wie es gewöhnlich geschieht, abzuhalten (IX 76)

Die Erkenntnis durch Begriffe heißt das Denken (IX 91)

Viele Menschen haben keine Idee von dem, was sie wollen, daher verfahren sie nach Instinkt und Autorität (IX 93)

Unter Meditieren ist Nachdenken oder ein methodisches Denken zu verstehen. Das Meditieren muss alles Lesen und Lernen begleiten, und hierzu ist es erforderlich, dass man zuerst vorläufige Untersuchungen anstellt und dann seine Gedanken in Ordnung bringt oder nach einer Methode verbindet (IX 150)

Physische Geographie

Abb. 39: Titelseite der „Geographia Generalis" von Bernhard Varenius (Universitäts- und Landesbibliothek, Düsseldorf). Zu Quellen, die Kant für diese Schrift genutzt hat, vgl. seine Ankündigung der diesbezüglichen Vorlesung (II 4), die hier an den Anfang der Physischen Geographie gestellt wurde.

Ich habe aus allen Quellen geschöpft, allen Vorrat aufgesucht und außer demjenigen, was die Werke des *Varenius*, *Buffon* und *Lulof*s von den allgemeinen Gründen der physischen Geographie enthalten, die gründlichsten Beschreibungen besonderer Länder von gesandten Reisenden, die allgemeine Historie aller Reisenden, die Göttingische Sammlung neuer Reisen, das Hamburgische und Leipziger Magazin, die Schriften der Akademie der Wissenschaften zu Paris und Stockholm u.a.m. durchgegangen und aus allem, was zu diesem Zweck gehörte, ein System gemacht... . Man wird urteilen können, ob es, ohne dem Namen eines

Gelehrten Abbruch zu tun, erlaubt ist, in diesen Dingen unwissend zu sein (II 4)[134]

Die reinen Vernunfterkenntnisse gibt uns unsere Vernunft, Erfahrungserkenntnisse aber bekommen wir durch die Sinne. Weil nun aber unsere Sinne nicht über die Welt hinausreichen, erstrecken sich auch unsere Erfahrungserkenntnisse nur auf die gegenwärtige Welt (IX 156)

Die Welt als Gegenstand des äußeren Sinnes ist Natur, als Gegenstand des inneren Sinnes aber Seele oder der Mensch (IX 156)

Von demjenigen, der viele Reisen gemacht hat, sagt man, er habe die Welt gesehen. Aber zur Kenntnis der Welt gehört mehr, als sie nur zu sehen. Wer aus seiner Reise Nutzen ziehen will, der muss sich schon im voraus einen Plan entwerfen, nicht aber die Welt nur als einen Gegenstand des äußeren Sinnes betrachten (IX 157)

Durch Reisen erweitert man seine Kenntnis der äußeren Welt, was aber von geringem Nutzen ist, wenn man nicht bereits durch Unterricht eine gewisse Vorübung erhalten hat (IX 158)

Wahre Philosophie ist es, die Verschiedenheit und Mannigfaltigkeit einer Sache durch alle Zeiten zu verfolgen (IX 162)

Unsere gewöhnliche Schulgeographie ist sehr mangelhaft, obwohl nichts fähiger ist als gerade die Geographie, den gesunden Menschenverstand mehr aufzuhellen (IX 163)

Die Alten glaubten immer, die Zirkulation des Wassers müsse unter der Erde vor sich gehen. Seitdem man die Arithmetik auf die Physik angewandt hat, steht fest, dass jene Zirkulation über der Erde geschieht, und zwar durch Destillation, nur dass sie uns freilich nicht sichtbar wird. Man lernte nämlich einsehen, dass die Verdunstung des Meerwassers weit mehr beträgt als der tägliche Zufluss aus den Strömen, da die schmalen Flüsse im Verhältnis zur Breite des Ozeans, über den sich die Verdunstung erstreckt, sehr wenig Wasser hineinführen. Der Ozean müsste im Gegenteil bei dem alleinigen Zufluss der Ströme kleiner werden und abnehmen, wenn er nicht zu seiner Erhaltung noch andere Quellen hätte (IX 206)

---

[134] Diese Stelle, die der „Physischen Geographie" gilt, stammt aus dem „Entwurf eines Collegii der physischen Geographie", einer Schrift Kants, die sonst in vorliegender Schrift nicht berücksichtigt wurde.

Im ganzen Weltmeer ist der Zufluss durch Ströme der Verdunstung gleich, weil die Flüsse nicht mehr Wasser geben können, als sie durch die Verdunstung des Meeres mittelbar oder unmittelbar bekommen. Weil aber einige Meere vom Ozean abgeschnitten sind und keinen Zusammenhang mit ihm haben, wie z. B. das Kaspische Meer, einige aber wieder kleine Bassins haben wie die Ostsee und dessen ungeachtet viele beträchtliche Flüsse aufnehmen, können solche Meere höher sein als der Ozean (IX 206)

Dass in dem ganzen Weltgebäude nie gänzliche Ruhe herrscht, sondern dass die Körper jederzeit bemüht sind, sich einander zu nähern, oder sich gegenseitig anziehen, hat *Newton* bewiesen. Er hat dargelegt, dass die Schwere der Körper nichts anderes als eine Anziehung ist, die vom ganzen Körper und nicht vom Mittelpunkt allein bewirkt wird. Obgleich nun die Anziehung des Mondes nur bei den wenigsten Körpern auf unserer Erde merkbar ist, weil die Erde ihnen näher als der Mond ist, äußert sich dieselbe doch wirklich und fällt bei flüssigen Materien, namentlich beim Wasser, in die Augen (IX 216)

Die genauere Kenntnis von Tibet in Asien wäre eine der wichtigsten. Durch sie würden wir den Schlüssel zu aller Geschichte erhalten. Es ist das höchste Land, wurde auch wahrscheinlich früher als irgendein anderes bewohnt und mag sogar der Stammsitz aller Kultur und Wissenschaften sein. Die Gelehrsamkeit namentlich der Inder rührt mit ziemlicher Gewissheit aus Tibet her, so wie dagegen alle unsere Künste aus Indostan[135] gekommen zu sein scheinen, z. B. der Ackerbau, die Ziffern, das Schachspiel. Man glaubt, *Abraham* sei an den Grenzen von Indostan einheimisch gewesen. Ein solcher Urplatz der Künste und Wissenschaften, ich möchte sagen der Menschheit, verdiente wohl die Mühe einer sorgfältigeren Untersuchung (IX 228)

Ob es je ein Atlantis gab, dessen im Altertum gedacht wird, und was an den Angaben[136] darüber wahr sein mag, lässt sich nun nicht mehr bestimmen (IX 234)

---

[135] Hindustan = Vorderindien.
[136] Vgl. Platons „Timaios" und „Kritias": „Noch jetzt gibt es an ehemaligen Quellen heilige Anzeichen, welche die Wahrheit dieser Erzählung bestätigen" (111 d).

Da wir bemerken, dass die Menschen mehr und stärker von Tieren als von Pflanzen ernährt werden und also vornehmlich die Tiere zu ihrer Nahrung erschaffen zu sein scheinen, so wird es wahrscheinlich, dass die Rauhigkeit der Kälte ... den Menschen nicht hindert, auch diese und die verschiedenartigsten Gegenden zu bewohnen, da er allenthalben seine Nahrung findet, wie denn die Rentiere in den allerkältesten Gegenden ... sein und leben können. Der Mensch ist folglich für die ganze Erde gemacht, und daraus, dass sein Körper von der Natur so gebildet ist, dass er an jedes Klima, auch bei größten Unterschieden, gewöhnt werden kann, entstehen vielleicht zum Teil die verschiedenen Nationalcharaktere (IX 236)

Die von Pflanzen lebenden Völker sind am freiesten, weil sie solche überall finden. Diejenigen, die ihre Nahrung wie die Tataren von Pferden und deren Milch nehmen, folgen ihnen zunächst nach. Weniger frei aber sind diejenigen, die von Haustieren und der eigentlichen Viehzucht leben. Und die größten Sklaven von allen sind schließlich solche Völker, die den Ackerbau treiben, weil sie nicht überall ein dazu geeignetes Land antreffen (IX 244)

Es ist immer besser, gar keine Hoffnung zu haben als eine ungewisse; denn in jenem Fall hegt man weiter keine Sehnsucht, sondern bemüht sich, seinem Gemüt die Situation zu eigen zu machen, in der man nichts mehr zu hoffen hat (IX 245)

Das Heimweh findet besonders dort statt, wo es schlechte, von der Natur wenig begünstigte Gegenden gibt; denn je größer die Simplizität des Lebens, desto stärker ist der Affekt des Gemüts und der Begierden (IX 245)

Die Familienanhänglichkeit ist größer, je bedürftiger die Familie ist und je bedeutender die Entsagungen sind, die die Natur ihr auferlegt hat. Je mehr man dagegen wie z.B. im Luxus mit eigenem Interesse belastet ist, um so weniger hängen die Menschen aneinander (IX 245-246)

Unsere Erde ist früher flüssig gewesen. Man findet fast keinen Körper, der nicht Zeichen seiner vormaligen Flüssigkeit an sich trägt. Alle Steine, selbst unsere Knochen sind anfänglich flüssig gewesen. Die Bäume sind aus einem flüssigen Saft entstanden. Ein jeder flüssiger Körper wird aber zuerst auf der Oberfläche hart. Demnach wurde auch die Kruste der Erde zuerst fest, und so ging es immer weiter (IX 261)

Es ließe sich annehmen, dass die Erde, wenn sie ganz fest wäre, auch aufhören würde, bewohnbar zu sein. Denn aus ihrem Inneren steigen Dünste auf, die der Erde ihre Fruchtbarkeit geben. Wäre die Erde fest, so könnte auf ihr keine andere Veränderung eintreten als diejenige, die etwa Sonne und Mond bewirken. Da nun aber unsere Witterung ziemlich regellos, also nicht von Sonne und Mond abhängig zu sein scheint, muss unter unseren Füßen die Ursache davon liegen (IX 261)

Moses gibt das Alter des menschlichen Geschlechts an, aber nicht das Alter der Erde. Die Erde mag sich schon einige tausend Jahre früher gebildet haben, durch jene Angaben[137] des *Moses* darf man sich nämlich nicht einschränken lassen, den physischen Gründen Raum zu geben. Bei Gott ist eine Zeit wie der Tag zum Schaffen zu viel und zur Ausbildung der Erde zu wenig (IX 267)

Es ist sehr wahrscheinlich, dass alles, was sich über unserem Haupt präsentiert, vorher unter unseren Füßen vorhanden gewesen ist (IX 268)

Wahrscheinlich würde die Erde aufhören, bewohnbar zu sein, wenn sie jemals zu ihrer gänzlichen Vollendung gelangte, denn bei der wahrscheinlich gleich bleibenden Witterung unter alleiniger Einwirkung der Sonne und des Mondes auf die Erde könnten sich schwerlich weiter Gewächse aller Art entwickeln (IX 269)

Es ist gewiss, dass die Erde in ihrer ganzen Masse flüssig war, weil sie eine Figur angenommen hat, die durch den Drehungsschwung aller Partikel derselben bestimmt wurde (IX 303)

Es ist gewiss, dass alles Meeresboden gewesen sein muss und das Erdreich nicht auf einmal hervorgezogen wurde, sondern nach und nach, und zwar lange Perioden hindurch mit einem oftmaligen Rückfall auf den Grund der See (IX 303)

Alle Bewohner der heißesten Zone sind ausnehmend träge. Bei eini-

---

[137] Hier kann wohl nicht eine konkrete Bibelstelle gemeint sein, sondern die Art und Weise, wie die Israeliten des Alten Testamentes Angaben über große Zeitspannen zu machen pflegten. Man zählte damals nicht nach Jahren oder Jahrhunderten, sondern rechnete die Geschlechter nach Generationen.

gen wird diese Faulheit noch etwas durch die Regierung und den Zwang gemäßigt. Wenn ein Indianer einen Europäer irgendwohin gehen sieht, so denkt er, er habe etwas zu erledigen; kommt er zurück, so denkt er, er habe seine Sache schon verrichtet; sieht er ihn aber zum dritten Mal **vorbeigehen**, so denkt er, er sei nicht bei Verstand, da doch der Europäer nur zum Vergnügen spazieren geht, was kein Indianer tut oder wovon er sich auch keine Vorstellung machen kann (IX 316)

In Gebirgen sind die Menschen dauerhaft, munter, kühn, Liebhaber der Freiheit und ihres Vaterlandes (IX 317)

Der Einwohner des gemäßigten Erdstriches, vornehmlich seines mittleren Teiles, ist körperlich schöner, arbeitsamer, scherzhafter, gemäßigter in seinen Leidenschaften, verständiger als irgendeine andere Gattung der Menschen in der Welt. Daher haben diese Völker zu allen Zeiten die anderen belehrt und durch die Waffen bezwungen (IX 317)

Obgleich eine Nation nach langen Perioden in das Naturell desjenigen Klimas ausartet, wohin sie gezogen ist, so ist doch bisweilen noch lange danach die Spur von ihrem vorigen Aufenthalt anzutreffen (IX 318)

Man sieht aus der Abweichung des Geschmacks der Menschen, dass ungemein viel bei uns auf Vorurteilen beruht (IX 319)

Wenn man die Musik der Europäer mit der der Türken, Chinesen, Afrikaner vergleicht, so ist die Verschiedenheit ungemein auffallend. Die Chinesen finden, obgleich sie sich mit der Musik viel Mühe geben, doch an der unsrigen kein Wohlgefallen (IX 320)

China ist ohne Zweifel das bevölkerungsreichste und kultivierteste Reich in der ganzen Welt (IX 377)

Die chinesische Sprache hat nur dreihundertunddreißig einsilbige Wörter, die alle nicht flektiert werden, aber die verschiedenen Töne, Aspirationen und Zusammensetzungen machen dreiundfünfzigtausend Wörter aus (IX 380)

Pädagogik

Abb. 40: Sokrates.
Römische Marmorkopie nach griechischem Original der Jahre um 320 vor Christus. (Aus Katalog der Sonderausstellung „Sokrates in der griechischen Bildniskunst" der Glyptothek, München 1989, Seite 37.) Dazu, dass und warum in der Pädagogik nach der sokratischen Unterrichtsmethode verfahren werden sollte, vgl. IX 477.

Der Mensch ist das einzige Geschöpf, das erzogen werden muss (IX 441)

Unter Erziehung verstehen wir die Wartung (Verpflegung, Unterhaltung), Disziplin (Zucht) und Unterweisung nebst der Bildung (IX 441)

Der Mensch braucht eigene Vernunft. Er hat keinen Instinkt und muss sich selbst den Plan seines Verhaltens machen. Weil er aber nicht sofort imstande ist, dies zu tun, sondern roh auf die Welt kommt, müssen es andere für ihn tun (IX 441)

Disziplin unterwirft den Menschen den Gesetzen der Menschheit und fängt an, ihn den Zwang der Gesetze fühlen zu lassen. Dies muss aber früh geschehen. So schickt man z. B. Kinder anfangs nicht schon in der Absicht in die Schule, damit sie dort etwas lernen sollen, sondern damit sie sich daran gewöhnen, still zu sitzen und pünktlich das zu beachten, was ihnen vorgeschrieben wird. ... Eben daher muss denn die Disziplin auch, wie gesagt, sehr früh in Anwendung gebracht werden, denn wenn das nicht geschieht, ist es schwer, den Menschen nachher zu ändern (IX 442)

Beim Menschen ist wegen seines Hanges zur Freiheit ein Abschleifen seiner Rohheit nötig, beim Tier hingegen wegen seines Instinktes nicht (IX 442-443)

Der Mensch kann nur Mensch werden durch Erziehung. Er ist nichts als das, was die Erziehung aus ihm macht. ... Wenn einmal ein Wesen höherer Art sich unserer Erziehung annähme, so würde man doch sehen, was aus dem Menschen werden könnte (IX 443)

Es ist niemand, der nicht in seiner Jugend verwahrlost wäre und im reifen Alter nicht selbst einsehen sollte, worin, sei es in der Disziplin oder in der Kultur (so kann man die Unterweisung nennen), er vernachlässigt wurde (IX 444)

Vernachlässigung der Disziplin ist ein größeres Übel als Vernachlässigung der Kultur, denn diese kann noch nachgeholt werden; Wildheit aber lässt sich nicht wegbringen, und ein Versäumnis in der Disziplin kann nie ersetzt werden (IX 444)

Hinter der Erziehung steckt das große Geheimnis der Vollkommenheit der menschlichen Natur (IX 444)

Die Erziehung ist eine Kunst, deren Ausübung durch viele Generationen vervollkommnet werden muss (IX 446)

Die Vorsehung hat gewollt, dass der Mensch das Gute aus sich selbst herausbringen soll, und spricht sozusagen zum Menschen: „Gehe in die Welt, ich habe dich ausgerüstet mit allen Anlagen zum Guten. Dir kommt es zu, sie zu entwickeln, und so hängt dein eigenes Glück und Unglück von dir selbst ab" (IX 446)

Der Mensch soll seine Anlagen zum Guten erst entwickeln; die Vorsehung hat sie nicht schon fertig in ihn gelegt (IX 446)

Zwei Erfindungen der Menschen kann man wohl als die schwierigsten ansehen: die der Regierungs- und die der Erziehungskunst, und doch ist man selbst in ihrer Idee noch streitig (IX 446)

Weil die Entwicklung der Naturanlagen beim Menschen nicht von selbst geschieht, ist alle Erziehung eine Kunst. Die Natur hat dazu keinen Instinkt in ihn gelegt (IX 447)

Die Erziehungskunst oder Pädagogik muss verrechtlicht werden, wenn sie die menschliche Natur so entwickeln soll, dass sie ihre Bestimmung erreicht (IX 447)

Die Pädagogik muss ein Studium werden, sonst ist nichts von ihr zu hoffen, und ein in der Erziehung Verdorbener erzieht sonst den anderen. Der Mechanismus in der Erziehungskunst muss in Wissenschaft verwandelt werden, sonst wird sie nie ein zusammenhängendes Bestreben werden, und eine Generation würde niederreißen, was die andere schon aufgebaut hat (IX 447)

Gute Erziehung ist gerade das, woraus alles Gute in der Welt entspringt. Die Keime, die im Menschen liegen, müssen nur immer weiter entwickelt werden. Denn die Gründe zum Bösen findet man nicht in den Naturanlagen des Menschen. Ursache des Bösen ist, dass die Natur nicht unter Regeln gebracht wird (IX 448)

Die Einrichtung der Schulen sollte nur von dem Urteil der aufgeklärtesten Kenner abhängen (IX 449)

Bei der Erziehung muss der Mensch diszipliniert und kultiviert werden. Man muss darauf achten, dass er auch klug wird, in die menschliche Gesellschaft passt, dass er beliebt ist und Einfluss hat, und man muss auf die Moralisierung achten. ... Man sieht also, dass bei einer echten Erziehung sehr vieles zu tun ist (IX 449-450)

Gott ist das heiligste Wesen und will nur das, was gut ist, und er verlangt, dass wir die Tugend ihres inneren Wertes wegen ausüben sollen und nicht deswegen, weil er es verlangt. Wir leben im Zeitpunkt der Disziplinierung, Kultur und Zivilisierung, aber noch lange nicht in dem Zeitpunkt der Moralisierung (IX 450-451)

Erst muss man Experimentalschulen errichten, ehe man Normalschulen errichten kann (IX 451)

Man bildet sich zwar allgemein ein, dass Experimente bei der Erziehung nicht nötig sind und man schon aus der Vernunft urteilen kann, ob etwas gut oder nicht gut sein wird. Man irrt hierin aber sehr, und die Erfahrung lehrt, dass sich oft bei unseren Versuchen ganz entgegengesetzte Wirkungen zeigen. Da es also auf Experimente ankommt, kann keine Generation einen völligen Erziehungsplan darstellen. Die einzige Experimentalschule, die hier gewissermaßen den Anfang machte, die Bahn zu brechen, war das Dessauer Institut. Man muss ihm diesen Ruhm lassen ungeachtet der vielen Fehler, die man ihm zum Vorwurf machen könnte; Fehler, die sich bei allen Schlüssen vorfinden, die man aus Versuchen zieht, dass nämlich immer neue Versuche dazu gehören. Es war in gewisser Weise die einzige Schule, bei der die Lehrer die Freiheit hatten, nach eigenen Methoden und Plänen zu arbeiten, und sie standen sowohl untereinander als auch mit allen Gelehrten in Deutschland in Verbindung (IX 451)

Die Erziehung soll bis zu der Zeit dauern, wie die Natur den Menschen bestimmt hat, sich selbst zu führen, bis der Instinkt zum Geschlecht sich bei ihm entwickelt, bis er selbst Vater werden kann und selbst erziehen soll: ungefähr bis zum sechzehnten Lebensjahr. Nach dieser Zeit kann man wohl noch Hilfsmittel der Kultur gebrauchen und eine versteckte Disziplin ausüben, aber keine ordentliche Erziehung mehr (IX 453)

Eines der größten Probleme der Erziehung ist, wie man die Unterwerfung unter den gesetzlichen Zwang mit der Fähigkeit vereinigen kann, sich seiner Freiheit zu bedienen. Denn Zwang ist nötig! Wie kultiviere ich die Freiheit bei Zwang? (IX 453)

Die Pädagogik oder Erziehungslehre ist entweder physisch oder praktisch. Die physische Erziehung ist diejenige, die der Mensch mit den Tieren gemein hat, oder die Verpflegung. Die praktische oder moralische ist diejenige, durch die der Mensch gebildet werden soll, damit er wie ein frei handelndes Wesen leben kann (IX 455)

Der häufige Ausspruch „du hast das schon mit der Muttermilch eingesogen" ist ein bloßes Vorurteil (IX 456)

Die Gewöhnung an Kühle macht überhaupt den Menschen stark. Und es ist auch bei Erwachsenen nicht gut, sich zu warm zu kleiden, zu bedecken und sich an zu warme Getränke zu gewöhnen (IX 458)

Ist je die Kunst in der Erziehung erlaubt, so ist es allein die der Abhärtung (IX 459)

Man kann wohl mit Wahrheit sagen, dass die Kinder der einfachen Leute viel mehr verzogen werden als die Kinder der Vornehmen (IX 459)

Wenn bedeutende Menschen eine Zeitlang im Besitz einer Macht gewesen sind, fällt es ihnen sehr schwer, sich geschwind derselben zu entwöhnen (IX 460)

Wenn man dem despotischen Willen der Kinder willfährt, indem sie durch ihr Schreien alles erzwingen können, hat man den ersten Fehler gemacht (IX 461)

Je mehr Angewohnheiten ein Mensch hat, desto weniger ist er frei und unabhängig (IX 463)

Ein hartes Lager ist viel gesünder als ein weiches. Überhaupt dient eine harte Erziehung sehr zur Stärkung des Körpers. Durch harte Erziehung verstehen wir aber bloß Verhinderung der Gemächlichkeit (IX 464)

Viele Schwächen des Menschen stammen nicht daher, dass man ihn nichts gelehrt hat, sondern dass ihm falsche Eindrücke beigebracht worden sind (IX 465)

Rousseau sagt: „Ihr werdet niemals einen tüchtigen Mann bilden, wenn ihr nicht vorher einen Gassenjungen habt!"[138] (IX 469)

Toby sagt im Tristram Shandy[139] zu einer Fliege, die ihn lange beunruhigt hatte, indem er sie zum Fenster hinauslässt: „Gehe, du böses Tier, die Welt ist groß genug für mich und dich!" Und dies könnte jeder zu seinem Wahlspruch machen. Wir dürfen nicht einander lästig werden, die Welt ist groß genug für uns alle (IX 469)

Ein Mensch kann physisch sehr kultiviert sein, er kann einen sehr ausgebildeten Geist haben, aber dabei schlecht moralisch kultiviert und ein böses Geschöpf sein (IX 469-470)

Man kann beschäftigt sein im Spiel, das nennt man in der Muße beschäftigt sein; aber man kann auch beschäftigt sein im Zwang, und das nennt man arbeiten (IX 470)

Je mehr ein Mensch gefaulenzt hat, desto schwerer entschließt er sich dazu, zu arbeiten (IX 470)

Es mutet wirklich besonders seltsam an, wie vernünftige Männer oft stundenlang zu sitzen und Karten zu mischen imstande sind (IX 470-471)

---

[138] Jean Jacques Rousseau: Emile oder über die Erziehung, Übersetzung von Eleonore Sckommodau, Stuttgart 1963, Seite 264.
[139] Roman von Laurence Sterne (1713-1768), deutsch von R. Kassner 1937.

Die Frage, ob der Himmel nicht gütiger für uns gesorgt haben würde, wenn er uns schon alles hätte vorfinden lassen, so dass wir gar nicht arbeiten müssten, ist gewiss mit Nein zu beantworten, denn der Mensch verlangt Tätigkeiten, auch solche, die einen gewissen Zwang mit sich führen (IX 471)

Das Kind muss ans Arbeiten gewöhnt werden. Und wo soll die Neigung zur Arbeit besser kultiviert werden als in der Schule? (IX 471-472)

Die unteren Kräfte haben für sich allein keinen Wert, z. B. ein Mensch, der ein gutes Gedächtnis, aber keine Beurteilungskraft hat. Ein solcher ist dann ein lebendiges Lexikon (IX 472)

Verstand ist die Erkenntnis des Allgemeinen. Urteilskraft ist die Anwendung des Allgemeinen auf das Besondere. Vernunft ist das Vermögen, die Verknüpfung des Allgemeinen mit dem Besonderen einzusehen (IX 472)

Alle Dinge sind so beschaffen, dass der Verstand erst den sinnlichen Eindrücken folgt und das Gedächtnis diese aufbewahren muss (IX 472)

Man muss das Gedächtnis nur mit solchen Dingen beschäftigen, die wir behalten wollen und die auf das wirkliche Leben Bezug haben (IX 473)

Es wäre lächerlich, Romane behalten und sie anderen wieder erzählen zu wollen. Man muss daher Kindern alle Romane aus den Händen nehmen (IX 473)

Das Gedächtnis muss man früh, aber auch nebenher sogleich den Verstand kultivieren (IX 474)

Landkarten haben etwas an sich, das alle, auch die kleinsten Kinder reizt. Wenn sie alles anderen überdrüssig sind, so lernen sie doch noch etwas, wobei man Landkarten braucht (IX 476)

Zerstreuung ist der Feind aller Erziehung. Das Gedächtnis aber beruht auf der Aufmerksamkeit (IX 476)

Was die oberen Verstandeskräfte betrifft, so kommen hier die Kultur des Verstandes, der Urteilskraft und der Vernunft vor (IX 476)

Man versteht eine Landkarte am besten, wenn man sie selbst anfertigen kann. Das Verstehen hat zum größten Hilfsmittel das Hervorbringen. Man lernt das am gründlichsten und behält das am längsten, was man gleichsam aus sich selbst lernt. Nur wenige Menschen indessen sind dazu imstande. Man nennt sie Autodidakten (IX 477)

Bei der Ausbildung der Vernunft muss man sokratisch verfahren. *Sokrates* nämlich, der sich die Hebamme der Kenntnisse seiner Zuhörer nannte, gibt in seinen Dialogen, die uns *Plato* gewissermaßen aufbewahrt hat, Beispiele, wie man selbst bei alten Leuten manches aus ihrer eigenen Vernunft hervorziehen kann (IX 477)

Die sokratische Methode sollte bei der katechetischen[140] die Regel sein. Sie ist freilich etwas langsam, und es ist schwer, es so einzurichten, dass, indem man aus einem die Erkenntnisse heraushholt, die anderen auch etwas dabei lernen. ... Die mechanisch-katechetische Methode[141] ist bei manchen Wissenschaften auch gut, z. B. beim Vortrag der geoffenbarten Religion. Bei der allgemeinen Religion hingegen muss man die sokratische Methode benutzen. Hinsichtlich dessen, was historisch gelernt werden muss, empfiehlt sich die mechanisch-katechetische Methode vorzüglich (IX 477)

Hang zur Gemächlichkeit ist für den Menschen schlimmer als alle Übel des Lebens. Es ist daher äußerst wichtig, dass Kinder von Jugend auf arbeiten lernen (IX 477)

Die Geduld ist zweifach. Sie besteht entweder darin, dass man alle Hoffnung aufgibt, oder darin, dass man neuen Mut fasst. Das erstere ist nicht nötig, wenn man immer nur das Mögliche verlangt, und das letztere darf man immer, wenn man nur begehrt, was recht ist. In Krankheiten aber verschlimmert die Hoffnungslosigkeit ebenso viel wie der gute Mut verbessern kann. Wer diesen aber in Bezug auf seinen physischen oder moralischen Zustand noch zu fassen vermag, der gibt auch die Hoffnung nicht auf (IX 478)

Die erste Bemühung bei der moralischen Erziehung ist, einen Charakter zu gründen. Der Charakter besteht in der Fähigkeit, nach Maximen zu handeln. Am Anfang sind es Schulmaximen und nachher Maximen der Menschheit (IX 481)

Menschen, die sich nicht gewisse Regeln gegeben haben, sind unzuver-

---

[140] Lehrerfrage und Schülerantwort.
[141] Auswendiglernen.

lässig, man kann sich oft nicht in sie hineinversetzen, und man kann nie recht wissen, wie man mit ihnen dran ist. Zwar tadelt man Leute häufig, die immer nach Regeln handeln, z. B. den Mann, der nach der Uhr eine gewisse Zeit für jede Handlung festgesetzt hat, aber oft ist dieser Tadel unbillig und diese Abgemessenheit, obgleich sie nach peinlicher Genauigkeit aussieht, eine Anlage zum Charakter (IX 481)

Bei öffentlichen Abgaben, bei Arbeiten des Amtes und in vielen anderen Fällen kann uns nur die Pflicht, nicht die Neigung leiten (IX 482)

Der Gehorsam des angehenden Jünglings ist anders als der Gehorsam des Kindes. Er besteht in der Unterwerfung unter die Regeln der Pflicht. Aus Pflicht etwas tun heißt der Vernunft gehorchen (IX 483)

Wahrhaftigkeit ist der Grundzug und das Wesentliche eines Charakters. Ein Mensch, der lügt, hat gar keinen Charakter, und hat er etwas Gutes an sich, so rührt dies nur von seinem Temperament her (IX 484)

Die Schamröte verrät uns, wenn wir lügen, aber sie ist nicht immer ein Beweis dafür. Oft errötet man über die Unverschämtheit eines anderen, uns einer Schuld zu bezichtigen (IX 484)

Entziehung der Achtung ist die einzig zweckmäßige Strafe der Lüge (IX 484)

Eine Religion, die den Menschen finster macht, ist falsch; denn er muss Gott mit frohem Herzen und nicht aus Zwang dienen. Das fröhliche Herz muss nicht immer streng im Schulzwang gehalten werden, denn in diesem Fall wird es bald niedergeschlagen. Wenn es Freiheit hat, so erholt es sich wieder (IX 485)

Viele Leute denken, ihre Jugendjahre seien die besten und die angenehmsten ihres Lebens gewesen. Aber dem ist wohl nicht so. Es sind die beschwerlichsten Jahre, weil man da sehr unter der Zucht ist, selten einen eigentlichen Freund und noch seltener Freiheit haben kann (IX 485)

Zu der praktischen Erziehung gehören Geschicklichkeit, Weltklugheit und Sittlichkeit (IX 486)

Die Kunst des äußeren Scheins ist der Anstand. Und diese Kunst muss man besitzen (IX 486)

Andere zu erforschen ist schwer, aber man muss unbedingt die Kunst beherrschen, sich selbst dagegen undurchdringlich zu machen (IX 486)

Wenn man einen guten Charakter bilden will, so muss man erst die Leidenschaften wegräumen. Der Mensch muss sich in Bezug auf seine Neigungen so gewöhnen, dass sie nicht zu Leidenschaften werden, sondern er muss lernen, etwas zu entbehren, wenn es ihm abgeschlagen wird. ... Erdulde und gewöhne dich, zu ertragen! Es wird Mut und Neigung erfordert, wenn man entbehren lernen will. Man muss sich an abschlägige Antworten, Widerstand usw. gewöhnen (IX 486-487)

Es ist die Frage, ob ein großer Umfang von Kenntnissen einem kleineren vorzuziehen ist, der aber gründlich ist. Es ist besser, wenig, aber dieses Wenige gründlich zu wissen, als viel und obenhin, denn schließlich wird doch das Seichte in diesem letzteren Fall offenkundig (IX 487)

Wenn ich jemandem etwas versprochen habe, so muss ich es auch halten, auch wenn es mir Schaden brächte. Denn ein Mann, der sich etwas vornimmt, es aber nicht tut, kann sich selbst nicht mehr trauen (IX 487)

Von jemandem, der die Ausübung seiner Vorsätze immer verschiebt, ist nicht viel zu halten. Die sogenannte künftige Bekehrung ist von der Art (IX 488)

Die Pflichten gegen sich selbst bestehen nicht darin, dass man sich eine herrliche Kleidung anschafft, prächtige Mahlzeiten hält usw., obgleich alles reinlich sein muss; auch nicht darin, dass man seine Begierden und Neigungen zu befriedigen sucht, denn man muss im Gegenteil sehr mäßig und enthaltsam sein, sondern darin, dass der Mensch in seinem Inneren eine gewisse Würde hat, die ihn vor allen Geschöpfen adelt. Es ist seine Pflicht, diese Würde der Menschheit in seiner eigenen Person nicht zu verleugnen (IX 488)

Das Lügen macht den Menschen zum Gegenstand der allgemeinen Verachtung und ist ein Mittel, ihm die eigene Achtung und Glaubwürdigkeit zu rauben, die jeder für sich haben sollte (IX 489)

Die Pflicht gegen sich selbst besteht darin, dass der Mensch die Würde der Menschheit in seiner eigenen Person bewahrt (IX 489)

Wenn die Zahl der Jahre anwächst, wenn die Neigung zum anderen Geschlecht sich zu regen beginnt, dann ist der kritische Zeitpunkt, in dem die Würde des Menschen allein imstande ist, den Jüngling in Schranken zu halten (IX 489-490)

Ich muss frei sein, wenn ich Wohltaten leisten will. Und wenn ich das Geld dem Armen gebe, so tu ich ein verdienstliches Werk; bezahle ich aber meine Schuld, so tu ich ein schuldiges Werk (IX 490)

Das Recht der Menschen ist der Augapfel Gottes auf Erden (IX 490)

Viele Personen wurden hartherzig, weil sie sich oft betrogen sahen, als sie vorher mitleidig gewesen waren (IX 490)

Geistliche irren sehr oft darin, dass sie die Werke des Wohltuns als etwas Verdienstliches darstellen. Wie wir vor Gott nie mehr als unsere Schuldigkeit tun können, so ist es auch nur unsere Pflicht, dem Armen Gutes zu tun (IX 490-491)

Die Ungleichheit des Wohlstandes der Menschen hängt nur von gelegentlichen Umständen ab. Besitze ich also ein Vermögen, so habe ich es auch nur dem Ergreifen dieser Umstände zu danken, das entweder mir selbst oder meinem Vorgänger geglückt ist (IX 491)

Die Demut ist eigentlich nichts anderes als ein Vergleich des eigenen Wertes mit der moralischen Vollkommenheit. So lehrt z. B. die christliche Religion nicht die Demut, vielmehr macht sie den Menschen demütig, weil er sich ihr zufolge mit dem höchsten Muster der Vollkommenheit vergleichen muss. Sehr verkehrt ist es, die Demut darin zu sehen, dass man sich geringer schätzt als andere (IX 491)

Wenn der Mensch seinen Wert an anderen misst, so versucht er, entweder sich über den anderen zu erheben oder den Wert des anderen zu verringern. Dieses letztere aber ist Neid. Man versucht dann immer nur, dem anderen ein Vergehen anzudichten; denn wäre der nicht da, so könnte man auch nicht mit ihm verglichen werden, so wäre man der Beste (IX 491)

Allen Stolz, der sich auf Vorzüge des Glücks gründet, muss man zu vermeiden suchen (IX 491)

Alle Begierden des Menschen sind entweder formal (Freiheit und Fähigkeit) oder material (auf ein Objekt bezogen); sie sind Begierden des Wahns oder des Genusses oder beziehen sich auf die bloße Fortdauer von beiden als Elemente der Glückseligkeit. Begierden der ersten Art sind Ehrsucht, Herrschsucht und Habsucht; die der zweiten Genuss des Geschlechts (Wollust), der Sache (Wohlleben) oder der Gesellschaft (Geschmack an Unterhaltung). Begierden der dritten Art endlich sind Liebe zum Leben, zur Gesundheit, zur Gemächlichkeit (in der Zukunft, Sorgenfreiheit) (IX 492)

Laster sind entweder die der Bosheit, der Niederträchtigkeit oder der Eingeschränktheit. Zu den ersteren gehören Neid, Undankbarkeit und Schadenfreude; zu denen der zweiten Art Ungerechtigkeit, Untreue (Falschheit), Liederlichkeit im Verschwenden sowohl der Güter als auch der Gesundheit (Unmäßigkeit) und der Ehre. Laster der dritten Art sind Lieblosigkeit, Kargheit, Trägheit (Weichlichkeit) (IX 492)

Die Tugenden sind entweder Tugenden des Verdienstes oder nur der Schuldigkeit oder der Unschuld. Zu den ersteren gehört Großmut (in Selbstüberwindung sowohl der Rache als auch der Gemächlichkeit und der Habsucht), Wohltätigkeit, Selbstbeherrschung; zu den zweiten Redlichkeit, Anständigkeit und Friedfertigkeit; zu den dritten endlich Ehrlichkeit, Sittsamkeit und Genügsamkeit (IX 492)

Laster entspringen meistens daraus, dass der gesittete Zustand der Natur Gewalt antut, denn unsere Bestimmung als Menschen ist doch, aus dem rohen Naturstand als Tier herauszutreten (IX 492)

Religionsbegriffe setzen allemal einige Theologie voraus. Sollte nun der Jugend, die die Welt, ja sich selbst noch nicht kennt, wohl eine Theologie beigebracht werden können? Sollte die Jugend, die die Pflicht noch nicht kennt, eine unmittelbare Pflicht gegen Gott zu begreifen imstande sein? (IX 493)

Der Begriff von Gott dürfte am besten zuerst analog mit dem des Vaters, unter dessen Pflege wir sind, deutlich gemacht werden (IX 494)

Religion ist das Gesetz in uns, sofern es durch einen Gesetzgeber und Richter über uns Nachdruck erhält; sie ist eine auf die Erkenntnis Gottes angewandte Moral. Verbindet man Religion nicht mit Moralität, so wird sie nur zur Gunstbewerbung. Lobpreisungen, Gebete, Kirchgang sollen dem Menschen nur neue Stärke, neuen Mut zur Besserung geben oder der Ausdruck eines von der Pflichtvorstellung beseelten Herzens sein. Sie sind nur Vorbereitungen zu guten Werken, nicht aber selbst gute Werke, und man kann dem höchsten Wesen nicht anders gefällig werden als dadurch, dass man ein besserer Mensch wird (IX 494)

Der Mensch ist sich selbst verachtenswürdig, wenn er lasterhaft ist.

Dieses ist in ihm selbst begründet, und er ist es nicht erst deswegen, weil Gott das Böse verboten hat (IX 494)

Das göttliche Gesetz muss zugleich als Naturgesetz erscheinen, denn es ist nicht willkürlich (IX 494)

Das Gesetz in uns heißt Gewissen. Das Gewissen ist eigentlich die Anwendung dieses Gesetzes auf unsere Handlungen. Die Vorwürfe desselben werden ohne Wirkung sein, wenn man es sich nicht als den Repräsentanten Gottes denkt, der seinen erhabenen Stuhl über uns, aber auch in uns einen Richterstuhl aufgeschlagen hat. Wenn die Religion nicht zur moralischen Gewissenhaftigkeit hinzukommt, ist sie ohne Wirkung. Religion ohne moralische Gewissenhaftigkeit ist ein abergläubischer Dienst (IX 495)

Die wahre Gottesverehrung besteht darin, dass man nach Gottes Willen handelt (IX 495)

Man muss bei Kindern wie auch bei sich selbst darauf sehen, dass der Name Gottes nicht leichtfertig missbraucht wird. ... Der Begriff von Gott sollte den Menschen jedes Mal beim Aussprechen seines Namens mit Ehrfurcht durchdringen, und er sollte ihn daher selten und nie leichtsinnig gebrauchen. Das Kind muss Ehrfurcht vor Gott empfinden lernen als vor dem Herrn des Lebens und der ganzen Welt, ferner als vor dem Vorsorger und drittens als vor dem Richter der Menschen. Man sagt, dass Newton immer, wenn er den Namen Gottes aussprach, eine Weile innegehalten und nachgedacht habe (IX 495)

Man sollte die Jugend auch anweisen, das Gute im Bösen zu entdecken, z. B. sind Raubtiere und Insekten Muster der Reinlichkeit und des Fleißes. Böse Menschen ermuntern andere zum Einhalten der Gesetze. Vögel, die den Würmern nachstellen, sind Beschützer des Gartens (IX 495-496)

Wenn man nicht bloß Vergnügungen verlangt, sondern auch geduldig im Arbeiten sein will, so wird man ein brauchbares Glied des Gemeinwesens und bewahrt sich vor Langeweile (IX 499)

Auf Fröhlichkeit und gute Laune muss man den Jüngling hinweisen. Die Fröhlichkeit des Herzens entspringt daraus, dass man sich nichts vorzuwerfen hat. Man kann sich durch Übung dahin bringen, dass man sich immer zum aufgeräumten Teilnehmer der Gesellschaft zählen kann (IX 499)

Eine Handlung muss mir wert sein, nicht weil sie mit meiner Neigung übereinstimmt, sondern weil ich dadurch meine Pflicht erfülle (IX 499)

In unserer Seele bewirkt etwas, dass wir Interesse nehmen an unserem Selbst, an anderen, mit denen wir aufgewachsen sind, und dann muss noch ein Interesse am Weltbesten vorhanden sein (IX 499)

(Die Pädagogik betreffend sollten folgende weitere Stellen herangezogen werden: II 228, 305-313, 319, 448-451; III 49, 79, 132, 456, 460, 466-467; V 308, 309, 310, 320; VI 47, 48, 145, 450, 477, 479-480, 484; VII 60, 92-93, 176-177, 184-185, 199, 200, 201, 217-218, 229, 236, 318; VIII 23, 402-403, 415; IX 19, 26, 76, 150, 163.)

Namen- und Sachverzeichnis

Das nachfolgende Verzeichnis wurde erstellt auf der Grundlage der beiden Duden-Taschenbücher von Friedrich Wilhelm Weitershaus „Satz- und Korrekturanweisungen", 5. Auflage, 1986 sowie von Klaus Poenicke „Wie verfasst man wissenschaftliche Arbeiten?", 2. Auflage, 1988. Außerdem waren die Arbeit von Horst Kunze „Über das Registermachen" aus dem Jahr 1964 und das Sachregister in dem Buch von Gottfried Martin „Immanuel Kant" von 1969 sowie die im Verzeichnis dieses Buches angebrachten Verweise auf Synonyme sehr hilfreich. Anstatt getrennter Namen- und Sachverzeichnisse wurden hier beide zu einem Verzeichnis zusammengefasst. Ein Ortsverzeichnis erschien wegen der wenigen Ortsnamen bei Kant überflüssig. Es handelt sich also um ein einheitliches Verzeichnis, was bei dem vergleichsweise begrenzten Umfang des Buches angemessen erschien.

Abweichend von der üblichen Regelung, auf Seitenzahlen des vorliegenden Buches zu verweisen, wurde hier auf die Stellen der Akademie Textausgabe der Werke Kants verwiesen. Dadurch kann das Verzeichnis auch getrennt von vorliegendem Buch genutzt werden, wodurch sich seine Verwendung wesentlich erweitert.

Solche Textstellen, die einen besonders persönlichen Bezug zu Kant haben, sind unter „Kant über Kant" zu finden (z. B. III 25–26). Gedichte, die Kant zitiert hat und die in vorliegendes Buch einbezogen wurden, sind unter dem Namen des jeweiligen Dichters, soweit von Kant angegeben, in dem Verzeichnis aufgeführt (z. B. von Haller, Pope). Nicht enthalten sind die Namen der in den Bildlegenden genannten Personen, da diese keinen direkten Bezug zu den Kant-Zitaten haben. Im übrigen sind die von Kant genannten Personennamen im Text des Buches und im Verzeichnis kursiv gedruckt. Bei einigen von Kant nur indirekt genannten Autoren einzelner Zitate konnten die Namen nicht ermittelt werden (z.B. II 240: „ein alter Philosoph").

Wenn eine im Verzeichnis genannte Stelle der Akademie Textausgabe im Text des Buches mehr als einmal vorkommt, dann müssen diese Stellen gelesen werden, um zu erkennen, welche dieser Stellen zum jeweiligen Stichwort passt. Zum Stichwort „Kants Humor" z.B. passt nur die erste der drei Stellen. Dieser Sachverhalt war wegen der an manchen Stellen in den Schriften großen Fülle der ausgewählten Zitate nicht zu vermeiden. Es sei denn, die Quellenangaben wären für solche Stellen nummeriert worden, was jedoch völlig unüblich ist. So darf denn wohl getrost die kleine Aufgabe dem Leser allein überlassen werden, denn „ein gewisser Grad des Rätselhaften in einer Schrift ist dem Leser nicht unwillkommen, weil ihm dadurch sein eigener Scharfsinn fühlbar wird" (VII 137).

Abhärtung IX 458, 459
Abraham, Stammvater der
   Israeliten VII 63
Abscheu V 60–61
Absicht IV 416
Abstraktion II 278–279, VII 131–132
Achtung II 239, V 76–77, VI 448–449, 466, VIII 337, 338, 339
 – Hochachtung II 233
 – Selbstachtung IX 494
Addison, Joseph, 1672–1729, engl.
   Schriftsteller und Politiker I 322
Affekt VII 252
Afterdienst VI 153, 168, 170–171
Afterreden VI 466
Ähnlichkeit VII 179–180
Alter, Altern I 357, II 239–240, VII 97, 99, 103, 201, VIII 117
 – relatives I 195
Amputation VI 423
Analogie I 315, 330, 334–335
Anfang I 353
Angewohnheit VII 149

Anmaßung V 108–109, VII 57–58
Annehmlichkeit V 205
Anschauung III 74–75, 85, IV 286–288, 350–351
Anspruch II 239
Anstand IX 486
Anthropologie VII 120
Antinomie III 294–315, 348, IV 339–341, V 107, 340
Apokalypse VIII 333
a posteriori II 358, III 28–29, 158, 473
a priori II 358, III 28–29, 34, 158, 469, V 467
Arbeit VIII 393–394, IX 470–472, 477, 499
Arbeitsteilung IV 388
Archimedes, gest. 212 v. Chr., griech.
   Mathematiker VIII 403
Aristoteles (gen. der Stagirit), 384–320 v.
   Chr., griech. Philosoph I 17, II 124, 342, III 92, 551, VI 404, 433, VIII 393–394, IX 20, 27, 30
Äsop, griech. Fabeldichter II 239

Atem, Atmen   VII 111
Atlantis   IX 234
Atom   I 226, 227, II 148
Aufklärung   VIII 35–37, 39, 40
Aufrichtigkeit   VI 190, 429
Aufruhr   VIII 382
Ausdruck   V 320
Ausnahme   IV 424
Ausstrahlung   I 11
Autodidakt   IX 477
Autonomie   s. Imperativ, kategorischer, und Staatsautonomie
Autor
– der Philosophie VIII 219

Basedow, Johann Bernhard, 1724–1790, Pädagoge II 448–449
Bedeutung   III 245–246
Bedrohung   VIII 348–349
Begehren, Begierde   II 71, V 60–61, IX 492
Begriff   II 284–285, III 32–33, 74, 245–246, 248, 469, V 192
– widersprüchlich IV 341
Beharrlichkeit   IV 381
Behauptung   III 344–345
Bejahung   II 49
Belieben   II 33
Bestimmung   II 42
Betrug   IX 490
Bewegung   I 28, 33, 35, 62, 143–144, 244, 344, II 102, 145, III 121, 178, IV 483, 497, IX 316–318
– der Erde I 186
– des Falles I 226
– der Meere I 189
– Umlaufbewegung I 334–335
siehe auch Kraft, bewegende, sowie Gesetz der Bewegung
Beweis   I 68, III 481, IV 339–340, V 461
– geometrischer I 50
– Grund V 463
– kosmologischer II 160–162
– ontologischer II 161
– Schlüssigkeit II 160–161
siehe auch Gottesbeweis
Bewunderung   II 94
Bibel   VI 10, 13–14, 110, 113, VII 9, 48, 63, 66, 68–69
Bildung   VI 48, VII 92–93, IX 469
Böses, das Böse   VI 40, 43–44, 45, 58–60, 163, VIII 119, IX 495–496
Brunst   VI 426
Buch   I 15, IX 473
Buffon, George Louis Leclerque, Graf von, franz. Naturforscher, 1707-1788, II 4 (unter Physische Geographie)

Capella, Martianus, lateinischer Schriftsteller, um 420 n.Chr., V 304
Cartes, des   s. unter *Descartes*
Cato, Marcus, Portius, 95–46 v. Chr., röm. Staatsmann VI 428, VII 171
Chaos   I 228, 234–235, 263–264, 319
Charakter   II 245, IV 393, 398–399, VI 48, VII 285, 296, IX 236, 481
Chemie   IV 469, 471
Chesterfield, Philip Dormer Stanhope, Earl

341

of, 1694–1773, engl. Staatsmann und
Schriftsteller   VI 428, VII 278
China   IX 320, 377, 380
Christentum   VII 8, 36, VIII 337
Christus   s. Jesus
Colbert, Jean Baptiste, 1619–1683, franz.
Staatsmann   VII 19-20
La Coste, Petrus, 1697–1751, reformierter
Prediger   VII 61
Coyer, Gabriel Francois, 1723–1788, Abt
VII 83
Cromwell, Oliver, 1599–1658, engl.
Staatsmann   II 211, VII 92

Dank   I 458
Dasein   II 82, III 194, VIII 329
– der Dinge III 23
– Grund V 425–426
– Zweck I 356, V 435
Deist   III 421
Demokratie   VIII 352–353
Demokrit, ca. 460–385 v. Chr., griech.
Philosoph   I 226, 227, II 148
Demut   II 42, IX 491
Denken, Denkvermögen, Gedanke, Gedächtnis   I 93, 95, 102, 335, 357,
II 57, 82, 306, III 333, IV 304, V 99,
294, 303, VI 48, 133, VII 109, 171,
184–185, 192, 200, VIII 36, IX 91,
472–474, 476
– Objekt des Denkens III 402
– Vollkommenheit I 331
Descartes, René, 1596–1650, franz. Philosoph, Mathematiker und Naturwissenschaftler   I 37, 42–43, 148,
II 16, III 403
Diätetik   VII 100, 109
– gedankliche VII 103, 104
Dichter   VII 188
Ding, Dinge   I 460, II 159, 296,
III 186, IV 439, V 107, 425–426
– an sich (an sich selbst) III 69, 224,
IV 294, 314–315, 339–340, 350–351,
451, 484, 507, V 53, 107
– in Raum und Zeit III 473
– natürliche I 364, V 410
– Ordnung der Dinge V 107
Disziplin   III 466–467, VI 485,
IX 442, 444
Dogmatismus, Dogmatiker
III 482–483, 513, IV 366, VIII 415
Dynamik   s. Kraft

Egoismus   s. Selbstsucht
Ehre   II 227, VI 335–336, VII 257
Ehrfurcht   I 321
Eifer   II 310
Eigennutz   II 227
Eigentümlichkeit, Spezifität   II 229
Einbildung   I 61, 455, V 242–243,
VII 103, 169
Einfalt   II 372
Einheit   III 300–301, 322–323
Einsicht   I 356, III 79, IV 256–257,
259–260, 409, V 146–147, 400,
IX 444
Eitelkeit   I 9, 196, VIII 390
Elemente   I 225, 263–264

– Feuer I 213
– Wasser (Flüssigkeit) I 187, 200, 202–203, V 349, IX 261
– Grundstoff I 312
Empfindung   II 207–209, 242–243, 324, III 158, V 445, 447
Entbehrung   IX 486–487
Entdeckung   III 452–453
Enthusiasmus   II 267
Epikur, 341–271 v. Chr., griech. Philosoph   I 222, 226, 227, II 148, III 327–328, 550–551, VI 484–485, VIII 414–415
Erde, Erdkugel   I 186, 187, 189, 190, 200
– Alter I 195–196, 202, IX 267
– Beschaffenheit IX 261, 303
– Besiedelung I 200–201
– Entwicklung IX 303
– Fruchtbarkeit I 197, 202
– Gestalt I 201, III 452
– Veralten (Ursachen) I 202–203, 213
– Verwüstung I 197
– Vollendung IX 269
Erdichtung   II 371
Erfahrung   I 357, III 27–28, 31, 174, 249, 382, IV 340–341, 351, 418, V 53, VI 215
– Selbsterfahrung VI 63
Erhabenheit   II 151, 208–212, 214–215, 228, 233, 240, 243, V 263, 316, VI 33
Erinnerung   VII 178
Erkenntnis   I 9, II 60–61, 197–198, 295, 297, 313, 347, III 27–29, 31, 74, 79, 104, 111, 460, IV 322, 323, V 238, IX 68
– a priori IV 265–268, 272, V 12
– durch Versuchen V 178, 191
– mathematische III 469–470, 541
– metaphysische IV 265–266
– philosophische III 469–470, 475, 541, IV 265–266
– Selbsterkenntnis III 123, 260, VI 441
– sinnliche IV 290, VIII 418
– Vermögen V 146–147, 167–168, 174, 395, VII 198
Ernährung   VII 107
Erscheinung   III 356, 365, 366, IV 287–288, 347, 451, V 53, 107
Erzeugung, Zeugung   II 114, 435–436
Erziehung   II 449–451, VI 480, 484, IX 441–444, 446, 449–451, 476
– Dauer IX 453
– Experimente IX 451
– Fehlerziehung IX 459, 461, 465
– Härte IX 464
– Lehre IX 455
– moralische IX 481
– physische IX 456
– praktische IX 486
– religiöse IX 495
Ethik   IV 387–388, VI 98–99, 491
Euklid, ca. 365–300 v. Chr., griech. Mathematiker   IV 271
Evolution   IX 268
Ewigkeit   I 309–310, 313–315, VIII 327
Existenz   I 22, II 78, 79, 155–156,

296–297, III 165, IV 428
- notwendige III 410

Familie VI 277–283, IX 245–246
- Ehe II 239, 242–243
- Ehevertrag VI 277–278
- Elternpflicht VI 280–283
- Kinder VI 282–283
Fanatismus II 267
Faulheit IX 470–471
Feind, Feindschaft VIII 346
Fleiß I 197, IV 381, VII 217–218
Förmlichkeit VII 147
Forschung II 139, IV 352
Fortpflanzung VII 178
Fortschritt VIII 39
- zum Besseren VII 92–94
Frage III 79
- zentrale III 522, IX 25
Frau II 228–232, 239–242, 247, VII 255–256
Freiheit III 30–31, 260, 308–309, 322–323, 492, 518, IV 459, V 7–8, 99, 473, 474, VI 58, 79, 142, 144, VIII 36, 37, 403, 415, 416, 418, IX 244, 454, 485
- der Wissenschaft VII 19–20
- innere VI 407
- moralische VI 381–383
Freude VI 215
Freundschaft VI 469–471
Frieden V 263, VIII 121, 343, 346–349, 356, 368, 386
Frohsinn IX 499

Funk, Johann Friedrich von, 1738–1760, II 43

Ganzes, das Ganze I 346, 352, II 35, 67, III 414, IV 286, 418
Gebet VI 194–195
Gebot V 83, VI 99, 103, 154
Gedanke s. Denken, Idee
Geduld II 373, IX 478
Gefühl II 207, 216, 225–226, 248, V 60, 178, 187, VI 114, VII 100, 103, 255–256, VIII 394–395, IX 484
- Mitgefühl VI 457
Geheimnis VI 143–144, 170–171, VII 303-304, VIII 389, 402–403
Gehirn II 325–326
Gehorsam IX 483
Geist I 321, 322, 356–357, II 319–321, 340–341, VI 59
- Gemeinschaft mit dem Körper II 327–328
- spiritualer II 317, 319–321, 351
Geiz VI 432–433
Geld VI 286–289, VIII 368
- Scheidemünze VII 152–153
Gemächlichkeit VII 101–102, 252, IX 477
Gemeinsinn V 293
Gemüt V 235, VI 484–485, VII 216
Genie V 235, 307–308, 310–311, VII 318
Genügsamkeit II 151, 154
Genuss VII 165
Geographie IX 163, 476

Geometrie   I 244, II 289, III 101,
   IV 287, V 363
Gerechtigkeit   V 37, VI 332, 334,
   488–490, VIII 260
Geschichte   IV 255,
   s. a. unter Mensch und Welt
Geschmack   II 237, 245, 255, V 191,
   223, 225, 311, 356, IX 319
   – Prinzip V 231
   – Urteil V 203, 205, 209–212, 223,
   304–305, 338, 355
   – Widrigkeit V 242–243
Gesellschaft   VI 428, VII 278, 280, 331
Gesetz, Gesetzgebung   III 239, 521,
   IV 402–403, 412, V 43, 174,
   VI 98–99, 145, 235, 236, IX 11
   – der Bewegung I 58–59, 225–226,
   III 14–15
   – der Dynamik I 148
   – des Endlichen I 319
   – der Kontinuität I 37, 181, II 20–21
   – der Mechanik I 37, 344
   – der Moral V 122, 129, 161–162,
   VI 50
   – der Natur I 225–226, 345–347, 353,
   431, II 104, 105, 108, 114, 148,
   III 184, 194, 308–309, 368,
   IV 348–349, 468, V 186, VI 86–87,
   VIII 364, 415, IX 11, 494
   – der Schwerkraft I 42–43
   – der Veränderung I 198
   – des Verstandes V 186
Gesinnung   III 537, V 315–316, VI 47,
   68, 76, 392, VIII 26

Gesundheit   VI 484–485
Gewissen   VI 78, 186, 400–401,
   438–439, VIII 329, 330, IX 495
Gewohnheit   IX 463
Glaube   III 23, 421, 487, 532–537,
   V 471, VI 62, 84, 115, 124, 129, 163,
   164, VII 43–44, 49, VIII 396, 397
   – Aberglaube VII 65
   – pragmatischer III 534
   – Schwur VI 305
   – System VII 61
   – Unglaube VI 84
   – Vernunftglaube V 144
   – zufälliger III 534
Gleichheit   VIII 350, 351
Gleichgewicht   II 246
Gleichmut   II 262, VI 484
Globalisierung   VI 123
Glückseligkeit   I 322, 460, II 39,
   IV 399, 418, V 124, VI 60, 377
Gott, höchstes Wesen, höchste Weisheit u.a. Synonyme   I 221–222,
   225, 329, 331–332, 338–339, 363,
   365, 458, 460, II 29, 42, 121, 151,
   296–297, III 30–31, 260, 397, 409,
   518, 526, V 473, VI 60, 86–87, 139,
   141, 143, 170-171, 488, VII 39,
   VIII 418, IX 450–451, 494
   – Allmacht I 223–225, 312, 317, 318
   – Beweis I 222, 226, 334, II 91, 155–
   156, 159–160, 162, III 396, 403, 419
   – Bildnis V 274, VI 198-199
   – Dienst VI 103, 160, 198-199
   – Dreifaltigkeit VII 39

– Ehre Gottes V 131, VI 103–105, IX 495
– Eigenschaften II 151, 154, V 131
– erkennen VII 46, 63
– Es ist ein Gott I 228, 346, II 65, 89, 162, VIII 142
– Gesetz VI 142, IX 494
– Leugnung I 227
– Lob I 322
– Macht I 58–59
– Reich Gottes VI 101, 103
– Schöpfung I 221, 312, V 102, 138
– Unendlichkeit I 255–256, 309–319, II 154
– Unermesslichkeit I 247
– Vorsehung VI 121
– Weisheit I 58–59, 107, 223, V 148, VIII 337
– Wille II 300, III 409, IV 414

Gottsched, Johann Christoph, 1700–1766, Gelehrter und Schriftsteller I 322

Gravitation   s. Kraft, Anziehungskraft, Schwerkraft

Größe   I 319

Gut, das Gute   II 448, 451, V 77, 207, 298–299, 353, VI 45, 58–60, 433, VIII 26, 119, IX 446, 448, 495–496
– höchstes V 129, 146

Haller, Albrecht von, 1708–1777, schweiz. Arzt, Naturforscher und Dichter   I 314–315, 321

Handeln, Handlung   III 522, IV 407, V 79, VI 41

Harmonie   I 333, 334, 365
Heidentum   VII 49, 50
Heimweh   IX 245
Held, Heldentat   VI 423
Hoffart, Stolz   II 249
Hoffnung   III 522, IX 245, 478
Homer, 8. Jh. v. Chr., griech. Dichter   V 309
Hudibras   II 348
Humanität   VII 278
Hume, David, 1711–1776, engl. Philosoph, Ökonom und Historiker   II 253, IV 263, V 285–286, VII 93–94
Hypothese   VI 354

Ideal   III 383–384, VII 90–91
Idee   III 248, 438, IV 349, 357, V 309, 467–468, VII 141, 173, 199–200
   s. auch Denken, Gedanke
Imperativ   IV 413, 420–421
– kategorischer IV 414, 421, 437, VI 225, 336–337, VIII 416
Initiative   IX 76
Innovation   VIII 24–25
Inspiration   VIII 441
Instinkt   VIII 111
intelligibel   III 366, 371, IV 316
Interesse   IV 459, IX 499
Irrtum   I 10–11, 42–43, 95, 102, 115, 195, 353, 357, II 71, 292, 327, III 234–235, 534, V 274, VI 451, VIII 136, IX 56
Islam   V 274, VI 428
Isokrates, 436–338 v. Chr., griech.

Redner   II 313
Isolation   VIII 20–21

Jagd, Jäger   VIII 363–364
Jesus   VI 61–63, 141, 160, VII 39
Judentum   VI 125–126, 141
Jugend   IX 485, 489–490, 493
Juno, röm. Göttin   II 341

Kant über Kant
– Altern   III 25–26
– Beharrlichkeit   II 33
– Beweisnot   I 315
– Daseinsfreude   II 34–35
– Diätetik, gedankliche   VII 104
– Ehrfurcht   I 221–222, 312, II 117
– Eifer   I 221–222
– Einsicht   II 35, 80, 201–202, 328
– Fairness   IV 357–358
– Forschungssystematik   IV 274
– Gelassenheit   I 222
– Gewichtung   II 352
– Glaube   III 534–537
– Gründlichkeit   IV 364
– Humor   II 325, 348, VII 239
– Hypochondrie   VII 104
– Infragestellung   II 68
– Kühnheit   I 315
– Lichtvolle Darstellung   III 25
– Logik   IX 20
– Menschen- und Weltkenntnis   II 4 (unter Physische Geographie), VII 120–122
– Menschsein   II 40

– Offenheit   VII 6
– Popularität   IV 262
– Religion   I 222, VI 132
– Satiriker   VIII 343
– Sehvermögen   VII 115, 116
– Selbstkritik   I 235, 236, II 66, III 25
– Selbstüberschätzung   I 10, 148
– Selbstvertrauen   I 10
– Spiritualismus   II 327
– Spontaneität   I 25
– Unbescheidenheit   VII 98
– Urteilsfreiheit   I 7, 9
– Vermächtnis   III 25
– Vernunfteinsicht   II 16, 25
– Vorurteil   II 253
– Wahrheit   I 10
– Werkerläuterung   II 68–69, IV 381
– wichtigste Erkenntnis   VIII 120–121
– wissensch. Standort   IV 373
– Zeitmangel   II 66
– Zuversicht   I 221
Kardinalsätze   I 228, 346, II 65, 89, 162, III 486, VIII 120-121, 142
Kästner, Abraham Gotthelf, 1719–1800, Dichter, Mathematiker und Physiker   VIII 417
Katechismus   VI 479, 484
Kategorie   III 92, V 136
Kepler, Johannes, 1571–1630, Astronom und Mathematiker   I 244
Kirche   s. Religion
Kleidung   VII 137
Klugheit   III 79, IV 416
Kommunikation   V 153, VII 176–177, 280

Können, Vermögen
– Grundvermögen V 46–47
Konsequenz V 24
Kopernikus, Nikolaus, 1473–1543,
Astronom und Mathematiker
III 14–15
Körper, Leib I 355, II 102, 324,
III 263, VII 41
– Mathematik I 140
– Natur I 140
– Physik I 70–71, IV 525
Korrektheit IV 397
Kosmologie III 258
Kraft, Dynamik I 17, 20–21, 28, 33, 62,
153, 244, 344, III 217–218, IV 357–358
– Anziehungskraft, Schwerkraft I 17,
187, 190, 226, 234–235, 245, 307,
341–344, II 20, III 14–15, IV 516,
518, VI 138, IX 216
– bewegende IV 497, VI 138
– Federkraft I 70
– göttliche VII 43–44
– Grundkräfte IV 513, 524, V 46–47
– lebendige I 15, 143–145
– Reibung IV 527
– Rückstoßkraft I 234–235
– tote I 143–145
Krankheit VII 100, 101, 103
Krieg V 263, VII 93–94, VIII 24–25,
121, 346, 347, 363, 365
Kritik III 333, IV 366, 383
s. auch Vernunft, Kritik der
Kultur VIII 26
Kunst V 225, 304, 306–308, 312

– Dichtkunst V 320, 326
– Erziehungskunst IX 446, 447, 448
– Regierungskunst IX 446
– Schreibkunst VII 184, 185
– Tonkunst V 328

Laster I 357, VI 404–405, 474, IX 492
Laune VII 236
Leben II 39, 330, V 89, VII 101–102,
105, 201, VIII 122
– Erzeugung von Leben I 230
– Lebenskraft VII 109
– Lebenswandel III 550, VI 103
– Lebensziel II 41
– Lebenszweck VII 30
– nach dem Tod II 338, III 276, 526,
V 123, VII 41, VIII 335–336
– Wert VII 239
– Wohlleben VII 278
Lehre I 227, II 305–307, 310, 448–449
– Glaubenslehre VII 59
– Methoden IX 477
Lehren V 309
Leibniz, Gottfried Wilhelm, 1646–1716,
Mathematiker und Philosoph I 7, 17,
37, 42–43, 58–59, 102, 148, 181,
II 29, III 403, IV 507, V 160, VII 141
Leidenschaft I 357, II 261, VII 252, 266
Lernen V 308
Lesen, Leser I 15, VII 137
Lesewelt VII 233
Leukipp, 5. Jh. v. Chr., griech. Philosoph
I 226, 227
Liebe II 240, 242–243, 250, 252,

IV 399, V 83, VI 45, 401–402, 426,
488, VIII 337, 338, 339
– Nächstenliebe VI 451
Linie   III 480
Loge   VIII 389
Logik   II 310, III 8, 130, IV 387–388,
IX 13, 16, 20, 51
– Syllogistik II 48-61
Lüge   VI 431, VII 332, VIII 422,
IX 484, 489
Lukas, Evangelist   VI 51-52
Lukrez, ca. 97–55 v. Chr., röm. Dichter
I 226, 334
Lulof   II 4
Lust   II 180, V 178, 187, VI 426

Macht   VIII 371, IX 460
– geistliche VI 133
– innere VIII 402–403
– weltliche VI 133
s. auch Gott, – Allmacht und – Macht
Mann   II 228, 229, 240–242, 254,
VII 255–256
Maß
– Mittelmaß I 32
– Übermaß VII 249
– Unmäßigkeit VI 427–428
Materie, Stoff   I 62, 186, 222–223, 228,
262, 263, 310, 330, 355–359, 362,
II 50, 102, 145, III 164, 217–218,
224, 300–301, IV 348–349, 481,
497, 503, 512, 525, 526, 537
Mathematik   I 70, 107, II 167, 276, 278,
279, 281–285, 289, 292, III 9, 36–37,
468, 482, 533, 541–542, IV 268, 287,
469–471, 478–479, V 329, VII 113
Maxime   III 527, IV 402, 403, 420–
421, 424, V 294, VI 432–433
Meditation   IX 150
Medizin, Mediziner (Arzt)   II 271,
VII 100–101
Meinung   I 11, 68, 93, 121, III 505,
532–537, V 467–468, IX 67
– mittlere I 32
Mendelssohn, Moses 1729–1786, Philosoph   IV 262
Mensch, Menschheit   I 318, 355–359,
366, 431, 455–460, II 207, 429,
III 371, IV 428–429, V 87, 148,
435, VI 60–61, 397, 447, VII 83,
88–89, 127, 171–172, 178, 324,
326–327, 330, VIII 21, 23, 330–331,
IX 25, 236, 312–313, 316, 442–443,
469–470, 491
– Anpassung II 435
– besserer VI 45, 50, 51–52, 68,
IX 494
– böser VI 20
– Fähigkeiten VIII 110–111
– freier III 492, VI 44–45
– Geschichte VIII 17–18, IX 228
– Menschenfeind VI 450
– Menschenfreund VI 450
– Menschenkenntnis VII 120–121
– Menschwerdung IX 443
– Würde VI 437
Mentalität   II 431
Merkmal   II 48, 49

Metaphysik, metaphysisch   I 22, 28, 107, II 282–286, 289, 292, 367–368, III 19, 22, 41, 260, 549, IV 256, 260, 271, 276–277, 366–367, 378–379, 383, 469, 478–479, V 473, VI 375, VII 114, VIII 393–394
– zweifache IV 388
Methodik   II 319
Militär   VIII 345
Misanthropie   VII 205
Misstrauen   VII 332
Mitteilung   V 238, 320
Möglichkeit   II 296, III 196, 232, V 401–402
Mond   I 190
Montaigne, Michel Eyquem de, 1533–1592, franz. Philosoph   VII 166–167
Moral   II 105, 300, III 325, 373, 537, IV 398, 402, 424, V 30, 123, 129, 356, VI 14, 22, 49, 58, 100, 110, 225–227, 392, 484–485, VII 58, VIII 26, 332, 370, 372, 377, 420, IX 70
Moore (Morus), Sir Thomas, 1478–1535, engl. Staatsmann und Humanist   VI 69, VII 92
Moses, um 1225 v. Chr., biblische Figur   VIII 110–111, IX 267
Mühsal   VIII 120–121
Mündigkeit   VII 229, VIII 35
Musik   V 243, 305–306, 328–329, VII 281, VIII 392, IX 320
Muße   IX 470

Mut   VII 256–257, IX 478
Mutation   IX 314

Nachahmung   VI 479
Narr, Narrheit   II 262, 263
Natur   I 24–25, 61, 107, 196–198, 221, 225–228, 234–235, 244, 263–264, 307, 309, 312–319, 322, 332, 338–339, 345–347, 364, 365, 431, 456, 460, II 330, 351, 449, III 184, IV 294, 296, 349, V 43, 148, 306–307, 316, VII 327, VIII 19, 21, 334, 337, IX 492
– Anlagen IX 448
– Ereignis I 333
– Erhaltung I 354
– Erscheinung III 330
– Forscher I 197, 333
– Gesetz s. Gesetz
– Gestaltung II 88
– Gewalten II 104
– Gleichgewicht I 317
– Naturen im Universum I 358, 362
– Katastrophen I 318, 431, 456
– Kräfte I 222, V 427
– Lehre VIII 18
– Mechanismus V 410
– Ordnung I 312, III 248
– Verfall I 202–203
– Wissenschaft II 286, IV 353, 467–470, 478–479
– Zweck II 240, III 487, 489, IV 362, V 379
s. auch Gesetz der Natur

Neigung   V 118, 146–147, VI 426
Newton, Sir Isaac, 1643–1727, engl. Mathematiker, Physiker und Astronom   I 7, 58–59, 186, 226, 234–235, 338–339, II 20, 286, III 14–15, IV 474, 478-479, V 400, VI 138, IX 495
Noah, bibl. Figur im Alten Testament   VIII 364
Not   VI 235, 236
Notdurft   II 308
Notwendigkeit   II 81, 91, 92, 328, III 186, 194–195
Nutzen   I 503, II 55, 57

Obrigkeit   VII 31, 60
Offenbarung   I 195–196
Offenheit   V 106
Opium   VI 428
Optimum   II 29, 35, 109
Ordnung   I 225–228, 233–235, 312, 334, 347, V 107

Pädagogik   s. Erziehung, Erziehungslehre
Paradoxie   VI 235
Paradoxon   I 22, IV 286, VI 44–45
Persönlichkeit   VI 439
Pflicht   IV 397–399, 402, 424, 429, 430, V 86, 89, VI 7, 48–49, 220, 239, 401, 457, VII 257, VIII 338, 402, IX 482, 483, 499
– gegen sich selbst IV 429, 430, VI 421, 428, 432–433, 441, 444, IX 488, 489

Phantasie, Phantast   II 267, 317, 342, 348, VII 46, 175, 178
Philanthropismus, Philanthrop   II 448–451, VI 450, VII 320
Philosoph, Philosophie, Weltweise, Weltweisheit   I 31, 95, 222, 226, 332, 333, 338–339, II 67–68, 71, 124, 167, 197–198, 230, 271, 276, 278, 279, 281–285, 289, 292, 293, 296–297, 306–308, 358, III 19, 23, 249, 282, 327–328, 477, 482–483, 517, 541–543, 550–551, IV 255, V 24, 63, 108–109, 163, 171, 174, VI 9, 207, 375, VII 67, 98, 102, 113–114, 280, VIII 369, 393–395, 403–406, 414–415, 418, 421, 422, IX 22–31, 162
– empirische III 543, IV 388
– Fakultät VII 27–30, 33, 45, 61
– formale IV 387
– griechische IV 387
– materiale IV 387
– Redegebrauch II 284–285
– reine III 543, IV 388
– Schule der ~ IX 26, 30, 31
– Transzendental- III 44–45, 232
Physik   I 61, III 9, IV 387–388
Physiognomie   VII 296, 301, 303–304
– Physiognomik VII 297
Plan, Planung   IV 262–263
Planet, Himmelskörper, Weltkörper   I 244–247, 334–335, 337, 338, 342–346, 352, 353, 354, 358, 365–367, II 102, 145, VII 172, VIII 23

351

Platon (Plato), 427–348/47 v. Chr., griech. Philosoph   II 240, III 32, 248, 327–328, 383–384, 550–551, IV 507, V 363, VI 60, VII 90–91, 92, 141, VIII 369, 393–394, 403–404, 406, IX 30, 234, 477
Pluralismus   VII 130
Poesie   VII 247
Polemik   II 25, III 487
Politik   VIII 370, 372, 380
Pope, Alexander, 1688–1744, engl. Dichter   I 349
Popularität   III 20–21, IV 409, IX 19
Posidonius (Poseidonios), 135–51 v. Chr., griech. Philosoph   V 60, VIII 414–415
Printmedien   VII 233
Prinzip   IV 412–413
Probierstein   III 44
Problem   VII 54
Prolegomena   IV 255, 274
Prophetie   VIII 113, 122
Prosa   VIII 406
Protagoras aus Abdera, ca. 485–415 v. Chr., griech. Philosoph   VI 486
Proteus (griech. Mythologie), ein weissagender Meergreis, der die Fähigkeit hatte, sich in allerlei Gestalten zu verwandeln   II 255
Psychologie   III 258, 278
Pyrrhon (Pyrrho), griech. Philosoph z.Zt. Alexanders d.Gr.   II 262
Pythagoras, 6. Jh. v. Chr., griech. Philosoph   VIII 393–394

Rasse   II 435–436, 441, IX 316–318
Raum   I 24–25, 25, II 71, III 52–53, 55, 58, 69, IV 285–288, 480, 484
– durch Kraft   I 23
– Entfernung   I 330
– Inhalt   IV 525
– leerer   II 145
– Zwischenraum   I 342–344
Realität   II 31, VIII 406
Recht, Rechtsprechung   IV 357–358, VI 185–186, 230, 486, IX 490
Rechtschaffenheit   V 77
Regel, Regelmäßigkeit   V 242–243, IX 481
Regierung   VII 28–29
Reinheit   III 28
Reisen   VII 120, IX 157, 158
Religion   I 221, VI 51–52, 103–104, 108–109, 124, 127, 132, 153–154, 160, 164, VII 8, 36, 46, 67, VIII 40, 336, IX 485, 494, 495
– Spaltung   VI 123
– Vernunft-   VI 122
– Wahn   VI 175
– Zweck   VII 56
Republik   VIII 349–350, 353, 356, 366
Respekt   VI 448–449
Reue   V 98
Rhetorik   VII 98
Rousseau, Jean-Jacques, 1712–1778, franz. Schriftsteller   II 247, VII 326–327, IX 469
Ruhe   II 262, VII 276, VIII 335–336

Sache
- abgeurteilte V 7
- eigene I 16
- gute I 82
- schlimme I 78

Satire I 353

Satz III 514
- a posteriori IV 275
- a priori IV 275–277
- der Identität II 284
- des Widerspruchs II 294, III 141, 142, IV 275
- Grundsatz I 10–11, II 227, 232
- Kardinalsätze I 228, 346, II 65, 89, 162, III 486, VIII 120-121, 142

Schein II 218, III 202, 489–490, IX 56

Schicksal II 41

Schlaf VII 101, 105

Schlosser, Johann Georg, 1739-1799, Stadtsyndikus in Frankfurt/Main VIII 389–406

Schluss, Schlüssigkeit II 49, 50, III 240, 255, 260

Schmeichelei VII 313

Schmerz VII 231

Schönheit II 208–212, 228, 233, 240, 243, V 207, 211, 219, 302, 304–305, 311, 353, 355

Schöpfung I 221, 236, 255, 256, 312–319, 354, 355, II 121, VII 92
s. auch Erde, Gott, Welt

Schriftsteller V 106, VII 185

Schuld, Schuldigkeit VI 227, VIII 120–121

- Verschuldung (moralische) VI 227

Schule, Schüler II 305–306, 449, III 456

Schwein II 262

Schwere IV 518

Schwierigkeit IV 474

Schwur VI 486

Seele I 20–21, 24–25, 321, 355, 366–367, II 39, 264, 324, 325, 332–333, 338, 340–341, III 263, 274, IV 351–352, V 77, VI 49, VII 41, VIII 392, 402–403, IX 499

Selbstmord s. Tod

Selbstsucht V 73, VI 450, VII 128–130

Selbsttäuschung VI 68, 174

Selbstüberschätzung I 460, III 330

Seneca, Lucius Annaeus S., ca. 0–65, röm. Philosoph, Schriftsteller und Dichter VI 428, VII 171

Sinn, Sinne II 347, III 233–237, 348, IV 288, 314–315, 360, 451
- Doppelsinnigkeit VI 22
- Scharfsinn I 13, VII 137
- Spruch VII 145
- Unsinn VII 169
- Widersinn II 356–357

Sinnlichkeit I 356–357, III 49, 75, 234–235, IV 286, 323, V 60–61, VII 58, 152, 196, 276, VIII 418

Sitte, Sittlichkeit III 527, V 37, 356, VIII 332
- Lehre VI 226

Smith, Adam, 1723–1790, engl. Philosoph und Volkswirt VI 289

Sokrates, ca. 470–399 v. Chr., griech.
    Philosoph   II 369, VII 145, 153,
    IX 29, 477
Sollen   III 371–372, IV 414
Sonne   I 358–359
Sorgfalt   II 161–162
Spezialisierung   IV 388
Sprache   II 73, V 320
  – Sprachseligkeit VII 103
Staat   VII 92–94
  – Autonomie VIII 344, 346
  – Form VIII 351–352, 377
  – Freiheit VIII 356
  – Schulden VIII 345
Stärke
  – sittliche VI 405
Sterne, Gestirne   I 233, 255, 328–329
Sterne, Laurence, 1713–1768, engl.
    Erzähler   IX 469
Stolz   IX 491
Strafe   V 37, VI 70–71, 463, IX 484
  – Höllenstrafe VI 69–71
Streit   III 344–345
Sünde, Sünder   I 365–366, VI 38–39, 70–71
Swedenborg, Emanuel v., 1688-1772,
    schwed. Naturforscher und Theosoph
    II 317-373
Swift, Jonathan, 1667–1745, engl.
    Schriftsteller   VII 152
Syllogismus   II 48–61

Tadel   II 233, VII 313
Tag
  – jüngster VIII 328, 331–332
Talent   V 310, VII 198, 318
Tätigkeit   V 79
  – doppelte VII 109
  – sinnvolle VII 234
  s. auch Handeln, Handlung
Täuschung   VII 199, 332
Tautologie   VI 433
Thales von Milet, um 600 v. Chr., griech.
    Philosoph   IX 28
Theist   III 421
Theologie, Theologe   III 258, IV 383,
    VII 67, IX 493
  – biblische VI 9–10
  – Fakultät VII 28–30, 45, 61
  – philosophische VI 9–10
Tiresias, blinder Seher aus Theben,
    griech. Mythos   II 341
Tod   II 41, 42, IV 429, VI 81, 422, 423,
    VII 97, 100, 166–167, VIII 327
  – Selbstmord IV 429, VI 81, 422–423,
    VII 213
Todesstrafe   VI 334, 335-336, 336-337
Toleranz   IX 469
Torheit   II 261–263, 356, 367, VII 82
Transzendenz   IV 315
Traum   II 264, 342
Trieb   II 227
Trunksucht   VII 170–171
Tugend   II 218, 219, 231, 372–373,
    V 316, VI 33, 38–39, 57, 220, 409,
    433, 474, 477, VII 152–153,
    IX 450–451, 492
  – Lehre VI 477–480, 484

Übel V 60
Überfluss I 338
Überredung III 532, VI 153
Überzeugung II 68, V 238, VI 163
Unendlichkeit I 256, 309–319, II 39
Unermesslichkeit III 409
Universum, Weltall, Himmelsraum I 186, 262, 263, 307, 309, 310, 338, 362, II 108, III 345, V 161–162, IX 216
– Mittelpunkt I 233, 244, 307, 312–314, 316, 328–331, 342–344
Unsterblichkeit III 30–31, 260, 518, V 122–123, 473, VIII 418
Untergang I 353
Ursache II 96, III 393, 396, 414–415, IV 296, VII 90
Ursprung II 114, V 363
– der Dinge I 227–228, II 124
Urteil I 16, II 50, 60–61, 67–68, 294, 348–349, III 29, 141, IV 299, V 238, 285–286, VII 145
– analytisches IV 266–267
– negatives III 466
– synthetisches IV 266
– Urteilsprüfung VII 128–129
– Vorurteil I 8–9, 121, VIII 36, IX 76
Urteilskraft III 132, V 177–179, 192, VII 199, 227–228, IX 472

Vaihinger, Hans, 1852–1933, Philosoph III 28
Varenius Bernhardius (eigentlich Bernhard Varen), 1622–1650 oder 1651, Geograph II 4 (unter Physische Geographie)
Veränderung II 48, III 165–166
Verantwortung I 365–366
Verdammung VI 189
Verdienst II 225–226, VI 227
Vererbung VI 40
Verfasser I 235
Verfassung VI 372, VII 87, 90–92, 331, VIII 26, 27, 349–353
Vergänglichkeit I 317
Vergleich I 93
Vergnügen I 366–367
Verknüpfung IV 260
Vermutung II 187
Verneinung II 49
Vernunft, reine Vernunft I 42–43, 221, 331–332, 356 357, II 16, 67–68, 108, 294, 305, 367–368, III 10, 30–32, 195, 237, 255, 260, 282, 333, 410, 427, 435, 438–439, 468, 486, 497, 526, IV 339–341, 381, 452, V 60–61, 107, 118, 136, 160, 177, 447, VI 58, 115, 175, 439, VII 46, 57–58, 67, 92, 199–200, 227–228, 266, 324, VIII 37, 335–336, 393–394, 403, IX 22–27, 472, 477
– Erkenntnis V 12
– faule III 454
– Freiheit der Vernunft III 487
– fremde III 540–541
– gemeine IV 277
– Interesse III 522
– Kritik der Vernunft III 41, 44, 45, 484, 491, V 146, 167–168, 179,

355

VI 206, VII 67
- praktische V 30, VIII 441
- Prinzip der Vernunft IV 404
- Recht der Vernunft III 492
- spekulative III 45, 518, IV 381, V 7, IX 28
- Widerstreit der Vernunft IV 339–340, 347

Verstand I 7, 22, 61, 68, 95, 226, 315, 357, 360, II 57, 65, 161–162, 229, 261, 269, 291, 305, 325, 341, 356, 357, 368, III 75, 111, 224, 234–235, 427, 435, 438, 439, IV 288, 315, 323, 350–351, 451, V 177, VII 127, 137, 144, 196, 227–228, VIII 40, IX 11, 12, 472, 476
- gemeiner III 328–329, IV 259–260, 409, V 293
- gesunder IV 259–260
- höchster I 227–228
- reiner III 32, 202
- spekulativer IV 259–260

Versuch II 187, 197–198
Vertrauen VI 472, VII 198, 205, IX 487
- Selbstvertrauen I 10
Verwirrung II 102, VII 138
Volk, Völker II 243, 245–253, VI 98–99, VII 30–31, VIII 367, IX 244
- Charakter VII 311–313, 320, IX 236
Vollkommenheit I 263–264, 331–332, 347, 359, 365, II 32, 144, 153, V 123, VI 145, VII 144
Voltaire, (François Marie Aronet), 1694–1778, franz. Schriftsteller und Philosoph II 373
Volumen s. Rauminhalt
Vorsatz IX 488
Vorschusslorbeer VII 173
Vorsehung I 223–224, 456, 460, II 41, 42, VIII 120–121
Vorstellung III 233, 387, IV 287

Wachstum I 198
Wahn, Wahnsinn II 353, VI 174
Wahrhaftigkeit VIII 421, 422, IX 484
Wahrheit I 22, 68, 227, II 246, 295, 325, III 79, 532, 533, VI 433, VII 46
- Ahnung der ~ IX 67
- Fürwahrhalten IX 66
- göttliche I 222
- Kriterium III 141, 142
Wahrnehmung II 291
Wahrscheinlichkeit I 365, VIII 396
Walpole, Sir Robert, 1676–1745, engl. Staatsmann VI 38–39
Wasser IX 206, 216
s. auch Elemente, Wasser
Wein VI 428, VII 171
Weisheit II 42, 262, 369, 372, IV 404, 405, V 141, 163, VI 58, 405, VII 200, 201, VIII 336, 337, 417–418, 441
s. auch Gott, – Weisheit
Welt, Welten I 22, 25, 234–235, 310, 313–315, 317, 331–332, 334, 349, II 29, 31–34, 109, 153, 297, III 294–295, 322–323, 414, 534–

535, IV 507, VI 65
- All s. Universum
- andere I 22, 25, II 341, 372–373
- Bau I 222, 227, 247, 344–347, 363
- Begrenzung III 356
- Begriffe VII 120
- Ende VIII 331–332
- Geist I 203
- Geschichte IX 228
- immaterielle II 329–330
- Kenntnis IX 156–158
- metaphysisch I 25
- System I 225–226
- Untergang I 213
- Urheber II 148
- Ursache, Ursprung I 263, 341, III 314–315, 322–323
- Verfassung I 311, 346
- Wandel VI 19–20
- Weisheit s. Philosophie
s. auch Universum
Wert IV 439, V 60, 86, IX 23–24
- innerer IV 435
- moralischer IV 407
- sittlicher IV 398
Wesen I 225–226, 322, 354, III 314–315, 322–323, IV 315
- ewiges II 85
- geistiges II 319
- höchstes III 415, 419, 426
- immaterielles II 323, 330
- übersinnliches V 483
- Veralten I 198
- vernünftige I 330, V 12, VII 172, 178

Widerspruch III 338
Wiedergeburt VI 47
Wieland, Christoph Martin, 1733–1813, Dichter V 309
Wille, Wollen II 100, III 371–372, IV 394, 396, 403, 414, 418, 437, V 122, 129, IX 93
- guter IV 393–394
Willkür I 365
Wind I 224
Wirken, Wirksamkeit, Wirkung II 328, IV 513, 530, VII 90
- Zusammenwirken I 333
Wirklichkeit III 196, V 401–402, VII 173
Wissen I 349, II 57, 313, III 487, 522–523, 532–537, IV 418, VII 100, IX 43, 487
- Allwissenheit IV 418
- Unwissenheit I 230, II 94, III 387, VIII 136
Wissenschaft I 31, II 305, 369, IV 378, 404–405, 467–468, V 103, 141, 163
- eigentliche IV 468, 470
- Freiheit VII 19–20
- Nutzen IX 42
- Rangordnung VII 22–23, 35
Wohlstand IX 491
Wohltat, Wohltätigkeit V 315–316, IX 490–491
Wolff, Christian Frhr. von, 1679–1754, Philosoph III 22, 540–541, VIII 415
Wort II 284–285

357

Wunder   II 108, VI 84, 86
Wünschelrute   II 356-357, IV 369
Würde   II 215, 216, IV 434,
  VI 436–437, VII 58, IX 488–490

Zeit   II 297, III 52, 58–62, 69, 166,
  IV 285, VIII 327, 328, 333, 334
– Folge III 171, 174
Zivilisation   VIII 26, 41
Zoroaster = Zarathustra, ca. 630–553
  v. Chr., iran. Religionsstifter und
  Prophet   IX 27

Zufall   I 227–228, II 123, III 206, 382,
  393
Zufriedenheit   VII 234–235
Zwang   IX 453
Zweck, Zweckmäßigkeit   II 96,
  IV 428–429, V 160, VI 392
– Daseinszweck V 435
– Endzweck V 433–435
Zweifel   I 11, 223, IV 474

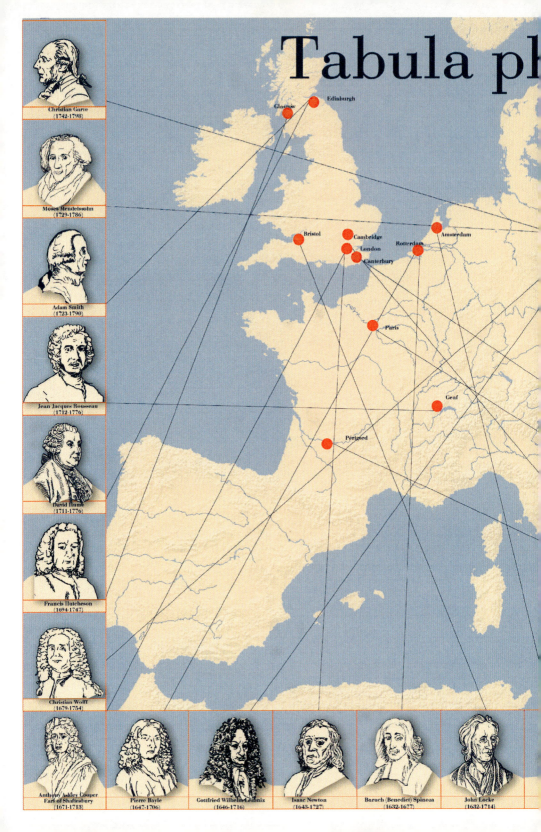

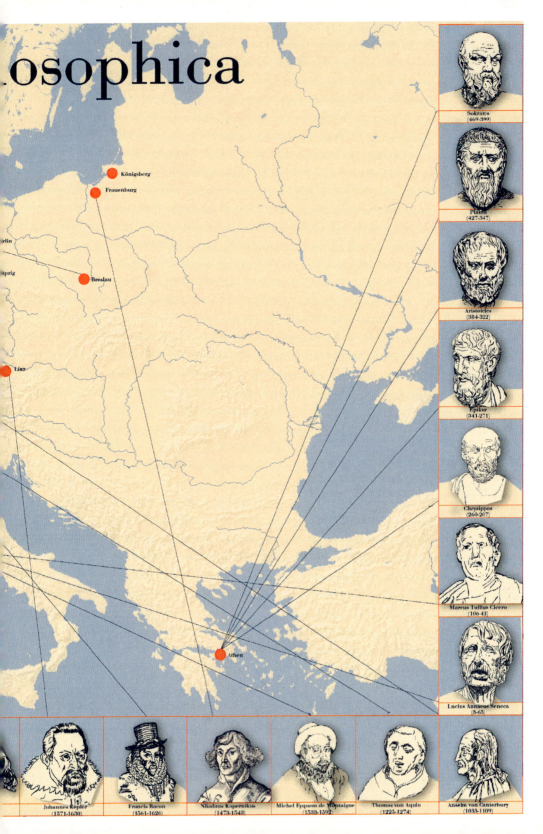